政府会计准则制度精解

条文解析 + 案例分析 + 报表编制

（修订版）

政府会计制度编审委员会　编著

人民邮电出版社

北京

图书在版编目（CIP）数据

政府会计准则制度精解：条文解析+案例分析+报表编制 / 政府会计制度编审委员会编著. -- 2版（修订本）. -- 北京：人民邮电出版社，2022.2
ISBN 978-7-115-57973-7

Ⅰ．①政… Ⅱ．①政… Ⅲ．①预算会计－会计准则－中国 Ⅳ．①F812.3

中国版本图书馆CIP数据核字(2021)第236529号

内 容 提 要

自 2019 年 1 月 1 日起，政府会计制度在我国各级各类行政事业单位全面施行。学好政府会计准则与制度，对于提高政府会计信息质量、提升行政事业单位财务和预算管理水平具有重要意义。本书上篇以政府会计准则条文为基础，进行了详细解读；下篇以政府会计制度的规定为依据，进行了实操案例的展示与分析。本书实用性强，体系完整，内容全面，可以作为会计专业人士、高校会计专业师生学习政府会计准则的工具书，也可以作为会计人员依据政府会计准则解决实务问题的指导书。

◆ 编　著　政府会计制度编审委员会
责任编辑　李士振
责任印制　彭志环

◆ 人民邮电出版社出版发行　　北京市丰台区成寿寺路 11 号
邮编　100164　电子邮件　315@ptpress.com.cn
网址　https://www.ptpress.com.cn
涿州市京南印刷厂印刷

◆ 开本：700×1000　1/16
印张：39.25　　　　　　　　　2022 年 2 月第 2 版
字数：768 千字　　　　　　　 2022 年 2 月河北第 1 次印刷

定价：128.00 元

读者服务热线：(010)81055296　印装质量热线：(010)81055316
反盗版热线：(010)81055315
广告经营许可证：京东市监广登字 20170147 号

前言
PREFACE

本书写作目的

为了加快推进政府会计制度改革，建立健全政府会计核算标准体系，夯实政府财务报告和决算报告的编制基础，财政部陆续发布了政府会计准则、应用指南及解释，以及《政府会计制度——行政事业单位会计科目和会计报表》，并陆续发布了《行政单位会计制度》《事业单位会计制度》等补充及衔接规定，以及《事业单位成本核算基本指引》。

为了帮助会计工作者更深入、全面地学习《政府会计准则》和《政府会计制度》，我们召集了政府会计方面的专家、学者，以及财务部门的领导，共同编写了本书。

本书内容

本书分上下篇。上篇是对 10 项政府会计准则及 2 项政府会计准则实务指南的解读。政府会计准则对政府会计的主要要素进行了原则性的规定，本书在政府会计准则原文的基础上，对一些重要条文进行了深度解读，帮助读者厘清概念、拓展相关知识、加深理解。下篇是政府会计制度。政府会计制度是对政府会计主体日常经济事项的账务处理所作出的具体规定，本书以实操案例的形式对政府会计制度的规定进行具体展示。

本书体系完整，内容翔实，既可以作为学习《政府会计准则》和《政府会计制度》的参考书，也可以作为查询准则与制度的具体规定以及实操案例的案头常备工具书。

本书特色

《政府会计准则》和《政府会计制度》可以说是相关会计工作者必须掌握的内容，它决定了财务人员工作的质量和效率，也决定了行政事业单位的财务管理水平，从一定程度上影响着单位的高效运转，其重要性可见一斑。与同类图书相比较，本书主要有以下特色。

第一，内容权威，知识全面。本书依据新的政府会计准则与政府会计制度和税收法律法规编写，结合会计工作人员的实际工作经验，每个部分都从最基础的理论讲起，逐步深入，在结合理论和实务的同时，确保内容的全面性，可以作为从业者的案头常备手册。

第二，形式新颖，富有创新性。本书针对重要的准则原文，进行一条或多条深度解读和实务案例的展示与解析，既保证了读者对准则原文的理解，又保证了读者对准则规定的深入理解与合理扩展，还兼顾了读者对准则实务应用的准确掌握。

第三，深入浅出，专业性强。本书解读有 200 余条，讲解有深度、拓展有广度，绝非泛泛而谈。

第四，案例丰富，实用性强。本书列举实务案例 200 多个，对如何依据政府会计准则和政府会计制度的规定进行会计处理提供了标准化的展示与分析。

本书使用方法

本书体系完整，内容全面，并与新的政府会计准则和政府会计制度保持了同步；经过多次修改，文字严谨，知识讲解到位，图表清晰，标识规范。通过阅读、查阅本书，具备不同需求的读者将得到不同的收获。

大中专院校的会计、财务管理专业学生可以通过本书了解新的政府会计准则和政府会计制度、政府会计处理的基本知识。

政府会计工作人员可以通过本书熟悉政府会计准则的具体要求和重难点，把握会计实务工作的关键要点，在实践中更好地运用政府会计准则。

在本次修订过程中，我们严格依据了新颁布、新修订法规的要求，对一些案例、解读进行了进一步的优化，具体体现在以下几个方面：

第一，重新编写了《政府会计准则第 7 号——会计调整》的相应解析和例题；

第二，依据新修订的《政府财务报告编制办法（试行）》《政府综合财务报告编制操作指南（试行）》《政府部门财务报告编制操作指南（试行）》等法规，重新编写了《政府会计准则第 9 号——财务报表编制和列报》的相关例题；

第三，收录了《〈政府会计准则第 10 号——政府和社会资本合作项目合同〉应用指南》，重新编写了相关例题。

第四，收录了《政府会计准则制度解释》1 至 3 号。

本书的编写得到了多位政府会计方面的专家、学者以及财务部门领导的热情支持，在此一并表示感谢。由于编者水平有限，书中疏漏在所难免，恳请广大读者不吝指正。

编者

目录
CONTENTS

政府会计准则第 4 号——无形资产

政府会计准则第 5 号——公共基础设施

政府会计准则第 6 号——政府储备物资

政府会计准则第 7 号——会计调整

政府会计准则第 9 号——财务报表编制和列报

政府会计准则第 10 号——政府和社会资本合作项目合同

下篇　政府会计制度——行政事业单位会计科目和报表

第一部分　总说明

第二部分　会计科目名称和编号

第三部分　会计科目使用说明

7

第四部分　报表格式

第五部分　报表编制说明

附录：主要业务和事项账务处理举例

上篇　政府会计准则

政府会计准则第 1 号——存货

财会〔2016〕12 号

第一章　总则

第一条　为了规范存货的确认、计量和相关信息的披露，根据《政府会计准则——基本准则》，制定本准则。

第二条　本准则所称存货，是指政府会计主体在开展业务活动及其他活动中为耗用或出售而储存的资产，如材料、产品、包装物和低值易耗品等，以及未达到固定资产标准的用具、装具、动植物等。

第三条　政府储备物资、收储土地等，适用其他相关政府会计准则。

【解析 1-1】存货的概念与分类

2017 年 10 月 24 日，中华人民共和国财政部（以下简称"财政部"）印发了《政府会计制度——行政事业单位会计科目和报表》（财会〔2017〕25 号，以下简称《制度》），自 2019 年 1 月 1 日起施行，鼓励行政事业单位提前执行。新制度取消了"存货"科目的设置，新设置了"在途物品""库存物品""加工物品"等科目，用于对单位在开展业务活动及其他活动中为耗用或出售而储存的各种资产进行分类核算。

1．在途物品

在途物品是单位采购材料等物资时货款已付或已开出商业汇票但尚未验收入库的物品。

2．库存物品

库存物品是指单位在开展业务活动及其他活动中为耗用或出售而储存的各种材

料、产品、包装物、低值易耗品，以及达不到固定资产标准的用具、装具、动植物等的成本，也包括已完成的测绘、地质勘查、设计成果等的成本。库存物品可具体分为以下 4 类。

（1）原材料，指使用以后即消耗或逐渐消耗不能复原的各种物资，如燃料、实验室材料、改装使用的原件、零配件等。

（2）低值易耗品，指不能满足固定资产条件的各种可重复使用的劳动资料，如某些仪器仪表、工具、量具、器皿、一般用具和劳保用品等。

（3）办公用品，指单位在办公活动中使用的各种物料，如纸张、笔墨等。

（4）产成品类，指单位生产完工并已验收入库的产成品。

3．加工物品

加工物品是指单位自制或委托外单位加工的各种物品的成本，包括未完成的测绘、地质勘查、设计成果的成本。

第二章　存货的确认

第四条　存货同时满足下列条件的，应当予以确认：

（一）与该存货相关的服务潜力很可能实现或者经济利益很可能流入政府会计主体；

（二）该存货的成本或者价值能够可靠地计量。

【解析 1-2】存货的确认条件

（1）存货相关服务潜力是指政府会计主体利用存货提供公共产品和服务以履行政府职能的潜在能力。判断是否属于存货，关键是看能否给政府会计主体带来经济利益或所包含的经济利益是否能够流入政府会计主体。通常，存货的所有权是存货包含的经济利益很可能流入政府会计主体的一个重要标志。凡是所有权属于政府会计主体，无论政府会计主体是否收到或持有该存货项目，均应作为政府会计主体的存货；相反，如果没有取得所有权，即使存放在政府会计主体，也不能作为本政府会计主体的存货。

（2）作为政府会计主体资产的组成部分，要确认存货，政府会计主体必须能够对其成本或者价值进行可靠计量。存货的成本和价值能够可靠地计量必须以取得确凿、可靠的证据为依据，并且具有可验证性。如果存货的成本或者价值不能可靠地计量，则不能确认为一项存货。

第三章 存货的初始计量

第五条 存货在取得时应当按照成本进行初始计量。

第六条 政府会计主体购入的存货，其成本包括购买价款、相关税费、运输费、装卸费、保险费以及使得存货达到目前场所和状态所发生的归属于存货成本的其他支出。

【解析1-3】存货的采购成本

存货的采购成本，包括购买价款、相关税费、运输费、装卸费、保险费以及其他可归属于存货采购成本的费用。

（1）购买价款，是指单位购入材料或商品的发票账单上列明的价款，但不包括按规定可以抵扣的增值税进项税额。

（2）相关税费，是指单位购买、自制或委托加工存货所发生的、应归属于该存货成本的消费税、资源税和不能从增值税销项税额中抵扣的进项税额等。

（3）其他可归属于存货采购成本的费用，即采购成本中除上述各项以外的可归属于存货采购成本的费用，如在存货采购过程中发生的仓储费、包装费、运输途中的合理损耗、入库前的挑选整理费用等。这些费用能分清负担对象的，应直接计入存货的采购成本；不能分清负担对象的，应选择合理的分配方法，分配计入有关存货的采购成本。分配方法通常包括按所购存货的重量或采购价格的比例进行分配。

但是，对于采购过程中发生的物资毁损、短缺等，除合理的损耗应作为存货的"其他可归属于存货采购成本的费用"计入采购成本外，应区别不同情况进行会计处理：

①应利用从供货单位、外部运输机构等收回的物资短缺或其他赔款，冲减物资的采购成本；②因遭受意外灾害发生的损失和尚待查明原因的途中损耗，不得增加物资的采购成本，应暂作为待处理财产损溢进行核算，在查明原因后再作处理。

以库存物品为例，外购存货的会计处理如表1-1所示。

表1-1 外购库存物品的会计处理

会计事项	财务会计处理	预算会计处理
外购的库存物品验收入库	借：库存物品 　贷：财政拨款收入/财政应返还额度/零余额账户用款额度/银行存款/应付账款等	借：行政支出/事业支出/经营支出等 　贷：财政拨款预算收入/资金结存

第七条 政府会计主体自行加工的存货，其成本包括耗用的直接材料费用、发生的直接人工费用和按照一定方法分配的与存货加工有关的间接费用。

【解析 1-4】自行加工存货的成本

自行加工的存货，其成本包括物料与人工两部分，具体来说包括耗用的直接材料费用、发生的直接人工费用和按照一定方法分配的与存货加工有关的间接费用。间接费用的分配参照企业生产成本中间接费用的归集，但是政府会计主体不设置成本类科目，因此直接材料、直接人工和间接费用直接归集到不同的加工物品中，构成加工物品的成本。待验收入库后，再转入库存物品。自行加工存货的会计处理如表 1-2 所示。

表 1-2   自行加工存货的会计处理

会计事项	财务会计处理	预算会计处理
为自制物品领用材料	借：加工物品——自制物品（直接材料） 贷：库存物品（相关明细科目）	—
专门从事物资制造的人员发生的直接人工费用	借：加工物品——自制物品（直接人工） 贷：应付职工薪酬	—
为自制物品发生的其他直接费用和间接费用	借：加工物品——自制物品（其他直接费用、间接费用） 贷：财政拨款收入/零余额账户用款额度/银行存款等	借：事业支出/经营支出等（实际支付金额） 贷：财政拨款预算收入/资金结存
自制加工完成、验收入库	借：库存物品（相关明细科目） 贷：加工物品——自制物品（直接材料、直接人工、其他直接费用、间接费用）	—

第八条 政府会计主体委托加工的存货，其成本包括委托加工前存货成本、委托加工的成本（如委托加工费以及按规定应计入委托加工存货成本的相关税费等），以及使存货达到目前场所和状态所发生的归属于存货成本的其他支出。

【解析 1-5】委托加工存货的会计处理

委托加工存货的会计处理如表 1-3 所示。

表 1-3   委托加工存货的会计处理

会计事项	财务会计处理	预算会计处理
发给外单位加工材料	借：加工物品——委托加工物品 贷：库存物品（相关明细科目）	—
支付加工费用等	借：加工物品——委托加工物品 贷：财政拨款收入/零余额账户用款额度/银行存款等	借：行政支出/事业支出/经营支出等 贷：财政拨款预算收入/资金结存

续表

会计事项	财务会计处理	预算会计处理
委托加工完成的物品验收入库	借：库存物品（相关明细科目） 　贷：加工物品——委托加工物品	—

第九条 下列各项应当在发生时确认为当期费用，不计入存货成本。

（一）非正常消耗的直接材料、直接人工和间接费用。

（二）仓储费用（不包括在加工过程中为达到下一个加工阶段所必需的费用）。

（三）不能归属于使存货达到目前场所和状态所发生的其他支出。

第十条 政府会计主体通过置换取得的存货，其成本按照换出资产的评估价值，加上支付的补价或减去收到的补价，加上为换入存货发生的其他相关支出确定。

【解析1-6】通过置换取得存货的会计处理

通过置换取得存货的会计处理如表1-4所示。

表1-4　　　　　　　　　通过置换取得存货的会计处理

会计事项	财务会计处理	预算会计处理
置换换入库存物品（不涉及补价）	借：库存物品（换出资产评估价值 + 其他相关支出） 　　固定资产累计折旧 / 无形资产累计摊销 　　资产处置费用（借差） 　贷：库存物品 / 固定资产 / 无形资产等（账面余额） 　　银行存款等（其他相关支出） 　　其他收入（贷差）	借：其他支出（实际支付的其他相关支出） 　贷：资金结存
涉及补价时：支付补价的	借：库存物品（换出资产评估价值 + 其他相关支出 + 补价） 　　固定资产累计折旧 / 无形资产累计摊销 　　资产处置费用（借差） 　贷：库存物品 / 固定资产 / 无形资产等（账面余额） 　　银行存款等（其他相关支出 + 补价） 　　其他收入（贷差）	借：其他支出（实际支付的补价和其他相关支出） 　贷：资金结存
涉及补价时：收到补价的	借：库存物品（换出资产评估价值 + 其他相关支出 – 补价） 　　银行存款等（补价） 　　固定资产累计折旧 / 无形资产累计摊销 　　资产处置费用（借差） 　贷：库存物品 / 固定资产 / 无形资产等（账面余额） 　　银行存款等（其他相关支出） 　　应缴财政款（补价 – 其他相关支出） 　　其他收入（贷差）	借：其他支出（其他相关支出大于收到的补价的差额） 　贷：资金结存

第十一条 政府会计主体接受捐赠的存货，其成本按照有关凭据注明的金额加上相关税费、运输费等确定；没有相关凭据可供取得，但按规定经过资产评估的，其成本按照评估价值加上相关税费、运输费等确定；没有相关凭据可供取得、也未经资产评估的，其成本比照同类或类似资产的市场价格加上相关税费、运输费等确定；没有相关凭据且未经资产评估、同类或类似资产的市场价格也无法可靠取得的，按照名义金额入账，相关税费、运输费等计入当期费用。

【解析1-7】接受捐赠取得存货的会计处理

接受捐赠取得存货的会计处理如表1-5所示。

表1-5 接受捐赠取得存货的会计处理

会计事项	财务会计处理	预算会计处理
接受捐赠的库存物品	借：库存物品（按照确定的成本） 　　贷：银行存款等（相关税费） 　　　　捐赠收入	借：其他支出（实际支付的相关税费） 　　贷：资金结存

第十二条 政府会计主体无偿调入的存货，其成本按照调出方账面价值加上相关税费、运输费等确定。

第十三条 政府会计主体盘盈的存货，按规定经过资产评估的，其成本按照评估价值确定；未经资产评估的，其成本按照重置成本确定。

第四章　存货的后续计量

第十四条 政府会计主体应当根据实际情况采用先进先出法、加权平均法或者个别计价法确定发出存货的实际成本。计价方法一经确定，不得随意变更。

对于性质和用途相似的存货，应当采用相同的成本计价方法确定发出存货的成本。

对于不能替代使用的存货、为特定项目专门购入或加工的存货，通常采用个别计价法确定发出存货的成本。

【解析1-8】确定发出存货的实际成本的方法

1.先进先出法

先进先出法是以先购入的存货应先发出（销售或耗用）这样一种存货实物流转假设为前提，对发出存货进行计价。采用这种方法，先购入存货成本在后购入存货成本之前转出，据此确定发出存货和期末存货的成本。

先进先出法可以随时结转存货发出成本，但较烦琐。如果存货收发业务较多，且存货单价不稳定时，其工作量较大。在物价持续上升时，期末存货成本接近于市价，而发出存货成本偏低，会高估当期利润和库存存货价值；物价下降时，则会低估当期利润和库存存货价值。

2. 加权平均法

加权平均法包括移动加权平均法与月末一次加权平均法。

（1）移动加权平均法，是指以每次进货的成本加上原有库存存货的成本，除以每次进货数量与原有库存存货的数量之和，据以计算加权平均单位成本，作为在下次进货前计算各次发出存货成本的依据。计算公式如下：

$$存货平均单位成本 = \frac{原有库存存货的实际成本 + 本次进货的实际成本}{原有库存存货数量 + 本次进货数量}$$

本次发出存货的成本 = 本次发出存货数量 × 本次发货前的存货平均单位成本

本月月末库存存货成本 = 月末库存存货数量 × 本月月末存货平均单位成本

采用移动加权平均法能够使管理层及时了解存货成本的结存情况，计算出的平均单位成本及发出和结存的存货成本比较客观。但是，由于每次收货都要计算一次平均单位成本，计算工作量较大，对收发货较频繁的单位不适用。

（2）月末一次加权平均法，是指以当月全部进货数量加上月初存货数量作为权数，去除当月全部进货成本加上月初存货成本，计算出存货的月末加权平均单位成本，以此为基础计算当月发出存货的成本和期末存货的成本的一种方法。

$$存货平均单位成本 = \frac{月初库存存货成本 + \sum（本月某批进货的实际单位成本 × 本月某批进货的数量）}{月初库存存货数量 + 本月各批进货数量之和}$$

本月发出存货的成本 = 本月发出存货的数量 × 存货平均单位成本

本月月末库存存货成本 = 月末库存存货数量 × 存货平均单位成本

采用月末一次加权平均法只在月末一次计算加权平均单价，有利于简化成本计算工作。但由于平时无法从账上提供发出和结存货的单价及金额，不利于存货成本的日常管理与控制。

3. 个别计价法

个别计价法，亦称个别认定法、具体辨认法、分批实际法，其特征是注重所发出存货具体项目的实物流转与成本流转之间的联系，逐一辨认各批发出存货和期末存货所属的购进批别或生产批别，分别按其购入或生产时所确定的单位成本计算各批发出存货和期末存货的成本。

个别计价法的成本计算准确、符合实际情况，但在存货收发频繁情况下，其发出成本分辨的工作量较大。个别计价法适用于一般不能替代使用的存货、为特定项目专门购入或制造的存货以及提供的劳务，如珠宝、名画等贵重物品。

第十五条 对于已发出的存货，应当将其成本结转为当期费用或者计入相关资产成本。

按规定报经批准对外捐赠、无偿调出的存货，应当将其账面余额予以转销，对外捐赠、无偿调出中发生的归属于捐出方、调出方的相关费用应当计入当期费用。

第十六条 政府会计主体应当采用一次转销法或者五五摊销法对低值易耗品、包装物进行摊销，将其成本计入当期费用或者相关资产成本。

第十七条 对于发生的存货毁损，应当将存货账面余额转销计入当期费用，并将毁损存货处置收入扣除相关处置税费后的差额按规定作应缴款项处理（差额为净收益时）或计入当期费用（差额为净损失时）。

第十八条 存货盘亏造成的损失，按规定报经批准后应当计入当期费用。

【解析 1-9】发出存货的会计处理

发出库存物品的方式不同，会计处理的方式也不同，具体处理如表 1-6 所示。

表 1-6　　　　　　　　　　发出库存物品的会计处理

会计事项	财务会计处理	预算会计处理
开展业务活动、按照规定自主出售发出或加工发出物品等领用、发出库存物品时	借：业务活动费用/单位管理费用/经营费用/加工物品等 　　贷：库存物品（按照领用、发出成本）	—
经批准对外捐赠的库存物品发出时	借：资产处置费用 　　贷：库存物品（账面余额） 　　　　银行存款（归属于捐出方的相关费用）	借：其他支出（实际支付的相关费用） 　　贷：资金结存
经批准无偿调出的库存物品发出时	借：无偿调拨净资产 　　贷：库存物品（账面余额） 借：资产处置费用 　　贷：银行存款（归属于调出方的相关费用）	借：其他支出（实际支付的相关费用） 　　贷：资金结存
经批准对外出售的库存物品（不含可自主出售的库存物品）发出时	借：资产处置费用 　　贷：库存物品（账面余额） 借：银行存款等（收到的价款） 　　贷：银行存款等（发生的相关税费） 　　　　应缴财政款	—
经批准置换换出库存物品	参照置换换入库存物品的处理	—

第五章　存货的披露

第十九条　政府会计主体应当在附注中披露与存货有关的下列信息。

（一）各类存货的期初和期末账面余额。

（二）确定发出存货成本所采用的方法。

（三）以名义金额计量的存货名称、数量，以及以名义金额计量的理由。

（四）其他有关存货变动的重要信息。

第六章　附则

第二十条　本准则自 2017 年 1 月 1 日起施行。

政府会计准则第 2 号——投资

财会〔2016〕12 号

第一章 总则

第一条 为了规范投资的确认、计量和相关信息的披露，根据《政府会计准则——基本准则》，制定本准则。

第二条 本准则所称投资，是指政府会计主体按规定以货币资金、实物资产、无形资产等方式形成的债权或股权投资。

【解析 2-1】事业单位投资的管理要求

事业单位禁止使用财政拨款形成的资产（包括由财政拨款收入及结余资金形成的资产、由上级拨款收入及结余资金形成的资产、由拨入专款及结余资金形成的资产）对外投资，也不允许将维持事业单位正常发展、保证完成事业任务所必需的资产（如重要固定资产、知识产权等）用作对外投资；禁止投资于期货或股票、各种企业债券、各类投资基金、其他形式的金融衍生品等高风险金融产品（国家另有规定的除外）。凡权属关系不明确或者存在权属纠纷的资产，不得进行对外投资；应当严格控制对外投资行为，确保对外投资的可行性研究与评估、对外投资的决策与执行、对外投资处置的审批与执行等不相容岗位相互分离，并严格履行相关审批程序。

第三条 投资分为短期投资和长期投资。

短期投资，是指政府会计主体取得的持有时间不超过 1 年（含 1 年）的投资。

长期投资，是指政府会计主体取得的除短期投资以外的债权和股权性质的投资。

【解析 2-2】短期投资与长期投资的含义与特征

短期投资是指事业单位按照规定取得的、能随时变现的、持有时间不超过 1 年（含 1 年）的有价证券及其他投资。事业单位为了使多余的货币资金获得比银行存款利息更高的收益，往往选择购买有公开市场的可随时抛售的有价证券。而持有时间不超过

1 年的其他投资一般是指以货币资金、材料、固定资产等向其他单位的投资，这种投资可以在 1 年内收回。在事业单位，短期投资主要是国债投资，一般按照国债投资的种类进行明细核算。

短期投资相对于长期债券投资和长期股权投资，具有以下三个特征：

（1）投资目的明确，是事业单位为了提高暂时闲置资金的使用效率而进行的对外投资，也包括以赚取差价为目的的投资；

（2）投资时间短，事业单位为了能够实现及时变现的目的，通常投资于二级市场上公开交易的股票、债券、基金等，这些资产在市场上极易变现；

（3）事业单位对短期投资的核算，应严格遵守国家法律、行政法规以及财政部门、主管部门关于对外投资的有关规定。

第四条 政府会计主体外币投资的折算，适用其他相关政府会计准则。

第二章　短期投资

第五条 短期投资在取得时，应当按照实际成本（包括购买价款和相关税费，下同）作为初始投资成本。

实际支付价款中包含的已到付息期但尚未领取的利息，应当于收到时冲减短期投资成本。

【解析 2-3】取得短期投资时的会计处理

取得短期投资时，按照确定的投资成本，借记"短期投资"科目，贷记"银行存款"等科目。收到取得投资时实际支付价款中包含的已到付息期但尚未领取的利息，按照实际收到的金额，借记"银行存款"科目，贷记"短期投资"科目。相关会计处理如表 2-1 所示。

表 2-1　　　　　　　　　　取得短期投资时的会计处理

会计事项	财务会计处理	预算会计处理
取得短期投资时	借：短期投资 　贷：银行存款等	借：投资支出 　贷：资金结存——货币资金
收到购买时已到付息期但尚未领取的利息时	借：银行存款 　贷：短期投资	借：资金结存——货币资金 　贷：投资支出

第六条 短期投资持有期间的利息，应当于实际收到时确认为投资收益。

【解析 2-4】短期投资持有期间收到利息的会计处理

收到短期投资持有期间的利息，按照实际收到的金额，借记"银行存款"科目，贷记"投资收益"科目。相关会计处理如表 2-2 所示。

表 2-2　　　　　　　　　短期投资持有期间收到利息的会计处理

财务会计处理	预算会计处理
借：银行存款 　贷：投资收益	借：资金结存——货币资金 　贷：投资预算收益

第七条　期末，短期投资应当按照账面余额计量。

第八条　政府会计主体按规定出售或到期收回短期投资，应当将收到的价款扣除短期投资账面余额和相关税费后的差额计入投资损益。

【**解析 2-5**】短期投资处置的会计处理

出售短期投资或到期收回短期投资本息，按照实际收到的金额，借记"银行存款"科目，按照出售或收回短期投资的账面余额，贷记"短期投资"科目，按照其差额，借记或贷记"投资收益"科目。涉及增值税业务的，相关会计处理参见"应交增值税"科目。相关会计处理如表 2-3 所示。

表 2-3　　　　　　　　　短期投资处置的会计处理

财务会计处理	预算会计处理
借：银行存款（实际收到的金额） 　　投资收益（借差） 　贷：短期投资（账面余额） 　　　投资收益（贷差）	借：资金结存——货币资金（实收款） 　　投资预算收益（实收款小于投资成本的差额） 　贷：投资支出（出售或收回当年投资的） 　　　投资预算收益（实收款大于投资成本的差额）

第三章　长期投资

第九条　长期投资分为长期债权投资和长期股权投资。

第一节　长期债权投资

第十条　长期债券投资在取得时，应当按照实际成本作为初始投资成本。

实际支付价款中包含的已到付息期但尚未领取的债券利息，应当单独确认为应收利息，不计入长期债券投资初始投资成本。

第十一条　长期债券投资持有期间，应当按期以票面金额与票面利率计算确认利息收入。

对于分期付息、一次还本的长期债券投资，应当将计算确定的应收未收利息确认为应收利息，计入投资收益；对于一次还本付息的长期债券投资，应当将计算确定的应收未收利息计入投资收益，并增加长期债券投资的账面余额。

第十二条 政府会计主体按规定出售或到期收回长期债券投资，应当将实际收到的价款扣除长期债券投资账面余额和相关税费后的差额计入投资损益。

第十三条 政府会计主体进行除债券以外的其他债权投资，参照长期债券投资进行会计处理。

【解析 2-6】长期债券投资的会计处理

事业单位设置"长期债券投资"科目，核算按规定取得的、持有时间超过 1 年（不含 1 年）的债券投资。该科目下设"成本"和"应收利息"明细科目，并应按债券投资的种类进行明细核算。该科目的期末借方余额反映事业单位持有的长期债券投资的价值。

1.取得长期债券投资的核算

长期债券投资在取得时，应当以实际支付的价款（包括购买价款以及税金、手续费等相关税费）作为投资成本，借记"长期债券投资"科目（成本）；按支付的价款中包含的已到付息期但尚未领取的利息，借记"应收利息"科目；按实际支付的金额，贷记"银行存款"等科目。

实际收到购买时已到付息期但尚未领取的利息时，借记"银行存款"科目，贷记"应收利息"科目。

2.长期债券投资持有期间的核算

长期债券投资持有期间，在资产负债表日应按债券票面价值与票面利率计算确认利息收入，如为到期一次还本付息的债券投资，借记"长期债券投资"科目（应计利息），贷记"投资收益"科目；如为分期付息、到期还本的债券投资，借记"应收利息"科目，贷记"投资收益"科目。收到利息时，按照实收的金额，借记"银行存款"等科目，贷记"应收利息"科目。

3.到期收回长期债券投资的核算

到期收回长期债券投资，按照实际收到的金额，借记"银行存款"等科目；按照长期债券投资的账面余额，贷记"长期债券投资"科目（成本、应计利息）；按照其差额，贷记"投资收益"科目。

第二节 长期股权投资

第十四条 长期股权投资在取得时，应当按照实际成本作为初始投资成本。

（一）以支付现金取得的长期股权投资，按照实际支付的全部价款（包括购买价款和相关税费）作为实际成本。

实际支付价款中包含的已宣告但尚未发放的现金股利，应当单独确认为应收股利，不计入长期股权投资初始投资成本。

（二）以现金以外的其他资产置换取得的长期股权投资，其成本按照换出资产的评估价值加上支付的补价或减去收到的补价，加上换入长期股权投资发生的其他相关支出确定。

【解析 2-7】（法规注释）事业单位以其持有的科技成果取得的长期股权投资

事业单位以其持有的科技成果取得的长期股权投资，应当按照评估价值加相关税费作为投资成本。事业单位按规定通过协议定价、在技术交易市场挂牌交易、拍卖等方式确定价格的，应当按照以上方式确定的价格加相关税费作为投资成本。

摘录于《政府会计准则制度解释第 1 号》

（三）接受捐赠的长期股权投资，其成本按照有关凭据注明的金额加上相关税费确定；没有相关凭据可供取得，但按规定经过资产评估的，其成本按照评估价值加上相关税费确定；没有相关凭据可供取得、也未经资产评估的，其成本比照同类或类似资产的市场价格加上相关税费确定。

（四）无偿调入的长期股权投资，其成本按照调出方账面价值加上相关税费确定。

【解析 2-8】长期股权投资的会计处理

长期股权投资在取得时，应当按照其实际成本作为初始投资成本。

（1）以现金取得的长期股权投资，按照确定的投资成本，借记"长期股权投资"科目或"长期股权投资"科目（成本），按照支付的价款中包含的已宣告但尚未发放的现金股利，借记"应收股利"科目，按照实际支付的全部价款，贷记"银行存款"等科目。实际收到取得投资时所支付价款中包含的已宣告但尚未发放的现金股利时，借记"银行存款"科目，贷记"应收股利"科目。

（2）以现金以外的其他资产置换取得的长期股权投资，参照"库存物品"科目中置换取得库存物品的相关规定进行会计处理。

（3）以未入账的无形资产取得的长期股权投资，按照评估价值加相关税费作为投资成本，借记"长期股权投资"科目，按照发生的相关税费，贷记"银行存款""其他应交税费"等科目，按其差额，贷记"其他收入"科目。

（4）接受捐赠的长期股权投资，按照确定的投资成本，借记"长期股权投资"

科目或"长期股权投资"科目（成本），按照发生的相关税费，贷记"银行存款"等科目，按照其差额，贷记"捐赠收入"科目。

（5）无偿调入的长期股权投资，按照确定的投资成本，借记"长期股权投资"科目或"长期股权投资"科目（成本），按照发生的相关税费，贷记"银行存款"等科目，按照其差额，贷记"无偿调拨净资产"科目。

第十五条 长期股权投资在持有期间，通常应当采用权益法进行核算。政府会计主体无权决定被投资单位的财务和经营政策或无权参与被投资单位的财务和经营政策决策的，应当采用成本法进行核算。

成本法，是指投资按照投资成本计量的方法。

权益法，是指投资最初以投资成本计量，以后根据政府会计主体在被投资单位所享有的所有者权益份额的变动对投资的账面余额进行调整的方法。

第十六条 在成本法下，长期股权投资的账面余额通常保持不变，但追加或收回投资时，应当相应调整其账面余额。长期股权投资持有期间，被投资单位宣告分派的现金股利或利润，政府会计主体应当按照宣告分派的现金股利或利润中属于政府会计主体应享有的份额确认为投资收益。

【解析 2-9】长期股权投资成本法会计处理举例

例如，2×19 年 1 月 20 日，某事业单位以 1 500 万元购入甲公司 10% 的股权。该事业单位取得该部分股权后，无权力主导甲公司的相关活动并获得可变回报。2×19 年 6 月 30 日，甲公司宣告分派现金股利，该事业单位按照其持有比例确定可分回 20 万元。2×19 年 7 月 30 日，该事业单位收到现金股利。应做以下会计处理。

2×19 年 1 月 20 日。

财务会计：

借：长期股权投资　　　　　　　　　　　　　　　15 000 000

　　贷：银行存款　　　　　　　　　　　　　　　　　　15 000 000

预算会计：

借：投资支出　　　　　　　　　　　　　　　　　15 000 000

　　贷：资金结存——货币资金　　　　　　　　　　　　15 000 000

2×19 年 6 月 30 日。

财务会计：

借：应收股利　　　　　　　　　　　　　　　　　　200 000

　　贷：投资收益　　　　　　　　　　　　　　　　　　　200 000

预算会计无分录。

2×19年7月30日。

财务会计：

借：银行存款   200 000

  贷：应收股利   200 000

预算会计：

借：资金结存——货币资金   200 000

  贷：投资预算收益   200 000

第十七条 采用权益法的，按照如下原则进行会计处理。

（一）政府会计主体取得长期股权投资后，对于被投资单位所有者权益的变动，应当按照下列规定进行处理。

1. 按照应享有或应分担的被投资单位实现的净损益的份额，确认为投资损益，同时调整长期股权投资的账面余额。

2. 按照被投资单位宣告分派的现金股利或利润计算应享有的份额，确认为应收股利，同时减少长期股权投资的账面余额。

3. 按照被投资单位除净损益和利润分配以外的所有者权益变动的份额，确认为净资产，同时调整长期股权投资的账面余额。

【解析2-10】长期股权投资权益法会计处理举例

例如，某单位经批准以货币资金对外投资600 000元，拥有被投资单位60%的股权。被投资单位当年会计报表反映净利润为100 000元，经股东会决议，现金股利分配比例为当年净利润的60%。第二年收到投资收益36 000元。

经批准对外投资时，应进行财务会计核算如下。

借：长期股权投资——成本   600 000

  贷：银行存款   600 000

以应享有被投资单位实现净利润的份额（100 000×60%×60%）确认投资损益时，应进行财务会计核算如下。

借：长期股权投资——损益调整   36 000

  贷：投资收益   36 000

按照被投资单位宣告分派的现金股利（60 000×60%）计算应享有的份额确认为应收股利时，应进行财务会计核算如下。

借：应收股利   36 000

  贷：长期股权投资——损益调整   36 000

第二年取得投资收益时，应进行财务会计核算如下。

借：银行存款　　　　　　　　　　　　　　　　　36 000
　　贷：应收股利　　　　　　　　　　　　　　　　　　　36 000

（二）政府会计主体确认被投资单位发生的净亏损，应当以长期股权投资的账面余额减记至零为限，政府会计主体负有承担额外损失义务的除外。

被投资单位发生净亏损，但以后年度又实现净利润的，政府会计主体应当在其收益分享额弥补未确认的亏损分担额等后，恢复确认投资收益。

第十八条　政府会计主体因处置部分长期股权投资等原因无权再决定被投资单位的财务和经营政策或者参与被投资单位的财务和经营政策决策的，应当对处置后的剩余股权投资改按成本法核算，并以该剩余股权投资在权益法下的账面余额作为按照成本法核算的初始投资成本。其后，被投资单位宣告分派现金股利或利润时，属于已计入投资账面余额的部分，作为成本法下长期股权投资成本的收回，冲减长期股权投资的账面余额。

政府会计主体因追加投资等原因对长期股权投资的核算从成本法改为权益法的，应当自有权决定被投资单位的财务和经营政策或者参与被投资单位的财务和经营政策决策时，按成本法下长期股权投资的账面余额加上追加投资的成本作为按照权益法核算的初始投资成本。

【解析2-11】长期股权投资计量模式转换的会计处理

1．权益法转成本法

单位因处置部分长期股权投资等原因而对处置后的剩余股权投资由权益法改按成本法核算的，应当以权益法下"长期股权投资"科目的账面余额作为成本法下"长期股权投资"科目的账面余额（成本）。其后，被投资单位宣告分派现金股利或利润时，属于单位已计入投资账面余额的部分，按照应分得的现金股利或利润份额，借记"应收股利"科目，贷记"长期股权投资"科目。

2．成本法转权益法

单位因追加投资等原因对长期股权投资的核算从成本法改为权益法的，应当借记"长期股权投资"科目（成本）；按照成本法下"长期股权投资"科目的账面余额，贷记"长期股权投资"科目；按照追加投资的成本，贷记"银行存款"等科目。

第十九条　政府会计主体按规定报经批准处置长期股权投资，应当冲减长期股权投资的账面余额，并按规定将处置价款扣除相关税费后的余额作应缴款项处理，或者按规定将处置价款扣除相关税费后的余额与长期股权投资账面余额的差额计入当期投资损益。

采用权益法核算的长期股权投资，因被投资单位除净损益和利润分配以外的所有者权益变动而将应享有的份额计入净资产的，处置该项投资时，还应当将原计入净资产的相应部分转入当期投资损益。

【解析2-12】（法规注释）关于事业单位处置长期股权投资的会计处理

（1）事业单位采用权益法核算长期股权投资、且被投资单位编制合并财务报表的，在持有投资期间，应当以被投资单位合并财务报表中归属于母公司的净利润和其他所有者权益变动为基础，计算确定应当调整长期股权投资账面余额的金额，并进行相关会计处理。

（2）权益法下，事业单位处置以现金以外的其他资产取得的（不含科技成果转化形成的）长期股权投资时，按规定将取得的投资收益（此处的投资收益，是指长期股权投资处置价款扣除长期股权投资成本和相关税费后的差额）纳入本单位预算管理的，分以下两种情况处理。

①长期股权投资的账面余额大于其投资成本的，应当按照被处置长期股权投资的成本，借记"资产处置费用"科目，贷记"长期股权投资——成本"科目；同时，按照实际取得的价款，借记"银行存款"等科目，按照尚未领取的现金股利或利润，贷记"应收股利"科目，按照发生的相关税费等支出，贷记"银行存款"等科目，按照长期股权投资的账面余额减去其投资成本的差额，贷记"长期股权投资——损益调整、其他权益变动"科目（以上明细科目为贷方余额的，借记相关明细科目），按照实际取得的价款与被处置长期股权投资账面余额、应收股利账面余额和相关税费支出合计数的差额，贷记或借记"投资收益"科目，按照贷方差额，贷记"应缴财政款"科目。预算会计的账务处理按照《政府会计制度》进行。

②长期股权投资的账面余额小于或等于其投资成本的，应当按照被处置长期股权投资的账面余额，借记"资产处置费用"科目，按照长期股权投资各明细科目的余额，贷记"长期股权投资——成本"科目，贷记或借记"长期股权投资——损益调整、其他权益变动"科目；同时，按照实际取得的价款，借记"银行存款"等科目，按照尚未领取的现金股利或利润，贷记"应收股利"科目，按照发生的相关税费等支出，贷记"银行存款"等科目，按照实际取得的价款大于被处置长期股权投资成本、应收股利账面余额和相关税费支出合计数的差额，贷记"投资收益"科目，按照贷方差额，贷记"应缴财政款"科目。预算会计的账务处理按照《政府会计制度》进行。

这两种情况下的会计分录如表2-4所示。

表 2-4   **权益法下处置长期股权投资的会计处理**

情形	财务会计	预算会计
账面余额大于其投资成本	借：资产处置费用 　贷：长期股权投资——成本 借：银行存款 　贷：应收股利（如有） 　　长期股权投资——损益调整、其他权益变动 　　（也可能在借方） 　　银行存款（相关税费） 　　投资收益（取得价款与投资账面余额、应收股利账面余额和相关税费支出合计数的差额） 　　应缴财政款	借：资金结存——货币资金 　贷：投资预算收益（取得价款减去投资成本和相关税费后的金额）
账面余额小于或等于其投资成本	借：资产处置费用（投资账面余额） 　长期股权投资——损益调整、其他权益变动（部分明细科目余额也可能在贷方） 　贷：长期股权投资——成本 借：银行存款 　贷：应收股利（如有） 　　银行存款（相关税费） 　　投资收益（取得价款大于投资成本、应收股利账面余额和相关税费支出合计数的差额） 　　应缴财政款	借：资金结存——货币资金 　贷：投资预算收益（取得价款减去投资成本和相关税费后的金额）

（3）事业单位处置以科技成果转化形成的长期股权投资，按规定所取得的收入全部留归本单位的，应当按照实际取得的价款，借记"银行存款"等科目，按照被处置长期股权投资的账面余额，贷记"长期股权投资"科目，按照尚未领取的现金股利或利润，贷记"应收股利"科目，按照发生的相关税费等支出，贷记"银行存款"等科目，按照借贷方差额，借记或贷记"投资收益"科目；同时，在预算会计中，按照实际取得的价款，借记"资金结存——货币资金"科目，按照处置时确认的投资收益金额，贷记"投资预算收益"科目，按照贷方差额，贷记"其他预算收入"科目。

（4）事业单位按规定应将长期股权投资持有期间取得的投资净收益，以及以现金取得的长期股权投资处置时取得的净收入（处置价款扣除投资本金和相关税费后的净额）上缴本级财政并纳入一般公共预算管理的，在应收或收到上述有关款项时不确认投资收益，应通过"应缴财政款"科目核算。

摘录于《政府会计准则制度解释第 1 号》

第四章　投资的披露

第二十条　政府会计主体应当在附注中披露与投资有关的下列信息。

（一）短期投资的增减变动及期初、期末账面余额。

（二）各类长期债权投资和长期股权投资的增减变动及期初、期末账面余额。

（三）长期股权投资的投资对象及核算方法。

（四）当期发生的投资净损益，其中重大的投资净损益项目应当单独披露。

第五章　附则

第二十一条　本准则自 2017 年 1 月 1 日起施行。

政府会计准则第 3 号——固定资产

财会〔2016〕12 号

第一章　总则

第一条　为了规范固定资产的确认、计量和相关信息的披露，根据《政府会计准则——基本准则》，制定本准则。

第二条　本准则所称固定资产，是指政府会计主体为满足自身开展业务活动或其他活动需要而控制的，使用年限超过 1 年（不含 1 年）、单位价值在规定标准以上，并在使用过程中基本保持原有物质形态的资产，一般包括房屋及构筑物、专用设备、通用设备等。单位价值虽未达到规定标准，但是使用年限超过 1 年（不含 1 年）的大批同类物资，如图书、家具、用具、装具等，应当确认为固定资产。

【**解析 3-1**】固定资产的特征

固定资产一般具有以下两个方面的基本特征。

1. 使用价值较高

固定资产的单位价值标准历来都是由国家政策统一规定的。例如，2012 年 4 月 1 日起实施的《事业单位财务规则》将固定资产的单位价值从原来的 500 元提高到 1 000 元，专用设备的单位价值从原来的 800 元提高到 1 500 元。

温馨提示：单位价值虽未达到规定标准，但使用年限超过 1 年（不含 1 年）的大批同类物资，如图书、家具、用具、装具等，应当确认为固定资产。

2. 具有持久耐用性

使用周期长、基本保持原有物质形态是固定资产的重要特征。流动资产的周转特点是在使用过程中会不断改变原有物质形态，且价值一次性消耗、转移或实现，而固定资产长期、多次作用于单位的业务活动过程，并能相对固定地保持其原有的实物形态，其价值是在不断使用中随着有形和无形的磨损而逐渐消耗、转移或者实现的。

第三条　公共基础设施、政府储备物资、保障性住房、自然资源资产等，适用其他相关政府会计准则。

第二章　固定资产的确认

第四条　固定资产同时满足下列条件的，应当予以确认：

（一）与该固定资产相关的服务潜力很可能实现或者经济利益很可能流入政府会计主体；

（二）该固定资产的成本或者价值能够可靠地计量。

第五条　通常情况下，购入、换入、接受捐赠、无偿调入不需安装的固定资产，在固定资产验收合格时确认；购入、换入、接受捐赠、无偿调入需要安装的固定资产，在固定资产安装完成交付使用时确认；自行建造、改建、扩建的固定资产，在建造完成交付使用时确认。

第六条　确认固定资产时，应当考虑以下情况：

（一）固定资产的各组成部分具有不同使用年限或者以不同方式为政府会计主体实现服务潜力或提供经济利益，适用不同折旧率或折旧方法且可以分别确定各自原价的，应当分别将各组成部分确认为单项固定资产。

（二）应用软件构成相关硬件不可缺少的组成部分的，应当将该软件的价值包括在所属的硬件价值中，一并确认为固定资产；不构成相关硬件不可缺少的组成部分的，应当将该软件确认为无形资产。

（三）购建房屋及构筑物时，不能分清购建成本中的房屋及构筑物部分与土地使用权部分的，应当全部确认为固定资产；能够分清购建成本中的房屋及构筑物部分与土地使用权部分的，应当将其中的房屋及构筑物部分确认为固定资产，将其中的土地使用权部分确认为无形资产。

第七条　固定资产在使用过程中发生的后续支出，符合本准则第四条规定的确认条件的，应当计入固定资产成本；不符合本准则第四条规定的确认条件的，应当在发生时计入当期费用或者相关资产成本。

将发生的固定资产后续支出计入固定资产成本的，应当同时从固定资产账面价值中扣除被替换部分的账面价值。

【解析 3-2】固定资产的确认条件

（1）在固定资产的确认中，首先是判断其所包含的经济利益是否很可能流入政府会计主体。如果某一固定资产所包含的经济利益不是很可能流入政府会计主体，即使其符合固定资产确认的其他条件，也不应该将其确认为固定资产。需要注意的是，判断固定资产包含的经济利益是否很可能流入政府会计主体的主要依据，是与该固定资产所有权相关的风险和报酬是否转移到了政府会计主体。其中，与固定资产所有权相关的风险，是指由于经营情况变化造成的相关收益的变动，以及由于资产闲置、技术陈旧等造成的损失；与固定资产所有权相关的报酬，是指在固定资产使用寿命内直接使用该资产而获得的收入，以及处置该资产所实现的利得等。通常情况下，是否拥有固定资产所有权是判断与其相关的风险和报酬是否转移到政府会计主体的一个重要标志。凡是所有权已属于政府会计主体，不论政府会计主体是否收到或持有该固定资产，均可作为政府会计主体的固定资产；反之，如果没有取得所有权，即使存放在政府会计主体，也不能作为政府会计主体的固定资产。有时，某项固定资产的所有权虽然不属于政府会计主体，但是，政府会计主体能够控制该项固定资产所包含的经济利益流入政府会计主体。在这种情况下，可以认为与固定资产所有权相关的风险和报酬实质上已转移给政府会计主体，因而也可以作为政府会计主体的固定资产加以确认。

（2）固定资产确认的另一基本条件是为取得该固定资产而发生的支出必须能够确切地计量或合理地估计。如果固定资产的成本能够可靠地计量，并同时满足其他确认条件，就可以予以确认；否则，不应予以确认。

需要注意的是，政府会计主体购置的某些设备，如果不能直接为政府会计主体带来经济利益，而是有助于政府会计主体从相关资产获得经济利益，或将减少政府会计主体未来经济利益的流出，则应将该设备确认为固定资产；另外，固定资产的各组成部分如果各自具有不同的使用寿命或以不同的方式为政府会计主体提供经济利益，适用不同的折旧率或折旧方法时，应将各组成部分单独确认为固定资产。

第三章　固定资产的初始计量

第八条　固定资产在取得时应当按照成本进行初始计量。

第九条　政府会计主体外购的固定资产，其成本包括购买价款、相关税费以及固定资产交付使用前所发生的可归属于该项资产的运输费、装卸费、安装费和专业人员服务费等。以一笔款项购入多项没有单独标价的固定资产，应当按照各项固定资产同类或类似资产市场价格的比例对总成本进行分配，分别确定各项固定资产的成本。

第十条　政府会计主体自行建造的固定资产，其成本包括该项资产至交付使用前所发生的全部必要支出。

在原有固定资产基础上进行改建、扩建、修缮后的固定资产，其成本按照原固定资产账面价值加上改建、扩建、修缮发生的支出，再扣除固定资产被替换部分的账面价值后的金额确定。

为建造固定资产借入的专门借款的利息，属于建设期间发生的，计入在建工程成本；不属于建设期间发生的，计入当期费用。

已交付使用但尚未办理竣工决算手续的固定资产，应当按照估计价值入账，待办理竣工决算后再按实际成本调整原来的暂估价值。

第十一条 政府会计主体通过置换取得的固定资产，其成本按照换出资产的评估价值加上支付的补价或减去收到的补价，加上换入固定资产发生的其他相关支出确定。

第十二条 政府会计主体接受捐赠的固定资产，其成本按照有关凭据注明的金额加上相关税费、运输费等确定；没有相关凭据可供取得，但按规定经过资产评估的，其成本按照评估价值加上相关税费、运输费等确定；没有相关凭据可供取得、也未经资产评估的，其成本比照同类或类似资产的市场价格加上相关税费、运输费等确定；没有相关凭据且未经资产评估、同类或类似资产的市场价格也无法可靠取得的，按照名义金额入账，相关税费、运输费等计入当期费用。

如受赠的系旧的固定资产，在确定其初始入账成本时应当考虑该项资产的新旧程度。

第十三条 政府会计主体无偿调入的固定资产，其成本按照调出方账面价值加上相关税费、运输费等确定。

第十四条 政府会计主体盘盈的固定资产，按规定经过资产评估的，其成本按照评估价值确定；未经资产评估的，其成本按照重置成本确定。

第十五条 政府会计主体融资租赁取得的固定资产，其成本按照其他相关政府会计准则确定。

【解析3-3】取得固定资产的会计处理

固定资产在取得时，应当按照成本进行初始计量。

（1）购入不需安装的固定资产验收合格时，按照确定的固定资产成本，借记"固定资产"科目，贷记"财政拨款收入""零余额账户用款额度""应付账款""银行存款"等科目。

购入需要安装的固定资产，在安装完毕交付使用前通过"在建工程"科目核算，安装完毕交付使用时再转入"固定资产"科目。

购入固定资产扣留质量保证金的，应当在取得固定资产时，按照确定的固定资产成本，借记"固定资产"科目（不需安装）或"在建工程"科目（需要安装），按照实际支付或应付的金额，贷记"财政拨款收入""零余额账户用款额度""应付账款（不含质量保证金）""银行存款"等科目，按照扣留的质量保证金数额，贷记"其他应付款"[扣留期在1年以内（含1年）]或"长期应付款"（扣留期超过1年）科目。

质保期满支付质量保证金时，借记"其他应付款""长期应付款"科目，贷记"财政拨款收入""零余额账户用款额度""银行存款"等科目。

（2）自行建造的固定资产交付使用时，按照在建工程成本，借记"固定资产"科目，贷记"在建工程"科目。

已交付使用但尚未办理竣工决算手续的固定资产，按照估计价值入账，待办理竣工决算后再按照实际成本调整原来的暂估价值。

（3）融资租赁取得的固定资产，其成本按照租赁协议或者合同确定的租赁价款、相关税费，以及固定资产交付使用前所发生的可归属于该项资产的运输费、途中保险费、安装调试费等确定。

融资租入的固定资产，按照确定的成本，借记"固定资产"科目（不需安装）或"在建工程"科目（需安装），按照租赁协议或者合同确定的租赁付款额，贷记"长期应付款"科目，按照支付的运输费、途中保险费、安装调试费等金额，贷记"财政拨款收入""零余额账户用款额度""银行存款"等科目。

定期支付租金时，按照实际支付金额，借记"长期应付款"科目，贷记"财政拨款收入""零余额账户用款额度""银行存款"等科目。

（4）按照规定跨年度分期付款购入固定资产的账务处理，参照融资租入固定资产。

（5）接受捐赠的固定资产，按照确定的固定资产成本，借记"固定资产"科目（不需安装）或"在建工程"科目（需安装），按照发生的相关税费、运输费等，贷记"零余额账户用款额度""银行存款"等科目，按照其差额，贷记"捐赠收入"科目。

接受捐赠的固定资产按照名义金额入账的，按照名义金额，借记"固定资产"科目，贷记"捐赠收入"科目；按照发生的相关税费、运输费等，借记"其他费用"科目，贷记"零余额账户用款额度""银行存款"等科目。

（6）无偿调入的固定资产，按照确定的固定资产成本，借记"固定资产"科目（不需安装）或"在建工程"科目（需安装），按照发生的相关税费、运输费等，贷记"零余额账户用款额度""银行存款"等科目，按照其差额，贷记"无偿调拨净资产"科目。

（7）置换取得的固定资产，参照"库存物品"科目中置换取得库存物品的相关规定进行账务处理。

固定资产取得时涉及增值税业务的，相关账务处理参见"应交增值税"科目。取得固定资产的会计处理如表 3-1 所示。

表 3-1 取得固定资产的会计处理

会计事项	财务会计处理	预算会计处理
（1）外购的固定资产（不需安装的）	借：固定资产 　贷：财政拨款收入／零余额账户用款额度／应付账款／银行存款等	借：行政支出／事业支出／经营支出等 　贷：财政拨款预算收入／资金结存
外购的固定资产（需安装的）	借：在建工程 　贷：财政拨款收入／零余额账户用款额度／应付账款／银行存款等	借：行政支出／事业支出／经营支出等 　贷：财政拨款预算收入／资金结存
安装完毕交付使用时	借：固定资产 　贷：在建工程	—
购入固定资产扣留质量保证金的	借：固定资产（不需安装）／在建工程（需要安装） 　贷：财政拨款收入／零余额账户用款额度／应付账款／银行存款等 　其他应付款[扣留期在1年以内（含1年）]／长期应付款（扣留期超过1年）	借：行政支出／事业支出／经营支出等（购买固定资产实际支付的金额） 　贷：财政拨款预算收入／资金结存
质保期满支付质量保证金时	借：其他应付款／长期应付款 　贷：财政拨款收入／零余额账户用款额度／银行存款等	借：行政支出／事业支出／经营支出等 　贷：财政拨款预算收入／资金结存
（2）自行建造的固定资产，工程完工交付使用时	借：固定资产 　贷：在建工程	—
（3）融资租入（或跨年度分期付款购入）的固定资产	借：固定资产（不需安装）／在建工程（需安装） 　贷：长期应付款（协议或合同确定的租赁价款） 　财政拨款收入／零余额账户用款额度／银行存款等（实际支付的相关税费、运输费等）	借：行政支出／事业支出／经营支出等（实际支付的相关税费、运输费等） 　贷：财政拨款预算收入／资金结存

会计事项	财务会计处理	预算会计处理
定期支付租金（或分期付款）时	借：长期应付款 　　贷：财政拨款收入／零余额账户用款额度／银行存款等	借：行政支出／事业支出／经营支出等 　　贷：财政拨款预算收入／资金结存
（4）接受捐赠的固定资产	借：固定资产（不需安装）／在建工程（需安装） 　　贷：银行存款／零余额账户用款额度等 　　　　（发生的相关、税费、运输费等） 　　　　捐赠收入（差额）	借：其他支出（支付的相关税费、运输费等） 　　贷：资金结存
接受捐赠的固定资产按照名义金额入账的	借：固定资产（名义金额） 　　贷：捐赠收入 借：其他费用 　　贷：银行存款／零余额账户用款额度等 　　　　（发生的相关税费、运输费等）	借：其他支出（支付的相关税费、运输费等） 　　贷：资金结存
（5）无偿调入的固定资产	借：固定资产（不需安装）／在建工程（需安装） 　　贷：银行存款／零余额账户用款额度等 　　　　（发生的相关税费、运输费等） 　　　　无偿调拨净资产（差额）	借：其他支出（支付的相关税费、运输费等） 　　贷：资金结存
（6）置换取得的固定资产	参照"库存物品"科目中置换取得库存物品的账务处理	—

第四章　固定资产的后续计量

第一节　固定资产的折旧

第十六条　政府会计主体应当对固定资产计提折旧，但本准则第十七条规定的固定资产除外。

折旧，是指在固定资产的预计使用年限内，按照确定的方法对应计的折旧额进行系统分摊。

固定资产应计的折旧额为其成本，计提固定资产折旧时不考虑预计净残值。

政府会计主体应当对暂估入账的固定资产计提折旧，实际成本确定后不需调整原已计提的折旧额。

第十七条 下列各项固定资产不计提折旧：

（一）文物和陈列品；

（二）动植物；

（三）图书、档案；

（四）单独计价入账的土地；

（五）以名义金额计量的固定资产。

第十八条 政府会计主体应当根据相关规定以及固定资产的性质和使用情况，合理确定固定资产的使用年限。

固定资产的使用年限一经确定，不得随意变更。

政府会计主体确定固定资产使用年限，应当考虑下列因素：

（一）预计实现服务潜力或提供经济利益的期限；

（二）预计有形损耗和无形损耗；

（三）法律或者类似规定对资产使用的限制。

【解析3-4】固定资产折旧年限表

政府会计主体固定资产折旧年限表如表3-2所示。

表3-2　　　　　　　　政府会计主体固定资产折旧年限表

固定资产类别	内容		折旧年限（年）
房屋及构筑物	业务及管理用房	钢结构	不低于50
		钢筋混凝土结构	不低于50
		砖混结构	不低于30
		砖木结构	不低于30
	简易房		不低于8
	房屋附属设施		不低于8
	构筑物		不低于8
通用设备	计算机设备		不低于6
	办公设备		不低于6
	车辆		不低于8
	图书档案设备		不低于5
	机械设备		不低于10
	电气设备		不低于5

固定资产类别	内容	折旧年限（年）
通用设备	雷达、无线电和卫星导航设备	不低于 10
	通信设备	不低于 5
	广播、电视、电影设备	不低于 5
	仪器仪表	不低于 5
	电子和通信测量设备	不低于 5
	计量标准器具及量具、衡器	不低于 5
专用设备	探矿、采矿、选矿和造块设备	10 ~ 15
	石油天然气开采专用设备	10 ~ 15
	石油和化学工业专用设备	10 ~ 15
	炼焦和金属冶炼轧制设备	10 ~ 15
	电力工业专用设备	20 ~ 30
	非金属矿物制品工业专用设备	10 ~ 20
	核工业专用设备	20 ~ 30
	航空航天工业专用设备	20 ~ 30
	工程机械	10 ~ 15
	农业和林业机械	10 ~ 15
	木材采集和加工设备	10 ~ 15
	食品加工专用设备	10 ~ 15
	饮料加工设备	10 ~ 15
	烟草加工设备	10 ~ 15
	粮油作物和饲料加工设备	10 ~ 15
	纺织设备	10 ~ 15
	缝纫、服饰、制革和毛皮加工设备	10 ~ 15
	造纸和印刷机械	10 ~ 20
	化学药品和中药专用设备	5 ~ 10
	医疗设备	5 ~ 10
	电工、电子专用生产设备	5 ~ 10
	安全生产设备	10 ~ 20

续表

固定资产类别	内容	折旧年限（年）
专用设备	邮政专用设备	10 ~ 15
	环境污染防治设备	10 ~ 20
	公安专用设备	3 ~ 10
	水工机械	10 ~ 20
	殡葬设备及用品	5 ~ 10
	铁路运输设备	10 ~ 20
	水上交通运输设备	10 ~ 20
	航空器及其配套设备	10 ~ 20
	专用仪器仪表	5 ~ 10
	文艺设备	5 ~ 15
	体育设备	5 ~ 15
	娱乐设备	5 ~ 15
家具、用具及装具	家具	不低于 15
	用具、装具	不低于 5

第十九条 政府会计主体一般应当采用年限平均法或者工作量法计提固定资产折旧。

在确定固定资产的折旧方法时，应当考虑与固定资产相关的服务潜力或经济利益的预期实现方式。固定资产折旧方法一经确定，不得随意变更。

【解析3-5】年限平均法与工作量法

1. 年限平均法

年限平均法又称直线法，是最简单并且常用的一种方法。此法是以固定资产的原价减去预计净残值除以预计使用年限，求得每年的折旧费用。

计算公式：

年折旧率 ＝（1－预计净残值率）÷ 预计使用寿命（年）×100%

月折旧额 ＝ 固定资产原价 × 年折旧率 ÷12

注：根据本准则第十六条，将年限平均法应用于行政事业单位不考虑预计净残值。下同。

年限平均法的缺点。

首先，固定资产在使用前期操作效能高，使用资产所获得收入比较高。根据收入与费用配比的原则，前期应提的折旧额应该相应比较多。

其次，固定资产使用的总费用包括折旧费和修理费两部分。通常在固定资产使用后期，修理费会逐渐增加。而年限平均法的折旧费用在各期是不变的。这造成了总费用逐渐增加，不符合配比的原则。

再次，年限平均法未考虑固定资产的利用程度和强度，忽视了固定资产使用磨损程度的差异及工作效能的差异。

最后，年限平均法没有考虑无形损耗对固定资产的影响。

年限平均法的优点。

年限平均法最大的优点是简单明了、易于掌握，简化了会计核算，因此在实际工作中得到了广泛的应用。

2．工作量法

工作量法，又称变动费用法，是根据实际工作量计提折旧额的一种方法。它的理论依据在于资产价值的降低是资产使用状况的函数，因此根据会计主体的经营活动情况或设备的使用状况来计提折旧。假定固定资产成本代表了购买一定数量的服务单位（可以是行驶里程数、工作小时数或产量数），然后按服务单位分配成本。这种方法弥补了年限平均法只重视使用时间，不考虑使用强度的特点。

计算公式：

单位工作量折旧额＝固定资产原价×（1－预计净残值率）÷预计总工作量

某项固定资产月折旧额＝该项固定资产当月工作量×单位工作量折旧额

工作量法的缺点。

首先，同年限平均法一样，未能考虑修理费用递增以及操作效能或收入递减等因素。

再次，固定资产所能提供的服务数量也难以准确地估计。

最后，工作量法忽视了无形损耗对固定资产的影响。

工作量法的优点。

当然，由于工作量法自身的特点，在有些情况下使用工作量法反而比较合理。当有形损耗比无形损耗更显著，或者在各个期间资产使用不均衡、不经常使用的，或者其使用程度与产品的生产工作量有关。在这些条件下，可以选择工作量法。

适用范围。

实际工作中，在运输企业和其他的专业车队和客货汽车经营企业，某些价值大而又不经常使用或季节性使用的大型机器设备中，可以用工作量法来计提折旧。

第二十条　固定资产应当按月计提折旧，并根据用途计入当期费用或者相关资产成本。

第二十一条 固定资产提足折旧后，无论能否继续使用，均不再计提折旧；提前报废的固定资产，也不再补提折旧。

已提足折旧的固定资产，可以继续使用的，应当继续使用，规范实物管理。

【解析3-6】（法规注释）关于固定资产折旧的计提

1．折旧年限

（1）因改建、扩建等原因而延长固定资产使用年限的，应当重新确定固定资产的折旧年限。

（2）政府会计主体盘盈、无偿调入、接受捐赠以及置换的固定资产，应当考虑该项资产的新旧程度，按照其尚可使用的年限计提折旧。

2．折旧计提时点

固定资产应当按月计提折旧，当月增加的固定资产，当月开始计提折旧；当月减少的固定资产，当月不再计提折旧。

固定资产提足折旧后，无论能否继续使用，均不再计提折旧；提前报废的固定资产，也不再补提折旧。已提足折旧的固定资产，可以继续使用的，应当继续使用，规范实物管理。

摘录于《政府会计准则第3号——固定资产》应用指南

第二十二条 固定资产因改建、扩建或修缮等原因而延长其使用年限的，应当按照重新确定的固定资产的成本以及重新确定的折旧年限计算折旧额。

【解析3-7】符合与不符合固定资产确认条件的后续支出

符合固定资产确认条件的后续支出，如为增加固定资产使用效能或延长其使用年限而发生的改建、扩建或修缮等后续支出，应当计入固定资产成本，通过"在建工程"科目核算，完工交付使用时转入"固定资产"科目。将发生的固定资产后续支出计入固定资产成本的，应当同时从固定资产账面价值中扣除被替换部分的账面价值。

不符合固定资产确认条件的后续支出，如为维护固定资产的正常使用而发生的日常修理等后续支出，应当计入当期损益，借记"业务活动费用""单位管理费用"等科目，贷记"财政拨款收入""零余额账户用款额度""银行存款"等科目。与固定资产有关的后续支出的会计处理如表3-3所示。

表 3-3   与固定资产有关的后续支出的会计处理

会计事项	财务会计处理	预算会计处理
符合固定资产确认条件的（增加固定资产使用效能或延长其使用年限而发生的改建、扩建等后续支出）	借：在建工程（固定资产账面价值） 　　固定资产累计折旧 　贷：固定资产（账面余额）	—
	借：在建工程 　贷：财政拨款收入 / 零余额账户用款额度 / 应付账款 / 银行存款等	借：行政支出 / 事业支出 / 经营支出等 　贷：财政拨款预算收入 / 资金结存
不符合固定资产确认条件的	借：业务活动费用 / 单位管理费用 / 经营费用等 　贷：财政拨款收入 / 零余额账户用款额度 / 银行存款等	借：行政支出 / 事业支出 / 经营支出等 　贷：财政拨款预算收入 / 资金结存

第二节　固定资产的处置

第二十三条　政府会计主体按规定报经批准出售、转让固定资产或固定资产报废、毁损的，应当将固定资产账面价值转销计入当期费用，并将处置收入扣除相关处置税费后的差额按规定作应缴款项处理（差额为净收益时）或计入当期费用（差额为净损失时）。

第二十四条　政府会计主体按规定报经批准对外捐赠、无偿调出固定资产的，应当将固定资产的账面价值予以转销，对外捐赠、无偿调出中发生的归属于捐出方、调出方的相关费用应当计入当期费用。

第二十五条　政府会计主体按规定报经批准以固定资产对外投资的，应当将该固定资产的账面价值予以转销，并将固定资产在对外投资时的评估价值与其账面价值的差额计入当期收入或费用。

第二十六条　固定资产盘亏造成的损失，按规定报经批准后应当计入当期费用。

【解析 3-8】固定资产处置的会计处理

（1）报经批准出售、转让固定资产，按照被出售、转让固定资产的账面价值，借记"资产处置费用"科目，按照固定资产已计提的折旧，借记"固定资产累计折旧"科目，按照固定资产账面余额，贷记"固定资产"科目；同时，按照收到的价款，借记"银行存款"等科目，按照处置过程中发生的相关费用，贷记"银行存款"等科目，按照其差额，贷记"应缴财政款"科目。

（2）报经批准对外捐赠固定资产，按照固定资产已计提的折旧，借记"固定资产累计折旧"科目，按照被处置固定资产账面余额，贷记"固定资产"科目，按照捐赠过程中发生的归属于捐出方的相关费用，贷记"银行存款"等科目，按照其差额，借记"资产处置费用"科目。

（3）报经批准无偿调出固定资产，按照固定资产已计提的折旧，借记"固定资产累计折旧"科目，按照被处置固定资产账面余额，贷记"固定资产"科目，按照其差额，借记"无偿调拨净资产"科目；同时，按照无偿调出过程中发生的归属于调出方的相关费用，借记"资产处置费用"科目，贷记"银行存款"等科目。

（4）报经批准置换换出固定资产，参照"库存物品"中置换换入库存物品的规定进行会计处理。

第五章　固定资产的披露

第二十七条　政府会计主体应当在附注中披露与固定资产有关的下列信息。

（一）固定资产的分类和折旧方法。

（二）各类固定资产的使用年限、折旧率。

（三）各类固定资产账面余额、累计折旧额、账面价值的期初、期末数及其本期变动情况。

（四）以名义金额计量的固定资产名称、数量，以及以名义金额计量的理由。

（五）已提足折旧的固定资产名称、数量等情况。

（六）接受捐赠、无偿调入的固定资产名称、数量等情况。

（七）出租、出借固定资产以及以固定资产投资的情况。

（八）固定资产对外捐赠、无偿调出、毁损等重要资产处置的情况。

（九）暂估入账的固定资产账面价值变动情况。

第六章　附则

第二十八条　本准则自 2017 年 1 月 1 日起施行。

《政府会计准则第3号——固定资产》应用指南

财会〔2017〕4号

一、关于固定资产折旧年限

（一）通常情况下，政府会计主体应当按照表1规定确定各类应计提折旧的固定资产的折旧年限。

表1　　　　　　　　　　　　政府固定资产折旧年限表

固定资产类别	内容		折旧年限（年）
房屋及构筑物	业务及管理用房	钢结构	不低于50
		钢筋混凝土结构	不低于50
		砖混结构	不低于30
		砖木结构	不低于30
	简易房		不低于8
	房屋附属设施		不低于8
	构筑物		不低于8
通用设备	计算机设备		不低于6
	办公设备		不低于6
	车辆		不低于8
	图书档案设备		不低于5
	机械设备		不低于10
	电气设备		不低于5
	雷达、无线电和卫星导航设备		不低于10
	通信设备		不低于5
	广播、电视、电影设备		不低于5
	仪器仪表		不低于5

续表

固定资产类别	内容	折旧年限（年）
通用设备	电子和通信测量设备	不低于5
	计量标准器具及量具、衡器	不低于5
专用设备	探矿、采矿、选矿和造块设备	10－15
	石油天然气开采专用设备	10－15
	石油和化学工业专用设备	10－15
	炼焦和金属冶炼轧制设备	10－15
	电力工业专用设备	20－30
	非金属矿物制品工业专用设备	10－20
	核工业专用设备	20－30
	航空航天工业专用设备	20－30
	工程机械	10－15
	农业和林业机械	10－15
	木材采集和加工设备	10－15
	食品加工专用设备	10－15
	饮料加工设备	10－15
	烟草加工设备	10－15
	粮油作物和饲料加工设备	10－15
	纺织设备	10－15
	缝纫、服饰、制革和毛皮加工设备	10－15
	造纸和印刷机械	10－20
	化学药品和中药专用设备	5－10
	医疗设备	5－10
	电工、电子专用生产设备	5－10
	安全生产设备	10－20
	邮政专用设备	10－15
	环境污染防治设备	10－20
	公安专用设备	3－10
	水工机械	10－20

续表

固定资产类别	内容	折旧年限（年）
专用设备	殡葬设备及用品	5-10
	铁路运输设备	10-20
	水上交通运输设备	10-20
	航空器及其配套设备	10-20
	专用仪器仪表	5-10
	文艺设备	5-15
	体育设备	5-15
	娱乐设备	5-15
家具、用具及装具	家具	不低于 15
	用具、装具	不低于 5

（二）国务院有关部门在遵循本应用指南中表 1 所规定的固定资产折旧年限的情况下，可以根据实际需要进一步细化本行业固定资产的类别，具体确定各类固定资产的折旧年限，并报财政部审核批准。

（三）政府会计主体应当在遵循本应用指南、主管部门有关折旧年限规定的情况下，根据固定资产的性质和实际使用情况，合理确定其折旧年限。

具体确定固定资产的折旧年限时，应当考虑下列因素：

1.固定资产预计实现服务潜力或提供经济利益的期限；

2.固定资产预计有形损耗和无形损耗；

3.法律或者类似规定对固定资产使用的限制。

（四）固定资产的折旧年限一经确定，不得随意变更。

因改建、扩建等原因而延长固定资产使用年限的，应当重新确定固定资产的折旧年限。

（五）政府会计主体盘盈、无偿调入、接受捐赠以及置换的固定资产，应当考虑该项资产的新旧程度，按照其尚可使用的年限计提折旧。

二、关于固定资产折旧计提时点

固定资产应当按月计提折旧，当月增加的固定资产，当月开始计提折旧；当月减少的固定资产，当月不再计提折旧。

固定资产提足折旧后，无论能否继续使用，均不再计提折旧；提前报废的固定资产，也不再补提折旧。已提足折旧的固定资产，可以继续使用的，应当继续使用，规范实物管理。

政府会计准则第 4 号——无形资产

财会〔2016〕12 号

第一章　总则

第一条　为了规范无形资产的确认、计量和相关信息的披露，根据《政府会计准则——基本准则》，制定本准则。

第二条　本准则所称无形资产，是指政府会计主体控制的没有实物形态的可辨认非货币性资产，如专利权、商标权、著作权、土地使用权、非专利技术等。资产满足下列条件之一的，符合无形资产定义中的可辨认性标准。

（一）能够从政府会计主体中分离或者划分出来，并能单独或者与相关合同、资产或负债一起，用于出售、转移、授予许可、租赁或者交换。

（二）源自合同性权利或其他法定权利，无论这些权利是否可以从政府会计主体或其他权利和义务中转移或者分离。

【解析4-1】无形资产的特征

无形资产一般具有以下基本特征。

1．不具有实物形态

无形资产作为一种长期资产，区别于固定资产最显著的特征就是不具有实物形态，而是一种特殊权利。其虽然不具有实物形态，但一经取得或形成，就可以为单位带来利益。

2．属于可辨认的非货币性资产

资产满足下列条件之一的，属于符合无形资产定义中的可辨认性标准：一是能够从政府会计主体中分离或者划分出来，并能单独或者与相关合同、资产或负债一起用于出售、转移、授予许可、租赁或者交换；二是源自合同性权利或其他法定权利，无论这些权利是否可以从政府会计主体或其他权利和义务中转移或者分离。

3．具有明显的排他性

这种排他性有时通过单位自身的保密措施来维护，如非专利技术等；有时则通过适当公开其内容作为代价以取得法律的保护，如专利权、著作权等；也可以通过社会信誉或公认的方式取得，如商誉等。

第二章　无形资产的确认

第三条　无形资产同时满足下列条件的，应当予以确认：

（一）与该无形资产相关的服务潜力很可能实现或者经济利益很可能流入政府会计主体；

（二）该无形资产的成本或者价值能够可靠地计量。政府会计主体在判断无形资产的服务潜力或经济利益是否很可能实现或流入时，应当对无形资产在预计使用年限内可能存在的各种社会、经济、科技因素做出合理估计，并且应当有确凿的证据支持。

【解析4-2】无形资产的确认条件

作为无形资产确认的项目，必须具备其产生的经济利益很可能流入政府会计主体这一条件。因为资产最基本的特征是产生的经济利益预期很可能流入政府会计主体，如果某一项目产生的经济利益预期不能流入政府会计主体，就不能确认为政府会计主体的资产。在会计实务中，要确定无形资产所创造的经济利益是否很可能流入政府会计主体，需要对无形资产在预计使用寿命内可能存在的各种经济因素做出合理估计，并且应当有明确的证据支持。

第四条　政府会计主体购入的不构成相关硬件不可缺少组成部分的软件，应当确认为无形资产。

第五条　政府会计主体自行研究开发项目的支出，应当区分研究阶段支出与开发阶段支出。

研究是指为获取并理解新的科学或技术知识而进行的独创性的有计划调查。

开发是指在进行生产或使用前，将研究成果或其他知识应用于某项计划或设计，以生产出新的或具有实质性改进的材料、装置、产品等。

第六条　政府会计主体自行研究开发项目研究阶段的支出，应当于发生时计入当期费用。

政府会计主体自行研究开发项目开发阶段的支出，先按合理方法进行归集，如果最终形成无形资产的，应当确认为无形资产；如果最终未形成无形资产的，应当计入当期费用。

政府会计主体自行研究开发项目尚未进入开发阶段，或者确实无法区分研究阶段支出和开发阶段支出，但按法律程序已申请取得无形资产的，应当将依法取得时发生的注册费、聘请律师费等费用确认为无形资产。

第七条　政府会计主体自创商誉及内部产生的品牌、报刊名等，不应确认为无形资产。

第八条　与无形资产有关的后续支出，符合本准则第三条规定的确认条件的，应当计入无形资产成本；不符合本准则第三条规定的确认条件的，应当在发生时计入当期费用或者相关资产成本。

第三章　无形资产的初始计量

第九条　无形资产在取得时应当按照成本进行初始计量。

第十条　政府会计主体外购的无形资产，其成本包括购买价款、相关税费以及可归属于该项资产达到预定用途前所发生的其他支出。

政府会计主体委托软件公司开发的软件，视同外购无形资产确定其成本。

第十一条　政府会计主体自行开发的无形资产，其成本包括自该项目进入开发阶段后至达到预定用途前所发生的支出总额。

第十二条　政府会计主体通过置换取得的无形资产，其成本按照换出资产的评估价值加上支付的补价或减去收到的补价，加上换入无形资产发生的其他相关支出确定。

第十三条　政府会计主体接受捐赠的无形资产，其成本按照有关凭据注明的金额加上相关税费确定；没有相关凭据可供取得，但按规定经过资产评估的，其成本按照评估价值加上相关税费确定；没有相关凭据可供取得、也未经资产评估的，其成本比照同类或类似资产的市场价格加上相关税费确定；没有相关凭据且未经资产评估、同类或类似资产的市场价格也无法可靠取得的，按照名义金额入账，相关税费计入当期费用。

确定接受捐赠无形资产的初始入账成本时，应当考虑该项资产尚可为政府会计主体带来服务潜力或经济利益的能力。

第十四条　政府会计主体无偿调入的无形资产，其成本按照调出方账面价值加上相关税费确定。

【解析 4-3】取得无形资产的账务处理

1. 外购的无形资产

外购无形资产的成本包括购买价款、相关税费以及可归属于该项资产达到预定用途所发生的其他支出。单位购入的不构成相关硬件不可缺少组成部分的应用软件，也应当作为无形资产核算。

非大批量购入、单价小于 1 000 元的无形资产，可以于购买的当期将其成本直接计入当期费用。

购入的无形资产，按照确定的无形资产成本，借记"无形资产"科目，贷记"财政拨款收入""零余额账户用款额度""银行存款""应付账款"等科目。

委托软件公司开发软件视同外购无形资产进行账务处理。当合同中约定预付开发费用时，可通过"预付账款"科目核算预付费用。

2. 自行开发的无形资产

自行开发的无形资产的成本包括自该项目进入开发阶段后至达到预定用途前所发生的支出总额，其支出应当区分研究阶段支出与开发阶段支出。

研究是指为获取并理解新的科学或技术知识而进行的独创性的有计划调查。研究阶段的支出应当于发生时计入当期费用。

开发是指在进行生产或使用前，将研究成果或其他知识应用于某项计划或设计，以生产出新的或具有实质性改进的材料、装置、产品等。开发阶段的支出先按合理方法进行归集，如果最终形成无形资产的，应当确认为无形资产；如果最终未形成无形资产的，应当计入当期费用。

政府会计主体自行研究开发项目尚未进入开发阶段，或者确实无法区分研究阶段支出和开发阶段支出，但按法律程序已申请取得无形资产的，应当将依法取得时发生的注册费、聘请律师费等费用确认为无形资产，借记"无形资产"科目，贷记"财政拨款收入""零余额账户用款额度""银行存款"等科目。

单位应当设置"研发支出"科目，用以核算自行研究开发项目研究阶段和开发阶段发生的各项费用。该科目可按自行研究开发项目分别"研究支出""开发支出"进行明细核算。该科目的期末借方余额反映单位预计能达到预定用途的研究开发项目在开发阶段发生的累计支出数。

单位应于每年年度终了评估研究开发项目是否能达到预定用途，如预计不能达到预定用途（如无法最终完成开发项目并形成无形资产），应当将已发生的开发支出金额全部转入当期费用，借记"业务活动费用"等科目，贷记"研发支出"科目（开发支出）。

3. 接受捐赠的无形资产

接受捐赠无形资产的成本应当依次按照历史成本、评估价值、市场价格、名义金额 4 个层次判断确定（参见接受捐赠的库存物品）。

在确定接受捐赠无形资产的初始入账成本时，应当考虑该项资产尚可为政府会计主体带来服务潜力或经济利益的能力。

接受捐赠的无形资产，按照确定的无形资产成本，借记"无形资产"科目；按照发生的相关税费等，贷记"零余额账户用款额度""银行存款"等科目；按其差额，贷记"捐赠收入"科目。

4．无偿调入的无形资产

无偿调入无形资产的成本，按照确定的无形资产成本，借记"无形资产"科目；按照发生的相关税费等，贷记"零余额账户用款额度""银行存款"等科目；按其差额，贷记"无偿调拨净资产"科目。

5．置换取得的无形资产

通过置换取得的无形资产的成本按照换出资产的评估价值加上支付的补价或减去收到的补价，加上换入无形资产发生的其他相关支出确定。

第四章　无形资产的后续计量

第一节　无形资产的摊销

第十五条　政府会计主体应当于取得或形成无形资产时合理确定其使用年限。

无形资产的使用年限为有限的，应当估计该使用年限。无法预见无形资产为政府会计主体提供服务潜力或者带来经济利益期限的，应当视为使用年限不确定的无形资产。

第十六条　政府会计主体应当对使用年限有限的无形资产进行摊销，但已摊销完毕仍继续使用的无形资产和以名义金额计量的无形资产除外。

摊销是指在无形资产使用年限内，按照确定的方法对应摊销金额进行系统分摊。

第十七条　对于使用年限有限的无形资产，政府会计主体应当按照以下原则确定无形资产的摊销年限：

（一）法律规定了有效年限的，按照法律规定的有效年限作为摊销年限；

（二）法律没有规定有效年限的，按照相关合同或单位申请书中的受益年限作为摊销年限；

（三）法律没有规定有效年限、相关合同或单位申请书也没有规定受益年限的，应当根据无形资产为政府会计主体带来服务潜力或经济利益的实际情况，预计其使用年限；

（四）非大批量购入、单价小于1 000元的无形资产，可以于购买的当期将其成本一次性全部转销。

第十八条　政府会计主体应当按月对使用年限有限的无形资产进行摊销，并根据用途计入当期费用或者相关资产成本。

政府会计主体应当采用年限平均法或者工作量法对无形资产进行摊销，应摊销金额为其成本，不考虑预计残值。

第十九条　因发生后续支出而增加无形资产成本的，对于使用年限有限的无形资产，应当按照重新确定的无形资产成本以及重新确定的摊销年限计算摊销额。

第二十条　使用年限不确定的无形资产不应摊销。

【解析4-4】无形资产的后续计量

1．无形资产摊销

摊销是指在无形资产使用年限内，按照确定的方法对应摊销金额进行系统分摊。无形资产准则基于权责发生制的要求，对无形资产的摊销金额应当根据用途计入当期费用或者相关资产成本。这种"实摊"的做法有利于客观、真实地反映资产价值。

为此，单位应当设置"累计摊销"科目，核算单位对使用年限确定的无形资产计提的累计摊销。该科目应当按照无形资产的类别、项目等进行明细核算。该科目的期末贷方余额反映单位计提的无形资产摊销累计数。

无形资产累计摊销有关政策规定如下。

第一，单位应当于取得或形成无形资产时合理确定其使用年限。无形资产的使用年限为有限的，应当估计该使用年限。无法预见无形资产为政府会计主体提供服务的潜力或者带来经济利益的期限的，应当视为使用年限不确定的无形资产。单位应当对使用年限有限的无形资产进行摊销，已摊销完毕仍继续使用的无形资产和以名义金额计量的无形资产除外。使用年限不确定的无形资产不应摊销。

单位应当按照以下原则确定无形资产的摊销年限：（1）法律规定了有效年限的，以法律规定的有效年限作为摊销年限；（2）法律没有规定有效年限的，以相关合同或单位申请书中的受益年限作为摊销年限；（3）法律没有规定有效年限、相关合同或单位申请书也没有规定受益年限的，应当根据无形资产为政府会计主体带来服务的潜力或经济利益的实际情况，预计其使用年限。

第二，单位应当采用直线法对无形资产进行摊销，应摊销金额为其成本，不考虑预计残值。摊销金额根据用途计入当期费用或者相关资产成本。

第三，单位应当自无形资产取得当月起，按月计提无形资产摊销；无形资产减少的当月，不再计提摊销。

第四，因发生后续支出而增加无形资产成本的，应当按照重新确定的无形资产成本以及重新确定的摊销年限计算摊销额。

单位按月计提无形资产摊销时，按照应计提摊销金额，借记"业务活动费用""单位管理费用""加工物品""在建工程"等科目，贷记"累计摊销"科目。"累计摊销"与"无形资产"之间的差额为无形资产摊余价值。

2. 与无形资产有关的后续支出

无形资产相关的后续支出，同样需要区分资本化支出和费用化支出。符合资产确认条件的支出，例如为增加无形资产的使用效能而发生的后续支出，应当资本化，否则应当费用化计入当期损益。例如，增加了新功能，可以提高工作效率的软件升级的支出、商标权使用期满的续展费等可以作为资本化支出，计入相关无形资产的账面价值，而软件的日常维护等费用应当作为费用，计入当期损益。

（1）符合无形资产确认条件的后续支出。

为增加无形资产的使用效能对其进行升级改造或扩展其功能时，如需暂停对无形资产进行摊销的，按照无形资产的账面价值，借记"在建工程"科目，按照无形资产已摊销金额，借记"无形资产累计摊销"科目，按照无形资产的账面余额，贷记"无形资产"科目。

无形资产后续支出符合无形资产确认条件的，按照支出的金额，借记"无形资产"科目（无需暂停摊销的）或"在建工程"科目（需暂停摊销的），贷记"财政拨款收入""零余额账户用款额度""银行存款"等科目。

暂停摊销的无形资产升级改造或扩展功能等完成交付使用时，按照在建工程成本，借记"无形资产"科目，贷记"在建工程"科目。

（2）不符合无形资产确认条件的后续支出。

为保证无形资产正常使用发生的日常维护等支出，借记"业务活动费用""单位管理费用"等科目，贷记"财政拨款收入""零余额账户用款额度""银行存款"等科目。

第二节　无形资产的处置

第二十一条　政府会计主体按规定报经批准出售无形资产，应当将无形资产账面价值转销计入当期费用，并将处置收入大于相关处置税费后的差额按规定计入当期收入或者做应缴款项处理，将处置收入小于相关处置税费后的差额计入当期费用。

第二十二条 政府会计主体按规定报经批准对外捐赠、无偿调出无形资产的，应当将无形资产的账面价值予以转销，对外捐赠、无偿调出中发生的归属于捐出方、调出方的相关费用应当计入当期费用。

第二十三条 政府会计主体按规定报经批准以无形资产对外投资的，应当将该无形资产的账面价值予以转销，并将无形资产在对外投资时的评估价值与其账面价值的差额计入当期收入或费用。

第二十四条 无形资产预期不能为政府会计主体带来服务潜力或者经济利益的，应当在报经批准后将该无形资产的账面价值予以转销。

【解析4-5】无形资产的处置

无形资产的处置，是指单位由于业务不再需要，将无形资产对外出售、对外出租获取一定收益或者对外捐赠，也包括当无形资产无法为单位带来未来经济利益时，对其进行终止确认并将账面价值转销。但与固定资产类似，无形资产的处置必须符合法律法规和单位内部的相关规定，报经批准后，再进行账务处理。

（1）报经批准出售、转让无形资产，按照被出售、转让无形资产的账面价值，借记"资产处置费用"科目，按照无形资产已计提的摊销，借记"无形资产累计摊销"科目，按照无形资产账面余额，贷记"无形资产"科目；同时，按照收到的价款，借记"银行存款"等科目，按照处置过程中发生的相关费用，贷记"银行存款"等科目，按照其差额，贷记"应缴财政款"（按照规定应上缴无形资产转让净收入的）或"其他收入"（按照规定将无形资产转让收入纳入本单位预算管理的）科目。

（2）报经批准对外捐赠无形资产，按照无形资产已计提的摊销，借记"无形资产累计摊销"科目，按照被处置无形资产账面余额，贷记"无形资产"科目，按照捐赠过程中发生的归属于捐出方的相关费用，贷记"银行存款"等科目，按照其差额，借记"资产处置费用"科目。

（3）报经批准无偿调出无形资产，按照无形资产已计提的摊销，借记"无形资产累计摊销"科目，按照被处置无形资产账面余额，贷记"无形资产"科目，按照其差额，借记"无偿调拨净资产"科目；同时，按照无偿调出过程中发生的归属于调出方的相关费用，借记"资产处置费用"科目，贷记"银行存款"等科目。

（4）报经批准置换换出无形资产，参照"库存物品"科目中置换换入库存物品的规定进行账务处理。

（5）无形资产预期不能为单位带来服务潜力或经济利益，按照规定报经批准核销时，按照待核销无形资产的账面价值，借记"资产处置费用"科目，按照已计提摊销，借记"无形资产累计摊销"科目，按照无形资产的账面余额，贷记"无形资产"科目。

第五章　无形资产的披露

第二十五条　政府会计主体应当按照无形资产的类别在附注中披露与无形资产有关的下列信息。

（一）无形资产账面余额、累计摊销额、账面价值的期初、期末数及其本期变动情况。

（二）自行开发无形资产的名称、数量，以及账面余额和累计摊销额的变动情况。

（三）以名义金额计量的无形资产名称、数量，以及以名义金额计量的理由。

（四）接受捐赠、无偿调入无形资产的名称、数量等情况。

（五）使用年限有限的无形资产，其使用年限的估计情况；使用年限不确定的无形资产，其使用年限不确定的确定依据。

（六）无形资产出售、对外投资等重要资产处置的情况。

第六章　附则

第二十六条　本准则自 2017 年 1 月 1 日起施行。

政府会计准则第 5 号——公共基础设施

财会〔2017〕11 号

第一章 总则

第一条 为了规范公共基础设施的确认、计量和相关信息的披露，根据《政府会计准则——基本准则》，制定本准则。

第二条 本准则所称公共基础设施，是指政府会计主体为满足社会公共需求而控制的，同时具有以下特征的有形资产：

（一）是一个有形资产系统或网络的组成部分；

（二）具有特定用途；

（三）一般不可移动。

公共基础设施主要包括市政基础设施（如城市道路、桥梁、隧道、公交场站、路灯、广场、公园绿地、室外公共健身器材，以及环卫、排水、供水、供电、供气、供热、污水处理、垃圾处理系统等）、交通基础设施（如公路、航道、港口等）、水利基础设施（如大坝、堤防、水闸、泵站、渠道等）和其他公共基础设施。

【解析 5-1】公共基础设施的概念与特征

公共基础设施是指为公众设置的、公众可以共享、不允许某个人独占或排他的一些基础性设施，包括市政基础设施（如城市道路、桥梁、隧道、公交场站、路灯、广场、公园绿地、室外公共健身器材，以及环卫、排水、供水、供电、供气、供热、污水处理、垃圾处理系统等）、交通基础设施（如公路、航道、港口等）、水利基础设施（如大坝、堤防、水闸、泵站、渠道等），以及其他公共基础设施。公共基础设施为经济社会发展提供了强有力的基础支撑条件。

第三条 下列各项适用于其他相关政府会计准则。

（一）独立于公共基础设施、不构成公共基础设施使用不可缺少组成部分的管理维护用房屋建筑物、设备、车辆等，适用《政府会计准则第 3 号——固定资产》。

（二）属于文物文化资产的公共基础设施，适用其他相关政府会计准则。

（三）采用政府和社会资本合作模式（即 PPP 模式）形成的公共基础设施的确认和初始计量，适用其他相关政府会计准则。

【解析 5-2】公共基础设施科目设置

从资产的实物形态和相关价值标准而言，政府会计主体控制的公共基础设施与其固定资产具有相当程度的相似性，因此涉及公共基础设施的很多业务的账务处理与固定资产基本相同。但考虑到我国政府公共基础设施数量众多，在资金来源、建造和管理方式、产权关系、用途等方面与政府会计主体占有、使用的固定资产有较大区别，因此单独设立一个科目进行核算。

第二章　公共基础设施的确认

第四条　通常情况下，符合本准则第五条规定的公共基础设施，应当由按规定对其负有管理维护职责的政府会计主体予以确认。

多个政府会计主体共同管理维护的公共基础设施，应当由对该资产负有主要管理维护职责或者承担后续主要支出责任的政府会计主体予以确认。

分为多个组成部分由不同政府会计主体分别管理维护的公共基础设施，应当由各个政府会计主体分别对其负责管理维护的公共基础设施的相应部分予以确认。

负有管理维护公共基础设施职责的政府会计主体通过政府购买服务方式委托企业或其他会计主体代为管理维护公共基础设施的，该公共基础设施应当由委托方予以确认。

第五条　公共基础设施同时满足下列条件的，应当予以确认：

（一）与该公共基础设施相关的服务潜力很可能实现或者经济利益很可能流入政府会计主体；

（二）该公共基础设施的成本或者价值能够可靠地计量。

【解析 5-3】公共基础设施确认的说明

公共基础设施应当在同时满足下列条件时予以确认：一是与该公共基础设施相关的服务潜力很可能实现或者经济利益很可能流入政府会计主体，二是该公共基础设施的成本或者价值能够可靠地计量。通常情况下，符合这两条规定体现了"谁负责管理维护，谁入账"。

与公共基础设施配套使用的修理设备、工具器具、车辆等动产，作为固定资产核算。与公共基础设施配套、供单位在公共基础设施管理中自行使用的房屋构筑物等，能够与公共基础设施分开核算的，作为固定资产核算。

第六条 通常情况下，对于自建或外购的公共基础设施，政府会计主体应当在该项公共基础设施验收合格并交付使用时确认；对于无偿调入、接受捐赠的公共基础设施，政府会计主体应当在开始承担该项公共基础设施管理维护职责时确认。

第七条 政府会计主体应当根据公共基础设施提供公共产品或服务的性质或功能特征对其进行分类确认。

公共基础设施的各组成部分具有不同使用年限或者以不同方式提供公共产品或服务，适用不同折旧率或折旧方法且可以分别确定各自原价的，应当分别将各组成部分确认为该类公共基础设施的一个单项公共基础设施。

第八条 政府会计主体在购建公共基础设施时，能够分清购建成本中的构筑物部分与土地使用权部分的，应当将其中的构筑物部分和土地使用权部分分别确认为公共基础设施；不能分清购建成本中的构筑物部分与土地使用权部分的，应当整体确认为公共基础设施。

第九条 公共基础设施在使用过程中发生的后续支出，符合本准则第五条规定的确认条件的，应当计入公共基础设施成本；不符合本准则第五条规定的确认条件的，应当在发生时计入当期费用。

通常情况下，为增加公共基础设施使用效能或延长其使用年限而发生的改建、扩建等后续支出，应当计入公共基础设施成本；为维护公共基础设施的正常使用而发生的日常维修、养护等后续支出，应当计入当期费用。

【解析5-4】公共基础设施后续支出的说明

与公共基础设施有关的后续支出的会计处理如表5-1所示。

表5-1　　　　　　　　与公共基础设施有关的后续支出的会计处理

会计事项		财务会计处理	预算会计处理
与公共基础设施有关的后续支出	接受捐赠的公共基础设施	借：其他费用（发生的归属于调入方的相关费用） 　贷：财政拨款收入/零余额账户用款额度/银行存款等	—

续表

会计事项		财务会计处理	预算会计处理
与公共基础设施有关的后续支出	接受捐赠的公共基础设施	借：公共基础设施 　　贷：捐赠收入 　　　　财政拨款收入 / 零余额账户用款额度 / 银行存款等（发生的归属于捐入方的相关费用） 如接受捐赠的公共基础设施成本无法可靠取得的： 借：其他费用（发生的归属于捐入方的相关费用） 　　贷：财政拨款收入 / 零余额账户用款额度 / 银行存款等	借：其他支出（支付的归属于捐入方的相关费用） 　　贷：财政拨款预算收入 / 资金结存
	外购的公共基础设施，为增加公共基础设施使用效能或延长其使用年限而发生的改建、扩建等后续支出	借：公共基础设施 　　贷：财政拨款收入 / 零余额账户用款额度 / 应付账款 / 银行存款等	借：行政支出 / 事业支出 　　贷：财政拨款预算收入 / 资金结存
		借：在建工程 　　公共基础设施累计折旧（摊销） 　　贷：公共基础设施（账面余额） 借：在建工程（发生的相关后续支出） 　　贷：财政拨款收入 / 零余额账户用款额度 / 应付账款 / 银行存款等	借：行政支出 / 事业支出（实际支付的款项） 　　贷：财政拨款预算收入 / 资金结存
	为维护公共基础设施的正常使用而发生的日常维修、养护等后续支出	借：业务活动费用 　　贷：财政拨款收入 / 零余额账户用款额度 / 银行存款等	借：行政支出 / 事业支出（实际支付的款项） 　　贷：财政拨款预算收入 / 资金结存

第三章　公共基础设施的初始计量

第十条　公共基础设施在取得时应当按照成本进行初始计量。

第十一条　政府会计主体自行建造的公共基础设施，其成本包括完成批准的建设内容所发生的全部必要支出，包括建筑安装工程投资支出、设备投资支出、待摊投资支出和其他投资支出。

在原有公共基础设施基础上进行改建、扩建等建造活动后的公共基础设施，其成本按照原公共基础设施账面价值加上改建、扩建等建造活动发生的支出，再扣除公共基础设施被替换部分的账面价值后的金额确定。

为建造公共基础设施借入的专门借款的利息，属于建设期间发生的，计入该公共基础设施在建工程成本；不属于建设期间发生的，计入当期费用。

已交付使用但尚未办理竣工决算手续的公共基础设施，应当按照估计价值入账，待办理竣工决算后再按照实际成本调整原来的暂估价值。

第十二条 政府会计主体接受其他会计主体无偿调入的公共基础设施，其成本按照该项公共基础设施在调出方的账面价值加上归属于调入方的相关费用确定。

第十三条 政府会计主体接受捐赠的公共基础设施，其成本按照有关凭据注明的金额加上相关费用确定；没有相关凭据可供取得，但按规定经过资产评估的，其成本按照评估价值加上相关费用确定；没有相关凭据可供取得、也未经资产评估的，其成本比照同类或类似资产的市场价格加上相关费用确定。

如受赠的系旧的公共基础设施，在确定其初始入账成本时应当考虑该项资产的新旧程度。

第十四条 政府会计主体外购的公共基础设施，其成本包括购买价款、相关税费以及公共基础设施交付使用前所发生的可归属于该项资产的运输费、装卸费、安装费和专业人员服务费等。

【解析5-5】公共基础设施初始确认的会计处理

公共基础设施初始确认的会计处理如表5-2所示。

表5-2 公共基础设施初始确认的会计处理

会计事项		财务会计处理	预算会计处理
取得公共基础设施	自行建造公共基础设施完工交付使用时	借：公共基础设施 　　贷：在建工程	—
	接受无偿调入的公共基础设施	借：公共基础设施 　　贷：无偿调拨净资产 　　　　财政拨款收入/零余额账户用款额度/银行存款等（发生的归属于调入方的相关费用） 如无偿调入的公共基础设施成本无法可靠取得的 借：其他费用（发生的归属于调入方的相关费用） 　　贷：财政拨款收入/零余额账户用款额度/银行存款	借：其他支出（支付的归属于调入方的相关费用） 　　贷：财政拨款预算收入/资金结存

第十五条 对于包括不同组成部分的公共基础设施，其只有总成本、没有单项组成部分成本的，政府会计主体可以按照各单项组成部分同类或类似资产的成本或市场价格比例对总成本进行分配，分别确定公共基础设施中各单项组成部分的成本。

第四章 公共基础设施的后续计量

第一节 公共基础设施的折旧或摊销

第十六条 政府会计主体应当对公共基础设施计提折旧，但政府会计主体持续进行良好的维护使得其性能得到永久维持的公共基础设施和确认为公共基础设施的单独计价入账的土地使用权除外。

公共基础设施应计提的折旧总额为其成本，计提公共基础设施折旧时不考虑预计净残值。

政府会计主体应当对暂估入账的公共基础设施计提折旧，实际成本确定后不需调整原已计提的折旧额。

第十七条 政府会计主体应当根据公共基础设施的性质和使用情况，合理确定公共基础设施的折旧年限。

政府会计主体确定公共基础设施折旧年限，应当考虑下列因素：

（一）设计使用年限或设计基准期；

（二）预计实现服务潜力或提供经济利益的期限；

（三）预计有形损耗和无形损耗；

（四）法律或者类似规定对资产使用的限制。

公共基础设施的折旧年限一经确定，不得随意变更，但符合本准则第二十条规定的除外。

对于政府会计主体接受无偿调入、捐赠的公共基础设施，应当考虑该项资产的新旧程度，按照其尚可使用的年限计提折旧。

第十八条 政府会计主体一般应当采用年限平均法或者工作量法计提公共基础设施折旧。

在确定公共基础设施的折旧方法时，应当考虑与公共基础设施相关的服务潜力或经济利益的预期实现方式。

公共基础设施折旧方法一经确定，不得随意变更。

第十九条 公共基础设施应当按月计提折旧，并计入当期费用。当月增加的公共基础设施，当月开始计提折旧；当月减少的公共基础设施，当月不再计提折旧。

第二十条 处于改建、扩建等建造活动期间的公共基础设施，应当暂停计提折旧。

因改建、扩建等原因而延长公共基础设施使用年限的，应当按照重新确定的公共基础设施的成本和重新确定的折旧年限计算折旧额，不需调整原已计提的折旧额。

第二十一条 公共基础设施提足折旧后，无论能否继续使用，均不再计提折旧；已提足折旧的公共基础设施，可以继续使用的，应当继续使用，并规范实物管理。

提前报废的公共基础设施，不再补提折旧。

第二十二条 对于确认为公共基础设施的单独计价入账的土地使用权，政府会计主体应当按照《政府会计准则第 4 号——无形资产》的相关规定进行摊销。

【解析 5-6】公共基础设施累计折旧（摊销）的会计处理

公共基础设施累计折旧（摊销）的会计处理如表 5-3 所示。

表 5-3　　　　　　　　**公共基础设施累计折旧（摊销）的会计处理**

会计事项		财务会计处理	预算会计处理
公共基础设施累计折旧（摊销）	按月计提公共基础设施折旧或摊销时	借：业务活动费用 　　贷：公共基础设施累计折旧（摊销）	—
	处置公共基础设施时	借：待处理财产损溢 　　公共基础设施累计折旧（摊销） 　　贷：公共基础设施（账面余额）	—

第二节　公共基础设施的处置

第二十三条 政府会计主体按规定报经批准无偿调出、对外捐赠公共基础设施的，应当将公共基础设施的账面价值予以转销，无偿调出、对外捐赠中发生的归属于调出方、捐出方的相关费用应当计入当期费用。

第二十四条 公共基础设施报废或遭受重大毁损的，政府会计主体应当在报经批准后将公共基础设施账面价值予以转销，并将报废、毁损过程中取得的残值变价收入扣除相关费用后的差额按规定做应缴款项处理（差额为净收益时）或计入当期费用（差额为净损失时）。

【解析 5-7】处置公共基础设施的会计处理

处置公共基础设施的会计处理如表 5-4 所示。

表 5-4   处置公共基础设施的会计处理

会计事项		财务会计处理	预算会计处理
按照规定处置公共基础设施	对外捐赠公共基础设施	借：资产处置费用 　　公共基础设施累计折旧（摊销） 贷：公共基础设施（账面余额） 　　银行存款等（归属于捐出方的相关费用）	借：其他支出（支付的归属于捐出方的相关费用） 贷：资金结存等
	无偿调出公共基础设施	借：无偿调拨净资产 　　公共基础设施累计折旧（摊销） 贷：公共基础设施（账面余额） 借：资产处置费用 贷：银行存款等（归属于调出方的相关费用）	借：其他支出（支付的归属于调出方的相关费用） 贷：资金结存等
	报废、毁损的公共基础设施	借：待处理财产损溢 　　公共基础设施累计折旧（摊销） 贷：公共基础设施（账面余额）	—

第五章　公共基础设施的披露

第二十五条　政府会计主体应当在附注中披露与公共基础设施有关的下列信息。

（一）公共基础设施的分类和折旧方法。

（二）各类公共基础设施的折旧年限及其确定依据。

（三）各类公共基础设施账面余额、累计折旧额（或摊销额）、账面价值的期初、期末数及其本期变动情况。

（四）各类公共基础设施的实物量。

（五）公共基础设施在建工程的期初、期末金额及其增减变动情况。

（六）确认为公共基础设施的单独计价入账的土地使用权的账面余额、累计摊销额及其变动情况。

（七）已提足折旧继续使用的公共基础设施的名称、数量等情况。

（八）暂估入账的公共基础设施账面价值变动情况。

（九）无偿调入、接受捐赠的公共基础设施名称、数量等情况（包括未按照本准则第十二条和第十三条规定计量并确认入账的公共基础设施的具体情况）。

（十）公共基础设施对外捐赠、无偿调出、报废、重大毁损等处置情况。

（十一）公共基础设施年度维护费用和其他后续支出情况。

第六章　附则

第二十六条　对于应当确认为公共基础设施、但已确认为固定资产的资产，政府会计主体应当在本准则首次执行日将该资产按其账面价值重分类为公共基础设施。

第二十七条　对于应当确认但尚未入账的存量公共基础设施，政府会计主体应当在本准则首次执行日按照以下原则确定其初始入账成本：

（一）可以取得相关原始凭据的，其成本按照有关原始凭据注明的金额减去应计提的累计折旧后的金额确定；

（二）没有相关凭据可供取得，但按规定经过资产评估的，其成本按照评估价值确定；

（三）没有相关凭据可供取得、也未经资产评估的，其成本按照重置成本确定。

本准则首次执行日以后，政府会计主体应当对存量公共基础设施按其在首次执行日确定的成本和剩余折旧年限计提折旧。

第二十八条　本准则自 2018 年 1 月 1 日起施行。

政府会计准则第 6 号——政府储备物资

财会〔2017〕23 号

第一章　总则

第一条　为了规范政府储备物资的确认、计量和相关信息的披露，根据《政府会计准则——基本准则》，制定本准则。

第二条　本准则所称政府储备物资，是指政府会计主体为满足实施国家安全与发展战略、进行抗灾救灾、应对公共突发事件等特定公共需求而控制的，同时具有下列特征的有形资产：

（一）在应对可能发生的特定事件或情形时动用；

（二）其购入、存储保管、更新（轮换）、动用等由政府及相关部门发布的专门管理制度规范。

政府储备物资包括战略及能源物资、抢险抗灾救灾物资、农产品、医药物资和其他重要商品物资，通常情况下由政府会计主体委托承储单位存储。

第三条　企业以及纳入企业财务管理体系的事业单位接受政府委托收储并按企业会计准则核算的储备物资，不适用本准则。

第四条　政府会计主体的存货，适用《政府会计准则第 1 号——存货》。

【解析6-1】政府储备物资

按照《政府会计准则第 6 号——政府储备物资》的规定，通常情况下，政府储备物资应当由按规定对其负有行政管理职责的政府会计主体予以确认。其中，行政管理职责主要指提出或拟定收储计划、更新（轮换）计划、动用方案等。相关行政管理职责由不同政府会计主体行使的政府储备物资，由负责提出收储计划的政府会计主体予以确认。对政府储备物资不负有行政管理职责但接受委托具体负责执行其存储保管等工作的政府会计主体，应当将受托代储的政府储备物资作为受托代理资产核算。

为核算政府储备物资，行政事业单位应设置"政府储备物资"总账科目。该科目核算行政事业单位控制的政府储备物资的成本。该科目应当按照政府储备物资的种类、品种、存放地点等进行明细核算。行政事业单位根据需要，可在该科目下设置"在库""发出"等明细科目进行明细核算。

第二章　政府储备物资的确认

第五条　通常情况下，符合本准则第六条规定的政府储备物资，应当由按规定对其负有行政管理职责的政府会计主体予以确认。

本准则规定的行政管理职责主要指提出或拟定收储计划、更新（轮换）计划、动用方案等。

相关行政管理职责由不同政府会计主体行使的政府储备物资，由负责提出收储计划的政府会计主体予以确认。

对政府储备物资不负有行政管理职责但接受委托具体负责执行其存储保管等工作的政府会计主体，应当将受托代储的政府储备物资作为受托代理资产核算。

第六条　政府储备物资同时满足下列条件的，应当予以确认：

（一）与该政府储备物资相关的服务潜力很可能实现或者经济利益很可能流入政府会计主体；

（二）该政府储备物资的成本或者价值能够可靠地计量。

【解析6-2】政府储备物资与存货的比较

从资产物质形态来说，政府储备物资与存货具有一定相似性，但政府储备物资在功能作用、管理方式、资金来源、业务流程等方面与存货存在着显著差异。

首先，从管理方式来看，政府会计主体对存货一般采取由其自身直接储存的方式进行管理，而我国政府储备物资主要采取委托存储的管理模式。其次，政府储备物资需要根据特定文件规定进行采购、存储、保管、轮换、发出等，发出物资收回往往具有不确定性。最后，不同于政府会计主体通常对自身控制的存货拥有所有权，政府会计准则规定政府储备物资，应当由按规定对其负有行政管理职责的政府会计主体予以确认。所谓行政管理职责主要指提出或拟定收储计划、更新（轮换）计划、动用方案等。如果是对政府储备物资不负有行政管理职责但接受委托具体负责执行其存储保管等工作的政府会计主体，只能将受托代储的政府储备物资作为受托代理资产核算。相关行政管理职责由不同政府会计主体行使的政府储备物资，由负责提出收储计划的政府会计主体予以确认。

第三章 政府储备物资的初始计量

第七条 政府储备物资在取得时应当按照成本进行初始计量。

第八条 政府会计主体购入的政府储备物资，其成本包括购买价款和政府会计主体承担的相关税费、运输费、装卸费、保险费、检测费以及使政府储备物资达到目前场所和状态所发生的归属于政府储备物资成本的其他支出。

第九条 政府会计主体委托加工的政府储备物资，其成本包括委托加工前物料成本、委托加工的成本（如委托加工费以及按规定应计入委托加工政府储备物资成本的相关税费等）以及政府会计主体承担的使政府储备物资达到目前场所和状态所发生的归属于政府储备物资成本的其他支出。

第十条 政府会计主体接受捐赠的政府储备物资，其成本按照有关凭据注明的金额加上政府会计主体承担的相关税费、运输费等确定；没有相关凭据可供取得，但按规定经过资产评估的，其成本按照评估价值加上政府会计主体承担的相关税费、运输费等确定；没有相关凭据可供取得、也未经资产评估的，其成本比照同类或类似资产的市场价格加上政府会计主体承担的相关税费、运输费等确定。

第十一条 政府会计主体接受无偿调入的政府储备物资，其成本按照调出方账面价值加上归属于政府会计主体的相关税费、运输费等确定。

第十二条 下列各项不计入政府储备物资成本：

（一）仓储费用；

（二）日常维护费用；

（三）不能归属于使政府储备物资达到目前场所和状态所发生的其他支出。

第十三条 政府会计主体盘盈的政府储备物资，其成本按照有关凭据注明的金额确定；没有相关凭据，但按规定经过资产评估的，其成本按照评估价值确定；没有相关凭据、也未经资产评估的，其成本按照重置成本确定。

【解析 6-3】政府储备物资的确认

取得政府储备物资的会计处理如表 6-1 所示。

表 6-1 　　　　　　　　　　取得政府储备物资的会计处理

会计事项		财务会计处理	预算会计处理
取得政府储备物资	购入的政府储备物资	借：政府储备物资 　　贷：财政拨款收入／零余额账户用款额度／应付账款／银行存款等	借：行政支出／事业支出 　　贷：财政拨款预算收入／资金结存
	接受捐赠的政府储备物资	借：政府储备物资 　　贷：捐赠收入 　　财政拨款收入／零余额账户用款额度／银行存款（捐入方承担的相关税费）	借：其他支出（捐入方承担的相关税费） 　　贷：财政拨款预算收入／资金结存
	无偿调入的政府储备物资	借：政府储备物资 　　贷：无偿调拨净资产 　　财政拨款收入／零余额账户用款额度／银行存款（调入方承担的相关税费）	借：其他支出（调入方承担的相关税费） 　　贷：财政拨款预算收入／资金结存

第四章　政府储备物资的后续计量

第十四条　政府会计主体应当根据实际情况采用先进先出法、加权平均法或者个别计价法确定政府储备物资发出的成本。计价方法一经确定，不得随意变更。

对于性质和用途相似的政府储备物资，政府会计主体应当采用相同的成本计价方法确定发出物资的成本。

对于不能替代使用的政府储备物资、为特定项目专门购入或加工的政府储备物资，政府会计主体通常应采用个别计价法确定发出物资的成本。

第十五条　因动用而发出无需收回的政府储备物资的，政府会计主体应当在发出物资时将其账面余额予以转销，计入当期费用。

第十六条　因动用而发出需要收回或者预期可能收回的政府储备物资的，政府会计主体应当在按规定的质量验收标准收回物资时，将未收回物资的账面余额予以转销，计入当期费用。

第十七条　因行政管理主体变动等原因而将政府储备物资调拨给其他主体的，政府会计主体应当在发出物资时将其账面余额予以转销。

第十八条　政府会计主体对外销售政府储备物资的，应当在发出物资时将其账面余额转销计入当期费用，并按规定确认相关销售收入或将销售取得的价款大于所承担的相关税费后的差额做应缴款项处理。

第十九条 政府会计主体采取销售采购方式对政府储备物资进行更新（轮换）的，应当将物资轮出视为物资销售，按照本准则第十八条规定处理；将物资轮入视为物资采购，按照本准则第八条规定处理。

第二十条 政府储备物资报废、毁损的，政府会计主体应当按规定报经批准后将报废、毁损的政府储备物资的账面余额予以转销，确认应收款项（确定追究相关赔偿责任的）或计入当期费用（因储存年限到期报废或非人为因素致使报废、毁损的）；同时，将报废、毁损过程中取得的残值变价收入扣除政府会计主体承担的相关费用后的差额按规定作应缴款项处理（差额为净收益时）或计入当期费用（差额为净损失时）。

第二十一条 政府储备物资盘亏的，政府会计主体应当按规定报经批准后将盘亏的政府储备物资的账面余额予以转销，确定追究相关赔偿责任的，确认应收款项；属于正常耗费或不可抗力因素造成的，计入当期费用。

【**解析 6-4**】发出政府储备物资的会计处理

发出政府储备物资的会计处理如表 6-2 所示。

表 6-2　　　　　　　　　发出政府储备物资的会计处理

	会计事项	财务会计处理	预算会计处理
发出政府储备物资	动用发出无需收回的政府储备物资	借：业务活动费用 　　贷：政府储备物资（账面余额）	—
	动用发出需要收回或预期可能收回的政府储备物资	发出物资时 借：政府储备物资——发出 　　贷：政府储备物资——在库 按照规定的质量验收标准收回物资时 借：政府储备物资——在库（收回物资的账面余额） 　　业务活动费用（未收回物资的账面余额） 　　贷：政府储备物资——发出	—
	因行政管理主体变动等原因而将政府储备物资调拨给其他主体	借：无偿调拨净资产 　　贷：政府储备物资（账面余额）	—

续表

会计事项			财务会计处理	预算会计处理
发出政府储备物资	对外销售政府储备物资	按照规定物资销售收入纳入本单位预算的	借：业务活动费用 　　贷：政府储备物资 借：银行存款／应收账款等 　　贷：事业收入等 借：业务活动费用 　　贷：银行存款等（发生的相关税费）	借：资金结存（收到的销售价款） 　　贷：事业预算收入等 借：行政支出／事业支出 　　贷：资金结存（支付的相关税费）
		按照规定销售收入扣除相关税费后上交财政的	借：资产处置费用 　　贷：政府储备物资 借：银行存款等（收到的销售价款） 　　贷：银行存款（发生的相关税费） 　　　　应缴财政款	—

【解析 6-5】政府储备物资盘盈、盘亏、报废或毁损的会计处理

政府储备物资盘盈、盘亏、报废或毁损的会计处理如表 6-3 所示。

表 6-3　　　　政府储备物资盘盈、盘亏、报废或毁损的会计处理

会计事项		财务会计处理	预算会计处理
政府储备物资盘盈、盘亏、报废或毁损	盘盈的政府储备物资	借：政府储备物资 　　贷：待处理财产损溢	—
	盘亏、报废或毁损的政府储备物资	借：待处理财产损溢 　　贷：政府储备物资	—

第五章　政府储备物资的披露

第二十二条　政府会计主体应当在附注中披露与政府储备物资有关的下列信息。

（一）各类政府储备物资的期初和期末账面余额。

（二）因动用而发出需要收回或者预期可能收回，但期末尚未收回的政府储备物资的账面余额。

（三）确定发出政府储备物资成本所采用的方法。

（四）其他有关政府储备物资变动的重要信息。

第六章　附则

第二十三条　对于应当确认为政府储备物资，但已确认为存货、固定资产等其他资产的，政府会计主体应当在本准则首次执行日将该资产按其账面余额重分类为政府储备物资。

第二十四条　对于应当确认但尚未入账的存量政府储备物资，政府会计主体应当在本准则首次执行日按照下列原则确定其初始入账成本：

（一）可以取得相关原始凭据的，其成本按照有关原始凭据注明的金额确定；

（二）没有相关凭据可供取得，但按规定经过资产评估的，其成本按照评估价值确定；

（三）没有相关凭据可供取得、也未经资产评估的，其成本按照重置成本确定。

第二十五条　本准则自 2018 年 1 月 1 日起施行。

政府会计准则第 7 号——会计调整

财会〔2018〕28 号

第一章　总则

第一条　为了规范政府会计调整的确认、计量和相关信息的披露，根据《政府会计准则——基本准则》，制定本准则。

第二条　本准则所称会计调整，是指政府会计主体因按照法律、行政法规和政府会计准则制度的要求，或者在特定情况下对其原采用的会计政策、会计估计，以及发现的会计差错、发生的报告日后事项等所作的调整。

本准则所称会计政策，是指政府会计主体在会计核算时所遵循的特定原则、基础以及所采用的具体会计处理方法。特定原则，是指政府会计主体按照政府会计准则制度所制定的、适合于本政府会计主体的会计处理原则。具体会计处理方法，是指政府会计主体从政府会计准则制度规定的诸多可选择的会计处理方法中所选择的、适合于本政府会计主体的会计处理方法。

本准则所称会计估计，是指政府会计主体对结果不确定的经济业务或者事项以最近可利用的信息为基础所作的判断，如固定资产、无形资产的预计使用年限等。

本准则所称会计差错，是指政府会计主体在会计核算时，在确认、计量、记录、报告等方面出现的错误，通常包括计算或记录错误、应用会计政策错误、疏忽或曲解事实产生的错误、财务舞弊等。

本准则所称报告日后事项，是指自报告日（年度报告日通常为 12 月 31 日）至报告批准报出日之间发生的需要调整或说明的事项，包括调整事项和非调整事项两类。

第三条　政府会计主体应当根据本准则及相关政府会计准则制度的规定，结合自身实际情况，确定本政府会计主体具体的会计政策和会计估计，并履行本政府会计主体内部报批程序；法律、行政法规等规定应当报送有关方面批准或备案的，从其规定。

政府会计主体的会计政策和会计估计一经确定，不得随意变更。如需变更，应重新履行本条第一款的程序，并按本准则的规定处理。

第二章　会计政策及其变更

第四条　政府会计主体应当对相同或者相似的经济业务或者事项采用相同的会计政策进行会计处理。但是，其他政府会计准则制度另有规定的除外。

【解析7-1】会计政策的概念

会计政策是指政府会计主体在编制财务报表过程中所运用的特定原则、基础、惯例和实务中所采用的具体处理方法的统称。由于经济业务具有不确定性，不同的资产、负债、收入和费用在确认时，可能有几种备选的会计政策，究竟哪一种更适合，需要政府会计主体做出职业判断。

首先，财务报告的编制是基于一般原则的，即在正常情况下，综合财务报告的编制是在持续运营的基础上，以权责发生制为基础，以历史成本为计量基础（个别项目也会采用重置成本、公允价值和名义金额）来编制的。

其次，会计政策提供了备选处理方法，相同的交易需要采用同一种会计处理方法。例如，存货的发出可以在先进先出法、加权平均法和移动加权平均法中选择。最后，特殊事项需要选择特定的会计准则来规范。例如，对于新建的政府PPP项目资产，政府会计主体初始确认的PPP项目净资产金额等于PPP项目资产初始入账金额，相反，政府会计主体使用其现有资产形成PPP项目资产的，在初始确认PPP项目资产时，除了终止确认现有资产外，也不确认PPP项目净资产。

第五条　政府会计主体采用的会计政策，在每一会计期间和前后各期应当保持一致。但是，满足下列条件之一的，可以变更会计政策：

（一）法律、行政法规或者政府会计准则制度等要求变更。

（二）会计政策变更能够提供有关政府会计主体财务状况、运行情况等更可靠、更相关的会计信息。

【解析7-2】可以变更会计政策的情况

对同一经济业务或事项由原会计政策变更为另一会计政策的行为，称为会计政策变更。政府会计主体执行的会计政策并非一成不变，为确保会计信息的可比性，使报表使用者在比较政府会计主体不同期间的报表时，可以对其财务状况、运营情况以及现金流量的现状和趋势进行正确的判断，对于相同业务或者相似事项的会计处理，政府会计主体需要采用同一会计政策。

在以下两种情况下，政府会计主体可以变更会计政策：

（1）法律法规或者政府会计准则制度等要求变更。在这种情况下，政府会计主体应当按照法律法规以及政府会计准则制度的规定，将原会计政策改为新的会计政策。例如，新准则下应收账款应计提坏账准备，这就要求政府会计主体按照新准则的规定，将原来不计提坏账准备的应收账款改为计提坏账准备。

（2）客观情况发生变化，会计政策变更能够提供更加可靠相关的会计信息。由于客观环境发生了变化，政府会计主体原采用的会计政策无法再提供具有可靠性和相关性的会计信息，其所反映的财务状况、运营情况及现金流量可能与实际存在差异。因此，为了向会计信息使用者提供更加可靠相关的会计信息，政府会计主体在进行相应会计处理时，应采用新的会计政策。例如，某医学研究院为加强主要研究阶段研发费用的归集与核算，建立健全各阶段研发项目的风险评估机制，谨慎确定研发费用的资本化时点，决定将相关研发费用资本化时点由开始注册临床试验阶段改为产品注册检验阶段，同时对相关费用进行追溯调整。

第六条 下列各项不属于会计政策变更：

（一）本期发生的经济业务或者事项与以前相比具有本质差别而采用新的会计政策。

（二）对初次发生的或者不重要的经济业务或者事项采用新的会计政策。

【解析 7-3】会计政策变更的认定

在对会计政策变更进行认定时，需要注意以下两种情况不属于会计政策变更：

（1）与前期的经济业务或事项相比，本期已发生根本变化，故采用新的会计政策。对于这类情况，政府会计主体需要针对经济业务或事项制定特定的会计政策，如果该经济业务或事项已发生根本变化，那么政府会计主体实际上是为了新业务或事项选择了恰当的会计政策，而不是会计政策变更。例如，某高校新校区建成后，将原校区部分自用教学楼改为出租给某教育培训机构，这就是采用了新的会计政策，不属于会计政策变更。

（2）变更首次发生事项的会计政策，或者对不重要的经济业务或事项采用新的会计政策。对于这类情况，之所以不属于会计政策变更，是因为该行为属于为首次发生的业务或事项选择合适的会计政策，没有改变原会计政策。例如，政府会计主体在运营过程中，由于使用的低值易耗品量少且价值较低，于是对领用的低值易耗品的核算采用一次转销法。但是近期该主体的相关活动增加，耗用的低值易耗品数量增大，价值增加，于是该主体采用了五五摊销法。由于低值易耗品在该主体的运营中占费用的比例较小，改变摊销方法后对盈余的影响较小，属于不重要事项，因此也不属于会计政策变更。

第七条 政府会计主体应当按照政府会计准则制度规定对会计政策变更进行处理。政府会计准则制度对会计政策变更未作出规定的，通常情况下，政府会计主体应当采用追溯调整法进行处理。

追溯调整法，是指对某项经济业务或者事项变更会计政策时，视同该项经济业务或者事项初次发生时即采用变更后的会计政策，并以此对与财务报表相关的项目进行调整的方法。

第八条 采用追溯调整法时，政府会计主体应当将会计政策变更的累积影响调整最早前期有关净资产项目的期初余额，其他相关项目的期初数也应一并调整；涉及收入、费用等项目的，应当将会计政策变更的影响调整受影响期间的各个相关项目。

会计政策变更的累积影响，是指按照变更后的会计政策对以前各期追溯计算的最早前期各个受影响的净资产项目以及其他相关项目的期初应有金额与现有金额之间的差额；会计政策变更的影响，是指按照变更后的会计政策对以前各期追溯计算的各个受影响的项目变更后的金额与现有金额之间的差额。

第九条 政府会计主体按规定编制比较财务报表的，对于比较财务报表可比期间的会计政策变更影响，应当调整各该期间的收入或者费用以及其他相关项目，视同该政策在比较财务报表期间一直采用。对于比较财务报表可比期间以前的会计政策变更的累积影响，政府会计主体应当调整比较财务报表最早期间所涉及的期初净资产各项目，财务报表其他相关项目的期初数也应一并调整。

【解析7-4】追溯调整法的计算步骤

追溯调整法的计算步骤如下：

1.计算确定会计政策变更的累积影响数。按照新的会计政策对之前各期追溯计算的报告期初累计盈余应计金额与现有金额之间的差额，即为会计政策变更的累积影响数。即，差额＝按新政策计算的变更当年年初应计累计盈余－按原政策反映的变更当年年初现有累计盈余。

计算方法如下：（1）根据变更后的新会计政策重新计算相关的前期交易或事项。（2）计算会计政策变更前后之间的差异。（3）计算由于会计政策变更引起的累积影响数。

2.调整与会计政策变更相关的累积影响数，并编制相关项目的调整分录。对于会计政策变更涉及的累积影响数，应当直接计入累计盈余，不通过"以前年度盈余调整"科目核算。另外，由于税法政策并未发生变化，会计政策变更追溯调整不影响以前年度应交所得税，因此不需要调整"应交所得税"科目。更为重要的是，纳税影响在政府会计调整准则中不作考虑，因为所得税与许多政府会计主体并不相关，例如，大多数行政单位几乎不涉及所得税问题。

3.调整列报前期最早期初与财务报表相关的项目及金额。具体内容包括：根据编制的调整分录涉及的项目，调整当年与资产负债表相关的项目的期初数；调整当年收入费用表的上年数，只需调整上年的影响数，不需要按合计数调整；调整和变更当年净资产变动表，需要调整"会计政策变更"行"累计盈余"栏（即期初的期初），且需要在净资产变动表中增加"会计政策变更"行，才能完整反映该类调整事项。需要说明的是，上述事项均不需要调整现金流量表。

简要总结，关于追溯调整法的要点如下：

1.核心：确认累积影响数。

2.采用追溯调整法，既要追溯调账，也要追溯调表。

（1）调账时：

①资产负债表项目：正常写；

②利润表项目：用利润分配——未分配利润表示。

（2）调表时：

①资产负债表调整变化年度的年初数；

②利润表调整变化年度的上年数。

【例7-1】使用追溯调整法调整会计政策变更累积影响数

20×6年1月1日，A高校新校区二期开始建设，建设期间5年，向银行借入非专门借款12亿元，年利率4.95%，从20×6年1月1日起至20×8年12月31日止，A高校按原制度在此期间将上述利息费用进行了资本化，利息已按季度支付。按照新政府会计制度的要求，非专门借款的利息费用不能资本化，从20×9年1月1日起需要将利息费用从资本化改为费用化，并进行追溯调整。

年利息费用＝120 000 000×4.95%＝5 940（万元）

（1）计算确定会计政策变更的累积影响数，如表7-1所示。

表 7-1 计算确定会计政策变更的累积影响数 单位：万元

年度	新政策影响当期盈余（1）	原政策影响当期盈余（2）	差异（3）＝（1）－（2）
20×6	5 940	0	5 940
20×7	5 940	0	5 940
小计	11 880	0	11 880
20×8	5 940	0	5 940
合计	17 820	0	17 820

（2）调整会计政策变更累积影响数，编制有关项目的调整分录。

财务会计：

借：累计盈余（其他费用） 17 820

　　贷：在建工程 17 820

预算会计：不需要调整。

（3）调整列报前期最早期初财务报表相关项目及金额，如表 7-2、表 7-3、表 7-4所示。

表 7-2 资产负债表（简表）

编制单位：A 高校 20×9 年 12 月 31 日 单位：万元

资产	年初余额		负债和净资产	年初余额	
	调整前	调整后		调整前	调整后
……			……		
在建工程	42 157	24 337			
			……		
			累计盈余	98 195	80 375
……			……		

表 7-3 收入费用表（简表）

编制单位：A 高校 20×9 年 12 月 31 日 单位：万元

项目	上期金额	
	调整前	调整后
一、本期收入	322 256	322 256
（一）财政拨款收入	211 889	211 889

续表

项目	上期金额	
	调整前	调整后
……		
二、本期费用	302 145	308 085
……		
（八）其他费用	16 801	22 741
三、本期盈余	20 111	14 171

表 7-4　　　　　　　　　　　净资产变动表（简表）

编制单位：A 高校　　　　　　　20×9 年 12 月 31 日　　　　　　单位：万元

项目	本年金额	上年金额
……	累计盈余	累计盈余
一、上年年末余额	98 195	
加：会计政策变更	−17 820	−11 880
前期差错更正		
二、本年年初余额	80 375	
……		

【例 7-2】长期股权投资由成本法改权益法的会计处理

A 事业单位于 20×6 年 1 月 1 日对 B 公司进行长期股权投资，占 B 公司有表决权股份的 20％，采用成本法核算该投资，初始投资成本为 450 000 元，且与应享有的 B 公司所有者权益份额相等。20×9 年 1 月 1 日起按新政府会计准则规定改按权益法核算，A 事业单位按本年度非财政拨款结余的 15％提取专用基金。按税法规定，A 事业单位与 B 公司适用的所得税率均为 25％，对其他单位投资分得的利润或股利以被投资单位宣告分派利润或股利时计入应纳税所得额。

B 公司 20×6 年、20×7 年、20×8 年的净利润以及 A 事业单位于 20×6 年、20×7 年、20×8 年从 B 公司分得的现金股利如表 7-5 所示。

表 7-5　　　　　B 公司的净利润与 A 事业单位确认的投资收益　　　　单位：元

年度	B 公司净利润	A 事业单位确认的投资收益（按成本法核算）
20×6	100 000	0

续表

年度	B公司净利润	A事业单位确认的投资收益（按成本法核算）
20×7	50 000	10 000
20×8	75 000	7 500
合计	225 000	17 500

根据上述资料，A事业单位的会计处理如下：

首先，计算确定会计政策变更的累积影响，如表 7-6 所示。

表 7-6 　　　　　　　　　会计政策变更的累积影响计算　　　　　　　　单位：元

年度	按原会计政策确认的投资收益	按变更后的会计政策计算的投资收益	应纳税暂时性差异	递延所得税费用影响	累积影响数
20×6	0	20 000	20 000	0	20 000
20×7	10 000	10 000	0	0	0
20×8	7 500	15 000	7 500	0	7 500
合计	17 500	45 000	27 500	0	27 500

由于A事业单位与B公司适用的所得税率均为 25%，因此，递延所得税费用影响为 0。

其次，进行相关项目的账务处理。调整会计政策变更累积影响数：

借：长期股权投资——B公司（损益调整）　　　　　　　　27 500

　　贷：累计盈余　　　　　　　　　　　　　　　　　　　　　　27 500

调整累计盈余：

借：累计盈余（27 500×15%）　　　　　　　　　　　　　4 125

　　贷：专用基金　　　　　　　　　　　　　　　　　　　　　　4 125

最后，调整财务报表的相关项目。A事业单位在列报 20×9 年财务报表时，应调整 20×9 年与资产负债表有关项目的年初余额、与收入费用表有关项目的上年金额，以及与净资产变动表有关项目的上年金额和本年金额。

一是资产负债表项目的调整。调增长期股权投资年初余额 27 500 元，调增专用基金年初余额 4 125 元，调增累计盈余年初余额 23 375 元。

二是收入费用表项目的调整。调增投资收益上年金额 7 500 元，调增本期盈余上年金额 7 500 元。

三是净资产变动表项目的调整。调增专用基金上年年初金额 3 000 元，累计盈余上年年初金额 17 000 元，净资产合计上年年初金额 20 000 元；调增专用基金上年金

额 1 125 元，累计盈余上年金额 6 375 元，净资产合计上年金额 7 500 元；调增专用
基金本年年初金额 4 125 元，累计盈余本年年初金额 23 375 元，净资产合计本年年初
金额 27 500 元。

第十条 会计政策变更的影响或者累积影响不能合理确定的，政府会计主
体应当采用未来适用法对会计政策变更进行处理。

未来适用法，是指将变更后的会计政策应用于变更当期及以后各期发生的
经济业务或者事项，或者在会计估计变更当期和未来期间确认会计估计变更的
影响的方法。

采用未来适用法时，政府会计主体不需要计算会计政策变更产生的影响或
者累积影响，也无需调整与财务报表相关项目的期初数和与比较财务报表相关
项目的金额。

【解析 7-5】未来适用法的概念

在进行会计政策变更时，只将新的会计政策应用于本期及之后期间发生的经济
业务或事项，或确认会计估计变更对本期及以后期间的影响的方法，即未来适用法。
由于该方法无需对以前期间进行会计处理，因此政府会计主体无需计算因会计政策变
更造成的影响或累积影响，同时也不需要编制相关调整分录和调整报表项目，只需在
附注中说明会计政策变更影响数即可。

【例 7-3】未来适用法的使用

A 研究所自 20×9 年开始执行新政府会计制度，经研究所党委批准，对有关科学
研究材料（存货）的会计政策作如下变更：发出存货成本的计量由加权平均法改为先
进先出法。20×9 年年末 A 研究所按先进先出法计算确定的材料（存货）发出成本为
100 万元，本年确认的收入为 210 万元，其他费用 8 万元，年末按加权平均法计算确
定的销售成本为 150 万元。假设上述均为非财政拨款专项资金，提取职工福利基金比
例为 20%。

会计政策变更对当年累计盈余的影响＝先进先出法下的累计盈余 81.6 万元
［（210-100-8）×80%］－加权平均法下的累计盈余 41.6 万元［（210-150-8）
×80%］=40（万元）

【例 7-4】会计政策变更的未来适用法

A 行政单位原对存货计价采用先进先出法，为更准确地核算存货成本，从 20×9
年 1 月 1 日起改为个别计价法。假定 A 行政单位 20×9 年 1 月 1 日存货账面价值为
125 000 元，20×9 年购入存货实际成本为 900 000 元，20×9 年 12 月 31 日按个别计

价法计算确定的存货价值为 110 000 元，20×9 年 12 月 31 日按先进先出法计算的存货价值为 225 000 元。

A 行政单位为更准确地核算存货成本而改变会计政策，属于会计政策变更，对其采用未来适用法进行处理，即对存货采用个别计价法从 20×9 年 1 月 1 日及其后才适用，不需要计算 20×9 年 1 月 1 日以前按个别计价法计算存货应有的余额，以及对累计盈余的影响金额。

首先，采用个别计价法计算的计入业务活动费用的存货成本为：

期初存货 + 本期购入存货实际成本 − 期末存货 =125 000+900 000−110 000= 915 000（元）

其次，采用先进先出法计算的计入业务活动费用的存货成本为：

期初存货 + 本期购入存货实际成本 − 期末存货 =125 000+900 000−225 000= 800 000（元）

即由于会计政策变更使 A 行政单位当期业务活动费用增加了 115 000 元，当期盈余减少了 115 000 元。

对于上述所述情形，A 行政单位应在期末财务报表附注中说明：为更准确地核算存货成本，20×9 年 A 行政单位对存货计价由先进先出法改为个别计价法。由于存货品种较多，存货收发比较频繁，按个别计价法计算确定存货成本工作量太大，根据成本效益原则，对于该项会计政策变更，无法合理确定其累计影响数，因而 A 行政单位采用未来适用法核算。由于该项会计政策变更，当期盈余减少 115 000 元。

第三章　会计估计变更

第十一条　政府会计主体据以进行估计的基础发生了变化，或者由于取得新信息、积累更多经验以及后来的发展变化，可能需要对会计估计进行修订。会计估计变更应以掌握的新情况、新进展等真实、可靠的信息为依据。

【解析 7-6】会计估计变更的定义与特点

（一）会计估计变更的定义

会计估计是指政府会计主体根据最新的有价值的信息，来判断那些结果是暂未可知的交易或事项。会计估计变更则是指因为资产和负债的现状和预计未来的经济利益、义务发生了变化，所以导致了资产和负债的账面价值或资产的定期消耗金额的变化，进而重新进行估计和调整，也就是说，基于最新的有价值的信息对结果暂未可知的交易或者事项进行判断。

（二）会计估计变更的特点

会计估计变更的特点如下：（1）受经济活动中不确定性因素的影响。（2）通常基于最新的、有价值的信息或资料来进行估计。（3）不会对会计确认和计量的可靠性造成影响。需要说明的是，会计估计发生变更时，政府会计主体需要采用新的会计估计来处理在变更当期发生的相关事项和未来期间发生的经济业务，而没有必要对之前的累积影响进行调整计算。

第十二条　政府会计主体应当对会计估计变更采用未来适用法处理。

会计估计变更时，政府会计主体不需要追溯计算前期产生的影响或者累积影响，但应当对变更当期和未来期间发生的经济业务或者事项采用新的会计估计进行处理。

会计估计变更仅影响变更当期的，其影响应当在变更当期予以确认；会计估计变更既影响变更当期又影响未来期间的，其影响应当在变更当期和未来期间分别予以确认。

【例7-5】会计估计变更（折旧年限）的会计处理

A医院有一台医疗设备，原始价值30 000元，预计可以使用6年，无净残值。该设备从2×20年1月开始采用直线法计提折旧。2×22年1月因为技术革新，需要对原来所预计的使用寿命进行修正，修正后预计可以使用4年，无净残值。假设使用财政拨款购买。

1.A医院对上述会计估计变更的处理。基于之前的估计，该设备每年的折旧额为5 000元，A医院已提折旧2年，共提折旧10 000元，固定资产净值为20 000元，第3年相关科目的年初余额为20 000元。按照修正后预计使用寿命来看，2×22年1月起每年计提的折旧费用为10 000元［20 000÷（4-2）］。需要说明的是，2×22年A医院不需要再调整以前年度已提折旧，只需要以新的预计尚可使用寿命为计算基础来计提年折旧费用即可。

2.编制会计分录。

财务会计：

借：单位管理费用　　　　　　　　　　　　　　　　　　　10 000

　　贷：累计折旧　　　　　　　　　　　　　　　　　　　　　10 000

预算会计：不需要进行账务处理。

该会计估计变更影响本年度累计盈余减少5 000元（10 000-5 000）。

第十三条　政府会计主体对某项变更难以区分为会计政策变更或者会计估计变更的，应当按照会计估计变更的处理方法进行处理。

【解析 7-7】会计政策变更与会计估计变更的区别

政府会计主体应根据一贯性、适用性和效益性原则，基于我国现行的政府会计准则、制度和相关法律法规的要求，正确选择和确定政府会计主体所采用的会计政策与会计估计，合理区分会计政策变更与会计估计变更。

政府会计主体会计政策变更主要包括以下内容:(1)历史成本改按公允价值计量;(2)计提准备由不计提改为计提;(3)变更发出存货计价方法;(4)将长期股权投资的账务处理方式由成本法转变为权益法;(5)借款费用资本化还是费用化;(6)预计负债的确认和计量。

政府会计主体会计估计变更主要包括以下内容:(1)预计公允价值确定方法的变更;(2)具体计提方法的变更(如由余额百分比法计提改为账龄分析法计提);(3)无形资产摊销方法的变更;(4)预计使用年限的变更、净残值率的变更、坏账准备计提比例的变更。

需要说明的是，政府会计主体在判断和分析会计政策变更与会计估计变更时，应核实事项的会计确认、计量基础和列报项目，判断是否发生变更。如果会计确认、计量基础和列报项目中的一项或多项变更，就可以判断属于会计政策变更;如果会计确认、计量基础和列报项目中的任何一项都没有变更，就可以判断属于会计估计变更。

第四章　会计差错更正

第十四条　政府会计主体在本报告期(以下简称本期)发现的会计差错，应当按照以下原则处理:

(一)本期发现的与本期相关的会计差错，应当调整本期报表(包括财务报表和预算会计报表，下同)相关项目。

(二)本期发现的与前期相关的重大会计差错，如影响收入、费用或者预算收支的，应当将其对收入、费用或者预算收支的影响或者累积影响调整发现当期期初的相关净资产项目或者预算结转结余，并调整其他相关项目的期初数;如不影响收入、费用或者预算收支的，应当调整发现当期相关项目的期初数。经上述调整后，视同该差错在差错发生的期间已经得到更正。

与前期相关的重大会计差错的影响或者累积影响不能合理确定的，政府会计主体可比照本条(三)的规定进行处理。

重大会计差错，是指政府会计主体发现的使本期编制的报表不再具有可靠性的会计差错，一般是指差错的性质比较严重或者差错的金额比较大。该差错会影响报表使用者对政府会计主体过去、现在或者未来的情况作出评价或者预测，则认为性质比较严重，如未遵循政府会计准则制度、财务舞弊等原因产生的差错。通常情况下，导致差错的经济业务或者事项对报表某一具体项目的影响或者累积影响金额占该类经济业务或者事项对报表同一项目的影响金额的10%及以上，则认为金额比较大。

政府会计主体滥用会计政策、会计估计及其变更，应当作为重大会计差错予以更正。

（三）本期发现的与前期相关的非重大会计差错，应当将其影响数调整相关项目的本期数。

【解析7-8】会计差错更正的内容与分类

（一）前期差错及更正的内容

前期差错是指因为未运用或错误运用了下列两种信息，对前期财务报表产生的影响：（1）在编制前期财务报表时，预计可以得到有价值的信息。（2）在前期财务报告批准报出时，可以获取的有用信息。需要说明的是，以下几种情况会导致前期差错：对账户进行了错误分类和因计算导致的错误；采用会计制度所禁止的会计政策，以及触及了法律法规不允许的会计政策；疏忽或者曲解了相关事实所导致的错误，以及会计舞弊。

（二）前期差错及更正的分类

差错按重要性进行分类，可以将前期差错分为重要和非重要两种。能够对财务报表使用者判断政府财务状况是否合理、现金流量是否充足、运营情况是否良好造成影响的，就是重要的前期差错；反之，就是非重要的前期差错。前期差错是否具有重要性，应以漏报或错报相关会计信息所导致差错的性质的严重性和规模大小为基础进行判断。也就是说，判断前期差错是否具有重要性的关键因素，就是被该前期差错所影响财务报表项目的性质或金额。通常情况下，如果一项前期差错对于所涉及的财务报表项目造成的影响性质越严重、金额越大，那么也就意味着该前期差错的重要性水平越高。

需要说明的是，对于当期的会计差错，直接对相关项目进行调整即可，不需要对重要性进行区分。对于非重要的前期差错，直接对相关项目进行调整；而对于重要的前期差错，如果该差错与收入和费用有关，需要通过"以前年度盈余调整"科目核算。

（三）以前年度盈余调整

核算本年度发生的调整以前年度盈余的事项，对于本年度发生的重要前期差错更正，如果涉及了调整以前年度盈余的事项，也包含在"以前年度盈余调整"科目内。

本科目仅涉及本年度发生的调整以前年度的收支和非流动性资产盘盈时的事项，调整其他事项不通过本科目核算，年末将其结转至"累计盈余"科目，结转后无余额。

1. 调整增加以前年度收入或减少以前年度费用。财务会计：借记有关科目（"预收账款"等），贷记"以前年度盈余调整"科目。预算会计：借记"资金结存"科目，贷记"财政拨款结转/财政拨款结余/非财政拨款结转/非财政拨款结余（年初余额调整）"科目。

2. 调整减少以前年度收入或增加以前年度费用。财务会计：借记"以前年度盈余调整"科目，贷记有关科目（"应付账款"等）。预算会计：借记"财政拨款结转/非财政拨款结转/财政拨款结余/非财政拨款结余（年初余额调整）"科目，贷记"资金结存"科目。

3. 盘盈的各种非流动资产报经批准后的处理。财务会计：借记"待处理财产损溢"科目，贷记"以前年度盈余调整"科目。预算会计：不需要进行账务处理。

4. 调整后转入累计盈余。财务会计：借或贷记"累计盈余"科目，贷或借记"以前年度盈余调整"科目。预算会计：不需要进行账务处理。

【例 7-6】前期会计差错更正的会计处理

A 医院在 2×20 年 12 月 31 日发现一台价值 12 000 元的大型医疗设备应计入固定资产。该设备于 2×19 年 3 月 1 日开始计提折旧，在 2×19 年计入了当期业务活动费用。A 医院对于固定资产折旧采用直线法，该设备预计使用年限为 4 年，假设不考虑净残值因素。则在 2×20 年 12 月 31 日更正此差错的会计分录为：

财务会计：

年折旧额 =12 000÷4=3 000（元）

2×19 年应提折旧 =3 000÷12×10=2 500（元）

借：固定资产　　　　　　　　　　　　　　　　　　　　　12 000

　　贷：业务活动费用（如是前期重要差错：以前年度盈余调整）　6 500

　　　　固定资产累计折旧　　　　　　　　　　　　　　　　5 500

预算会计：不需要进行账务处理。

需要说明的是，该项差错如果直到 2023 年 2 月后才发现，该业务已被抵销，则不需要做任何会计处理。

【例 7-7】本期发现与本期相关的会计差错的会计处理（1）

某事业单位 2×19 年 10 月发现有 8 月一笔预收账款 1 万元，付款方已经收到商品，并达到收入确认条件，但 8 月未确认收入。不考虑相关税费。

分析：该项差错属于本期发现的本期差错，应当采用补充登记法，调整相关项目的本期数。

财务会计分录：

借：事业收入   100 000

  贷：预收账款   100 000

预算会计分录：该差错调整不影响本期预算结余，故无需进行预算会计的账务处理。

【例 7-8】 本期发现与本期相关的会计差错的会计处理（2）

2×19 年 9 月，A 医院财务人员发现，支付给研究生 7 月的劳务费用为 4 500 元，而财务人员在登记入账时实际计入劳务费 4 000 元，少提 500 元。

分析：由于该项差错属于在当期发现当期的会计差错，应当采用补充登记法直接对医院的财务报表以及预算报表进行调整。

财务凭证的更正方法为：

借：业务活动费用——科教项目费用——商品与服务费用 500

  贷：银行存款   500

预算凭证的更正方法为：

借：事业支出——科教项目支出——劳务费   500

  贷：资金结存   500

【例 7-9】 本期发现与收支相关的本期差错的会计处理

2×19 年 4 月，A 电子科技大学发现上月购入一批科研专用材料款为 15 000 元，入账 10 000 元、漏记 5 000 元。

分析：上述会计差错为当期发现的与月当期收支相关的会计差错，仅影响当期收支，故采用补充登记法调整与当期相关的收支项目即可（单位：元）：

财务凭证：

借：业务活动费用——科研材料费   5 000

  贷：银行存款（或库存现金）   5 000

预算凭证：

借：事业支出——科研支出   5 000

  贷：资金结存   5 000

【例 7-10】 本期发现与前期相关的非重大会计差错的账务处理（1）

某事业单位 2×19 年 12 月在单位账务自查中发现，由于计算错误，多收了某企业的业务手续费 3 000 元，款项已退还。该项差错未达到重要性标准，属于前期非重大会计差错。

分析：该项差错属于本期发现前期非重大差错，不需调整相关项目的期初数，只调整相关项目的本期数。

财务会计分录：

借：经营收入   3 000

    贷：银行存款   3 000

预算会计分录：

借：经营预算收入   3 000

    贷：资金结存——货币资金   3 000

【例 7-11】本期发现与前期相关的非重大会计差错的账务处理（2）

2×19 年 A 医院在进行财务清查时发现，2×18 年 3 月支付测试化验加工费的 2 000 元，由于财务人员的疏忽，将出账项目勾选错误。

分析：因为此项差错属于非重大会计调整同时也满足不对收支造成影响的条件，所以只需调整发现当期的期初余额。

财务凭证的更正方法为：

借：业务活动费用——科教项目费用——商品与服务费用   2 000

    贷：业务活动费用——科教项目费用——材料费   2 000

预算凭证的更正方法为：

借：业务活动费用——科教项目费用   2 000

    贷：业务活动费用——科教项目费用   2 000

【例 7-12】本期发现以前期间非重大会计差错的账务处理

2×19 年 1 月，A 建筑大学按照最新相关政府会计准则进行账务调整与账务清查中发现 2×16 年 4 月某科研项目一项开支费用处理科目出现会计差错，金额 2 000 元。

分析：此项会计差错属于当期发现以前期间非重大会计差错且对当期收支没有影响，仅仅是会计科目出现错误，故调整当期相关项目及金额即可（单位：元）：

财务凭证：

借：业务活动费用——科研费用——（应支项目）   2 000

    贷：业务活动费用——科研费用——（错支项目）   2 000

预算凭证，因金额没有错误，仅仅是支出项目错误，故预算凭证可以不编制。

【例 7-13】本期发现与前期相关的重大会计差错的账务处理（1）

2×18年3月A医院组织一批医生去外省医院学习，共花费2万元。归来后财务人员错将2万元的差旅费用计入业务接待费。2×19年A医院进行会计清算时发现这一错误，同时发现2018年花费的差旅费用共计15万元。

分析：由于2×18年3月花费的差旅费用占总年度的百分之十以上，所以将此项差错确认为重大差错。

财务凭证的更正方法为：

借：以前年度盈余调整——差旅费　　　　　　　　　　　　　　20 000

　　贷：以前年度盈余调整——业务接待费　　　　　　　　　　20 000

预算凭证的更正方法为：

借：非财政拨款结转——年初余额调整　　　　　　　　　　　　20 000

　　贷：非财政拨款结转——年初余额调整　　　　　　　　　　20 000

【例7-14】本期发现与前期相关的重大会计差错的账务处理（2）

某事业单位2×19年12月在单位账务自查中发现，上年度发生的物业管理费2万元，至今尚未支付，现通过授权支付给物业公司。该项差错达到重要性标准，属于前期重大会计差错。

分析：该项差错属于本期发现的前期重大差错，且涉及收入、费用及预算收支，需通过"以前年度盈余调整"科目及相关预算结转结余科目，调整相关项目的期初数。

财务会计分录：

借：以前年度盈余调整　　　　　　　　　　　　　　　　　　　20 000

　　贷：零余额账户用款额度　　　　　　　　　　　　　　　　20 000

调整后"以前年度盈余调整"余额需结转至"累计盈余"科目。

借：累计盈余　　　　　　　　　　　　　　　　　　　　　　　20 000

　　贷：以前年度盈余调整　　　　　　　　　　　　　　　　　20 000

预算会计分录：

借：财政拨款结转——年初余额调整　　　　　　　　　　　　　20 000

　　贷：资金结存——零余额账户用款额度　　　　　　　　　　20 000

年末，"财政拨款结转——年初余额调整"余额需结转至"财政拨款结转——累计结转"科目。

借：财政拨款结转——累计结转　　　　　　　　　　　　　　　20 000

　　贷：财政拨款结转——年初余额调整　　　　　　　　　　　20 000

【例7-15】本期发现以前年度重大差错的账务处理

A林业大学2×19年账务清查发现2×17年5月出国活动费错误入账"业务接

待费"金额为 200 000 元，本应计入"业务出国经费"。假设当年 A 林业大学业务招待费合计 1 500 000 元。

分析：根据政府会计调整准则的规定，会计错报达到某一项目金额 10% 以上则为重大错报。由于错报金额 20 万元占业务招待费项目 150 万元的比例在 13.33%，超过了 10%，故属于以前期间重大会计差错，需通过 A 林业大学的"以前年度盈余调整"（单位：万元）：

财务凭证：

借：以前年度盈余调整——业务出国经费　　　　　　　　20
　　贷：以前年度盈余调整——业务接待费　　　　　　　　　　　　20

预算凭证，因金额没有错误，仅仅是支出项目错误，故预算凭证可以不编制。

第十五条　政府会计主体在报告日至报告批准报出日之间发现的报告期以前期间的重大会计差错，应当视同本期发现的与前期相关的重大会计差错，比照本准则第十四条（二）的规定进行处理。

政府会计主体在报告日至报告批准报出日之间发现的报告期间的会计差错及报告期以前期间的非重大会计差错，应当按照本准则第五章报告日后事项中的调整事项进行处理。

【例 7-16】报告日至报告批准报出日之间发现的报告期以前期间的重大会计差错

某事业单位 2×19 年度财务报表于 2×20 年 3 月 20 日编制完成，注册会计师于 2×20 年 4 月 10 日完成审计工作并签署审计报告，单位负责人于 2×20 年 4 月 17 日批准财务报告对外报出，财务报告于 2×20 年 4 月 21 日实际对外公布。单位财务人员于 2×20 年 2 月发现，2018 年度收到的上级补助收入 1 万元仍挂在往来中反映，现进行调整。该项差错达到重要性标准。

分析：该项差错属于报告日至报告批准报出日之间发现的报告期以前期间的重大会计差错，按会计调整准则要求应当视同本期发现的与前期相关的重大会计差错，因此该项差错不调整 2×19 年相关项目的数额，而应调整 2×20 年有关项目的期初数。

财务会计分录：

借：预收账款　　　　　　　　　　　　　　　　　　10 000
　　贷：以前年度盈余调整　　　　　　　　　　　　　　　　　10 000

调整后"以前年度盈余调整"余额需结转至"累计盈余"科目。

借：以前年度盈余调整　　　　　　　　　　　　　　10 000
　　贷：累计盈余　　　　　　　　　　　　　　　　　　　　　10 000

预算会计分录：

借：资金结存——货币资金   10 000

    贷：非财政拨款结转——年初余额调整   10 000

年末，"非财政拨款结转——年初余额调整"余额需结转至"非财政拨款结转——累计结转"科目。

借：非财政拨款结转——年初余额调整   10 000

    贷：非财政拨款结转——累计结转   10 000

说明：该项业务虽未涉及预算资金的变动，但按衔接要求预算收入中已经收到但尚未计入预算收入的金额应登记"非财政拨款结转"科目贷方，同时登记相应的"资金结存——货币资金"科目借方。

【例7-17】报告日至报告批准报出日之间发现的报告期的会计差错及报告期以前期间的非重大会计差错（1）

沿用【例7-16】，假定2×20年2月发现，2×19年度收到的上级补助收入1万元仍挂在往来中反映，现进行调整。

【例7-18】报告日至报告批准报出日之间发现的报告期的会计差错及报告期以前期间的非重大会计差错（2）

沿用【例7-17】，假定2×20年2月发现，2×18年度收到的上级补助收入1万元仍挂在往来中反映，现进行调整。该项差错未达到重要性标准

分析：上述两项差错属于报告日至报告批准报出日之间发现的报告期会计差错以及报告期以前期间的非重大会计差错，按会计调整准则规定应作为调整事项进行处理，调整报告期报表，因此本例中财务会计分录与预算会计分录同【例7-11】，只是该调整分录调整的是2×19年财务报表相关项目的本期数。

【例7-19】盘盈非流动资产

本项业务会计调整准则虽未纳入会计差错的范畴，但本质上出现盘盈基本也是因为以前的记录错误造成的，所以其调整也需通过"以前年度盈余调整"科目。

某事业单位2×19年1月资产清查时，盘盈投影仪一台，经资产评估机构评估价格为8 000元。

分析：根据《政府会计准则第3号——固定资产》的规定，固定资产盘盈时按规定经过资产评估的，其成本按照评估价值确定；未经资产评估的，其成本按照重置成本确定。

财务会计分录：

借：固定资产   8 000

贷：待处理财产损溢		8 000

经批准后处理，

借：待处理财产损溢		8 000
贷：以前年度盈余调整		8 000

调整后，

借：以前年度盈余调整		8 000
贷：累计盈余		8 000

此项业务无需进行预算会计的账务处理。

【例 7-20】会计差错更正的其他几种举例

1.会计差错更正、购货退回的会计更正。

事业单位因发生的以前年度的会计差错更正退回或者购货退回国库直接支付、授权支付款项，或者收回货币资金的，需要进行相应的会计处理，具体如表 7-7 所示。

表 7-7　　　　　　　会计差错更正、购货退回的会计更正账务处理

会计事项	财务会计处理	预算会计分录处理
属于本年度的会计差错更正、购货退回的会计更正	借：财政拨款收入/银行存款/零余额账户用款额度 　　贷：业务活动费用/库存物品等	借：财政预算收入（退回国库直接支付资金）/资金结存——货币资金（收回货币资金）、零余额账户用款额度（收回授权支付款项） 　　贷：行政支付/事业支出等
属于以前年度的会计差错更正、购货退回的会计更正	借：财政拨款收入/银行存款/零余额账户用款额度 　　贷：以前年度盈余调整（涉及以前年度收入费用调整）/库存物品等	借：财政预算收入/资金结存——货币资金、零余额账户用款额度 　　贷：财政拨款结转/财政拨款结余/非财政拨款结转/非财政拨款结余——年初余额调整

因购货退回、发生差错更正等退回国库直接支付、授权支付款项或者收回货币资金的，属于本年度支付的，借记"财政拨款预算收入"科目或本科目（零余额账户用款额度、货币资金），贷记相关支出科目。

属于以前年度支付的，借记本科目（财政应返还额度、零余额账户用款额度、货币资金），贷记"财政拨款结转""财政拨款结余""非财政拨款结转""非财政拨款结余"科目。

2.差错更正、购货退回的会计更正。

行政事业单位因发生的以前年度的会计差错更正退回或者购货退回以前年度国库直接支付、授权支付款项或财政性货币资金，或者因发生会计差错更正增加以前年度国库直接支付、授权支付支出或财政性货币资金支出需要进行账务的追溯调整中属

于财政拨款结转资金的，因此需要进行相应的财政拨款结转资金的会计处理，具体如表7-8所示。

表7-8 差错更正、购货退回的会计更正账务处理

会计事项	财务会计处理	预算会计处理
涉及以前年度收入费用调整	借：有关资产或负债科目 贷：以前年度盈余调整	当且仅当业务涉及国库直接支付、授权支付款项，或财政性货币资金退回时： 借：资金结存——财政应返还额度、零余额账户用款额度、货币资金 贷：财政拨款结转——年初余额调整
仅涉及以前年度资产负债科目之间的调整	借：有关资产或负债科目 贷：有关资产或负债科目	

因发生会计差错更正退回以前年度国库直接支付、授权支付款项或财政性货币资金，或者因发生会计差错更正增加以前年度国库直接支付、授权支付支出或财政性货币资金支出，属于以前年度财政拨款结转资金的，借记或贷记"资金结存——财政应返还额度、零余额账户用款额度、货币资金"科目，贷记或借记本科目（年初余额调整）。

因购货退回、预付款项收回等发生以前年度支出又收回国库直接支付、授权支付款项或收回财政性货币资金，属于以前年度财政拨款结转资金的，借记"资金结存——财政应返还额度、零余额账户用款额度、货币资金"科目，贷记本科目（年初余额调整）。

3.会计差错更正、购货退回的会计更正。

单位或部门因发生以前年度或本年度的会计差错更正退回或者相应的购货退回事项涉及以前年度国库直接支付、授权支付款项或财政性货币资金，或者因发生会计差错更正增加以前年度国库直接支付、授权支付支出或财政性货币资金支出中属于财政拨款结余资金的，因此需要进行相应的财政拨款结余资金的会计处理，具体如表7-9所示。

表7-9 会计差错更正、购货退回的会计更正账务处理

会计事项	财务会计处理	预算会计处理
涉及以前年度收入费用调整	借：有关资产或负债科目 贷：以前年度盈余调整	当且仅当业务涉及国库直接支付、授权支付款项，或财政性货币资金退回时： 借：资金结存——财政应返还额度、零余额账户用款额度、货币资金 贷：财政拨款结余——年初余额调整
仅涉及以前年度资产负债科目之间的调整	借：有关资产或负债科目 贷：有关资产或负债科目	

因发生会计差错更正退回以前年度国库直接支付、授权支付款项或财政性货币

资金，或者因发生会计差错更正增加以前年度国库直接支付、授权支付支出或财政性货币资金支出，属于以前年度财政拨款结余资金的，借记或贷记"资金结存——财政应返还额度、零余额账户用款额度、货币资金"科目，贷记或借记本科目（年初余额调整）。

因购货退回、预付款项收回等发生以前年度支出又收回国库直接支付、授权支付款项或收回财政性货币资金，属于以前年度财政拨款结余资金的，借记"资金结存——财政应返还额度、零余额账户用款额度、货币资金"科目，贷记本科目（年初余额调整）。

第十六条 政府会计主体按规定编制比较财务报表的，对于比较财务报表期间的重大会计差错，应当调整各该期间的收入或者费用以及其他相关项目；对于比较财务报表期间以前的重大会计差错，应当调整比较财务报表最早期间所涉及的各项净资产项目的期初余额，财务报表其他相关项目的金额也应一并调整。

对于比较财务报表期间和以前的非重大会计差错，以及影响或者累积影响不能合理确定的重大会计差错，应当调整相关项目的本期数。

第五章 报告日后事项

第十七条 报告日以后获得新的或者进一步的证据，有助于对报告日存在状况的有关金额作出重新估计，应当作为调整事项，据此对报告日的报表进行调整。调整事项包括已证实资产发生了减损、已确定获得或者支付的赔偿、财务舞弊或者差错等。

【解析7-9】报告日后事项的定义和类别

（一）报告日后事项的定义和期间。

报告日后事项是指从报告日（通常为12月31日）开始，到批准报出日这段时间内发生的需要调整或说明的事项。报告日后事项所涵盖的期间，是指报告年度次年的1月1日至政府主管部门对财务报告的批准报出日这一段时间。如在实际报出之前、被批准报出之后发生了与报告日后事项相关的事项，应该按照再次批准财务报告对外公布的当日为截止日期。

比如A事业单位2×19年综合财务报告于2×20年2月23日编制完成，注册会计师对审计报告进行签署的日期定在2×20年5月7日，相关部门对此进行批准的对外公布日期是5月18日，实际上对外进行公布的日期是5月22日。报告日后事项所涵盖的期间为 2×20 年 1 月 1 日至 2×20 年 5 月 18 日。

（二）调整事项。

报告日后调整事项，是指对在报告日时已存在的事项找到新的证据，从而进行进一步调整的事项。通常情况下，对于政府会计主体来说，发生以下事项时，为调整事项：（1）在报告日后才结案的诉讼案件，如果法院明确了政府会计主体在报告日已经存在现时义务，就必须进行相关调整。（2）在报告日后得到确切证据，能够表明某项资产在报告日发生了减值，或者某项资产需要对原先确认的减值金额进行调整。（3）报告日后进一步确定报告日前购入资产的成本或售出资产的收入。（4）报告日后发现了财务报表舞弊或差错。

（三）非调整事项。

非调整事项是指在报告日后发生的不需要调整的事项。非调整事项不会对报告日政府财务报表造成影响，对于财务报表使用者而言，如果对此不进行说明的话，会对其作出正确判断造成影响，不利于其进行相关决策。政府会计主体发生的非调整事项，通常包括报告日后发生重大诉讼、仲裁、承诺、自然灾害导致的资产损失、外汇汇率发生重大变化等，具体包括：（1）报告日并未发生或存在，完全是日后才发生的事项；（2）对理解和分析财务报表会造成一定影响的事项。

第十八条 报告日以后发生的调整事项，应当如同报告所属期间发生的事项一样进行会计处理，对报告日已编制的报表相关项目的期末数或者本期数作相应的调整，并对当期编制的报表相关项目的期初数或者上期数进行调整。

【解析 7-10】调整事项的处理原则

1.如果是与盈余有关的事项，应通过"以前年度盈余调整"科目核算。对于减少以前年度盈余或增加以前年度赤字的事项进行调整时，应通过"以前年度盈余调整"科目的借方来核算；对于增加以前年度盈余或减少以前年度赤字的事项进行调整时，应通过"以前年度盈余调整"科目的贷方来核算。完成全部调整后，把"以前年度盈余调整"科目的余额（可能在贷方，也可能在借方）转入"累计盈余"科目。

2.如果是和盈余分配调整有关的事项，直接在"累计盈余"科目核算。需要注意的是，政策变更应直接调整"累计盈余"科目；前期差错更正、报告日后事项应先通过"以前年度损益调整"科目核算，再转入"累计盈余"科目。

3.如果不涉及盈余分配的有关事项，则只需调整相关科目即可。

4.上述调整完成之后，还应对财务报表相关项目的金额进行调整，包括在报告日编制的财务报表有关科目的期末余额或当年发生的金额；当期编制的财务报表有关科目的期初金额；有关财务报表附注内容也需要进行调整。

【解析 7-11】报告日后调整事项与会计政策变更在会计处理上的区别

在实务中，报告日后调整事项与会计政策变更在会计处理上有明显区别：在调整分录方面，前者通过"以前年度盈余调整"科目核算，后者不使用该科目；在报表项目调整方面，报告日后调整事项主要是调整上期（报告期间）报表的期末数或本年数，会计政策变更主要调整本期报表的期初数或上年数。

【解析 7-12】资产负债表日后调整事项的处理

日后调整事项的处理既需要调整报告年度报表相关的项目，又需要调整相关账务处理。总的处理思路分为四步：

（一）税前调整。

1.涉及损益的事项，通过"以前年度损益调整"科目核算。

2.涉及利润分配调整的事项，直接在"利润分配——未分配利润"科目核算。

3.不涉及损益及利润分配的事项，直接调整相关科目。

（二）所得税调整。

所得税既可能有对"应交税费"的影响，也可能有对"递延所得税"的影响。所得税的调整原则是：若日后调整事项引起纳税义务发生变动，且在所得税汇算清缴前，则可以调整报告年度的应交所得税；若在所得税汇算清缴后，则不调整报告年度的应交所得税，此时不涉及所得税的调整。若日后调整事项引起暂时性差异变动，应确认或转回递延所得税。

（三）税后调整。

通过上述账务处理后，将"以前年度损益调整"科目的余额转入"利润分配——未分配利润"科目，同时相应调整"盈余公积"科目。

（四）报表项目的调整。

1.资产负债表日编制的财务报表相关项目的期末数或本年发生数；

2.当期编制的财务报表相关项目的期初数或上年数；

3.上述调整涉及报表附注内容的，还应当调整财务报表附注相关项目的数字。

【例 7-21】报告日以后发生的调整事项的会计处理

A 高校于 2×19 年 1 月做出决议，为扩大招生规模和提高教学质量，决定建造一幢教学楼，为此，经批准于 2×19 年 2 月与甲建筑公司达成协议，商定甲公司最晚应于 2×19 年 10 月向 A 高校交付教学楼。但由于施工计划延误，甲公司没有按照协议建造完成教学楼，导致 A 高校原定教学计划和招生计划落空，遭受重大损失。2×19 年 11 月，A 高校向当地法院起诉甲公司，要求甲公司赔偿 90 万元。直到 2×19 年 12 月 31 日，当地人民法院尚未判决，对于该诉讼事项 A 高校没有对应收赔偿款进行确认。2×20年2月人民法院宣布判决结果，甲公司应当赔偿A高校80万元，A高校和甲公司都服从判决。判决当天，甲公司向A高校支付赔偿款80万元。

本例中，法院的判决证实了在报告日（即2×19年12月31日），A高校享有获赔权利，甲公司存在赔偿义务，所以双方都应将"法院判决"这一事项作为调整事项进行处理。

（1）A高校的账务处理。

财务会计：

借：其他应收款——甲公司 800 000
　　贷：以前年度盈余调整——其他收入 800 000
借：银行存款 800 000
　　贷：其他应收款——甲公司 800 000
借：以前年度盈余调整——本年盈余 800 000
　　贷：累计盈余 800 000

预算会计：

借：资金结存 800 000
　　贷：非财政拨款结余——年初余额调整 800 000

（2）A高校调整报告年度与财务报表相关的项目。对与资产负债表相关的项目进行调整：调增"其他应收款"80万元，调增"累计盈余"80万元。对与收入费用表相关的项目进行调整：调增"其他收入"80万元，调增"本期盈余"80万元。对与净资产变动表相关的项目进行调整：调增"本年盈余"80万元。

第十九条 报告日以后才发生或者存在的事项，不影响报告日的存在状况，但如不加以说明，将会影响报告使用者作出正确估计和决策，这类事项应当作为非调整事项，在财务报表附注中予以披露，如自然灾害导致的资产损失、外汇汇率发生重大变化等。

第六章 披露

第二十条 政府会计主体应当在财务报表附注中披露如下信息：

（一）会计政策变更的内容和理由、会计政策变更的影响，以及影响或者累积影响不能合理确定的理由。

（二）会计估计变更的内容和理由、会计估计变更对当期和未来期间的影响数。

（三）重大会计差错的内容和重大会计差错的更正方法、金额，以及与前期相关的重大会计差错影响或者累积影响不能合理确定的理由。

（四）与报告日后事项有关的下列信息：

1.财务报告的批准报出者和批准报出日。

2.每项重要的报告日后非调整事项的内容，及其估计对政府会计主体财务状况、运行情况的影响；无法作出估计的，应当说明其原因。

第二十一条 政府会计主体在以后的会计期间，不需要重复披露在以前期间的财务报表附注中已披露的会计政策变更、会计估计变更和会计差错更正的信息。

第七章　附则

第二十二条 财政总预算会计中涉及的会计调整事项，按照《财政总预算会计制度》和财政部其他相关规定处理。

行政事业单位预算会计涉及的会计调整事项，按照与部门决算报告制度有关的要求进行披露。

第二十三条 本准则自 2019 年 1 月 1 日起施行。

政府会计准则第 8 号——负债

财会〔2018〕31 号

第一章　总则

第一条　为了规范负债的确认、计量和相关信息的披露，根据《政府会计准则——基本准则》，制定本准则。

第二条　本准则所称负债，是指政府会计主体过去的经济业务或者事项形成的，预期会导致经济资源流出政府会计主体的现时义务。

现时义务，是指政府会计主体在现行条件下已承担的义务。未来发生的经济业务或者事项形成的义务不属于现时义务，不应当确认为负债。

第三条　符合本准则第二条规定的负债定义的义务，在同时满足以下条件时，确认为负债：

（一）履行该义务很可能导致含有服务潜力或者经济利益的经济资源流出政府会计主体；

（二）该义务的金额能够可靠地计量。

【解析 8-1】负债的定义与确认条件

政府会计主体认定的负债一般具有以下特征。

（1）应当由过去的经济业务所发生的，需由现时承担的义务。现时义务多以契约、合同、协议或者法律约束为前提，如借款、应付账款、应交税费等。现时义务也包括政府会计主体因承担担保责任而产生的预计负债；但未来发生的经济业务或者事项形成的义务不属于现时义务，不应当确认为当期负债。

（2）各项负债都应有确定的金额，能够以货币计量；如果不能以货币计量，就不符合负债的特征。

（3）负债是需要偿还的，因而有确切的债权人和偿付期，需以资产或者劳务偿还。偿还负债会导致经济利益流出，如借入款项、应付款项、暂存款项、应交款项等。如果属于非偿还资金，那就不是负债。负债与收入之间的划分界限就在于是不是债务及其是否需要偿还。凡是"需要偿还的"才构成单位的一项负债。

另外，具有偿还性或按照规定具有上缴性的特征，可以成为鉴别负债的标志之一。例如，事业单位代行政府职能收取的纳入预算管理的款项，以及按照规定收取的纳入财政专户管理的款项，就应当按照规定作为偿还性资金及时上缴，在应缴未缴之前纳入负债核算。又如，单位依法取得的应当上缴财政的罚没收入、行政事业性收费、政府性基金、国有资产处置和出租出借收入等，也应当按照规定及时足额上缴。从最终结果看，收入的增加会导致净资产的增加，而负债的增加会导致净资产的减少。

第四条 政府会计主体的负债按照流动性，分为流动负债和非流动负债。

流动负债是指预计在 1 年内（含 1 年）偿还的负债，包括短期借款、应付短期政府债券、应付及预收款项、应缴款项等。

非流动负债是指流动负债以外的负债，包括长期借款、长期应付款、应付长期政府债券等。

【解析 8-2】负债的具体分类

负债被分为 16 个项目，与之对应的会计科目名称、特指用途、划分类别汇总如表 8-1 所示。

负债核算内容各异、特点不同，为归类反映，在阐述负债核算的具体内容时，将其分为应交款项（包括应交增值税、其他应交税费、应缴财政款）、应付职工薪酬、应付及预收款项（包括应付票据、应付账款、应付政府补贴款、应付利息、预收账款、其他应付款）、借款（包括短期借款和长期借款）、预提费用和其他特殊负债（包括长期应付款、预计负债、受托代理负债等）。

表 8-1　　　　　　　　　负债类会计科目分类

编号	负债项目与会计科目名称	特指用途	负债分类	
2001	短期借款	事业单位	借款	流动负债
2101	应交增值税		应交款项	
2102	其他应交税费			
2103	应缴财政款			
2201	应付职工薪酬		应付职工薪酬	
2301	应付票据	事业单位	应付及预收款项	
2302	应付账款			
2303	应付政府补贴款	行政单位		

续表

编号	负债项目与会计科目名称	特指用途	负债分类	
2304	应付利息	事业单位	应付及预收款项	流动负债
2305	预收账款	事业单位		
2307	其他应付款			
2401	预提费用		跨期摊配	非流动负债
2501	长期借款	事业单位	借款	
2502	长期应付款		其他特殊负债	
2601	预计负债			
2901	受托代理负债			

第五条 政府会计主体的负债包括偿还时间与金额基本确定的负债和由或有事项形成的预计负债。

偿还时间与金额基本确定的负债按政府会计主体的业务性质及风险程度，分为融资活动形成的举借债务及其应付利息、运营活动形成的应付及预收款项和暂收性负债。

【解析 8-3】预计负债的核算

或有事项，是指过去的交易或者事项形成的，其结果须由某些未来事项的发生或不发生才能决定的不确定事项。其具有以下特征。

（1）由过去交易或事项形成，是指或有事项的现存状况是过去交易或事项引起的客观存在。比如，未决诉讼虽然是正在进行中的诉讼，但该诉讼是单位因过去的经济行为导致起诉其他单位或被其他单位起诉。这是现存的一种状况而不是未来将要发生的事项。未来可能发生的自然灾害、交通事故、经营亏损等，不属于或有事项。

（2）结果具有不确定性，是指或有事项的结果是否发生具有不确定性，或者或有事项的结果预计将会发生，但发生的具体时间或金额具有不确定性。比如，债务担保事项的担保方到期是否承担和履行连带责任，需要根据债务到期时被担保方能否按时还款加以确定。这一事项的结果在担保协议达成时具有不确定性。

（3）由未来事项决定，是指或有事项的结果只能由未来不确定事项的发生或不发生才能决定。比如，债务担保事项只有在被担保方到期无力还款时，担保方才履行连带责任。

常见的或有事项主要包括：未决诉讼或仲裁、债务担保、产品质量保证（含产品安全保证）、承诺、亏损合同、重组义务、环境污染整治等。

1．确认预计负债

确认预计负债时，按照预计的金额，借记"业务活动费用""经营费用""其他费用"等科目，贷记"预计负债"科目。相关会计处理如图 8-1 所示。

财务会计：

图 8-1　确认预计负债的会计处理

2．偿付预计负债

实际偿付预计负债时，按照偿付的金额，借记"预计负债"科目，贷记"银行存款""零余额账户用款额度"等科目。相关会计处理如图 8-2 所示。

财务会计：

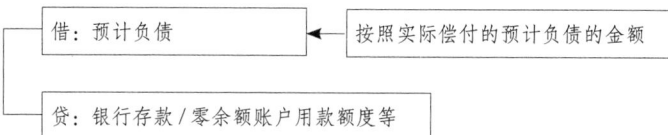

预算会计：

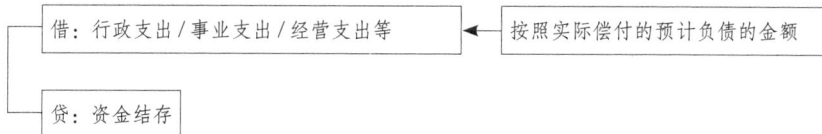

图 8-2　偿付预计负债的会计处理

3．根据事项调整科目账面余额

根据确凿证据需要对已确认的预计负债账面余额进行调整的，按照调整增加的金额，借记有关科目，贷记"预计负债"科目；按照调整减少的金额，借记"预计负债"科目，贷记有关科目。相关会计处理如图 8-3 所示。

财务会计：

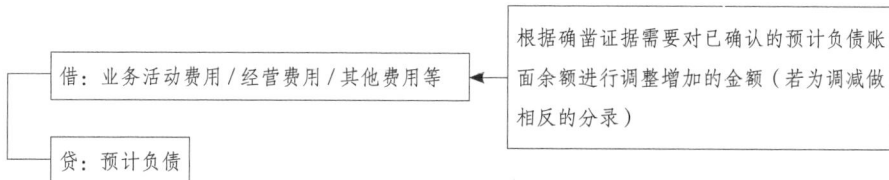

图 8-3　根据事项调整科目账面余额的会计处理

第六条　本准则规范政府会计主体负债的一般情况。其他政府会计准则对政府会计主体的特定负债做出专门规定的，从其规定。

第二章　举借债务

第七条　举借债务是指政府会计主体通过融资活动借入的债务，包括政府举借的债务以及其他政府会计主体借入的款项。

政府举借的债务包括政府发行的政府债券，向外国政府、国际经济组织等借入的款项，以及向上级政府借入转贷资金形成的借入转贷款。

其他政府会计主体借入的款项是指除政府以外的其他政府会计主体从银行或其他金融机构等借入的款项。

第八条　对于举借债务，政府会计主体应当在与债权人签订借款合同或协议并取得举借资金时确认为负债。

【解析8-4】借款概述

借款是指向银行等金融机构借入的资金，包括短期借款和长期借款。按照偿还方式的不同，借款分为定期一次性偿还和分期偿还借款；按照还本付息方式的不同，借款分为分期付息到期还本、到期一次还本付息、分期偿还本息借款；按照涉及货币种类的不同，借款分为人民币借款和外币借款。

行政事业单位都不是经营性营利组织，其资金来源主要依靠国家财政拨款，其费用主要是消耗性支出，所以，不应当也没有必要靠借债来发展事业。如果允许单位擅自举债，不仅与单位的性质相违背，而且一些单位会因债台高筑无力偿还而背上沉重的债务包袱，带来极大的财务风险，最终会严重影响单位正常业务工作的开展。例如，个别学校以未来财政投入和学费收入作为预期还贷来源，通过银行贷款解决扩招建设所需资金，随着还贷高峰的到来，债务负担沉重，每年用大量非财政拨款收入还本付息已难以支撑，存在严重的财务风险，也严重制约了学校办学质量的提高和进一步发展。为此，一定要规范和加强单位借入款项的管理，不得违规举借债务。

第九条　举借债务初始确认为负债时，应当按照实际发生额计量。

对于借入款项，初始确认为负债时应当按照借款本金计量；借款本金与取得的借款资金的差额应当计入当期费用。

对于发行的政府债券，初始确认为负债时应当按照债券本金计量；债券本金与发行价款的差额应当计入当期费用。

第十条　政府会计主体应当按照借款本金（或债券本金）和合同或协议约定的利率（或债券票面利率）按期计提举借债务的利息。

对于属于流动负债的举借债务以及属于非流动负债的分期付息、一次还本的举借债务，应当将计算确定的应付未付利息确认为流动负债，计入应付利息；对于其他举借债务，应当将计算确定的应付未付利息确认为非流动负债，计入相关非流动负债的账面余额。

【解析 8-5】短期借款与长期借款的核算

一、短期借款核算

短期借款是指事业单位经批准向银行或其他金融机构等借入的期限在 1 年内（含 1 年）的各种借款。

（一）借入各种短期借款

单位应当设置"短期借款"科目，核算事业单位经批准向银行或其他金融机构等借入的期限在 1 年内（含 1 年）的各种借款。办理该项借款时，单位应按有关规定向银行提出年度、季度借款计划，经银行核定后，在借款计划中根据借款借据办理借款，并在期限届满之后归还相应的金额。该科目的期末贷方余额反映单位尚未偿还的短期借款本金。

借入各种短期借款时，按照实际借入的金额，借记"银行存款"科目，贷记"短期借款"科目。相关会计处理如图 8-4 所示。

财务会计：

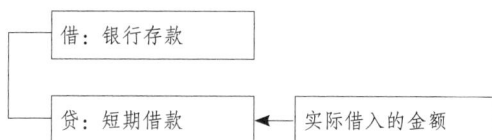

预算会计：

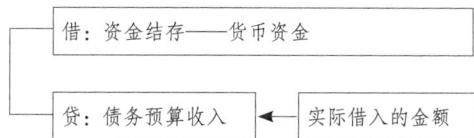

图 8-4　借入各种短期借款的会计处理

（二）银行承兑汇票到期转入短期借款科目

单位因银行承兑汇票到期但是由于资金不足或者其他原因暂时无法偿付资金时，应该将到期需要承兑的银行承兑汇票转入短期借款。

银行承兑汇票到期，本单位无力支付票款的，按照银行承兑汇票的票面金额，借记"应付票据"科目，贷记"短期借款"科目。相关会计处理如图 8-5 所示。

财务会计：

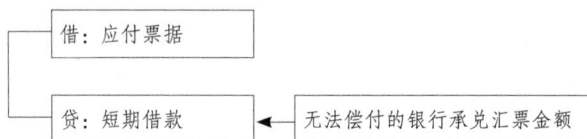

预算会计：

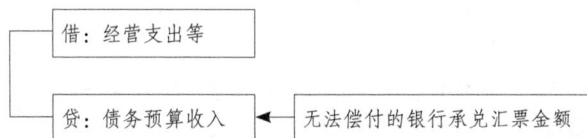

图8-5　银行承兑汇票到期转入短期借款科目的会计处理

（三）归还短期借款本息

单位借入短期借款应支付利息。在实际工作中，如果短期借款利息是按期支付的，如按季度支付利息，或者利息是在借款到期时连同本金一起归还，并且其数额较大的，单位应采用月末预提方式进行短期借款利息的核算。

短期借款利息属于筹资费用，应当于发生时直接计入当期财务费用。支付短期借款利息时，借记"其他支出"科目，贷记"银行存款"科目。归还短期借款本金时，借记"短期借款"科目，贷记"银行存款"科目。相关会计处理如图8-6所示。

财务会计：

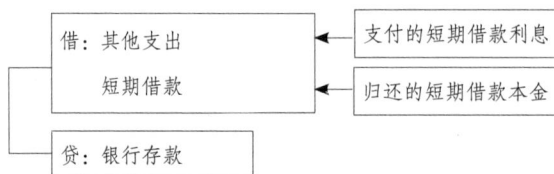

预算会计：

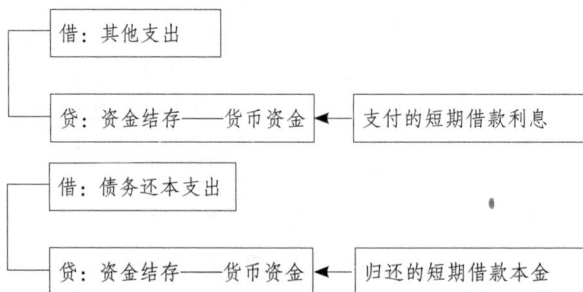

图8-6　归还短期借款本息的会计处理

（四）利息核算

单位还应当设置"应付利息"科目，核算单位按照合同约定应支付的利息，包括短期借款、分期付息到期还本的长期借款等应支付的利息。该科目可按存款人或债权人进行明细核算。该科目的期末贷方余额反映单位应付未付的利息。

按期计提短期借款利息费用时，借记"其他费用"科目，贷记"应付利息"科目。

借款利息 = 借款本金 × 利率 × 期限

实际支付短期借款利息时，借记"应付利息"科目，贷记"银行存款"科目。

归还短期借款时，借记"短期借款"科目，贷记"银行存款"科目。相关会计处理如图 8-7 所示。

财务会计：

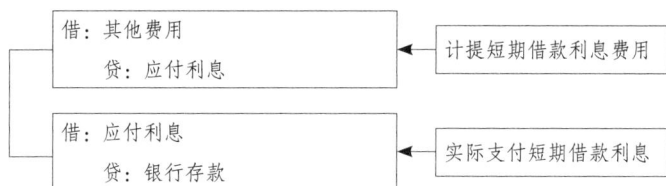

图 8-7　利息的会计处理

二、长期借款核算

单位应当设置"长期借款"科目，核算经批准向银行或其他金融机构借入的期限超过 1 年（不含 1 年）的各种借款。该科目下设"本金"和"应计利息"明细科目，并应当按照贷款单位和贷款种类进行明细核算。对于基建项目借款，还应按具体项目进行明细核算。该科目的期末贷方余额反映单位尚未偿还的长期借款本金或本息。

（一）借入长期借款的核算

借入各项长期借款时，按照实际借入的金额，借记"银行存款"科目，贷记"长期借款——本金"科目。相关会计处理如图 8-8 所示。

财务会计：

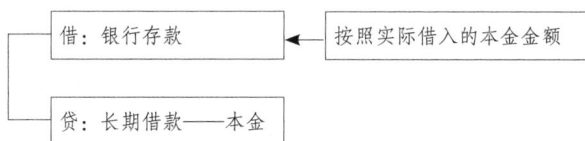

预算会计：

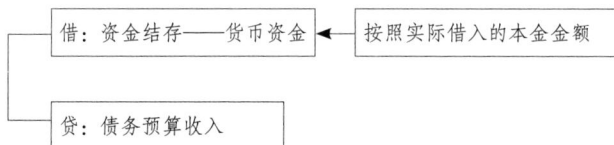

图 8-8　借入各项长期借款的会计处理

（二）专门借款利息的核算

1. 资本化利息

为建造固定资产、公共基础设施等应支付的专门借款利息，按期计提利息时，属于工程项目建设期间发生的利息，计入工程成本，按照计算确定的应支付的利息金额，借记"在建工程"科目，贷记"应付利息"或"长期借款——应计利息"科目。相关会计处理如图8-9所示。

财务会计：

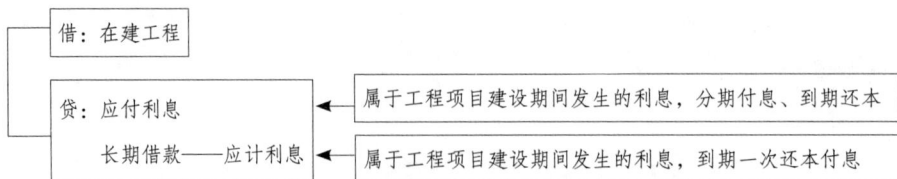

图8-9 长期借款资本化利息的会计处理

2. 费用化利息

属于工程项目完工交付使用后发生的利息，计入当期费用，按照计算确定的应支付的利息金额，借记"其他费用"科目，贷记"应付利息"或"长期借款——应计利息"科目。相关会计处理如图8-10所示。

财务会计：

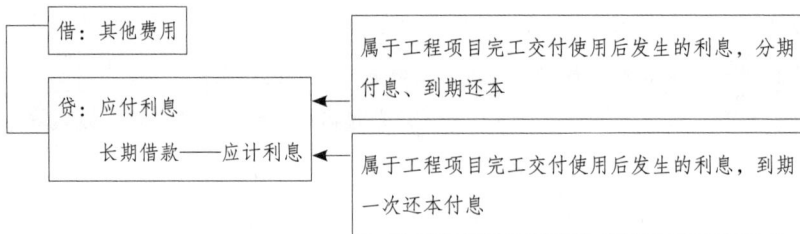

图8-10 长期借款费用化利息的会计处理

3. 利息支付

支付按期计提的其他长期借款的利息时，按照计算确定的应支付的利息金额，借记"应付利息"科目（分期付息、到期还本借款的利息）或"长期借款——应计利息"科目（到期一次还本付息借款的利息），贷记"银行存款"。相关会计处理如图8-11所示。

财务会计：

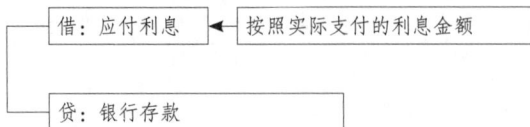

预算会计：

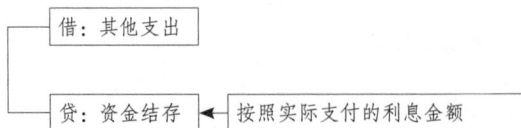

图8-11 长期借款利息支付的会计处理

概念辨析：资产负债表日与合同约定付息日有区别。资产负债表日指的是结账日期，即结账和编制资产负债表的日期，一般是指会计期末。年度资产负债表日为每年的 12 月 31 日，中期资产负债表日为各会计中期期末，包括月末、季末和半年末。例如，第一季度的资产负债表日是 3 月 31 日，半年的资产负债表日是 6 月 30 日。借款合同中按期归还借款本金和利息的约定日期有时与资产负债表日一致，有时是不一致的。按照权责发生制的核算要求，单位在每个资产负债表日都应当按照制度的规定计算确定借款利息费用。

（三）归还长期借款的会计处理

到期归还长期借款本金、利息时，借记"长期借款——本金"或"长期借款——应计利息"科目，贷记"银行存款"科目。相关会计处理如图 8-12 所示。

财务会计：

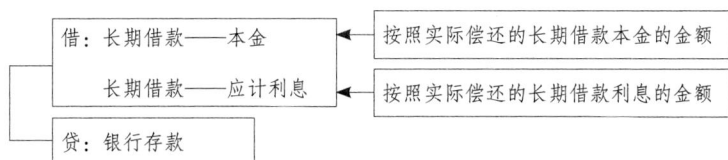

预算会计：

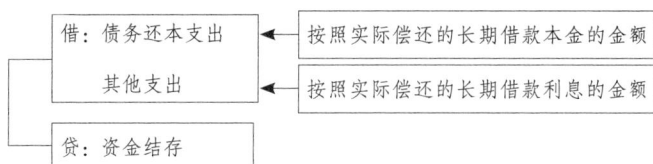

图 8-12 长期借款本金偿付的会计处理

第十一条 政府会计主体应当按照本准则第十二条、第十三条的规定，将因举借债务发生的借款费用分别计入工程成本或当期费用。

借款费用，是指政府会计主体因举借债务而发生的利息及其他相关费用，包括借款利息、辅助费用以及因外币借款而发生的汇兑差额等。其中，辅助费用是指政府会计主体在举借债务过程中发生的手续费、佣金等费用。

第十二条 政府以外的其他政府会计主体为购建固定资产等工程项目借入专门借款的，对于发生的专门借款费用，应当按照借款费用减去尚未动用的借款资金产生的利息收入后的金额，属于工程项目建设期间发生的，计入工程成本；不属于工程项目建设期间发生的，计入当期费用。

工程项目建设期间是指自工程项目开始建造起至交付使用时止的期间。

工程项目建设期间发生非正常中断且中断时间连续超过 3 个月（含 3 个月）的，政府会计主体应当将非正常中断期间的借款费用计入当期费用。如果中断是使工程项目达到交付使用所必须的程序，则中断期间所发生的借款费用仍应计入工程成本。

第十三条 政府会计主体因举借债务所发生的除本准则第十二条规定外的借款费用（包括政府举借的债务和其他政府会计主体的非专门借款所发生的借款费用），应当计入当期费用。

第十四条 政府会计主体应当在偿还举借债务本息时，冲减相关负债的账面余额。

第三章　应付及预收款项

第十五条 应付及预收款项，是指政府会计主体在运营活动中形成的应当支付而尚未支付的款项及预先收到但尚未实现收入的款项，包括应付职工薪酬、应付账款、预收款项、应交税费、应付国库集中支付结余和其他应付未付款项。

应付职工薪酬，是指政府会计主体为获得职工（含长期聘用人员）提供的服务而给予各种形式的报酬或因辞退等原因而给予职工补偿所形成的负债。职工薪酬包括工资、津贴补贴、奖金、社会保险费等。

应付账款，是指政府会计主体因取得资产、接受劳务、开展工程建设等而形成的负债。

预收款项，是指政府会计主体按照货物、服务合同或协议或者相关规定，向接受货物或服务的主体预先收款而形成的负债。

应交税费，是指政府会计主体因发生应税事项导致承担纳税义务而形成的负债。

应付国库集中支付结余，是指国库集中支付中，按照财政部门批复的部门预算，政府会计主体（政府财政）当年未支而需结转下一年度支付款项而形成的负债。

其他应付未付款项，是指政府会计主体因有关政策明确要求其承担支出责任等而形成的应付未付款项。

【解析8-6】应付票据的核算

应付票据，是指事业单位因购买材料、物资时所开出、承兑的商业汇票，包括银行承兑汇票和商业承兑汇票。按国家有关规定，单位之间只有在商品交易的情况下，才能使用商业汇票结算方式。在会计核算中，购买商品在采用商业汇票结算方式下，如果开出的是商业承兑汇票，必须由付款方（购买单位）承兑；如果是银行承兑汇票，必须经银行承兑。付款单位应在商业汇票到期前，及时将款项足额交存其开户银行，可使银行在到期日凭票将款项划转给收款人、被背书人或贴现银行。

1. 开出、承兑商业汇票

开出、承兑商业汇票时，借记"库存物品""固定资产"等科目，贷记"应付票据"科目，如图 8-13 所示。涉及增值税业务的，相关会计处理参见"应交增值税"科目。

财务会计：

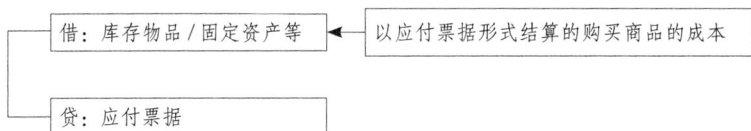

图 8-13　开出、承兑商业汇票的会计处理

2. 商业汇票抵付应付账款

以商业汇票抵付应付账款时，借记"应付账款"科目，贷记"应付票据"科目，如图 8-14 所示。

财务会计：

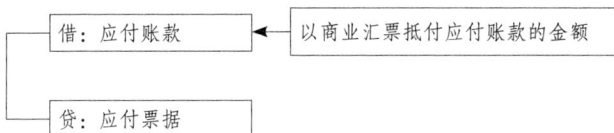

图 8-14　商业汇票抵付应付账款的会计处理

3. 支付银行承兑汇票的手续费

支付银行承兑汇票的手续费时，借记"业务活动费用""经营费用"等科目，贷记"银行存款""零余额账户用款额度"等科目。相关会计处理如图 8-15 所示。

财务会计：

预算会计：

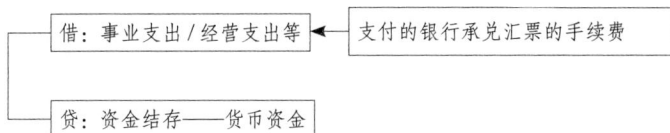

图 8-15　支付银行承兑汇票手续费的会计处理

4.商业汇票到期

商业汇票到期时，应当分以下情况处理。

（1）收到银行支付到期票据的付款通知时，借记"应付票据"科目，贷记"银行存款"科目。相关会计处理如图8-16所示。

财务会计：

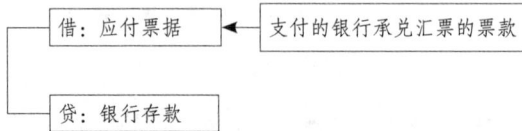

预算会计：

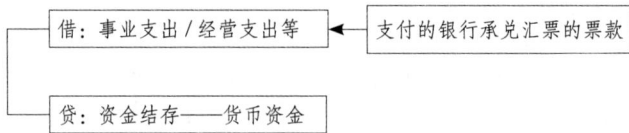

图8-16　收到银行支付到期票据的付款通知的会计处理

（2）银行承兑汇票到期，单位无力支付票款的，按照应付票据账面余额，借记"应付票据"科目，贷记"短期借款"科目。相关会计处理如图8-17所示。

财务会计：

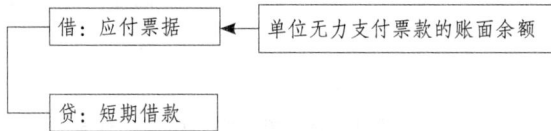

预算会计：

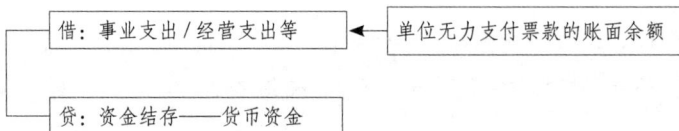

图8-17　单位无力支付银行承兑汇票票款的会计处理

（3）商业承兑汇票到期，单位无力支付票款的，按照应付票据账面余额，借记"应付票据"科目，贷记"应付账款"科目，如图8-18所示。

财务会计：

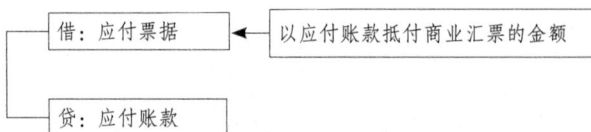

图8-18　单位无力支付商业承兑汇票的会计处理

【解析 8-7】应付政府补贴款的核算

应付政府补贴款是指负责发放政府补贴的行政单位，按照有关规定应付给政府补贴接受者的各种政府补贴款。应付政府补贴款应当在规定发放政府补贴的时间确认。

"应付政府补贴款"科目借方反映当期行政单位应付政府补贴款的减少；贷方反映当期行政单位应付政府补贴款的增加；本科目期末贷方余额，反映行政单位应付未付的政府补贴金额。

1. 发生（确认）应付政府补贴款

发生应付政府补贴款时，按照规定计算确定的应付政府补贴金额，借记"业务活动费用"科目，贷记"应付政府补贴款"科目，如图 8-19 所示。

财务会计：

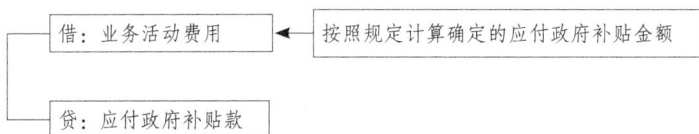

图 8-19　发生（确认）应付政府补贴款的会计处理

2. 支付应付政府补贴款

支付应付政府补贴款时，按照支付的金额，借记"应付政府补贴款"科目，贷记"财政拨款收入""零余额账户用款额度""银行存款"等科目。相关会计处理如图 8-20 所示。

财务会计：

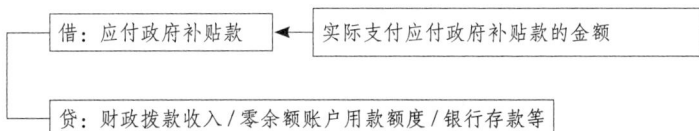

预算会计：

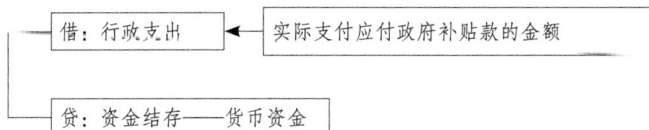

图 8-20　支付应付政府补贴款的会计处理

【解析 8-8】其他应付款的核算

单位应当设置"其他应付款"科目，核算除应交增值税、其他应交税费、应缴财政款、应付职工薪酬、应付票据、应付账款、应付政府补贴款、应付利息、预收账款外，其他各项偿还期限在 1 年内（含 1 年）的应付及暂收款项，如收取的押金、存入保证金、已经报销但尚未偿还银行的本单位公务卡欠款等，还包括同级政府财政部门预拨的下期预算款、没有纳入预算的暂付款项，以及采用实拨资金方式通过本单位转拨给下属单位的财政拨款。该科目应当按照其他应付款的类别以及债权人进行明细核算。该科目的期末贷方余额反映单位尚未支付的其他应付款。

其他应付款财务会计核算的主要内容如下。

1. 暂收款项

暂收款项是指单位暂时收到的除销售货款等以外的其他款项，这笔款项属于暂收或代收的，在以后的某个时期要退还或转交他人。暂存款项包括收取的押金、保证金、已经报销但尚未偿还银行的本单位公务卡欠款等。

发生其他应付及暂收款项时，借记"银行存款"等科目，贷记"其他应付款"科目。支付（或退回）其他应付及暂收款项时，借记"其他应付款"科目，贷记"银行存款"等科目。将暂收款项转为收入时，借记"其他应付款"科目，贷记"事业收入"等科目。相关会计处理如图8-21～图8-23所示。

（1）取得暂收款项时。

财务会计：

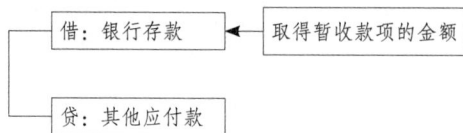

图8-21　取得暂收款项的会计处理

（2）确认收入时。

财务会计：

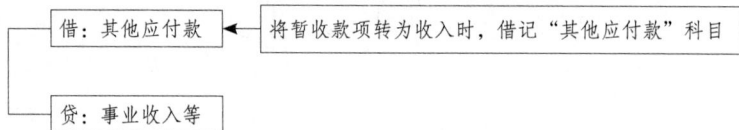

预算会计：

图8-22　确认收入的会计处理

（3）退回（转拨）暂收款时。

财务会计：

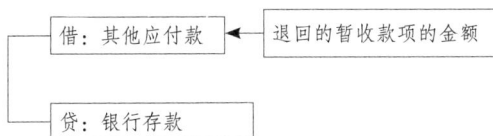

图 8-23　退回（转拨）暂收款的会计处理

2. 代收款项

代收款项是指由行政事业单位代为收取，在经济活动结束后需付给其他收款单位或个人，不构成本单位收入的款项，如代收教材费、体检费、水电费、供暖费、电话费等。

发生各项代收款项时，借记"银行存款"等科目，贷记"其他应付款"科目。

支付其他应付款项时，借记"其他应付款"科目，贷记"银行存款"等科目。

3. 预拨款项

预拨款项是指同级政府财政部门预拨的下期预算款和没有纳入预算的暂付款项，以及采用实拨资金方式通过本单位转拨给下属单位的财政拨款。

收到同级政府财政部门预拨的下期预算款和没有纳入预算的暂付款项，按照实际收到的金额，借记"银行存款"等科目，贷记"其他应付款"科目，如图 8-24 所示。收到同级政府财政部门预拨的下期预算款不在当期进行预算会计处理。待到下一预算期或批准纳入预算时，借记"其他应付款"科目，贷记"财政拨款收入"科目。同时按照预算会计处理，借记"资金结存"科目，贷记"财政拨款预算收入"科目。相关会计处理如图 8-25 所示。

财务会计：

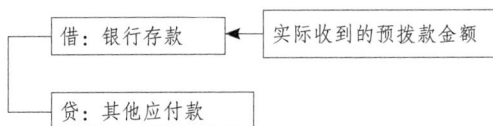

图 8-24　预拨款项实际收到时的会计处理

财务会计：

图 8-25　预拨款项待到下一预算期或批准纳入预算时的会计处理

预算会计：

图 8-25　预拨款项待到下一预算期或批准纳入预算时的会计处理（续）

4. 转拨资金

采用实拨资金方式通过本单位转拨给下属单位的财政拨款，按照实际收到的金额，借记"银行存款"科目，贷记"其他应付款"科目；向下属单位转拨财政拨款时，按照转拨的金额，借记"其他应付款"科目，贷记"银行存款"科目。

5. 发生其他应付义务

单位发生的其他应付义务包括单位公务卡的报销、涉及质保金形成其他应付款等相关事项。

确认其他应付款项时，借记"业务活动费用""单位管理费用"等科目，贷记"其他应付款"科目，如图 8-26 所示。支付其他应付款项时，借记"其他应付款"科目，贷记"零余额账户用款额度"等科目；预算会计处理时，支付其他应付款项，借记"行政支出""事业支出"等科目，贷记"资金结存"科目。相关会计处理如图 8-27 所示。

财务会计：

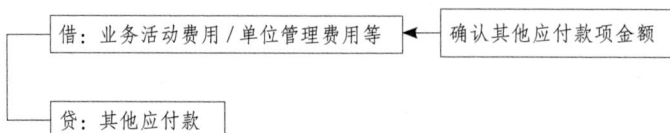

图 8-26　确认其他应付款项的会计处理

财务会计：

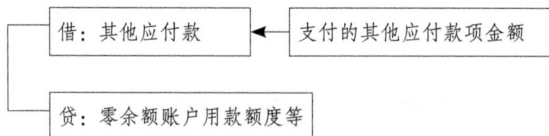

预算会计：

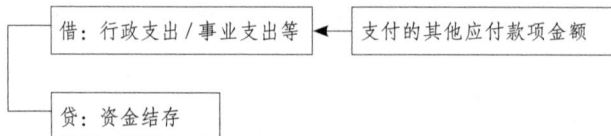

图 8-27　支付其他应付款项的会计处理

6. 其他应付款的豁免

单位无法偿还或债权人豁免偿还的其他应付款项，应当按照规定报经审批后进行会计处理。

经批准核销时,借记"其他应付款"科目,贷记"其他收入"科目,如图 8-28 所示。核销的其他应付款应在备查簿中保留登记。

财务会计:

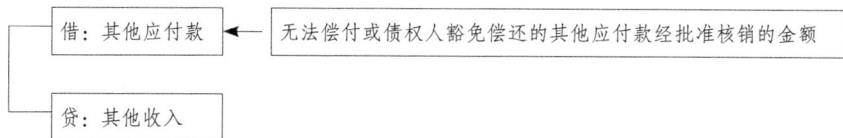

图 8-28 其他应付款项豁免的会计处理

第十六条 除因辞退等原因给予职工的补偿外,政府会计主体应当在职工为其提供服务的会计期间,将应支付的职工薪酬确认为负债,除本条第二款规定外,计入当期费用。

政府会计主体应当根据职工提供服务的受益对象,将下列职工薪酬分情况处理。

(一)应由自制物品负担的职工薪酬,计入自制物品成本。

(二)应由工程项目负担的职工薪酬,比照本准则第十二条有关借款费用的处理原则计入工程成本或当期费用。

(三)应由自行研发项目负担的职工薪酬,在研究阶段发生的,计入当期费用;在开发阶段发生并且最终形成无形资产的,计入无形资产成本。

【解析 8-9】应付职工薪酬的核算

一、应付职工薪酬的科目设置

应付职工薪酬是指单位应付未付的工资、津贴补贴等各种报酬。

单位应当设置"应付职工薪酬"科目,核算单位按有关规定应付给职工(含长期聘用人员)及为职工支付的各种薪酬,包括基本工资、国家统一规定的津贴补贴、规范津贴补贴(绩效工资)、改革性补贴、社会保险费(如职工基本养老保险费、职业年金、基本医疗保险费等)、住房公积金等。该科目应当根据国家有关规定按照"基本工资"(含离退休费)、"国家统一规定的津贴补贴""规范津贴补贴(绩效工资)""改革性补贴""社会保险费""住房公积金""其他个人收入"等进行明细核算。其中,"社会保险费""住房公积金"明细科目核算的内容包括单位从职工工资中代扣代缴的社会保险费、住房公积金,以及单位为职工计算缴纳的社会保险费、住房公积金。该科目的期末贷方余额反映单位应付未付的职工薪酬。

二、应付职工薪酬的核算内容

"应付职工薪酬"科目的借、贷方发生额及其核算的主要内容如图 8-29 所示。

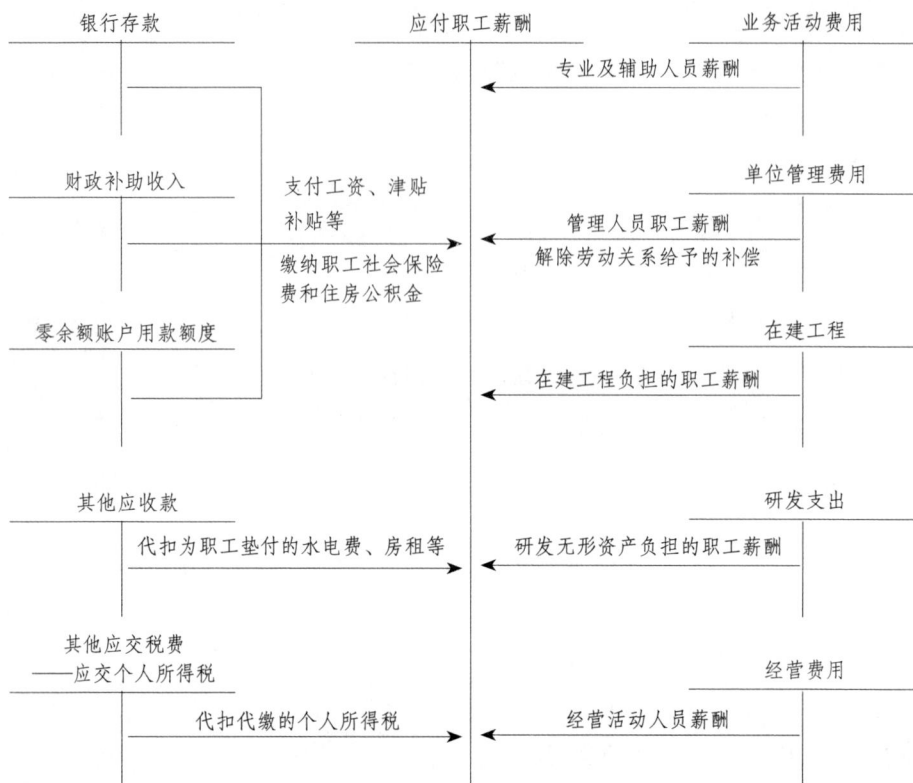

图 8-29　"应付职工薪酬"科目的借、贷方发生额及其核算的主要内容

（一）计算确认当期应付职工薪酬

单位计算确认当期应付职工薪酬，包括基本工资、国家统一规定的津贴补贴、规范津贴补贴（绩效工资）、改革性补贴、社会保险费（如职工基本养老保险费、职业年金、基本医疗保险费等）、住房公积金等。应由生产产品、提供劳务负担的职工薪酬，计入产品成本或劳务成本在税前扣除；应由在建工程、无形资产负担的职工薪酬，计入建造固定资产或无形资产成本，资本化后分期扣除。

1．从事专业及其辅助活动人员的职工薪酬

计提从事专业及其辅助活动人员的职工薪酬，借记"业务活动费用""单位管理费用"科目，贷记"应付职工薪酬"科目，如图 8-30 所示。

财务会计：

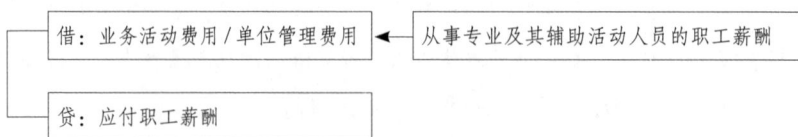

图 8-30　从事专业及其辅助活动人员的职工薪酬的会计处理

2. 应由在建工程、加工物品、自行研发无形资产负担的职工薪酬

计提应由在建工程、加工物品、自行研发无形资产负担的职工薪酬，借记"在建工程""加工物品""研发支出"等科目，贷记"应付职工薪酬"科目，如图8-31所示。

财务会计：

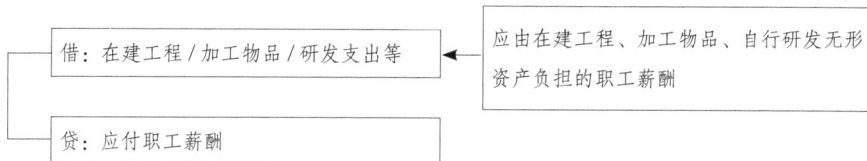

图8-31 在建工程、加工物品、自行研发无形资产负担的职工薪酬的会计处理

3. 从事专业及其辅助活动之外的经营活动人员的职工薪酬

计提从事专业及其辅助活动之外的经营活动人员的职工薪酬，借记"经营费用"科目，贷记"应付职工薪酬"科目，如图8-32所示。

财务会计：

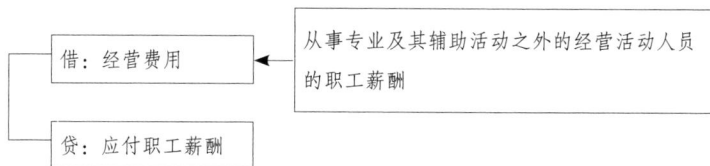

图8-32 从事专业及其辅助活动之外的经营活动人员的职工薪酬的会计处理

4. 因解除与职工的劳动关系而给予的补偿

因解除与职工的劳动关系而给予的补偿，借记"单位管理费用"等科目，贷记"应付职工薪酬"科目，如图8-33所示。

财务会计：

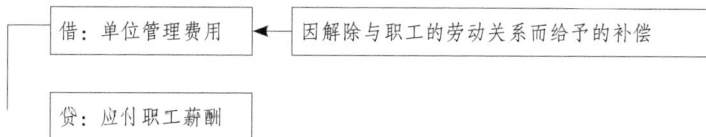

图8-33 因解除与职工的劳动关系而给予补偿的会计处理

（二）向职工支付工资、津贴补贴等薪酬

单位应及时向职工支付工资、津贴补贴等薪酬，包括之前计入"应付职工薪酬"科目的基本工资、国家统一规定的津贴补贴、规范津贴补贴（绩效工资）、改革性补贴、社会保险费（如职工基本养老保险费、职业年金、基本医疗保险费等）、住房公积金等。

按照实际支付的金额，借记"应付职工薪酬"科目，贷记"财政拨款收入""零余额账户用款额度""银行存款"等科目。在预算会计处理时，借记"行政支出""事

业支出""经营支出"等科目，贷记"财政拨款预算收入""资金结存——货币资金"科目。相关会计处理如图 8-34 所示。

财务会计：

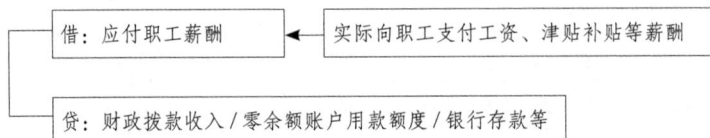

预算会计：

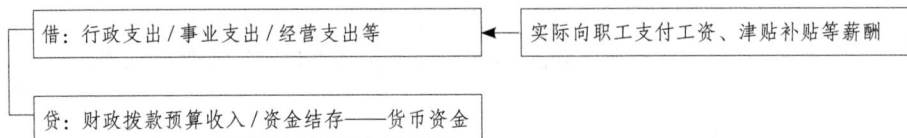

图 8-34　向职工支付工资、津贴补贴等薪酬的会计处理

（三）从职工薪酬中代扣各种款项

按照税法规定，单位可以从职工薪酬中代扣以下款项：（1）代扣代缴职工个人所得税；（2）代扣社会保险费和住房公积金；（3）代扣为职工垫付的水电费、房租等费用。

1. 代扣代缴职工个人所得税

按照税法规定代扣职工个人所得税时，借记"应付职工薪酬"科目（基本工资），贷记"其他应交税费——应交个人所得税"科目，如图 8-35 所示。

财务会计：

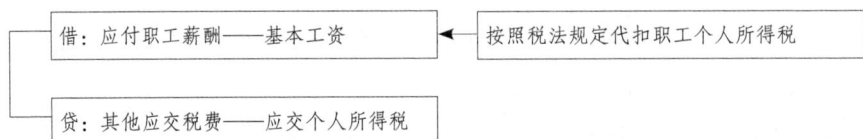

图 8-35　代扣职工个人所得税的会计处理

2. 代扣社会保险费和住房公积金

从应付职工薪酬中代扣社会保险费和住房公积金，按照代扣的金额，借记"应付职工薪酬"科目（基本工资），贷记"应付职工薪酬"科目（社会保险费、住房公积金），如图 8-36 所示。

财务会计：

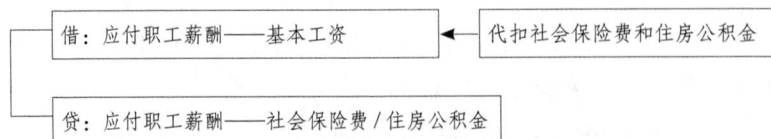

图 8-36　代扣社会保险费和住房公积金的会计处理

3.代扣为职工垫付的水电费、房租等费用

从应付职工薪酬中代扣为职工垫付的水电费、房租等费用时，按照实际扣除的金额，借记"应付职工薪酬"科目（基本工资），贷记"其他应收款"等科目，如图 8-37所示。

财务会计：

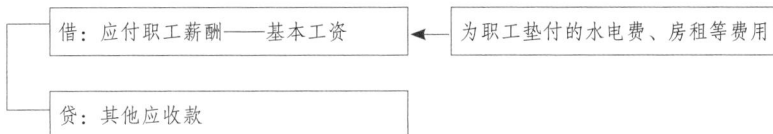

图 8-37 代扣为职工垫付的水电费、房租等费用的会计处理

（四）缴纳职工社会保险费和住房公积金

社会保险费和住房公积金简称"五险一金"。五险一金是指用人单位给予劳动者的几种保障性待遇的合称，包括养老保险、医疗保险、失业保险、工伤保险和生育保险，及住房公积金。其中养老保险、医疗保险、失业保险和住房公积金，缴纳方式为单位和个人按规定比例缴存。

按照国家有关规定缴纳职工社会保险费和住房公积金时，按照实际支付的金额，借记"应付职工薪酬"科目（社会保险费、住房公积金），贷记"财政拨款收入""零余额账户用款额度""银行存款"等科目。预算会计处理时，借记"行政支出""事业支出""经营支出"等科目，贷记"财政拨款预算收入""资金结存——货币资金"科目。相关会计处理如图 8-38 所示。

财务会计：

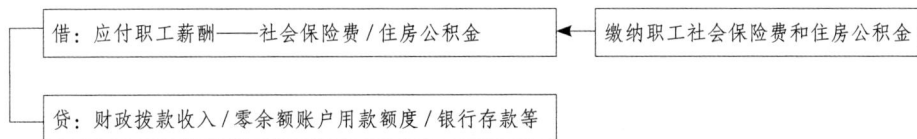

预算会计：

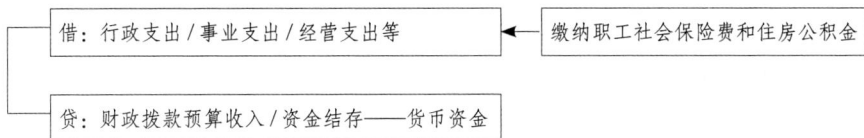

图 8-38 缴纳职工社会保险费和住房公积金的会计处理

（五）从应付职工薪酬中支付其他款项

从应付职工薪酬中支付其他款项时，借记"应付职工薪酬"科目，贷记"零余额账户用款额度""银行存款"等科目。预算会计处理时，借记"行政支出""事业支出""经营支出"等科目，贷记"资金结存——货币资金"等科目。相关会计处理如图 8-39 所示。

财务会计：

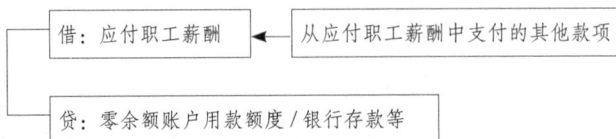

预算会计：

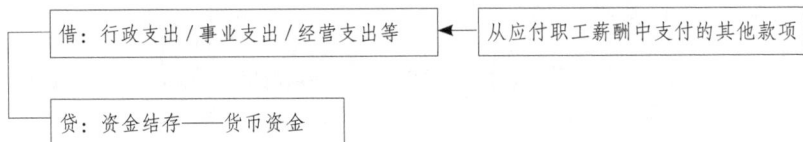

图 8-39　从应付职工薪酬中支付其他款项的会计处理

第十七条　政府会计主体按照有关规定为职工缴纳的医疗保险费、养老保险费、职业年金等社会保险费和住房公积金，应当在职工为其提供服务的会计期间，根据有关规定加以计算并确认为负债，具体按照本准则第十六条的规定处理。

第十八条　政府会计主体因辞退等原因给予职工的补偿，应当于相关补偿金额报经批准时确认为负债，并计入当期费用。

第十九条　对于应付账款，政府会计主体应当在取得资产、接受劳务，或外包工程完成规定进度时，按照应付未付款项的金额予以确认。

【解析 8-10】 应付账款的核算

单位应当设置"应付账款"科目，核算因购买物资、接受服务、开展工程建设等而应付的偿还期限在 1 年内（含 1 年）的款项。该科目应当按照债权人进行明细核算。应付账款应当在收到所购物资或服务、完成工程时确认。对于建设项目，还应设置"应付器材款""应付工程款"等明细科目，并按照具体项目进行明细核算。该科目的期末贷方余额反映单位尚未支付的应付账款。

1.收到所购材料等但尚未付款

收到所购材料、物资、设备或服务以及确认完成工程进度但尚未付款时，根据发票及账单等有关凭证，按照应付未付款项的金额，借记"库存物品""固定资产""在建工程"等科目，贷记"应付账款"科目，如图 8-40 所示。涉及增值税业务的，相关账务处理参见"应交增值税"科目。

财务会计：

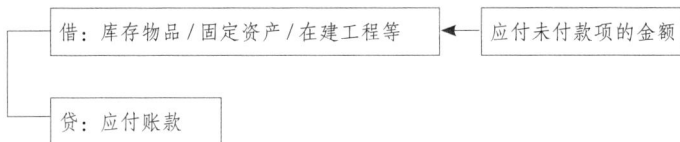

图 8-40 收到所购材料等但尚未付款的会计处理

2. 偿付应付账款

偿付应付账款时，按照实际支付的金额，借记"应付账款"科目，贷记"财政拨款收入""零余额账户用款额度""银行存款"等科目。相关会计处理如图 8-41 所示。

财务会计：

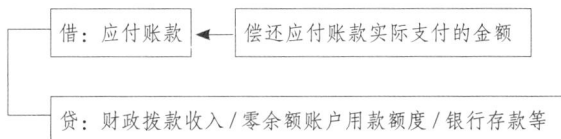

预算会计：

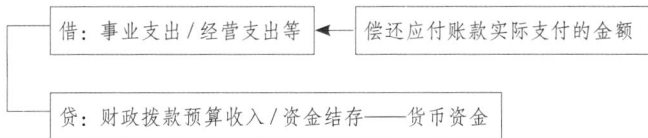

图 8-41 偿付应付账款的会计处理

3. 开出、承兑商业汇票抵付应付账款

开出、承兑商业汇票抵付应付账款时，借记"应付账款"科目，贷记"应付票据"科目，如图 8-42 所示。

财务会计：

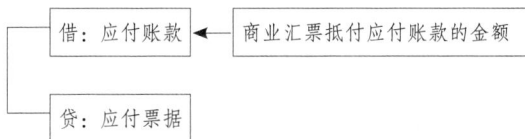

图 8-42 开出、承兑商业汇票抵付应付账款的会计处理

4. 无法偿还或债权人豁免偿还的应付账款

无法偿还或债权人豁免偿还的应付账款，应当按照规定报经批准后进行账务处理。经批准核销时，借记"应付账款"科目，贷记"其他收入"科目，如图 8-43 所示。核销的应付账款应在备查簿中保留登记。

财务会计：

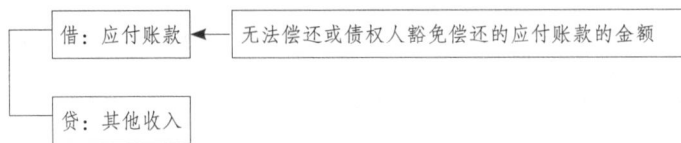

图8-43　无法偿还或债权人豁免偿还的应付账款的会计处理

第二十条　对于预收款项，政府会计主体应当在收到预收款项时，按照实际收到款项的金额予以确认。

【解析8-11】预收账款的核算

预收账款是指事业单位按照合同约定预先收取但尚未结算的款项。与应付账款不同，预收账款所形成的负债不是以货币偿付，而是以货物偿付。

事业单位应当设置"预收账款"科目，核算按合同规定预先收取但尚未结算的款项，并应当按照债权人进行明细核算。该科目的期末贷方余额反映事业单位预收但尚未结算的款项金额。

1.收到预收款

从付款方预收款项时，按照实际预收的金额，借记"银行存款"等科目，贷记"预收账款"科目。相关账务处理如图8-44所示。

财务会计：

预算会计：

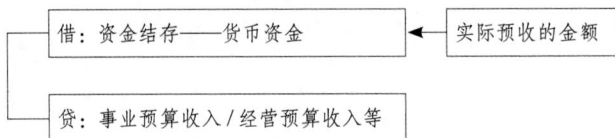

图8-44　收到预收款的会计处理

2.确认相关收入

确认相关收入时，按照预收账款账面余额，借记"预收账款"科目，按照应确认的收入金额，贷记"事业收入""经营收入"等科目，按照付款方补付或退回付款方的金额，借记或贷记"银行存款"等科目。相关会计处理如图8-45所示。涉及增值税业务的，相关账务处理参见"应交增值税"科目。

财务会计：

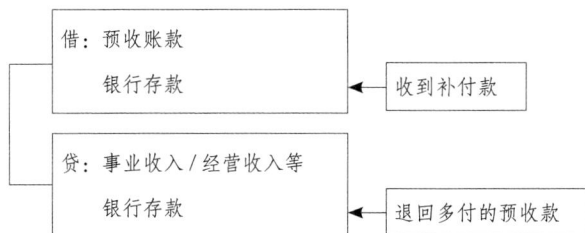

预算会计：

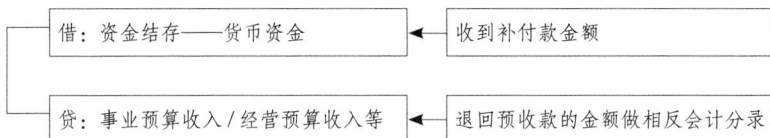

图8-45 确认相关收入的会计处理

3.债权豁免

无法偿付或债权人豁免偿还的预收账款，应当按照规定报经批准后进行会计处理。经批准核销时，借记"预收账款"科目，贷记"其他收入"科目，如图8-46所示。核销的预收账款应在备查簿中保留登记。

财务会计：

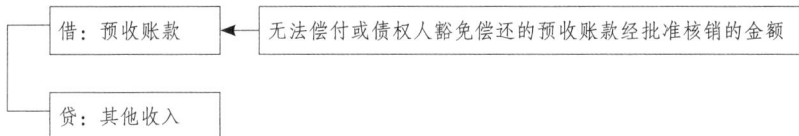

图8-46 债权豁免的会计处理

第二十一条 对于应交税费，政府会计主体应当在发生应税事项导致承担纳税义务时，按照税法等规定计算的应交税费金额予以确认。

【解析8-12】应交税费及应缴财政款的核算

一、应交增值税概述

（一）增值税的显著特点

在我国境内销售货物或者加工、修理修配劳务（以下简称"劳务"），销售服务、无形资产、不动产以及进口货物的单位和个人，为增值税的纳税人，应当依法缴纳增值税。

增值税是以商品价值中的增值额为课税依据所征收的一种流转税，即对商品生产和流通过程中各环节的新增价值进行征税，所以称为"增值税"。

（二）我国增值税的主要特征

1. 不重复征税

由于增值税是以增值额作为计税依据，只对销售额中本单位新创造的、未征过税的价值征税，所以，纳税人实际缴纳的增值税是销项税额减去进项税额以后的差额，也就是只对货物或劳务销售额中没有征过税的那部分增值额征税，对销售额中属于转移过来的、以前环节已征过税的那部分销售额不再征税。

2. 税负转嫁

由于采用税款抵扣制，商品流通过程中各环节的纳税人购进货物时随同购进货物的价款向销售方支付进项税额，销售时随同销售商品的价款向购买方收取销项税额，再将销项税额扣除进项税额的差额作为应纳税额上交税务部门，于是，在流转过程中，纳税人本身并不负担增值税税款。税款抵扣环环相连，随着各环节交易活动的进行，增值税税负具有逐环节向后推移的特点，作为纳税人的生产经营者并不是增值税的真正负担者，只有最终消费者才是全部税款的负担者。

3. 凭票管理，凭票抵扣

为了保证税款抵扣制度的实施，税务部门必须通过增值税发票对纳税人的交易进行管理。根据税法的规定，发生交易行为时，销售方应该开具增值税发票给购买方，发票上注明货物的价款、税款及价税合计数，销售方凭发票上价税合计的金额收取货款，而购买方凭发票上注明的税款在计算当期应纳税额时进行抵扣。在实际操作中，税务部门对发票的开具和使用有严格的规定，购买方取得发票抵扣联应当经过税务部门的认证后才能进行抵扣。

4. 价外计税，价税分离

在商品交易过程中，销售方向购买方收取的款项应该包括两个部分：货物本身的价款和转移出去的税额（即销项税额），所以有"含税销售额"和"不含税销售额"之分。含税不含税主要是指含不含向购买方收取的增值税税额。增值税以不含税销售额为计税依据，即计税价格不包含其本身的税额，税收负担明确。开具的增值税专用发票都会分别标明货物的价款和增值税税款，但在商品零售环节，价款和税款未分开标明，这主要是考虑消费者的心理习惯，但并未改变增值税价外税的性质。

5. 税基广阔，具有征收的普遍性和连续性

从生产经营的横向关系看，无论工业、商业还是规定的劳务服务活动，只要有增值收入就要纳税；从生产经营的纵向关系看，每一货物无论经过多少生产经营环节，都要按各道环节发生的增值额逐次征税。对征税入库来说，增值税可以为国家取得稳

定、及时的财政收入。

6．对不同经营规模的纳税人采取不同的计税方法

相对于其他税种，增值税一个很明显的特点是将纳税人分类管理。现行增值税按照销售额的大小和会计核算健全与否将纳税人划分为两类：一类为一般纳税人，采用购进扣税法计税；另一类为小规模纳税人，采用征收率的特殊办法征收。这样做既有利于增值税制度的推行，又有利于简化征收、强化征管。

（三）增值税税目与税率

现行的增值税税目、税率及其适用范围的主要内容归纳如表 8-2 所示。

表 8-2　　　　　　　　　　增值税税目、税率一览表

纳税人	税率名称	税率	具体税目（征税范围）
一般纳税人	基本税率	13%	纳税人销售货物、劳务、有形动产租赁服务或者进口货物
	低税率	9%	纳税人销售交通运输、邮政、基础电信、建筑、不动产租赁服务，销售不动产，转让土地使用权，销售或者进口下列货物：①粮食等农产品、食用植物油、食用盐；②自来水、暖气、冷气、热水、煤气、石油液化气、天然气、二甲醚、沼气、居民用煤炭制品；③图书、报纸、杂志、音像制品、电子出版物；④饲料、化肥、农药、农机、农膜；⑤国务院规定的其他货物
		6%	纳税人销售服务、无形资产
	零税率	0%	纳税人出口货物（国务院另有规定的除外），境内单位和个人跨境销售国务院规定范围内的服务、无形资产
小规模纳税人	征收率	3%	小规模纳税人发生应税销售行为，实行按照销售额和征收率计算应纳税额的简易办法，且不得抵扣进项税额

纳税人兼营不同税率的项目，应当分别核算不同税率项目的销售额；未分别核算销售额的，从高适用税率。

（四）一般纳税人核算

属于增值税一般纳税人的单位，应当设置"应交增值税"科目，下设"应交税金""未交税金""预交税金""待抵扣进项税额""待认证进项税额""待转销项税额""简易计税""转让金融商品应交增值税""代扣代交增值税"等明细科目。在"应交税金"

明细账内还应当设置"进项税额""已交税金""转出未交增值税""减免税款""销项税额""进项税额转出"等专栏。

"应交增值税"科目的期末借方余额反映单位尚未抵扣或多交的增值税，期末贷方余额反映单位应交未交的增值税。

一般纳税人应纳增值税税额的计算公式如下。

当期应纳增值税税额 ＝ 当期销项税额 － 当期进项税额

其中：

当期销项税额 ＝ 当期销售额 × 适用税率

当期进项税额 ＝ 当期购进货物支付的价款 × 适用税率

1．一般纳税人购买资产或接受服务的核算

借：业务活动费用／在途物品／库存物品／固定资产／工程物资／在建工程等

应交增值税——应交税金（进项税额）（当月已认证的可抵扣增值税）

应交增值税——待认证进项税额（当月未认证的可抵扣增值税）

贷：银行存款／零余额账户用款额度（实际支付的金额）

应付票据（开出并承兑的商业汇票）

应付账款（应付的金额）

发生退货的，如原增值税专用发票已做认证，应根据税务机关开具的红字增值税专用发票做相反的会计分录；如原增值税专用发票未做认证，应将发票退回并做相反的会计分录。

单位取得应税项目为不动产或者不动产在建工程，其进项税额自取得之日起不再分2年从销项税额中抵扣。

单位购进资产或服务等，用于简易计税方法计税项目、免征增值税项目、集体福利或个人消费等，其进项税额不得从销项税额中抵扣。

单位因发生非正常损失或改变用途等，原已计入进项税额、待抵扣进项税额或待认证进项税额的，不得从销项税额中抵扣。

2．一般纳税人销售资产或提供服务的核算

借：银行存款／应收账款／应收票据（包括增值税的价税总额）

贷：事业收入／经营收入等（按扣除增值税销项税额后的价款金额）

应交增值税——应交税金（销项税额）

发生销售退回，应根据按规定开具的红字增值税专用发票做相反的会计分录。

3．一般纳税人缴纳增值税的核算

月度终了，单位应当将当月应交未交或多交的增值税自"应交税金"明细科目转入"未交税金"明细科目。对于当月应交未交的增值税，借记"应交增值税"科目（应交税金——转出未交增值税），贷记"应交增值税"科目（未交税金）；对于当月多交的增值税，借记"应交增值税"科目（未交税金），贷记"应交增值税"科目（应交税金——转出多交增值税）。

单位缴纳当月应交的增值税时，借记"应交增值税"科目（应交税金——已交税金），贷记"银行存款"等科目。

单位缴纳以前期间未交的增值税，借记"应交增值税"科目（未交税金），贷记"银行存款"等科目。

（五）小规模纳税人核算

小规模纳税人实行简单的征收办法，按照 3% 的征收率征税。小规模纳税人应纳增值税税额的计算公式如下。

应纳增值税税额＝销售额 ×3%

1．小规模纳税人购入资产或接受服务的核算

借：业务活动费用 / 在途物品 / 库存物品 / 固定资产等（价税合计金额）

　　贷：银行存款 / 零余额账户用款额度（实际支付的金额）

　　　　应付票据（开出并承兑的商业汇票）

　　　　应付账款（应付的金额）

2．小规模纳税人销售资产或提供服务的核算

借：银行存款 / 应收账款 / 应收票据（包括增值税的价税总额）

　　贷：事业收入 / 经营收入等（按扣除增值税金额后的价款）

　　　　应交增值税（按应交增值税金额）

3．小规模纳税人缴纳增值税的核算

实际缴纳增值税时，借记"应交增值税"科目，贷记"银行存款"等科目。

二、应交增值税的会计处理

（一）单位取得资产或接受服务等业务

进项税额抵扣的情况较为复杂，根据税法规定，不同业务进项税额抵扣的情形分为不可抵扣、可以抵扣，以及可以分期抵扣，具体如图 8-47 所示。

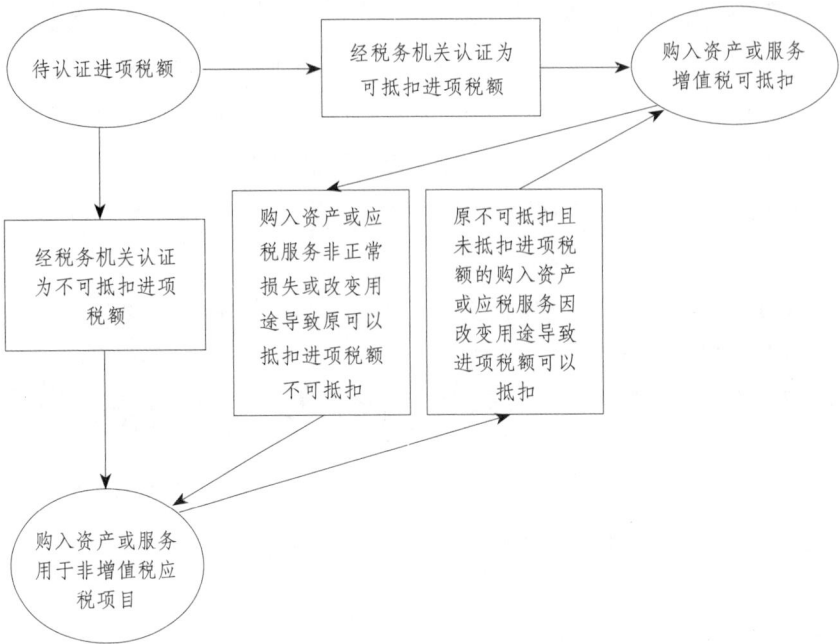

图8-47　进项税抵扣情况分类及抵扣情况发生改变

1. 购入应税资产或服务时

单位购买用于增值税应税项目的资产或服务等时，按照应计入相关成本费用或资产的金额，借记"业务活动费用""在途物品""库存物品""工程物资""在建工程""固定资产""无形资产"等科目，按照当月已认证的可抵扣增值税税额，借记"应交增值税——应交税金（进项税额）"科目，按照当月未认证的可抵扣增值税税额，借记"应交增值税——待认证进项税额"科目，按照应付或实际支付的金额，贷记"应付账款""应付票据""银行存款""零余额账户用款额度"等科目。相关会计处理如图8-48所示。发生退货的，如原增值税专用发票已做认证，应根据税务机关开具的红字增值税专用发票做相反的会计分录；如原增值税专用发票未做认证，应将发票退回并做相反的会计分录。

财务会计：

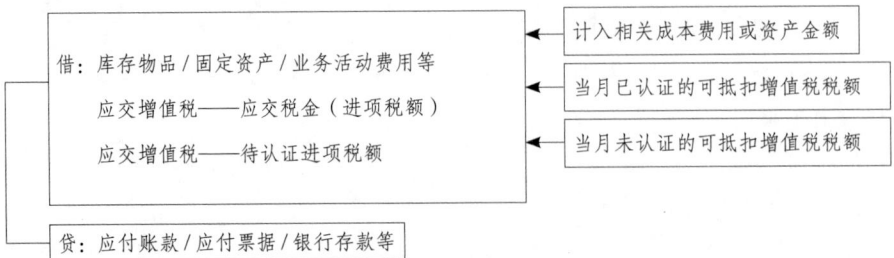

预算会计：

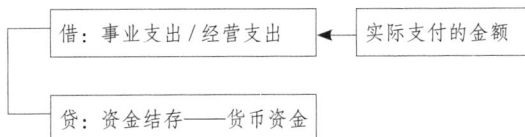

图 8-48　购入应税资产或服务时的会计处理（续）

2. 经税务机关认证为不可抵扣进项税额时

单位购进资产或服务等，用于简易计税方法计税项目、免征增值税项目、集体福利、个人消费等或小规模纳税人购买资产或服务等时，其进项税额按照现行增值税制度规定不得从销项税额中抵扣的，取得增值税专用发票时，应按照增值税发票注明的金额，借记相关成本费用或资产科目，按照待认证的增值税进项税额，借记"应交增值税——待认证进项税额"科目，按照实际支付或应付的金额，贷记"银行存款""应付账款""零余额账户用款额度"等科目。经税务机关认证为不可抵扣进项税额时，借记"应交增值税——应交税金（进项税额）"科目，贷记"应交增值税——待认证进项税额"科目，同时，将进项税额转出，借记相关成本费用科目，贷记"应交增值税——应交税金（进项税额转出）"科目。相关会计处理如图 8-49 所示。

财务会计：

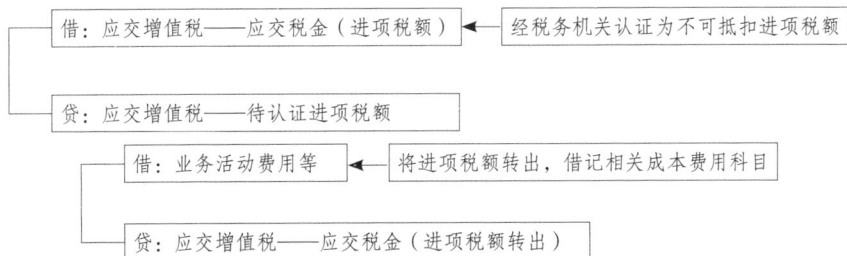

预算会计：

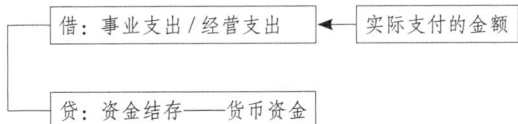

图 8-49　经税务机关认证为不可抵扣进项税额时的会计处理

3. 进项税额抵扣情况发生改变

单位因发生非正常损失或改变用途等，原已计入进项税额、待抵扣进项税额或待认证进项税额，但按照现行增值税制度规定不得从销项税额中抵扣的，借记"待处理财产损溢""固定资产""无形资产"等科目，贷记"应交增值税——应交税金（进项税额转出）""应交增值税——待抵扣进项税额"或"应交增值税——待认证进项税额"

科目，相关会计处理如图 8-50 所示。

财务会计：

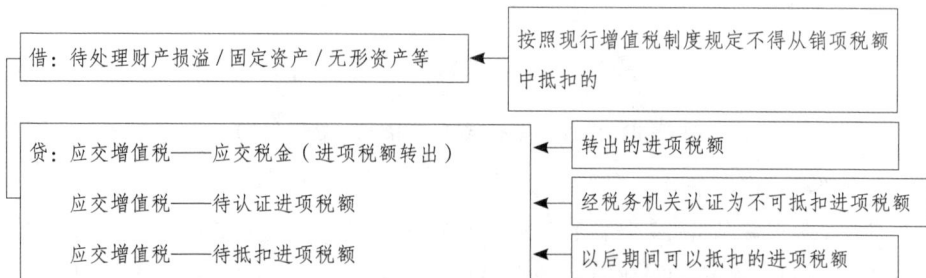

图 8-50　发生非正常损失或改变用途的会计处理

原不得抵扣且未抵扣进项税额的固定资产、无形资产等，因改变用途等用于允许抵扣进项税额的应税项目的，应按照允许抵扣的进项税额，借记"应交增值税——应交税金（进项税额）"科目，贷记"固定资产""无形资产"等科目，如图 8-51 所示。固定资产、无形资产等经上述调整后，应按照调整后的账面价值在剩余尚可使用年限内计提折旧或摊销。

财务会计：

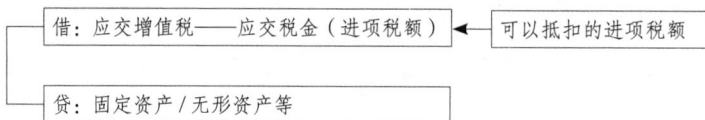

图 8-51　改变用途等用于允许抵扣进项税额的会计处理

4. 购买方作为扣缴义务人时

按照现行增值税制度规定，境外单位或个人在境内发生应税行为，在境内未设有经营机构的，以购买方为增值税扣缴义务人。境内一般纳税人购进服务或资产时，按照应计入相关成本费用或资产的金额，借记"业务活动费用""在途物品""库存物品""工程物资""在建工程""固定资产""无形资产"等科目，按照可抵扣的增值税税额，借记"应交增值税"科目（应交税金——进项税额）（小规模纳税人应借记相关成本费用或资产科目），按照应付或实际支付的金额，贷记"银行存款""应付账款"等科目，按照应代扣代缴的增值税税额，贷记"应交增值税"科目（代扣代交增值税）。实际缴纳代扣代缴增值税时，按照代扣代缴的增值税税额，借记"应交增值税"科目（代扣代交增值税），贷记"银行存款""零余额账户用款额度"等科目。相关会计处理如图 8-52 所示。

产生代扣代缴义务时。

财务会计：

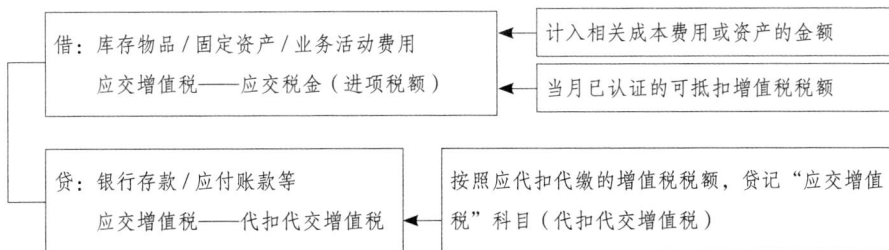

预算会计：

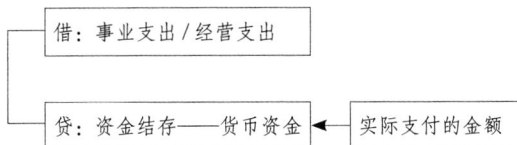

实际缴纳代扣代缴增值税时。

财务会计：

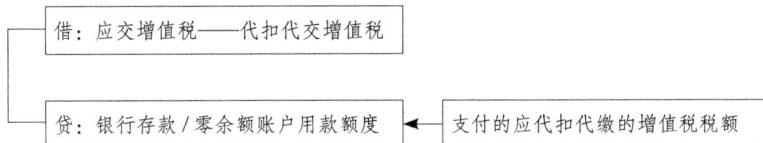

预算会计：

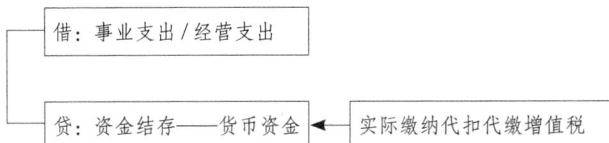

图 8-52　购买方作为扣缴义务人时的会计处理

（二）单位销售资产或提供服务等业务销项税额的会计处理

1．销售资产或提供服务

单位销售货物或提供服务，应当按照应收或已收的金额，借记"应收账款""应收票据""银行存款"等科目，按照确认的收入金额，贷记"经营收入""事业收入"等科目，按照现行增值税制度规定计算的销项税额（或采用简易计税方法计算的应纳增值税税额），贷记"应交增值税——应交税金（销项税额）"或"应交增值税——简易计税"科目（小规模纳税人应贷记"应交增值税"科目）。相关会计处理如图 8-53所示。发生销售退回的，应根据按照规定开具的红字增值税专用发票做相反的会计分录。

按照本制度及相关政府会计准则确认收入的时点早于按照增值税制度确认增值

税纳税义务发生时点的，应将相关销项税额计入"应交增值税——待转销项税额"科目，待实际发生纳税义务时再转入"应交增值税——应交税金（销项税额）"科目或"应交增值税——简易计税"科目。

按照增值税制度确认增值税纳税义务发生时点早于按照本制度及相关政府会计准则确认收入的时点的，应按照应纳增值税税额，借记"应收账款"科目，贷记"应交增值税——应交税金（销项税额）"科目或"应交增值税——简易计税"科目。

财务会计：

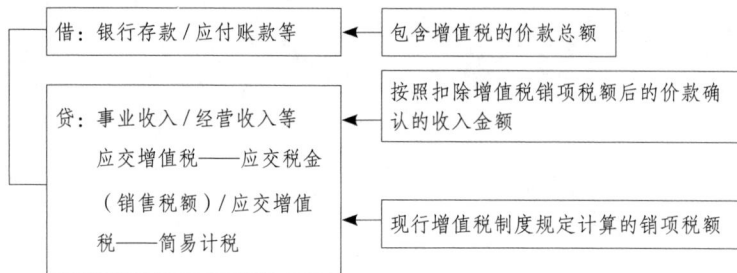

预算会计：

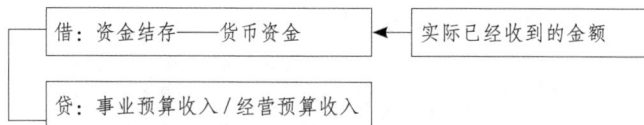

图 8-53　销售资产或提供服务的会计处理

2. 金融商品转让按照规定以盈亏相抵后的余额作为销售额

金融商品实际转让月末，如产生转让收益，按照应纳税额，借记"投资收益"科目，贷记"应交增值税——转让金融商品应交增值税"科目，如图 8-54 所示；如产生转让损失，则按照可结转下月抵扣税额，借记"应交增值税——转让金融商品应交增值税"科目，贷记"投资收益"科目，如图 8-55 所示。交纳增值税时，应借记"应交增值税——转让金融商品应交增值税"，贷记"银行存款"等科目，如图 8-56 所示。年末，"应交增值税——转让金融商品应交增值税"如有借方余额，则借记"投资收益"科目，贷记"应交增值税——转让金融商品应交增值税"，如图 8-57 所示。

财务会计：

图 8-54　金融商品转让产生收益的会计处理

财务会计：

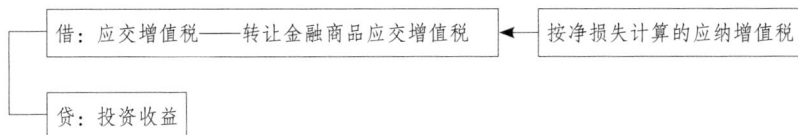

图 8-55 金融商品转让产生损失的会计处理

3．缴纳增值税时

财务会计：

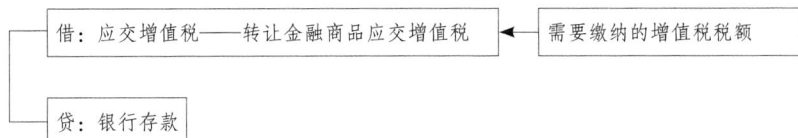

预算会计：

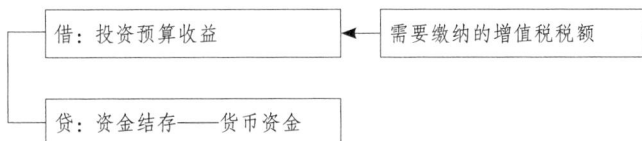

图 8-56 金融商品转让缴纳增值税时的会计处理

财务会计：

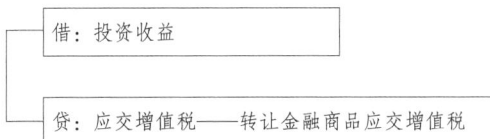

图 8-57 金融商品转让年末如有借方余额的会计处理

（三）单位月末转出应交未交、多交的增值税的会计处理

月度终了，单位应当将当月应交未交或多交的增值税自"应交税金"明细科目转入"未交税金"明细科目。

对于当月应交未交的增值税,借记"应交增值税——应交税金（转出未交增值税）"科目,贷记"应交增值税——未交税金"科目,如图 8-58 所示;对于当月多交的增值税,借记"应交增值税——未交税金"科目,贷记"应交增值税——应交税金（转出多交增值税）"科目,如图 8-59 所示。

财务会计：

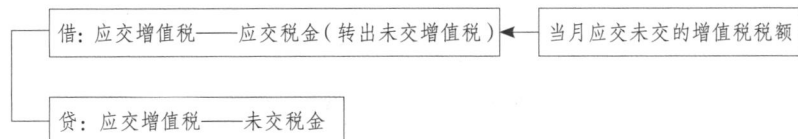

图 8-58 月末应交未交增值税的会计处理

财务会计：

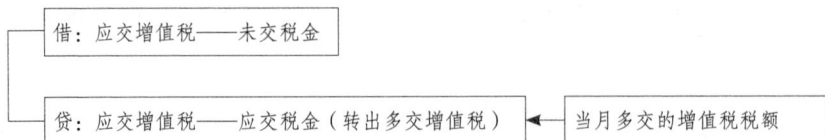

图 8-59　月末转出多交增值税的会计处理

（四）单位缴纳增值税的会计处理

单位缴纳增值税的情况分为以下四种：①缴纳当月应交增值税；②缴纳以前期间未交增值税；③预交增值税；④减免增值税。

1. 缴纳当月应交增值税

单位缴纳当月应交的增值税，借记"应交增值税——应交税金（已交税金）"科目（小规模纳税人借记"应交增值税"科目），贷记"银行存款"等科目。相关会计处理如图 8-60 所示。

财务会计：

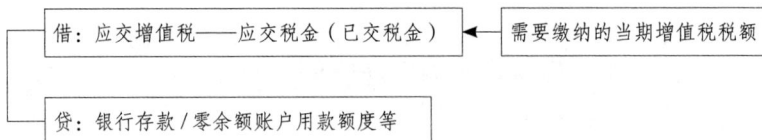

预算会计：

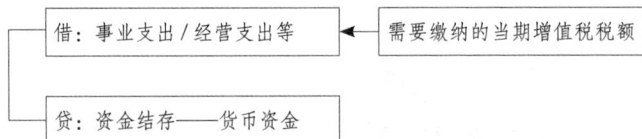

图 8-60　缴纳当月应交增值税的会计处理

2. 缴纳以前期间未交增值税

单位缴纳以前期间未交的增值税，借记"应交增值税——未交税金"科目（小规模纳税人借记应"应交增值税"科目），贷记"银行存款"等科目。相关会计处理如图 8-61 所示。

财务会计：

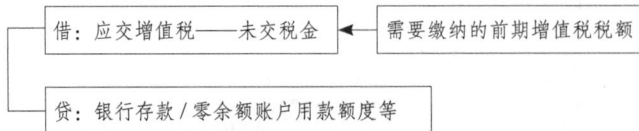

图 8-61　缴纳以前期间未交增值税的会计处理

预算会计：

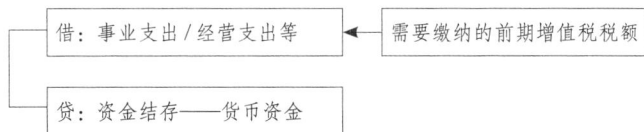

图 8-61 缴纳以前期间未交增值税的会计处理（续）

3. 预交增值税

单位预交增值税时，借记"应交增值税——预交税金"科目，贷记"银行存款"等科目。月末，单位应将"预交税金"明细科目余额转入"未交税金"明细科目，借记"应交增值税——未交税金"科目，贷记"应交增值税——预交税金"科目。相关会计处理如图 8-62 所示。

预交时。

财务会计：

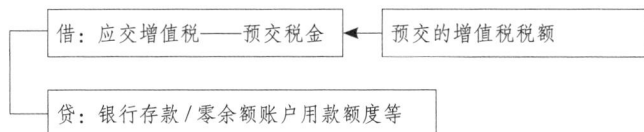

预算会计：

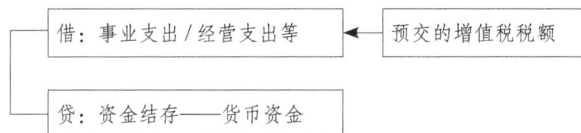

月末。

财务会计：

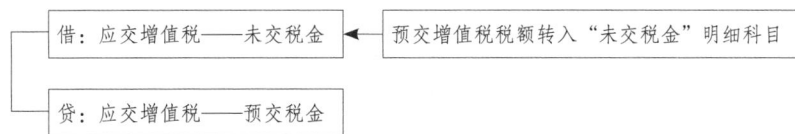

图 8-62 预交增值税的会计处理

4. 减免增值税

对于当期直接减免的增值税，借记"应交增值税——应交税金（减免税款）"科目，贷记"业务活动费用""经营费用"等科目。相关会计处理如图 8-63 所示。

按照现行增值税制度规定，单位初次购买增值税税控系统专用设备支付的费用以及缴纳的技术维护费允许在增值税应纳税额中全额抵减的，按照规定抵减的增值税应纳税额，借记"应交增值税——应交税金（减免税款）"科目（小规模纳税人借记"应交增值税"科目），贷记"业务活动费用""经营费用"等科目。

财务会计：

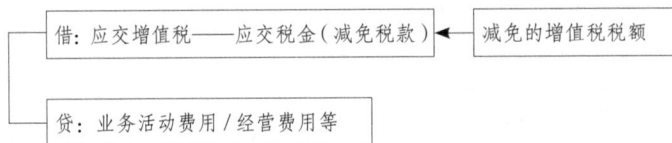

图 8-63　减免增值税的会计处理

（五）小规模纳税人业务

属于小规模纳税人的单位，购进货物时，将支付的增值税计入材料的采购成本；销售货物或者提供劳务，一般情况下，只开普通发票，按不含税价格的 3% 计算应交增值税。采用销售额和应纳税金合并定价的，按照"销售额＝含税金额÷（1+3%）"公式还原为不含税销售额。

1．购入应税资产或服务时

小规模纳税人购买资产或服务等时不能抵扣增值税，发生的增值税计入资产成本或相关成本费用。相关会计处理如图 8-64 所示。

财务会计：

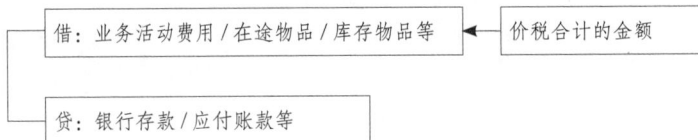

预算会计：

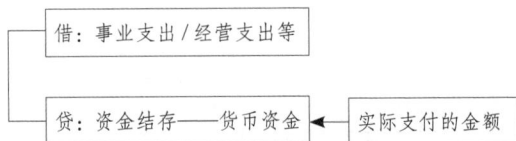

图 8-64　小规模纳税人购入应税资产或服务时的会计处理

2．购进资产或服务时作为扣缴义务人

小规模纳税人应借记相关成本费用或资产科目，按照应付或实际支付的金额，贷记"银行存款""应付账款"等科目，按照应代扣代缴的增值税税额，贷记"应交增值税"科目（代扣代缴增值税）。实际缴纳代扣代缴增值税时，按照代扣代缴的增值税税额，借记"应交增值税"科目（代扣代交增值税），贷记"银行存款""零余额账户用款额度"等科目。相关会计处理如图 8-65 所示。

发生代扣代缴义务时。

财务会计：

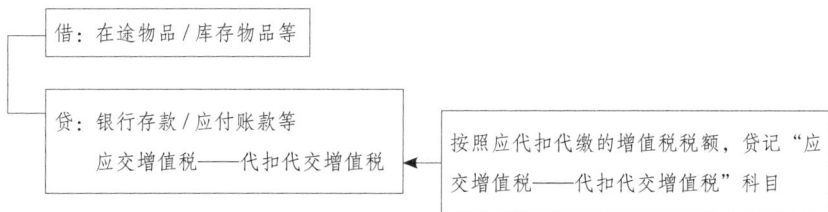

预算会计：

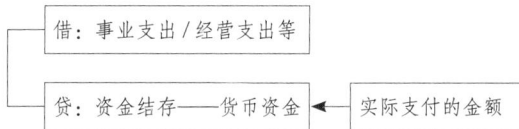

实际缴纳代扣代缴增值税时。

财务会计：

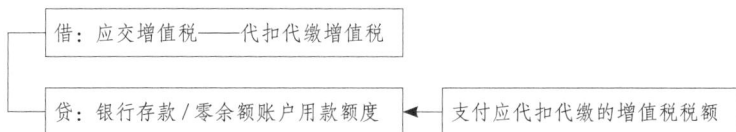

预算会计：

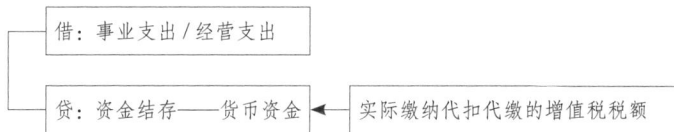

图 8-65　购进资产或服务时作为扣缴义务人的会计处理

3．金融商品转让

参见一般纳税人的会计处理。

4．缴纳增值税时

参见一般纳税人的会计处理。

5．减免增值税

参见一般纳税人的会计处理。

三、其他应交税费的核算

"其他应交税费"科目核算单位按照税法等的规定计算应缴纳的除增值税以外的各种税费，包括城市维护建设税、教育费附加、地方教育费附加、车船税、房产税、城镇土地使用税、企业所得税、代扣代缴的个人所得税等。该科目应当按照应缴纳的税费种类进行明细核算。该科目的期末贷方余额反映单位应交未交的除增值税以外的税费金额；期末如为借方余额，则反映单位多缴纳的除增值税以外的税费金额。

（一）城市维护建设税、教育费附加、地方教育费附加、车船税、房产税、城

镇土地使用税等

单位应该根据相关业务活动计算城市维护建设税、教育费附加、地方教育费附加、车船税、房产税、城镇土地使用税等纳税义务。

发生城市维护建设税、教育费附加、地方教育费附加、车船税、房产税、城镇土地使用税等纳税义务的，按照税法规定计算的应交税费金额，借记"业务活动费用""单位管理费用""经营费用"等科目，贷记"其他应交税费"科目（应交城市维护建设税、应交教育费附加、应交地方教育费附加、应交车船税、应交房产税、应交城镇土地使用税等）。相关会计处理如图8-66所示。

发生时。

财务会计：

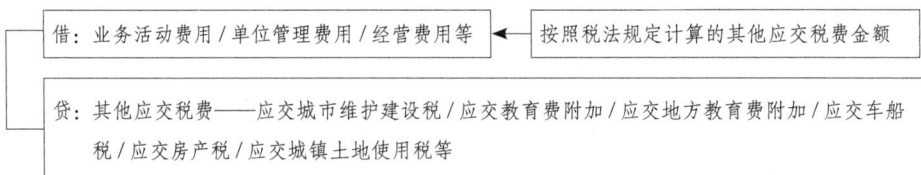

实际缴纳时。

财务会计：

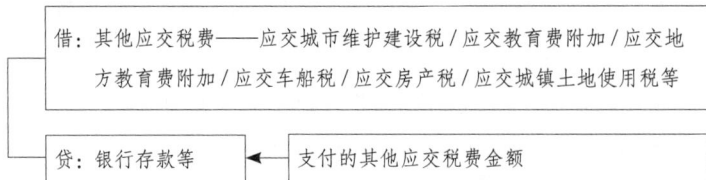

预算会计：

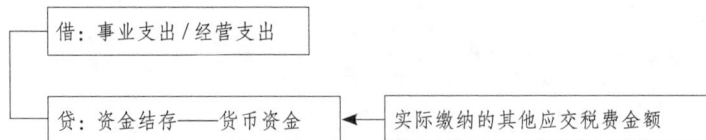

图8-66 其他应交税费的会计处理

（二）代扣代缴职工个人所得税

个人所得税是以个人（自然人）取得的所得为征税对象的一种所得税。个人所得税以所得人为纳税义务人，以支付所得的单位或个人为扣税义务人。支付给职工的工资、薪金所得（包括工资、薪金、奖金、年终加薪、劳动分红、津贴、补贴，以及与任职或者受雇有关的其他所得）以每月收入额减去费用标准（起征点）后的余额（应纳税所得额），根据超额累进税率征税。

个人所得税是由员工自身负担的。代扣代缴个人所得税是指员工发生应纳税所得时，由单位帮员工先缴纳，再从员工的工资里面扣取。

按照税法规定计算应代扣代缴职工（含长期聘用人员）的个人所得税，借记"应付职工薪酬"科目，贷记"其他应交税费"科目（应交个人所得税）。按照税法规定计算应代扣代缴支付给职工（含长期聘用人员）以外人员的劳务费的个人所得税，借记"业务活动费用""单位管理费用"等科目，贷记"其他应交税费"科目（应交个人所得说）。相关会计处理如图 8-67 所示。

计算代扣代缴个人所得税时。

财务会计：

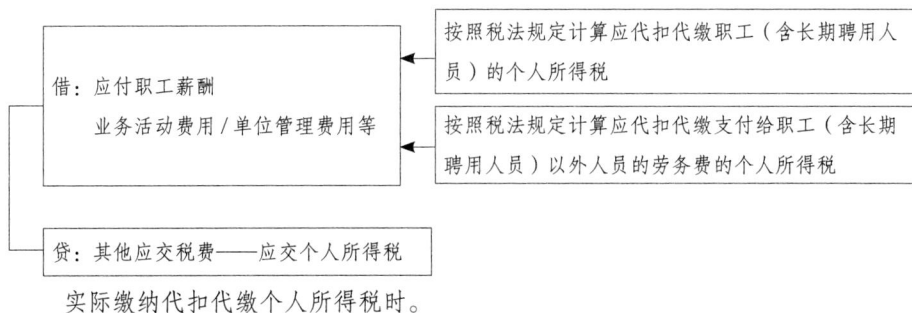

实际缴纳代扣代缴个人所得税时。

财务会计：

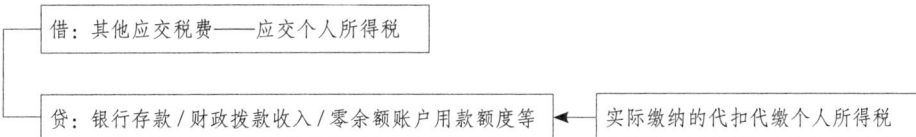

预算会计：

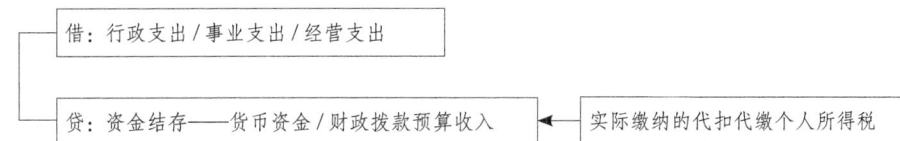

图 8-67　代扣代缴职工个人所得税的会计处理

（三）发生企业所得税纳税义务

企业所得税是指对中华人民共和国境内的企业（居民企业及非居民企业）和其他取得收入的组织以其生产经营所得为课税对象所征收的一种所得税。企业所得税纳税人，应依照《中华人民共和国企业所得税法》缴纳企业所得税，但个人独资企业及合伙企业除外。

发生企业所得税纳税义务的，按照税法规定计算的应交所得税税额，借记"所得税费用"科目，贷记"其他应交税费"科目（单位应交所得税）。相关会计处理如图 8-68 所示。

计算应缴纳的企业所得税时。

财务会计：

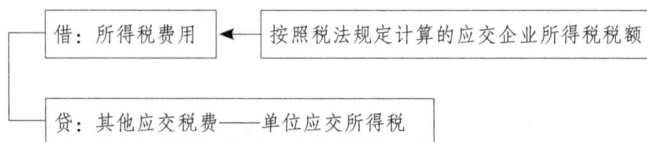

实际缴纳企业所得税时。

财务会计：

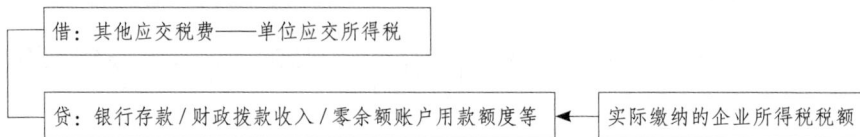

预算会计：

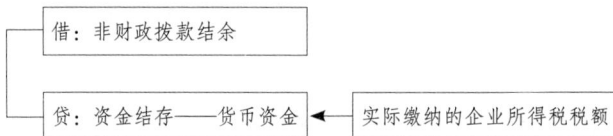

图 8-68　发生企业所得税纳税义务的会计处理

四、应缴财政款

非税收入作为财政收入的重要组成部分，不仅应当纳入财政预算管理，而且应当全部上缴国库，任何部门、单位和个人不得截留、占用、挪用、"坐支"或者拖欠。

非税收入是指除税收以外，由各级国家机关、事业单位、代行政府职能的社会团体及其他组织依法利用国家权力、政府信誉、国有资源（资产）所有者权益等取得的各项收入，具体包括行政事业性收费收入、政府性基金收入、罚没收入、国有资源（资产）有偿使用收入、国有资本收益、彩票公益金收入、特许经营收入、中央银行收入、以政府名义接受的捐赠收入、主管部门集中收入、政府收入的利息收入和其他非税收入。

为了加强政府非税收入管理，规范"收支两条线"管理，财政部印发《政府非税收入管理办法》（财税〔2016〕33号）。凡是有政府非税收入收缴职能的单位，都应当按照规定项目和标准征收政府非税收入，并按照规定开具财政票据。

非税收入票据包括非税收入通用票据、非税收入专用票据和非税收入一般缴款书，是征收非税收入的法定凭证和会计核算的原始凭证，是财政、审计等部门进行监督检查的重要依据。

非税收入实行由缴款人将应缴款项通过商业银行营业网点缴入国库单一账户或财政专户的收缴分离管理制度，其收缴方式有集中汇缴、直接缴库等（如图8-69所示）。

在直接缴库（无中间环节）的情况下，应缴款项一般不通过单位的"应缴财政款"科目核算。

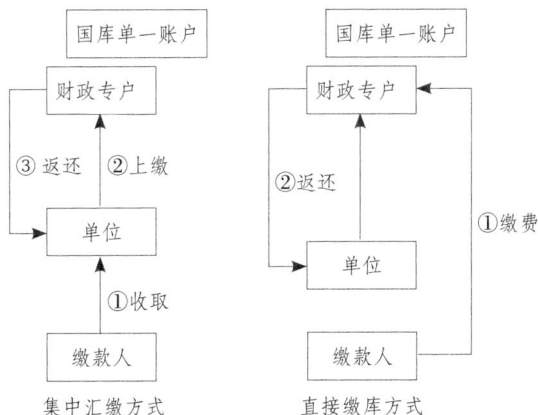

图 8-69　集中汇缴和直接缴库的业务流程

单位应当设置"应缴财政款"科目，核算单位取得或应收的按照规定应当上缴财政的款项，包括应缴国库的款项和应缴财政专户的款项（应交税费除外）。该科目应当按照应缴财政款项的类别进行明细核算。该科目的期末贷方余额反映单位应当上缴财政但尚未缴纳的款项。年终清缴后，该科目一般无余额。

（一）取得或应收按照规定应缴财政的款项

行政事业单位因相关制度法规的要求向上级缴纳的款项，办理该项业务时，行政事业单位应按有关规定向上级部门及时缴纳相关资金，并进行账务处理。实际缴纳时，及时按照规定从银行划转资金即可。借记"银行存款""应收账款"等科目，贷记"应缴财政款"科目。相关会计处理如图 8-70 所示。

财务会计：

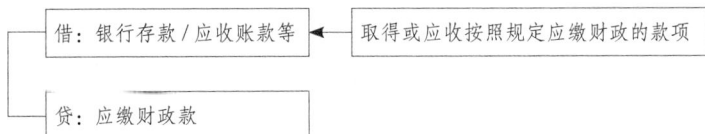

上缴财政款时。

财务会计：

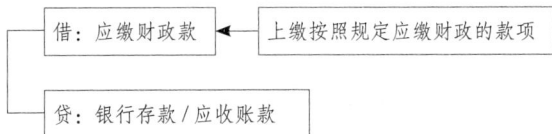

图 8-70　取得或应收按照规定应缴财政的款项的会计处理

（二）处置资产取得的应上缴财政款

不管是行政单位还是事业单位，国有资产处置收入属于国家所有，应当按照政府非税收入管理的规定，实行"收支两条线"管理。即国有资产的处置收入都是要计入应缴财政款，清理费用计入相关支出（行政单位计入经费支出，事业单位计入事业支出或者经营支出）。

单位处置资产取得的应上缴财政的处置净收入的会计处理，参见"待处理财产损溢"等科目。

第二十二条 对于应付国库集中支付结余，政府会计主体（政府财政）应当在年末，按照国库集中支付预算指标数大于国库资金实际支付数的差额予以确认。

第二十三条 对于其他应付未付款项，政府会计主体应当在有关政策已明确其承担支出责任，或者其他情况下相关义务满足负债的定义和确认条件时，按照确定应承担的负债金额予以确认。

第二十四条 政府会计主体应当在支付应付款项或将预收款项确认为收入时，冲减相关负债的账面余额。

第四章 暂收性负债

第二十五条 暂收性负债是指政府会计主体暂时收取，随后应做上缴、退回、转拨等处理的款项。暂收性负债主要包括应缴财政款和其他暂收款项。

应缴财政款，是指政府会计主体暂时收取、按规定应当上缴国库或财政专户的款项而形成的负债。

其他暂收款项，是指除应缴财政款以外的其他暂收性负债，包括政府会计主体暂时收取，随后应退还给其他方的押金或保证金、随后应转付给其他方的转拨款等款项。

第二十六条 对于应缴财政款，政府会计主体通常应当在实际收到相关款项时，按照相关规定计算确定的上缴金额予以确认。

第二十七条 对于其他暂收款项，政府会计主体应当在实际收到相关款项时，按照实际收到的金额予以确认。

第二十八条 政府会计主体应当在上缴应缴财政款、退还、转付其他暂收款项等时，冲减相关负债的账面余额。

第五章 预计负债

第二十九条 政府会计主体应当将与或有事项相关且满足本准则第三条规定条件的现时义务确认为预计负债。

或有事项，是指由过去的经济业务或者事项形成的，其结果须由某些未来事项的发生或不发生才能决定的不确定事项。未来事项是否发生不在政府会计主体控制范围内。

政府会计主体常见的或有事项主要包括：未决诉讼或未决仲裁、对外国政府或国际经济组织的贷款担保、承诺（补贴、代偿）、自然灾害或公共事件的救助等。

第三十条 预计负债应当按照履行相关现时义务所需支出的最佳估计数进行初始计量。

所需支出存在一个连续范围，且该范围内各种结果发生的可能性相同的，最佳估计数应当按照该范围内的中间值确定。

在其他情形下，最佳估计数应当分别按下列情况确定。

（一）或有事项涉及单个项目的，按照最可能发生金额确定。

（二）或有事项涉及多个项目的，按照各种可能结果及相关概率计算确定。

第三十一条 政府会计主体在确定最佳估计数时，一般应当综合考虑与或有事项有关的风险、不确定性等因素。

第三十二条 政府会计主体清偿预计负债所需支出预期全部或部分由第三方补偿的，补偿金额只有在基本确定能够收到时才能作为资产单独确认。确认的补偿金额不应当超过预计负债的账面余额。

第三十三条 政府会计主体应当在报告日对预计负债的账面余额进行复核。有确凿证据表明该账面余额不能真实反映当前最佳估计数的，应当按照当前最佳估计数对该账面余额进行调整。履行该预计负债的相关义务不是很可能导致经济资源流出政府会计主体时，应当将该预计负债的账面余额予以转销。

第三十四条 政府会计主体不应当将下列与或有事项相关的义务确认为负债，但应当按照本准则第三十六条规定对该类义务进行披露。

（一）过去的经济业务或者事项形成的潜在义务，其存在须通过未来不确定事项的发生或不发生予以证实，未来事项是否能发生不在政府会计主体控制范围内。潜在义务是指结果取决于不确定未来事项的可能义务。

（二）过去的经济业务或者事项形成的现时义务，履行该义务不是很可能导致经济资源流出政府会计主体或者该义务的金额不能可靠计量。

第六章　披露

第三十五条　政府会计主体应当在附注中披露与举借债务、应付及预收款项、暂收性负债和预计负债有关的下列信息。

（一）各类负债的债权人、偿还期限、期初余额和期末余额。

（二）逾期借款或者违约政府债券的债权人、借款（债券）金额、逾期时间、利率、逾期未偿还（违约）原因和预计还款时间等。

（三）借款的担保方、担保方式、抵押物等。

（四）预计负债的形成原因以及经济资源可能流出的时间、经济资源流出的时间和金额不确定的说明，预计负债有关的预期补偿金额和本期已确认的补偿金额。

第三十六条　政府会计主体应当在附注中披露本准则第三十四条规定的或有事项相关义务的下列信息。

（一）或有事项相关义务的种类及其形成原因。

（二）经济资源流出时间和金额不确定的说明。

（三）或有事项相关义务预计产生的财务影响，以及获得补偿的可能性；无法预计的，应当说明原因。

第七章　附则

第三十七条　本准则自 2019 年 1 月 1 日起施行。

政府会计准则第9号——财务报表编制和列报

财会〔2018〕37号

第一章　总则

第一条　为了规范政府会计主体财务报表的编制和列报，根据《政府会计准则——基本准则》，制定本准则。

第二条　财务报表是对政府会计主体财务状况、运行情况和现金流量等信息的结构性表述。财务报表至少包括下列组成部分：

（一）资产负债表；

（二）收入费用表；

（三）附注。

政府会计主体可以根据实际情况自行选择编制现金流量表。

第三条　本准则适用于政府会计主体个别财务报表和合并财务报表。行政事业单位个别财务报表的编制和列报，还应遵循《政府会计制度——行政事业单位会计科目和报表》的规定；其他政府会计主体个别财务报表的编制和列报，还应遵循其他相关会计制度。

其他政府会计准则有特殊列报要求的，从其规定。

第二章　基本要求

第四条　政府会计主体应当以持续运行为前提，根据实际发生的经济业务或事项，按照政府会计准则制度的规定对相关会计要素进行确认和计量，在此基础上编制财务报表。政府会计主体不应以附注披露代替确认和计量，也不能通过充分披露相关会计政策而纠正不恰当的确认和计量。

如果按照政府会计准则制度规定披露的信息不足以让财务报表使用者了解特定经济业务或事项对政府会计主体财务状况和运行情况的影响时，政府会计主体还应当披露其他必要的相关信息。

第五条 除现金流量表以收付实现制为基础编制外，政府会计主体应当以权责发生制为基础编制财务报表。

第六条 财务报表项目的列报应当在各个会计期间保持一致，不得随意变更，但政府会计准则制度和财政部发布的其他有关规定（以下简称政府会计准则制度等）要求变更财务报表项目的除外。

第七条 性质或功能不同的项目，应当在财务报表中单独列报，但不具有重要性的项目除外。

性质或功能类似的项目，其所属类别具有重要性的，应当按其类别在财务报表中单独列报。

某些项目的重要性程度不足以在资产负债表、收入费用表等报表中单独列示，但对理解报表具有重要性的，应当在附注中单独披露。

第八条 财务报表某些项目的省略、错报等，能够合理预期将影响报表主要使用者据此作出决策的，该项目具有重要性。

重要性应当根据政府会计主体所处的具体环境，从项目的性质和金额两方面予以判断。关于各项目重要性的判断标准一经确定，不得随意变更。判断项目性质的重要性，应当考虑该项目在性质上是否显著影响政府会计主体的财务状况和运行情况等因素；判断项目金额的重要性，应当考虑该项目金额占资产总额、负债总额、净资产总额、收入总额、费用总额、盈余总额等直接相关项目金额的比重或所属报表单列项目金额的比重。

第九条 资产负债表中的资产和负债，应当分别按流动资产和非流动资产、流动负债和非流动负债列示。

第十条 财务报表中的资产项目和负债项目的金额、收入项目和费用项目的金额不得相互抵销，但其他政府会计准则制度另有规定的除外。

资产或负债项目按扣除备抵项目后的净额列示，不属于抵销。

第十一条 当期财务报表的列报，至少应当提供所有列报项目上一个可比会计期间的比较数据，以及与理解当期财务报表相关的说明，但其他政府会计准则制度等另有规定的除外。

第十二条 政府会计主体应当至少在财务报表的显著位置披露下列各项：

（一）编报主体的名称；

（二）报告日或财务报表涵盖的会计期间；

（三）人民币金额单位；

（四）财务报表是合并财务报表的，应当予以标明。

第十三条 政府会计主体至少应当按年编制财务报表。

年度财务报表涵盖的期间短于一年的，应当披露年度财务报表的涵盖期间、短于一年的原因以及报表数据不具可比性的事实。

第三章 合并财务报表

第十四条 合并财务报表，是指反映合并主体和其全部被合并主体形成的报告主体整体财务状况与运行情况的财务报表。

合并主体，是指有一个或一个以上被合并主体的政府会计主体。合并主体通常也是合并财务报表的编制主体。

被合并主体，是指符合本准则规定的纳入合并主体合并范围的会计主体。

合并财务报表至少包括下列组成部分：

（一）合并资产负债表；

（二）合并收入费用表；

（三）附注。

第十五条 合并财务报表按照合并级次分为部门（单位）合并财务报表、本级政府合并财务报表和行政区政府合并财务报表。

部门（单位）合并财务报表，是指以政府部门（单位）本级作为合并主体，将部门（单位）本级及其合并范围内全部被合并主体的财务报表进行合并后形成的，反映部门（单位）整体财务状况与运行情况的财务报表。部门（单位）合并财务报表是政府部门财务报告的主要组成部分。

本级政府合并财务报表，是指以本级政府财政作为合并主体，将本级政府财政及其合并范围内全部被合并主体的财务报表进行合并后形成的，反映本级政府整体财务状况与运行情况的财务报表。本级政府合并财务报表是本级政府综合财务报告的主要组成部分。

行政区政府合并财务报表，是指以行政区本级政府作为合并主体，将本行政区内各级政府的财务报表进行合并后形成的，反映本行政区政府整体财务状况与运行情况的财务报表。行政区政府合并财务报表是行政区政府财务报告的主要组成部分。

第十六条 部门（单位）合并财务报表由部门（单位）负责编制；本级政府合并财务报表由本级政府财政部门负责编制。

各级政府财政部门既负责编制本级政府合并财务报表，也负责编制本级政府所辖行政区政府合并财务报表。

第一节 合并程序

第十七条 合并财务报表应当以合并主体和其被合并主体的财务报表为基础，根据其他有关资料加以编制。

合并财务报表应当以权责发生制为基础编制。合并主体和其合并范围内被合并主体个别财务报表应当采用权责发生制基础编制，按规定未采用权责发生制基础编制的，应当先调整为权责发生制基础的财务报表，再由合并主体进行合并。

编制合并财务报表时，应当将合并主体和其全部被合并主体视为一个会计主体，遵循政府会计准则制度规定的统一的会计政策。合并范围内合并主体、被合并主体个别财务报表未遵循政府会计准则制度规定的统一会计政策的，应当先调整为遵循政府会计准则制度规定的统一会计政策的财务报表，再由合并主体进行合并。

第十八条 编制合并财务报表的程序主要包括：

（一）根据本准则第十七条规定，对需要进行调整的个别财务报表进行调整，以调整后的个别财务报表作为编制合并财务报表的基础；

（二）将合并主体和被合并主体个别财务报表中的资产、负债、净资产、收入和费用项目进行逐项合并；

（三）抵销合并主体和被合并主体之间、被合并主体相互之间发生的债权债务、收入费用等内部业务或事项对财务报表的影响。

【解析9-1】为什么要对政府内部经济业务或事项进行抵销处理

编制政府财务报表时，为什么要对政府内部经济业务或事项进行抵销处理？

解析：部门财务报表和综合财务报表都属于合并财务报表。与一般汇总报表相比，合并财务报表要对政府内部各主体之间债权债务、收入费用等事项进行抵销处理，目的是避免资产、负债、收入、费用相关项目金额虚增，使合并财务报表反映的信息更为准确。这既是政府财务报告编制工作的特点、重点，也是与行政事业性国有资产报告的不同之处。

第十九条 对于在报告期内因划转而纳入合并范围的被合并主体，合并主体应当将其报告期内的收入、费用项目金额包括在本期合并收入费用表的本期数中，合并资产负债表的期初数不作调整。

对于在报告期内因划转而不再纳入合并范围的被合并主体，其报告期内的收入、费用项目金额不包括在本期合并收入费用表的本期数中，合并资产负债表的期初数不作调整。

合并主体应当确保划转双方的会计处理协调一致，确保不重复、不遗漏，并在合并财务报表附注中对划转情况及其影响进行充分披露。

第二十条 在报告期内，被合并主体撤销的，其期初资产、负债和净资产项目金额应当包括在合并资产负债表的期初数中，其期初至撤销日的收入、费用项目金额应当包括在本期合并收入费用表的本期数中，其期初至撤销日的收入、费用项目金额所引起的净资产变动金额应当包括在合并资产负债表的期末数中。

第二十一条 在编制合并财务报表时，被合并主体除了应当向合并主体提供财务报表外，还应当提供下列有关资料：

（一）采用的与政府会计准则制度规定的统一的会计政策不一致的会计政策及其影响金额；

（二）其与合并主体、其他被合并主体之间发生的所有内部业务或事项的相关资料；

（三）编制合并财务报表所需要的其他资料。

第二节 部门（单位）合并财务报表

第二十二条 部门（单位）合并财务报表的合并范围一般应当以财政预算拨款关系为基础予以确定。有下级预算单位的部门（单位）为合并主体，其下级预算单位为被合并主体。合并主体应当将其全部被合并主体纳入合并财务报表的合并范围。

部门（单位）所属的企业不纳入部门（单位）合并财务报表的合并范围。

第二十三条 部门（单位）合并资产负债表应当以部门（单位）本级和其被合并主体符合本准则第十七条要求的个别资产负债表或合并资产负债表为基础，在抵销内部业务或事项对合并资产负债表的影响后，由部门（单位）本级合并编制。

编制部门（单位）合并资产负债表时，需要抵销的内部业务或事项包括：

（一）部门（单位）本级和其被合并主体之间、被合并主体相互之间的债权（含应收款项坏账准备，下同）、债务项目；

（二）部门（单位）本级和其被合并主体之间、被合并主体相互之间其他业务或事项对部门（单位）合并资产负债表的影响。

第二十四条 部门（单位）合并资产负债表中的资产类至少应当单独列示反映下列信息的项目：

（一）货币资金；

（二）短期投资；

（三）财政应返还额度；

（四）应收票据；

（五）应收账款净额；

（六）预付账款；

（七）应收股利；

（八）应收利息；

（九）其他应收款净额；

（十）存货；

（十一）待摊费用；

（十二）一年内到期的非流动资产；

（十三）长期股权投资；

（十四）长期债券投资；

（十五）固定资产净值；

（十六）工程物资；

（十七）在建工程；

（十八）无形资产净值；

（十九）研发支出；

（二十）公共基础设施净值；

（二十一）政府储备物资；

（二十二）文化文物资产；

（二十三）保障性住房净值；

（二十四）长期待摊费用；

（二十五）待处理财产损溢；

（二十六）受托代理资产。

第二十五条 部门（单位）合并资产负债表中的资产类应当包括流动资产、非流动资产的合计项目。

第二十六条 部门（单位）合并资产负债表中的负债类至少应当单独列示反映下列信息的项目：

（一）短期借款；

（二）应交增值税；

（三）其他应交税费；

（四）应缴财政款；

（五）应付职工薪酬；

（六）应付票据；

（七）应付账款；

（八）应付政府补贴款；

（九）应付利息；

（十）预收款项；

（十一）其他应付款；

（十二）预提费用；

（十三）一年内到期的非流动负债；

（十四）长期借款；

（十五）长期应付款；

（十六）预计负债；

（十七）受托代理负债。

第二十七条 部门（单位）合并资产负债表中的负债类应当包括流动负债、非流动负债和负债的合计项目。

第二十八条 部门（单位）合并资产负债表中的净资产类至少应当单独列示反映下列信息的项目：

（一）累计盈余；

（二）专用基金；

（三）权益法调整。

第二十九条 部门（单位）合并资产负债表中的净资产类应当包括净资产的合计项目。

第三十条 部门（单位）合并资产负债表应当列示资产总计项目、负债和净资产总计项目。

第三十一条 部门（单位）合并收入费用表应当以部门（单位）本级和其被合并主体符合本准则第十七条要求的个别收入费用表或合并收入费用表为基础，在抵销内部业务或事项对合并收入费用表的影响后，由部门（单位）本级合并编制。

编制部门（单位）合并收入费用表时，需要抵销的内部业务或事项包括部门（单位）本级和其被合并主体之间、被合并主体相互之间的收入、费用项目。

第三十二条 部门（单位）合并收入费用表中的收入，应当按照收入来源进行分类列示。

第三十三条 部门（单位）合并收入费用表中的收入类至少应当单独列示反映下列信息的项目：

（一）财政拨款收入；

（二）事业收入；

（三）经营收入；

（四）非同级财政拨款收入；

（五）投资收益；

（六）捐赠收入；

（七）利息收入；

（八）租金收入。

第三十四条 部门（单位）合并收入费用表中的收入类应当包括收入的合计项目。

第三十五条 部门（单位）合并收入费用表中的费用，应当按照费用的性质进行分类列示。

第三十六条 部门（单位）合并收入费用表中的费用类至少应当单独列示反映下列信息的项目：

（一）工资福利费用；

（二）商品和服务费用；

（三）对个人和家庭补助费用；

（四）对企事业单位补贴费用；

（五）固定资产折旧费用；

（六）无形资产摊销费用；

（七）公共基础设施折旧（摊销）费用；

（八）保障性住房折旧费用；

（九）计提专用基金；

（十）所得税费用；

（十一）资产处置费用。

第三十七条 部门（单位）合并收入费用表中的费用类应当包括费用的合计项目。

第三十八条 部门（单位）合并收入费用表应当列示本期盈余项目。

本期盈余，是指部门（单位）某一会计期间收入合计金额减去费用合计金额后的差额。

【**例 9-1**】部门（单位）合并财务报表的编制步骤

合并资产负债表和收入费用表的编制包括汇总单位会计报表、编制抵销分录、生成合并会计报表三个步骤。

（一）汇总单位会计报表。

上级单位对本单位和各所属单位上报的资产负债表和收入费用表进行分项加总，得出汇总的会计报表。

（二）编制抵销分录。

上级单位按照《抵销事项清单》（见表 9-2）对本单位、所属单位之间发生的经济业务或事项，确认后予以抵销，并编制抵销分录和抵销工作底表（见表 9-1）。按照重要性原则，设定 10 万元抵销阈值。对于单位和单位之间的债权债务事项，年末余额不超过 10 万元的，可以不进行抵销。对于单位和单位之间的收入费用事项，本年累计发生额不超过 10 万元的，可以不进行抵销。具备条件的须应抵尽抵，不受阈值限制。

1.抵销政府部门内部债权债务事项。

对于经确认的内部债权债务事项，要编制抵销分录：借记"应付账款""预收账款""其他应付款""长期应付款"，贷记"应收账款""预付账款""其他应收款"。已计提坏账准备的债权债务事项，应按债权债务原值编制抵销分录，同时应抵销已计提的坏账准备，借记"坏账准备"，贷记"累计盈余"（以前年度计提的金额）、"其他费用"（当期补提或冲减的金额）。

例：A 单位有 2 个所属单位 A1、A2 单位。A1 单位会计报表"其他应收款"明细信息显示，A1 单位应收 A2 单位款项 500 万元，A2 单位会计报表"其他应付款"明细信息显示，A2 单位应付 A1 单位款项 500 万元。A 单位经与 A1、A2 两单位确认无误后，在编制合并会计报表时，抵销分录如下：

借：其他应付款——A1 单位　　　　　　　　　　　　　　　500

　　贷：其他应收款——A2 单位　　　　　　　　　　　　　　500

例：B 单位有 2 个所属单位 B1、B2 单位。B1 单位会计报表"应收账款"明细信息显示，应收 B2 单位款项 100 万元，假设该单位按照账龄分析法对此应收账款计提坏账准备 10 万元，年末应收账款净额为 90 万元。B2 单位会计报表"应付账款"明细信息显示，应付 B1 单位款项 100 万元。B 单位经与 B1、B2 两单位确认无误后，第一年编制合并会计报表时，抵销分录如下：

借：应付账款——B1 单位　　　　　　　　　　　　　　　　100

　　贷：应收账款——B2 单位　　　　　　　　　　　　　　　100

借：坏账准备   10

       贷：其他费用   10

第二年，B1单位对该应收账款补提5万元的坏账准备，年末应收账款净额为85万元。第二年编制合并财务报表时，抵销分录如下：

借：应付账款——B1单位   100

       贷：应收账款——B2单位   100

借：坏账准备   15

       贷：其他费用   5

           累计盈余   10

第三年，B1单位收回该应收账款50万元，冲减8万元的坏账准备，年末应收账款净额为43万元。第三年编制合并财务报表时，抵销分录如下：

借：应付账款——B1单位   50

       贷：应收账款——B2单位   50

借：坏账准备   7

       贷：其他费用   −8

           累计盈余   15

2.抵销政府部门内部收入费用事项。

对经确认的内部收入费用事项，应编制抵销分录：

（1）"上级补助收入"与"对附属单位补助费用"之间存在抵销关系，抵销分录为：借记"上级补助收入"，贷记"对附属单位补助费用"。

（2）"附属单位上缴收入"与"上缴上级费用"之间存在抵销关系，抵销分录为：借记"附属单位上缴收入"，贷记"上缴上级费用"。

（3）"事业收入""非同级财政拨款收入""经营收入""其他收入"中属于来自本部门内部单位的部分与"业务活动费用（商品和服务费用）""单位管理费用（商品和服务费用）""经营费用（商品和服务费用）"中属于支付给本部门内部单位的部分存在抵销关系，抵销分录为：借记"事业收入""非同级财政拨款收入""经营收入""其他收入"，贷记"业务活动费用（商品和服务费用）""单位管理费用（商品和服务费用）""经营费用（商品和服务费用）"。对涉及增值税的应税业务，按扣除增值税后的净额抵销。

例：A单位有2个所属单位A1、A2单位。A1单位会计报表"事业收入"明细信息显示，A1单位收到来自A2单位款项为113万元，A2单位会计报表"业务活动费用（商品和服务费用）"明细信息显示，A2单位支付给A1单位款项113万元。A单位经与

A1、A2 两单位确认无误后，在编制合并会计报表时，抵销分录如下：

　　　　借：事业收入——A2 单位　　　　　　　　　　　　　113

　　　　　　贷：业务活动费用（商品和服务费用）——A1 单位　　113

　　例：B 单位有 2 个所属单位 B1、B2 单位，B1 单位收到来自 B2 单位款项 100 万元，增值税 13 万元，B2 单位支付 B1 单位款 16 项 113 万元，B 单位经与 B1、B2 两单位确认无误后，在编制合并会计报表时，抵销分录如下：

　　　　借：事业收入——B2 单位　　　　　　　　　　　　　100

　　　　　　贷：业务活动费用（商品和服务费用）——B1 单位　　100

（三）生成合并会计报表。

　　将抵销分录中相关数据填入抵销工作底表（见表 9-1），根据抵销工作底表"合计"栏数据，对汇总后的资产负债表、收入费用表相关项目进行抵销，生成合并资产负债表和收入费用表。

表 9-1　　　　　　　　　　　　　抵销工作底表

序号	抵销事项	抵销分录	所属单位 A1	所属单位 A2	……	合计
1-1	部门内部单位之间发生的债权债务事项，应予以抵销。	借：应付账款、预收款项、其他应付款、长期应付款				
		贷：应收账款、预付款项、其他应收款				
1-2	部门内部单位之间发生的债权债务事项，债权方已计提坏账准备的，应予以抵销。其中，以前年度计提的贷记"累计盈余"、当期补提或冲减的贷记"其他费用"。（当期坏账准备冲减数以负数填列）	借：坏账准备				
		贷：其他费用　累计盈余				
1-3	部门内部单位之间发生的债权债务事项，债权方本年计提或冲减坏账准备的，还应根据其对本年盈余的影响调整累计盈余。（系统自动生成）	借：对本年盈余的影响				
		贷：累计盈余				

续表

序号	抵销事项	抵销分录	所属单位 A1	所属单位 A2	……	合计
2	部门内部单位之间发生的上级补助收入与对附属单位补助费用，应予以抵销。	借：上级补助收入				
		贷：对附属单位补助费用				
3	部门内部单位之间发生的上缴上级费用与附属单位上缴收入，应予以抵销。	借：附属单位上缴收入				
		贷：上缴上级费用				
4	支付给部门内部单位的业务活动费用（商品和服务费用）、单位管理费用（商品和服务费用）、经营费用（商品和服务费用）和来自部门内部单位的事业收入、非同级财政拨款收入、经营收入、其他收入，应予以抵销。	借：事业收入、非同级财政拨款收入、经营收入、其他收入				
		贷：业务活动费用、单位管理费用、经营费用				

表 9-2　　　　　　　　　　　　　　抵销事项清单

序号	抵销事项	抵销分录
1-1	部门内部单位之间发生的债权债务事项，应予以抵销。	借：应付账款、预收账款、其他应付款、长期应付款
		贷：应收账款、预付账款、其他应收款
1-2	部门内部单位之间发生的债权债务事项，债权方已计提坏账准备的，应予以抵销。其中，以前年度计提的贷记"累计盈余"、当期补提或冲减的贷记"其他费用"。	借：坏账准备
		贷：其他费用　累计盈余
1-3	部门内部单位之间发生的债权债务事项，债权方本年计提或冲销坏账准备的，还应根据其对本年盈余的影响调整累计盈余。（系统自动生成）	借：对本年盈余的影响
		贷：累计盈余
2	部门内部单位之间发生的上级补助收入与对附属单位补助费用，应予以抵销。	借：上级补助收入
		贷：对附属单位补助费用

续表

序号	抵销事项	抵销分录
3	部门内部单位之间发生的上缴上级费用与附属单位上缴收入，应予以抵销。	借：附属单位上缴收入
		贷：上缴上级费用
4	支付给部门内部单位的业务活动费用（商品和服务费用）、单位管理费用（商品和服务费用）、经营费用（商品和服务费用）和来自部门内部单位的事业收入、非同级财政拨款收入、经营收入、其他收入，应予以抵销。对涉及增值税的应税业务，按扣除增值税后的净额抵销。	借：事业收入、非同级财政拨款收入、经营收入、其他收入
		贷：业务活动费用、单位管理费用、经营费用

注：上述清单中未涵盖的抵销事项，可根据实际情况自行增设抵销分录。

第三节　本级政府合并财务报表

第三十九条　本级政府合并财务报表的合并范围一般应当以财政预算拨款关系为基础予以确定。本级政府财政为合并主体，其所属部门（单位）等为被合并主体。

第四十条　本级政府合并财务报表应当以本级政府财政和其被合并主体符合本准则第十七条要求的个别财务报表或合并财务报表为基础，在抵销内部业务或事项对合并财务报表的影响后，由本级政府财政部门合并编制。

编制本级政府合并财务报表时，需要抵销的内部业务或事项包括：

（一）本级政府财政和其被合并主体之间的债权债务、收入费用等项目；

（二）被合并主体相互之间的债权债务、收入费用等项目。

第四十一条　本级政府合并资产负债表中的资产类至少应当单独列示反映下列信息的项目：

（一）货币资金；

（二）短期投资；

（三）应收及预付款项；

（四）存货；

（五）一年内到期的非流动资产；

（六）长期投资；

（七）应收转贷款；

（八）固定资产净值；

（九）在建工程；

（十）无形资产净值；

（十一）公共基础设施净值；

（十二）政府储备物资；

（十三）文物文化资产；

（十四）保障性住房净值；

（十五）受托代理资产。

第四十二条　本级政府合并资产负债表中的资产类应当包括流动资产、非流动资产的合计项目。

第四十三条　本级政府合并资产负债表中的负债类至少应当单独列示反映下列信息的项目：

（一）应付短期政府债券；

（二）短期借款；

（三）应付及预收款项；

（四）应付职工薪酬；

（五）应付政府补贴款；

（六）一年内到期的非流动负债；

（七）应付长期政府债券；

（八）应付转贷款；

（九）长期借款；

（十）长期应付款；

（十一）预计负债；

（十二）受托代理负债。

第四十四条　本级政府合并资产负债表中的负债类应当包括流动负债、非流动负债和负债的合计项目。

第四十五条　本级政府合并资产负债表应当列示净资产项目。

第四十六条　本级政府合并资产负债表应当列示资产总计项目、负债和净资产总计项目。

第四十七条　本级政府合并收入费用表中的收入，应当按照收入来源进行分类列示。

第四十八条　本级政府合并收入费用表中的收入类至少应当单独列示反映下列信息的项目：

（一）税收收入；

（二）非税收入；

（三）事业收入；

（四）经营收入；

（五）投资收益；

（六）政府间转移性收入。

第四十九条 本级政府合并收入费用表中的收入类应当包括收入的合计项目。

第五十条 本级政府合并收入费用表中的费用，应当按照费用的性质进行分类列示。

第五十一条 本级政府合并收入费用表中的费用类至少应当单独列示反映下列信息的项目：

（一）工资福利费用；

（二）商品和服务费用；

（三）对个人和家庭补助费用；

（四）对企事业单位补贴费用；

（五）政府间转移性费用；

（六）折旧费用；

（七）摊销费用；

（八）资产处置费用。

第五十二条 本级政府合并收入费用表中的费用类应当包括费用的合计项目。

第五十三条 本级政府合并收入费用表应当列示本期盈余项目。

【解析 9-2】政府综合会计报表编制过程

政府综合会计报表属于合并会计报表，在汇总本级政府各部门财务报表、财政总预算会计报表、土地储备资金财务报表、物资储备资金会计报表等被合并主体报表基础上，采用抵销、调整等方法合并编制形成。其中，抵销是指对本级政府各部门之间、政府财政与部门之间、财政内部之间的经济业务或事项进行抵销；调整是指按照权责发生制原则将财政总预算会计报表中的预算收入和预算支出调整为应归属于当期的收入和费用。

①政府综合会计报表的数据来源

编制政府综合会计报表的数据主要来源于以下报表：

（一）政府部门财务报表；

（二）财政总预算会计报表；

（三）土地储备资金财务报表；

（四）物资储备资金会计报表；

（五）政府持有股权的国有企业财务会计决算报表。

（一）至（四）类报表称为被合并主体报表，（五）类报表称为权益报表。

财政总预算会计报表应反映一般公共预算资金、政府性基金预算资金、国有资本经营预算资金、财政专户管理资金、专用基金和代管资金等资金活动的信息。

物资储备资金会计报表仅适用于中央。

②资产负债表和收入费用表编制

资产负债表和收入费用表采用汇总工作表（汇总工作表参见《政府综合财务报告编制操作指南（试行）》附2）方式，按照以下步骤编制形成。汇总工作表属于工作底稿。

（一）按照"被合并主体报表项目与政府综合会计报表项目对照表"（以下简称"报表项目对照表"，该表参见《政府综合财务报告编制操作指南（试行）》附3）将被合并主体报表各项目数据填列到汇总工作表对应栏。

将政府部门财务报表、财政总预算会计报表、土地储备资金财务报表、物资储备资金会计报表中的年末资产、年末负债、年末净资产、本年收入、本年费用（支出）项目数据按照"报表项目对照表"分项填入汇总工作表对应栏中。其中，能够直接对应到政府综合会计报表项目的，直接填入对应栏；不能直接对应的，分析填列至相应栏或填入"待抵销调整项目"。分析填列事项应做好备查记录。

（二）对被合并主体之间发生的经济业务或事项，按照"抵销调整事项清单"（"抵销调整事项清单"参见《政府综合财务报告编制操作指南（试行）》附4）编制抵销分录，填入汇总工作表"抵销分录"栏。

1.抵销政府部门之间的经济业务或事项。

政府财政部门应当根据政府部门财务报表项目明细信息，对经确认的本级政府部门之间的经济业务或事项进行抵销。

按照重要性原则，设定10万元抵销阈值。不同部门的单位之间债权债务事项，年末余额不超过10万元的，可以不进行抵销。不同部门的单位之间收入费用事项，本年累计发生额不超过10万元的，可以不进行抵销。具备条件的须应抵尽抵，不受阈值限制。

（1）抵销政府部门之间的债权债务事项。

政府部门之间发生的待抵销债权债务事项主要涉及应收账款、预付账款、其他应收款、应付账款、预收账款、其他应付款、长期应付款等报表项目。

对于经确认抵销的债权债务事项，要编制抵销分录：借记"应付账款""预收账款""其他应付款""长期应付款"；贷记"应收账款""预付账款""其他应收款"。已计提坏账准备的债权债务，应按债权债务原值编制抵销分录，同时应抵销已计提的坏账准备，借记"坏账准备"，贷记"累计盈余"（以前年度计提的金额）、"其他费用"（当期补提或冲减的金额）。

例：A 部门财务报表"其他应收款"明细信息显示，A 部门应收 B 部门款项 500 万元，B 部门财务报表"其他应付款"明细信息显示，B 部门应付 A 部门款项 500 万元。经确认无误后，编制抵销分录如下：

　借：其他应付款——A 部门　　　　　　　　　　　　　　500
　　　贷：其他应收款——B 部门　　　　　　　　　　　　　　　　500

例：A 部门财务报表"应收账款"明细信息显示，应收 B 部门款项 100 万元，假设该部门按照账龄分析法对此应收账款计提坏账准备 10 万元，年末应收账款净额为 90 万元。B 部门财务报表"应付账款"明细信息显示，应付 A 部门款项 100 万元。第一年编制政府综合财务报表时，经确认无误后，编制抵销分录如下：

　借：应付账款——A 部门　　　　　　　　　　　　　　　100
　　　贷：应收账款——B 部门　　　　　　　　　　　　　　　　100
　借：坏账准备　　　　　　　　　　　　　　　　　　　　10
　　　贷：其他费用　　　　　　　　　　　　　　　　　　　　　10

第二年，A 部门对该应收账款补提 5 万元的坏账准备，年末应收账款净额为 85 万元。第二年编制政府综合财务报表时，抵销分录如下：

　借：应付账款——A 部门　　　　　　　　　　　　　　　100
　　　贷：应收账款——B 部门　　　　　　　　　　　　　　　　100
　借：坏账准备　　　　　　　　　　　　　　　　　　　　15
　　　贷：其他费用　　　　　　　　　　　　　　　　　　　　　5
　　　　　累计盈余　　　　　　　　　　　　　　　　　　　　10

第三年，A 部门收回该应收账款 50 万元，冲减 8 万元的坏账准备，年末应收账款净额为 43 万元。第三年编制政府综合财务报表时，抵销分录如下：

　借：应付账款——A 部门　　　　　　　　　　　　　　　50
　　　贷：应收账款——B 部门　　　　　　　　　　　　　　　　50
　借：坏账准备　　　　　　　　　　　　　　　　　　　　7
　　　贷：其他费用　　　　　　　　　　　　　　　　　　　　　−8

累计盈余   15

（2）抵销政府部门之间的收入费用事项。

政府部门之间发生的待抵销收入费用事项主要涉及事业收入、非同级财政拨款收入、经营收入、其他收入、商品和服务费用等报表项目。对于经确认抵销的收入费用事项，编制抵销分录：借记"事业收入（来自同级政府部门）""非同级财政拨款收入（来自同级政府部门）""经营收入（来自同级政府部门）""其他收入（来自同级政府部门）"，贷记"商品和服务费用（支付给同级政府部门）"。

例：B部门财务报表中，来自同级A部门的事业收入6 700万元，A部门支付给同级B部门的商品和服务费用6 700万元。经确认无误后，编制抵销分录如下：

借：事业收入（来自同级政府部门）   6 700

贷：商品和服务费用（支付给同级政府部门）   6 700

2.抵销财政与部门之间发生的经济业务或事项。

（1）财政总预算会计报表中的"应付国库集中支付结余"与政府部门财务报表、土地储备资金财务报表、物资储备资金会计报表中的"财政应返还额度""财政预算额度"之间存在抵销关系，应经相关方确认后抵销。抵销分录为：借记"应付国库集中支付结余"，贷记"财政预算额度""财政应返还额度"。

例：政府部门财务报表中财政应返还额度15 000万元；物资储备资金会计报表中的财政预算额度1 000万元；财政总预算会计报表中应付国库集中支付结余16 000万元。经确认无误后，编制抵销分录如下：

借：应付国库集中支付结余   16 000

贷：财政应返还额度   15 000

财政预算额度   1 000

（2）财政总预算会计报表中的"一般公共预算本级支出""政府性基金预算本级支出"等财政预算支出项目与政府部门财务报表的"财政拨款收入"存在抵销关系，应经相关方确认后抵销。抵销分录为：借记"财政拨款收入"，贷记"一般公共预算本级支出""政府性基金预算本级支出"。

例：政府部门财务报表中财政拨款收入9 700万元，其中一般公共预算安排5 200万元，政府性基金预算安排4 500万元。经确认无误后，编制抵销分录如下：

借：财政拨款收入   9 700

贷：一般公共预算本级支出   5 200

政府性基金预算本级支出   4 500

（3）财政总预算会计报表中的"财政专户管理资金支出"与政府部门财务报表

的"事业收入"中来自财政专户拨入的部分之间存在抵销关系，应经相关方确认后抵销。抵销分录为：借记"事业收入（财政专户管理资金）"，贷记"财政专户管理资金支出"。

例：财政总预算会计报表中财政专户管理资金支出 7 800 万元，政府部门财务报表中事业收入中来自财政专户的资金 7 800 万元。经确认无误后，编制抵销分录如下：

借：事业收入（财政专户管理资金）　　　　　　　　　　7 800

　　贷：财政专户管理资金支出　　　　　　　　　　　　　7 800

（4）财政总预算会计报表"借出款项"与政府部门财务报表中"其他应付款"之间存在抵销关系，应经确认后抵销。抵销分录为：借记"其他应付款"，贷记"借出款项"。

例：财政总预算会计报表借出款项中属于向 C 部门借出的金额为 430 万元，C 部门财务报表中的其他应付款 430 万元，经确认无误后，编制抵销分录如下：

借：其他应付款　　　　　　　　　　　　　　　　　　　430

　　贷：借出款项　　　　　　　　　　　　　　　　　　　430

（5）财政总预算会计报表中的"预拨经费"与政府部门财务报表中的"其他应付款"之间存在抵销关系，应经确认后抵销。抵销分录为：借记"其他应付款"，贷记"预拨经费"。

例：财政总预算会计报表中预拨经费 720 万元，政府部门财务报表中的其他应付款 720 万元，经确认无误后，编制抵销分录如下：

借：其他应付款　　　　　　　　　　　　　　　　　　　720

　　贷：预拨经费　　　　　　　　　　　　　　　　　　　720

（6）财政代管预算单位资金，单位通过"其他应收款"核算的，财政总预算会计报表中的"应付代管资金"与政府部门财务报表中的"其他应收款"之间存在抵销关系，应经确认后抵销。抵销分录为：借记"应付代管资金"，贷记"其他应收款"。

例：财政总预算会计报表应付代管资金中属于 C 部门的金额为 200 万元，C 部门财务报表其他应收款中应收财政代管资金的金额为 200 万元，经确认无误后，编制抵销分录如下：

借：应付代管资金　　　　　　　　　　　　　　　　　　200

　　贷：其他应收款　　　　　　　　　　　　　　　　　　200

财政代管预算单位资金，单位通过"银行存款"核算的，财政总预算会计报表中的"应付代管资金"与政府部门财务报表中的"银行存款"之间存在抵销关系，应经确认后抵销。抵销分录为：借记"应付代管资金"，贷记"银行存款"。

例：财政总预算会计报表应付代管资金中属于 C 部门的金额为 200 万元，C 部门财务报表银行存款中应收财政代管资金的金额为 200 万元，经确认无误后，编制抵销分录如下：

借：应付代管资金　　　　　　　　　　　　　　　　　200
　　贷：银行存款　　　　　　　　　　　　　　　　　　　200

3. 抵销财政内部之间发生的经济业务或事项。

（1）财政总预算会计报表"专用基金收入"中来自一般公共预算安排的部分与"一般公共预算本级支出"之间存在抵销关系，应经确认后抵销。抵销分录为：借记"专用基金收入"，贷记"一般公共预算本级支出"。

例：财政总预算会计报表专用基金收入中由一般公共预算本级支出安排的部分为 25 600 万元，经确认无误后，编制抵销分录如下：

借：专用基金收入　　　　　　　　　　　　　　　　　25 600
　　贷：一般公共预算本级支出　　　　　　　　　　　　　25 600

（2）财政总预算会计报表中不同预算类型资金之间的"调入资金"和"调出资金"之间存在抵销关系，应经确认后抵销。抵销分录为：借记"调入资金"，贷记"调出资金"。

例：财政总预算会计报表中调入资金、调出资金均为 20 100 万元，经确认无误后，编制抵销分录如下：

借：调入资金　　　　　　　　　　　　　　　　　　　20 100
　　贷：调出资金　　　　　　　　　　　　　　　　　　　20 100

（三）对应按权责发生制调整的事项，按照"抵销调整事项清单"（"抵销调整事项清单"）编制调整分录，填入汇总工作表"调整分录"栏。

1. 将财政总预算会计报表中"专用基金收入"分析调整至政府综合会计报表的"其他收入"。

财政总预算会计报表"专用基金收入"中不属于通过一般公共预算本级支出安排的部分，按照资金性质应列入政府综合会计报表中的"其他收入"项目。调整分录为：借记"专用基金收入"，贷记"其他收入"。

例：财政总预算会计报表专用基金收入中不属于一般公共预算本级支出安排的部分为 420 万元。编制调整分录如下：

借：专用基金收入　　　　　　　　　　　　　　　　　420
　　贷：其他收入　　　　　　　　　　　　　　　　　　　420

2. 调减国有资本经营预算收入。

按照权责发生制原则，当年取得的国有资本经营预算收入中，利润收入、股利和股息收入实际是收到的报告年度以前年度应收国有资本经营收益，不属于当年收入；产权转让收入、清算收入等属于资产交易所得，不属于收入，应调减收入总额。调整分录为：借记"国有资本经营预算收入"，贷记"净资产"。

例：财政总预算会计报表国有资本经营预算本级收入 33 000 万元。编制调整分录如下：

借：国有资本经营预算收入 33 000

贷：净资产 33 000

3.调减预算稳定调节基金相关收支。

按照权责发生制原则，财政总预算会计报表中的"动用预算稳定调节基金"不属于政府综合会计报表中的收入项目，应调减收入总额。调整分录为：借记"动用预算稳定调节基金"，贷记"净资产"。同理，财政总预算会计报表中的"安排预算稳定调节基金"不属于政府综合会计报表中的费用项目，应调减费用总额。调整分录为：借记"净资产"，贷记"安排预算稳定调节基金"。

例：财政总预算会计报表中动用预算稳定调节基金 10 000 万元，安排预算稳定调节基金 20 000 万元。编制调整分录如下：

借：动用预算稳定调节基金 10 000

贷：净资产 10 000

借：净资产 20 000

贷：安排预算稳定调节基金 20 000

4.调减债务收入、债务转贷收入。

按照权责发生制原则，财政总预算会计报表中的"债务收入""债务转贷收入"不属于政府综合会计报表中的收入项目，应调减收入总额。调整分录为：借记"债务收入""债务转贷收入"，贷记"净资产"。

例：财政总预算会计报表中债务转贷收入 75 000 万元。编制调整分录如下：

借：债务转贷收入 75 000

贷：净资产 75 000

5.调减债务还本支出、债务转贷支出。

按照权责发生制原则，财政总预算会计报表中的"债务还本支出""债务转贷支出"不属于政府综合会计报表中的费用项目，应调减费用总额。调整分录为：借记"净资产"，贷记"债务还本支出""债务转贷支出"。

例：财政总预算会计报表中债务还本支出 3 600 万元，债务转贷支出 22 000 万元。编制调整分录如下：

借：净资产	3 600	
贷：债务还本支出		3 600
借：净资产	22 000	
贷：债务转贷支出		22 000

6.调减财政部门直接发生的资本性支出。

按照权责发生制原则，财政总预算会计报表中属于财政部门直接发生的形成政府资产的资本性支出不属于政府综合会计报表中的费用项目，应调减费用总额。调整分录为：借记"净资产"，贷记"一般公共预算本级支出""政府性基金预算本级支出""国有资本经营预算本级支出"等。

例：财政总预算会计报表反映，一般公共预算安排用于投资基金股权投资的支出 50 000 万元。编制调整分录如下：

借：净资产	50 000	
贷：一般公共预算本级支出		50 000

7.将财政直接支出分析调整填入相应费用栏。

未安排到部门预算且由财政直接安排的一般公共预算本级支出、政府性基金预算本级支出等支出中属于工资福利费用、商品和服务费用、对个人和家庭的补助费用、对企业的补助费用、对社会保障基金补助费用等部分，应分析调整填入上述费用。借记"工资福利费用""商品和服务费用""对个人和家庭的补助费用""对企业的补助费用""对社会保障基金补助费用""财务费用"等，贷记"一般公共预算本级支出""政府性基金预算本级支出""国有资本经营预算本级支出"等。

例：财政总预算会计报表一般公共预算本级支出中直接列支的对企业的补助费用支出 9 372 万元。编制调整分录如下：

借：对企业的补助费用	9 372	
贷：一般公共预算本级支出		9 372

8.将财政总预算会计报表中"专用基金支出"分析调整至政府综合会计报表相应的费用项目。

对财政总预算会计报表中的专用基金支出，应按支出经济分类分析调整为政府综合会计报表中的"商品和服务费用""对个人和家庭的补助费用""对企业的补助费用"等项目。调整分录为：借记"商品和服务费用""对个人和家庭的补助费用""对企业的补助费用"等，贷记"专用基金支出"。

例：财政总预算会计报表专用基金支出中用于对企业的补助费用 19 800 万元，对个人和家庭的补助费用 5 300 万元。编制调整分录如下：

借：对个人和家庭的补助费用   5 300

    对企业的补助费用   19 800

  贷：专用基金支出   25 100

9. 调增长期投资、应收股利、投资收益。

（1）关于财政总预算会计尚未核算的政府持有股权的企业股权投资及相关收益的调整。

编制政府综合会计报表时，应根据政府持有股权的国有企业财务会计决算报表中资产负债表的所有者权益和应付股利，以及利润表中的综合收益总额，乘以国家资本占比分别计算长期投资、应收股利、投资收益的金额，并编制调整分录。调整分录为：借记"长期投资""应收股利"，贷记"净资产""投资收益"。

长期投资调整额 ＝ 所有者权益年末数[1]× 国家资本占比[2]

应收股利调整额 ＝ 应付股利年末数 × 国家资本占比

投资收益调整额 ＝ 企业综合收益[3]× 国家资本占比

净资产调整额 ＝ 长期投资调整额 ＋ 应收股利调整额 － 投资收益调整额。

已实行国有资本经营预算的地区，可按照报告年度的下一年度国有资本经营预算数填列应收股利，同时将国有资本经营预算数与上述公式计算得到的应收股利数的差额转入长期投资。

例如：某政府的国有企业财务会计决算报表上列示的国有企业所有者权益年末数为 400 000 万元，国家资本占比为 60%。国有企业当年综合收益为 100 000 万元，应付股利为 20 000 万元。经计算，应调整的金额分别为，长期投资 ＝400 000×60%＝240 000 万元；应收股利 ＝20 000×60%＝12 000 万元；投资收益 ＝100 000×60%＝60 000万元。编制调整分录如下：

借：长期投资   240 000

    应收股利   12 000

  贷：投资收益   60 000

    净资产   192 000

（2）关于财政总预算会计已核算的政府股权投资产生的投资收益的调整。

按照《财政总预算会计制度》规定，政府股权投资当期应取得的投资收益，应

---

1   企业为集团公司的，所有者权益年末数为财企 01 表中"归属于母公司所有者权益合计"。

2   国家资本占比 ＝ 国家资本 / 实收资本。

3   企业为集团公司的，企业综合收益为财企 02 表中"归属于母公司所有者的综合收益"。

确认计入"资产基金"科目。编制政府综合会计报表时，对于已确认入账的投资收益部分，应将其从资产负债表的"净资产"项目调至收入费用表的"投资收益"项目。调整分录为：借记"净资产"，贷记"投资收益"。

例：某财政总预算会计已根据某投资基金年末会计报表净利润5 000万元以及政府财政投资比例15%，计算确认投资收益750万元（5 000×15%），记入"资产基金"科目。编制调整分录如下：

借：净资产   750

    贷：投资收益   750

10.根据调整分录中收入调整总额与费用调整总额的差额，调整净资产项目。

由于对收入和费用的调整最终会影响净资产总额，因此应当按照收入调整总额与费用调整总额的差额，调整净资产。按照所有调整分录汇总后计算（收入调增额－收入调减额－费用调增额＋费用调减额）的差额，如果差额为正数，则调增"净资产"；如果差额为负数，则调减"净资产"。

（四）将汇总工作表各项目对应的原始数据栏、抵销分录栏、调整分录栏中的数据，分别计算出经过抵销调整后的金额。

1.资产类项目。

资产类项目中，各项目"被合并主体报表对应项目"栏金额加总，得到"原有金额合计"；"原有金额合计"加上该项目"抵销分录"借方金额，减去该项目"抵销分录"栏贷方金额，得到"包括抵销后合计"；"包括抵销后合计"加上该项目"调整分录"借方金额，减去"调整分录"贷方金额，得到"包括抵销调整后合计"。

"待抵销调整项目"抵销调整后原则上无余额。若有余额，填入"其他资产"。

资产类各项目加总后，计算出"原有金额合计""包括抵销后合计""包括抵销调整后合计"对应的"资产合计"数。

2.负债类项目。

负债类项目，各项目"被合并主体报表对应项目"栏金额加总，得到"原有金额合计"；"原有金额合计"减去该项目"抵销分录"借方金额，加上该项目"抵销分录"栏贷方金额，得到"包括抵销后合计"；"包括抵销后合计"减去该项目"调整分录"借方金额，加上"调整分录"贷方金额，得到"包括抵销调整后合计"。

"待抵销调整项目"抵销调整后原则上无余额。若有余额，填入"其他负债"。

负债类各项目加总后，计算出"原有金额合计""包括抵销后合计""包括抵销调整后合计"对应的"负债合计"数。

3.净资产类项目。

将"被合并主体报表对应项目"栏各项目金额加总，得到"原有金额合计"；"原有金额合计"减去该项目"抵销分录"借方金额，加上该项目"抵销分录"栏贷方金额，得到"包括抵销后合计"；"包括抵销后合计"减去该项目"调整分录"借方金额，加上"调整分录"贷方金额，得到"包括抵销调整后合计"。

净资产类各项目加总后，计算出"原有金额合计""包括抵销后合计""包括抵销调整后合计"对应的"净资产合计"数。

4.收入类项目。

收入类项目，各项目"被合并主体报表对应项目"栏金额加总，得到"原有金额合计"；"原有金额合计"减去该项目"抵销分录"借方金额，加上该项目"抵销分录"栏贷方金额，得到"包括抵销后合计"；"包括抵销后合计"减去该项目"调整分录"借方金额，加上"调整分录"贷方金额，得到"包括抵销调整后合计"。

"待抵销调整项目"抵销调整后原则上无余额。若有余额，填入"其他收入"。

收入类各项目加总后，计算出"原有金额合计""包括抵销后合计""包括抵销调整后合计"对应的"收入合计"数。

5.费用类项目。

费用类项目，"被合并主体报表对应项目"栏金额加总，得到"原有金额合计"；"原有金额合计"加上该项目"抵销分录"借方金额，减去该项目"抵销分录"栏贷方金额，得到"包括抵销后合计"；"包括抵销后合计"加上该项目"调整分录"借方金额，减去"调整分录"贷方金额，得到"包括抵销调整后合计"。

"待抵销调整项目"抵销调整后原则上无余额。若有余额，填入"其他费用"。

费用类各项目加总后，计算出"原有金额合计""包括抵销后合计""包括抵销调整后合计"对应的"费用合计"数。

6.本年盈余项目。

按照"本年盈余＝本年收入－本年费用"，计算各报表及政府本年盈余数额。

（五）试算平衡后，将数据填入政府综合会计报表对应项目，生成政府综合会计报表。

对调整后的各项目金额进行试算平衡。试算平衡方法：按照"期末净资产总额＝原始报表期末净资产总额＋根据所有调整分录汇总的净资产调整额"计算政府综合会计报表中政府期末净资产总额。所计算的期末净资产总额应当符合恒等式"期末净资产总额＝期末资产总额－期末负债总额"计算的政府期末净资产总额。

试算平衡后，将汇总工作表"包括抵销调整后合计"栏数据对应填入政府综合会计报表中"资产负债表"各项目"年末数"栏，"收入费用表"各项目的"本年数"栏。

第四节 行政区政府合并财务报表

第五十四条 行政区政府合并财务报表的合并范围一般应当以行政隶属关系为基础予以确定。行政区本级政府为合并主体，其所属下级政府为被合并主体。

第五十五条 县级以上政府应当编制本行政区政府合并财务报表。

第五十六条 行政区政府合并财务报表应当以本级政府和其所属下级政府合并财务报表为基础，在抵销内部业务或事项对合并财务报表的影响后，由本级政府财政部门合并编制。

编制行政区政府合并财务报表时，需要抵销的内部业务或事项包括：

（一）本级政府和其所属下级政府之间的债权债务、收入费用等项目；

（二）本级政府所属下级政府相互之间的债权债务、收入费用等项目。

第五十七条 行政区政府合并财务报表的项目列示与本级政府合并财务报表一致。

第五节 附注

第五十八条 合并财务报表附注一般应当披露下列信息：

（一）合并财务报表的编制基础。

（二）遵循政府会计准则制度的声明。

（三）合并财务报表的合并主体、被合并主体清单。

（四）合并主体、被合并主体个别财务报表所采用的编制基础，所采用的与政府会计准则制度规定不一致的会计政策，编制合并财务报表时的调整情况及其影响。

（五）本期增加、减少被合并主体的基本情况及影响。

（六）合并财务报表重要项目明细信息及说明。

（七）未在合并财务报表中列示但对报告主体财务状况和运行情况有重大影响的事项的说明。

（八）需要说明的其他事项。

第四章 附 则

第五十九条 合并财务报表的具体合并范围由财政部另行规定。

第六十条 部门（单位）合并资产负债表的格式参见《政府会计制度——行政事业单位会计科目和报表》规定的资产负债表格式。

部门（单位）合并收入费用表的格式参见附录。

本级政府合并财务报表、行政区政府合并财务报表的格式以及部门（单位）合并财务报表附注的披露格式由财政部另行规定。

第六十一条 本准则自 2019 年 1 月 1 日起施行，适用于 2019 年年度及以后的财务报表。

附录：部门（单位）合并收入费用表格式

合并收入费用表

编制单位：　　　　　　　　　　年　　　　　　　　　　单位：元

项　目	本年数	上年数
一、本期收入		
（一）财政拨款收入		
（二）事业收入		
其中：非同级财政拨款收入		
（三）上级补助收入 *		
（四）附属单位上缴收入 *		
（五）经营收入		
（六）非同级财政拨款收入		
（七）投资收益		
（八）捐赠收入		
（九）利息收入		
（十）租金收入		
（十一）其他收入		
二、本期费用		
（一）工资福利费用		
（二）商品和服务费用		
（三）对个人和家庭补助费用		
（四）对企事业单位补贴费用		
（五）固定资产折旧费用		
（六）无形资产摊销费用		
（七）公共基础设施折旧（摊销）费用		
（八）保障性住房折旧费用		
（九）计提专用基金		
（十）所得税费用		
（十一）资产处置费用		

续表

项 目	本年数	上年数
（十二）上缴上级费用＊		
（十三）对附属单位补助费用＊		
（十四）其他费用		
三、本期盈余		

注：1.本表中"本期费用"各项目应当根据个别财务报表附注中"本期费用按经济分类的披露格式"所提供的信息合并填列。

2.编制部门（单位）合并收入费用表时，标＊项目原则上应抵销完毕，金额为零。

政府会计准则第 10 号——政府和社会资本合作项目合同

财会〔2019〕23 号

第一章 总则

第一条 为了规范政府方对政府和社会资本合作（PPP）项目合同的确认、计量和相关信息的列报，根据《政府会计准则——基本准则》，制定本准则。

【解析 10-1】总则解读

本准则要规范的会计主体是 PPP 项目中的政府方实施机构，而非社会资本方。政府方与社会资本方分别适用不同的会计准则，政府方适用政府会计准则，社会资本方适用企业会计准则。

PPP 项目合同是理解本准则适用范围的关键，但并非所有的 PPP 项目合同都属于本准则的适用范围。

PPP 项目合同的确认、计量与相关披露，并非是对 PPP 项目合同本身进行会计规范，而是就其中政府方在 PPP 项目中涉及的 PPP 项目资产、净资产、投资、资产重分类、或有负债等具体内容，进行会计规范。

第二条 本准则所称 PPP 项目合同，是指政府方与社会资本方依法依规就 PPP 项目合作所订立的合同，该合同应当同时具有以下特征：

（一）社会资本方在合同约定的运营期间内代表政府方使用 PPP 项目资产提供公共产品和服务；

（二）社会资本方在合同约定的期间内就其提供的公共产品和服务获得补偿。

本准则所称政府方，是指政府授权或指定的 PPP 项目实施机构，通常为政府有关职能部门或事业单位。

本准则所称社会资本方，是指与政府方签署 PPP 项目合同的社会资本或项目公司。

本准则所称 PPP 项目资产，是指 PPP 项目合同中确定的用来提供公共产品和服务的资产。该资产有以下两方面来源：

（一）由社会资本方投资建造或者从第三方购买，或者是社会资本方的现有资产；

（二）政府方现有资产，或者对政府方现有资产进行改建、扩建。

第三条 本准则适用于同时满足以下条件的 PPP 项目合同：

（一）政府方控制或管制社会资本方使用 PPP 项目资产必须提供的公共产品和服务的类型、对象和价格；

（二）PPP 项目合同终止时，政府方通过所有权、收益权或其他形式控制 PPP 项目资产的重大剩余权益。

【解析 10-2】重大剩余权益

只有符合本准则要求的 PPP 项目合同，PPP 项目资产所有权才归属政府方，才能在政府方账上确认、计量与披露。

重大剩余权益，强调的是期满移交后的剩余生命期间内使用、出租、出售等所带来的收益。

第四条 通常情况下，采用建设 - 运营 - 移交（BOT）、转让 - 运营 - 移交（TOT）、改建 - 运营 - 移交（ROT）方式运作的 PPP 项目合同，满足本准则第三条规定的条件，应当适用本准则。

下列各项适用其他相关会计准则。

（一）不同时具有本准则第二条第一款规定的两个特征的合同，如建设 - 移交（BT）、租赁、无偿捐赠等，不属于本准则所称的 PPP 项目合同，不适用本准则，应当由政府方按照其他相关政府会计准则制度的规定进行会计处理。

（二）不同时满足本准则第三条规定的两个条件的 PPP 项目合同，如采用建设 - 拥有 - 运营（BOO）、转让 - 拥有 - 运营（TOO）等方式运作的 PPP 项目合同，不适用本准则，应当由政府方按照其他相关政府会计准则制度的规定进行会计处理。

（三）PPP 项目合同中有关政府方对项目公司的直接投资，适用《政府会计准则第 2 号——投资》；有关代表政府出资的企业对项目公司的投资，适用相关企业会计准则。

（四）社会资本方对 PPP 项目合同的确认、计量和相关信息的披露，适用相关企业会计准则。

【解析 10-3】不适用本准则情况解析

（1）BT 没有运营期，租赁和无偿捐赠，不符合代表政府提供服务或获得补偿，都不满足"双特征"要求，所以排除在本准则适用范围之外。

（2）BOO 与 TOO，私有化，政府不能控制重大剩余收益权，不符合"双控制"要求，所以排除在外。

（3）政府直接投资，是政府直接作为 PPP 项目公司的投资人，其政府身份性质，只能适用政府投资准则，而代表政府出资的企业，是企业身份，当然只能适用企业会计准则。代表政府出资的资金，如果是财政资金，投资给代为出资的企业，那政府方依然要按照政府投资准则进行账务处理。

（4）社会资本方作为企业，肯定只能适用企业会计准则。目前，社会资本方对 PPP 项目公司的投资和分回来的收益，有对应的投资等企业会计准则可依。但对于原本按照企业会计准则解释第 2 号，确认为金融资产和无形资产核算，按照 PPP 模式政府和社会资本方核算的镜像互补原则，应该计入什么科目，需要明确。因为，按照本准则，政府方不确认负债，对应的企业也就不能再按照企业会计准则解释第 2 号，再确认长期应收款。

第二章　PPP 项目资产的确认

第五条　符合本准则第二条、第三条规定的 PPP 项目资产，在同时满足以下条件时，应当由政府方予以确认：

（一）与该资产相关的服务潜力很可能实现或者经济利益很可能流入；

（二）该资产的成本或者价值能够可靠地计量。

【解析 10-4】PPP 项目资产的确认

在满足合法性、双特征和双控制要求后，再加上本条两个条件，PPP 项目资产才应当由政府方确认。双特征和双控制中提到的 PPP 项目资产的确认，还必须满足该资产提供的公共产品或服务，而不是政府方自己办公等使用；同时，该产品或服务也必须是在合作期中提供，否则，不能确认为 PPP 项目资产，而只能确认为基础设施资产或其他资产等。

"很可能"与"可靠"，强调的是一种定性而非定量，满足次条件，即可在建设期按照完工百分比法进行资产确认，且与社会资本方在建设期进行金融资产或无形资产核算，构成镜像互补。但是，根据本准则后款规定，建造形成的 PPP 项目资产的确认时点，应该为资产竣工验收合格后。

第六条 PPP 项目资产的各组成部分具有不同使用年限或者以不同方式提供公共产品和服务的，应当分别将各组成部分确认为一个单项 PPP 项目资产。

【解析 10-5】单项 PPP 项目资产

可以按照不同的物态设置单项资产，比如公共基础设施、办公用房、车辆、存货等，再根据不同的情况设置明细核算。

第七条 由社会资本方投资建造或从第三方购买形成的 PPP 项目资产，政府方应当在 PPP 项目资产验收合格交付使用时予以确认。

使用社会资本方现有资产形成的 PPP 项目资产，政府方应当在 PPP 项目开始运营日予以确认。

政府方使用其现有资产形成 PPP 项目资产的，应当在 PPP 项目开始运营日将其现有资产重分类为 PPP 项目资产。

社会资本方对政府方现有资产进行改建、扩建形成的 PPP 项目资产，政府方应当在 PPP 项目资产验收合格交付使用时予以确认，同时终止确认现有资产。

【解析 10-6】PPP 项目资产的确认时点

明确这两种 PPP 项目资产来源方式下，PPP 项目资产的确认时点只能在验收合格交付使用时，不能按照完工进度在建设期确认 PPP 项目资产。这与按照企业会计准则解释第 2 号，项目公司在建设期确认金融资产或无形资产不对应，如果没有更新的企业 PPP 会计准则，则建设期的建造资产可能成为"孤儿资产"，也不构成"镜像互补"。

必须是运营方现有资产在协议或合同开始日前，就完成作价并经政府方认可，否则，开始运营日无法进行会计确认，要么人为调整入账时间。

第八条 在 PPP 项目资产运营过程中发生的后续支出，满足本准则第五条规定的确认条件的，政府方应当计入 PPP 项目资产成本。

通常情况下，为增加 PPP 项目资产的使用效能或延长其使用年限而发生的改建、扩建等后续支出，政府方应当计入 PPP 项目资产的成本；为维护 PPP 项目资产的正常使用而发生的日常维修、养护等后续支出，不计入 PPP 项目资产的成本。

【解析 10-7】 改扩建、日常维修养护等支出的确认

改扩建或大中修支出采用在发生年度一次性列支，授予方计入 PPP 项目资产成本；改扩建或大中修费用采用预提方式，授予方按年支付，则应作为预付款处理，待改扩建或大中修实际发生年度，再确认计量为 PPP 项目资产成本。

第九条 PPP 项目合同终止时，PPP 项目资产按规定移交至政府方的，政府方应当根据 PPP 项目资产的性质和用途，将其重分类为公共基础设施等资产。

【解析 10-8】 公共基础设施资产的确认

提供公共服务，满足公共需求的资产，重分类为公共基础设施资产；与公共基础设施配套的政府部门自用的办公用房与车辆等，则确认为固定资产；存货等也分别进行分类确认。

第三章 PPP 项目资产的计量

第十条 政府方在取得 PPP 项目资产时一般应当按照成本进行初始计量；按规定需要进行资产评估的，应当按照评估价值进行初始计量。

【解析 10-9】 PPP 项目资产的初始计量

成本法相较于公允价值法优点，不仅在于其资料数据易于取得、处理简便、信息可靠，更在于市场缺陷下人为操纵导致资产价值随意性等。

第十一条 社会资本方投资建造形成的 PPP 项目资产，其成本包括该项资产至验收合格交付使用前所发生的全部必要支出，包括建筑安装工程投资、设备投资、待摊投资、其他投资等支出。

已交付使用但尚未办理竣工财务决算手续的 PPP 项目资产，应当按照估计价值入账，待办理竣工财务决算后再按照实际成本调整原来的暂估价值。

【解析 10-10】 PPP 项目资产成本

PPP 项目资产成本与 PPP 项目工程总投资扣除（铺底）流动资金后的金额相等，二者只是在成本明细划分上有所差异。待摊投资支出需要在有多个单项 PPP 项目资产之间进行分摊，在只有一个单项 PPP 项目资产情况下，待摊投资支出等同于直接费用支出。

第十二条 社会资本方从第三方购买形成的 PPP 项目资产，其成本包括购买价款、相关税费以及验收合格交付使用前发生的可归属于该项资产的运输

费、装卸费、安装费和专业人员服务费等。

【解析 10-11】增值税进项税额的处理

以成本来计量 PPP 项目资产的入账价值，其中的相关税费应该包括增值税进项税额，因为政府部门不以经营为目的，其购建资产的增值税进项税额，无需抵扣，直接作为资产成本的构成部分。

第十三条 使用社会资本方现有资产形成的 PPP 项目资产，其成本按规定以该项资产的评估价值确定。

【解析 10-12】评估价值的确定

这种方式形成的 PPP 项目资产，其价值多少，将影响项目和社会资本的合理收益的计算，进而影响政府未来付费的多少，或社会资本向使用者收取多少费用。同时影响政府方 PPP 项目资产与净资产的入账金额，因此，其如何作价就十分重要与关键，以评估价格作为其入账金额，有其必要性与合理性。

第十四条 政府方使用其现有资产形成的 PPP 项目资产，其成本按照 PPP 项目开始运营日该资产的账面价值确定；按照相关规定对现有资产进行资产评估的，其成本按照评估价值确定，资产评估价值与评估前资产账面价值的差额计入当期收入或当期费用。

【解析 10-13】政府方现有资产形成的 PPP 项目资产的价值确认

政府方的现有资产转为 PPP 项目资产，只是政府方会计主体自身资产的重新分类入账，因此，可以按照协议或合同开始日该资产的账面价值入账。

第十五条 社会资本方对政府方现有资产进行改建、扩建形成的 PPP 项目资产，其成本按照该资产改建、扩建前的账面价值加上改建、扩建发生的支出，再扣除该资产被替换部分账面价值后的金额确定。

第十六条 除本准则第十七条和第二十三条规定外，政府方应当参照《政府会计准则第 3 号——固定资产》《政府会计准则第 5 号——公共基础设施》等，对 PPP 项目资产进行后续计量。

【解析 10-14】PPP 项目资产的后续计量

PPP 项目资产，主要还是对应固定资产和公共基础设施资产两大类，因此，需要分别对应参照《政府会计准则第 3 号——固定资产》和《政府会计准则第 5 号——公共基础设施》进行后续计量。

当然，对于 PPP 项目资产中的流动资产，不存在后续计量，因此，应该在购买或使用时直接计入成本费用或支出处理。

第十七条 PPP 项目合同终止时，PPP 项目资产按规定移交至政府方并进行资产评估的，政府方应当以评估价值作为重分类后资产的入账价值，评估价值与 PPP 项目资产账面价值的差额计入当期收入或当期费用；政府方按规定无需对移交的 PPP 项目资产进行资产评估的，应当以 PPP 项目资产的账面价值作为重分类后资产的入账价值。

第四章 PPP 项目净资产的确认和计量

第十八条 除本准则第十九条规定外，政府方在确认 PPP 项目资产时，应当同时确认一项 PPP 项目净资产，PPP 项目净资产的初始入账金额与 PPP 项目资产的初始入账金额相等。

【解析 10-15】PPP 项目净资产初始入账金额的确认

不再区分回报机制的类型和政府付费方式等，与 PPP 项目资产对应的，一揽子都作为净资产处理。没有了负债的确认计量，PPP 项目净资产必然等于 PPP 项目资产金额。

第十九条 政府方使用其现有资产形成 PPP 项目资产的，在初始确认 PPP 项目资产时，应当同时终止确认现有资产，不确认 PPP 项目净资产。

社会资本方对政府方现有资产进行改建、扩建形成 PPP 项目资产的，政府方应当仅按照 PPP 项目资产初始入账金额与政府方现有资产账面价值的差额确认 PPP 项目净资产。

第二十条 按照 PPP 项目合同约定，政府方承担向社会资本方支付款项的义务的，相关义务应当按照《政府会计准则第 8 号——负债》有关规定进行会计处理，会计处理结果不影响 PPP 项目资产及净资产的账面价值。

政府方按照《政府会计准则第 8 号——负债》有关规定不确认负债的，应当在支付款项时计入当期费用。政府方按照《政府会计准则第 8 号——负债》有关规定确认负债的，应当同时确认当期费用；在以后期间支付款项时，相应冲减负债的账面余额。

【解析 10-16】负债

负债不能影响 PPP 项目资产及净资产的账面价值。

两种处理方式，无论哪种方式，付款后的负债要冲减，从而也不影响 PPP 项目资产及净资产的账面价值。

第二十一条 在 PPP 项目合同约定的期间内，政府方从社会资本方收到款项的，应当按规定做应缴款项处理或计入当期收入。

【解析 10-17】财政拨款以外获得的款项的处理方式

政府会计准则对从财政拨款以外获得的款项的处理方式，这里还需要考虑预算会计和财务会计的并行处理。

第二十二条 在 PPP 项目运营过程中，政府方因 PPP 项目资产改建、扩建等后续支出增加 PPP 项目资产成本的，应当依据本准则第十八条、第十九条的规定同时增加 PPP 项目净资产的账面余额。

第二十三条 政府方按照本准则规定在确认 PPP 项目资产的同时确认 PPP 项目净资产的，在 PPP 项目运营期间内，按月对该 PPP 项目资产计提折旧（摊销）的，应当于计提折旧（摊销）时冲减 PPP 项目净资产的账面余额。

政府方初始确认的 PPP 项目净资产金额等于 PPP 项目资产初始入账金额的，应当按照计提的 PPP 项目资产折旧（摊销）金额，等额冲减 PPP 项目净资产的账面余额。

政府方初始确认的 PPP 项目净资产金额小于 PPP 项目资产初始入账金额的，应当按照计提的 PPP 项目资产折旧（摊销）金额的相应比例（即 PPP 项目净资产初始入账金额占 PPP 项目资产初始入账金额的比例），冲减 PPP 项目净资产的账面余额；当期计提的折旧（摊销）金额与所冲减的 PPP 项目净资产金额的差额，应当计入当期费用。

PPP 项目合同终止时，政府方应当将尚未冲减完的 PPP 项目净资产账面余额转入累计盈余。

【解析 10-18】PPP 项目资产、净资产的计量

一是明确这种处理的前提，即：PPP 项目资产等于 PPP 项目净资产；二是明确折旧或摊销，应该冲减 PPP 项目净资产，而不是一般核算方式下计入费用。

按比例分别冲减净资产和计入当期费用，主要依据是形成 PPP 项目资产的来源不同，对来自政府方重分类的资产，计入当期费用。

从最终的结果看，都是影响了政府的净资产总额，但是过程处理不同，便于了解、区分资产来源及其折旧（摊销）的情况。

第五章 列报

第二十四条 政府方应当在资产负债表中单独列示 PPP 项目资产及相应的 PPP 项目净资产。

第二十五条 政府方应当在附注中披露与 PPP 项目合同有关的下列信息。

（一）对 PPP 项目合同的总体描述。

（二）PPP 项目合同中的重要条款：

1. PPP 项目合同主要参与方；

2. 合同生效日、建设完工日、运营开始日、合同终止日等关键时点；

3. PPP 项目资产的来源；

4. PPP 项目的付费方式；

5. 合同终止时资产移交的权利和义务；

6. 政府方和社会资本方其他重要权利和义务。

（三）报告期间所发生的 PPP 项目合同变更情况。

（四）相关会计信息：

1. 政府方确认的 PPP 项目资产及其类别；

2. PPP 项目资产、PPP 项目净资产初始入账金额及其确定依据；

3. 政府方确认的与 PPP 项目合同有关的负债金额及其确定依据；

4. 报告期内 PPP 项目资产折旧（摊销）冲减 PPP 项目净资产的金额；

5. 报告期内政府方向社会资本方支付的款项金额，或者从社会资本方收到的款项金额；

6. 其他需要披露的会计信息。

【解析 10-19】PPP 项目的付费方式

付费时间节点应与 PPP 合同或协议一致。

但政府方财务会计核算，应该按照权责发生制按月确认业务费用，或通过预提费用等债务科目过渡，在付款时减少负债、减少零余额账户用款额度（国库授权支付）或增加财政拨款收入（国库直接支付），预算会计按照收付实现制在付款时增加预算支出和预算收入。

第二十六条 政府方除应遵循本准则第二十五条的披露要求外，还应遵循其他政府会计准则制度关于 PPP 项目合同的披露要求。

第六章　附则

第二十七条 对于不满足本准则第三条规定条件的 PPP 项目合同，政府方应当按照本准则第二十五条（一）至（三）的规定披露与该合同相关的信息。

第二十八条 本准则自 2021 年 1 月 1 日起施行。政府方关于存量 PPP 项目合同会计处理的新旧衔接办法，由财政部另行规定。

《政府会计准则第10号——政府和社会资本合作项目合同》应用指南

财会〔2020〕19号

一、关于《政府会计准则第 10 号——政府和社会资本合作项目合同》（以下简称本准则）适用范围的判断

（一）适用本准则的情形。

本准则主要规范了政府方对依法依规签订的 PPP 项目合同的确认、计量和相关信息的列报。

本准则所指的政府方，是指政府授权或指定的 PPP 项目实施机构，通常为政府有关职能部门或事业单位。对于由多级政府跨区域或本级政府跨部门共同实施的 PPP 项目合同，应当根据合同约定确定具体的政府会计主体。

本准则所指的 PPP 项目合同应同时具有如下两个特征（以下简称"双特征"）：（1）社会资本方在合同约定的运营期间内代表政府方使用 PPP 项目资产提供公共产品和服务（以下简称特征一）；（2）社会资本方在合同约定的期间内就其提供的公共产品和服务获得补偿（以下简称特征二）。

本准则适用于符合"双特征"要求，同时满足如下"双控制"标准的 PPP 项目合同：（1）政府方控制或管制社会资本方使用 PPP 项目资产必须提供的公共产品和服务的类型、对象和价格（以下简称控制标准一）；（2）PPP 项目合同终止时，政府方通过所有权、收益权或其他形式控制 PPP 项目资产的重大剩余权益（以下简称控制标准二）。

采用建设－运营－移交（BOT）、转让－运营－移交（TOT）、改建－运营－移交（ROT）方式运作的 PPP 项目合同，通常情况下同时满足"双特征"与"双控制"标准，适用本准则。采用建设－拥有－经营－移交（BOOT）、委托运营（O&M）等其他运作方式的项目合同，同时满足"双特征""双控制"标准的，也适用本准则。

政府方应当按照图 10-1 所示来判断确定本准则的适用范围。

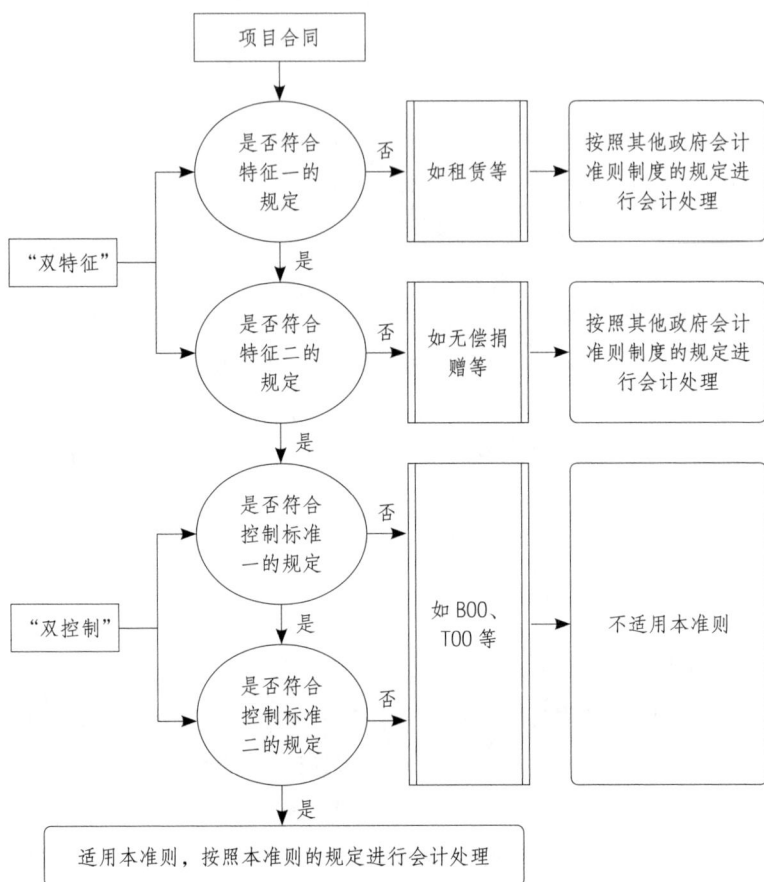

图 10-1　本准则适用范围判断流程图

【例 10-1】如何判断项目是否符合政府和社会资本合作项目合同的范围（1）

A 公司与 NY 市水务局签订了高效节水灌溉工程项目合同，该项目预计使用寿命为 30 年，合同有效期 20 年。A 公司负责项目的投融资、建设、运营维护管理及移交等工作，政府方授予 A 公司独占性、排他性的经营管理权利，项目公司享有本项目水费的收费权，通过使用者付费和政府可行性缺口补助收回投资和运营成本，并获得合理收益，NY 市对水价执行价格管制。合作期满后 A 公司将与项目相关的设施无偿移交给政府指定机构。

分析：本例中政府方授予 A 公司运营期独占性、排他性的经营管理权利，A 公司代表政府方使用 PPP 项目资产提供公共产品和服务，符合 PPP 项目合同特征一；A 公司通过使用者付费和政府可行性缺口补助收回投资和运营成本，并获得合理收益，就其所提供的公共产品和服务获得补偿，符合 PPP 项目合同特征二；NY 市对水价执行价格管制，满足 PPP 项目合同控制标准一；该项目预计使用寿命为 30 年，合同有效期

20 年，合同期有效期满存在的重大剩余权益，并且重大剩余权益无偿移交给政府指定机构，满足 PPP 项目合同控制标准二。因此该项目合同属于本准则所指的 PPP 项目合同。

【例 10-2】如何判断项目是否符合政府和社会资本合作项目合同的范围（2）

XY 高速公路建设项目是由 BJ 市批准的高速公路建设项目。BJ 市交通委员会为项目实施机构，项目采用公开招标方式选择社会资本，最终有三家公司联合体中标。A 公司为政府方指定出资代表，政府方出资代表与中标社会资本按照 49%：51% 的股权比例注册成立项目公司 B，政府方出资代表不参与项目公司利润分配。BJ 市交通委员会代表 BJ 市人民政府授予项目公司特许经营权，由 B 公司投资建设和运营维护 XY 高速公路项目，项目合作期限分为建设期和运营期，其中建设期约 39 个月，运营期为 25 年（自正式通车之日起至项目移交之日止），项目合作期限届满后移交政府部门。

项目执行过程中，BJ 市交通委作为实施机构和项目甲方，主要有行使政府监管职能、行使自身行政职能、代表公共利益行使权利、合作期满获得全部项目资产等权利。B 公司作为项目乙方，主要有享有政府授予的特许经营权、享有国家和北京市给予的各项优惠政策，以及要求政府方全面履行法律、法规和本合同约定的各项义务的权利。项目特许经营权包括高速公路收费权、沿线广告牌、加油站及附属设施经营权。项目车辆通车费实行政府定价管理，由项目公司按照国家相关规定收取。项目采用可行性缺口补贴付费机制，政府就约定通行费标准与实际通行费标准之间的通行费差额对项目公司进行补贴。

分析：本例中，政府方授予 B 公司包括高速公路收费权、沿线广告牌、加油站及附属设施经营权的特许经营权，B 公司代表政府方使用项目资产提供公共产品和服务，符合 PPP 项目合同特征一；B 公司收取通行费和政府差额补贴收回投资和运营成本，并获取合理收益，符合 PPP 项目合同特征二；项目车辆通车费用实行政府定价，满足 PPP 项目合同控制标准一；特许经营期满时项目无偿移交政府，满足控制标准二，因此该项目合同属于本准则所指的 PPP 项目合同，具体地，该项目属于"建设－运营－移交"的 BOT 运作项目。

（二）不适用本准则的情形。

项目合同未同时满足"双特征""双控制"标准的，不适用本准则，包括但不限于以下情形：

1. 不满足"双特征"的情形。

（1）政府方作为出租人的租赁合同，因承租方虽然可能使用项目资产提供公共产品和服务，但并非代表政府方来提供，不满足特征一的规定，不适用本准则。对于租赁合同，政府方应当按照其他政府会计准则制度的规定进行会计处理。

（2）政府方作为接受捐赠方的无偿捐赠合同，因捐赠方未获得补偿，不满足特征二的规定，不适用本准则。政府方接受捐赠取得的资产，应当按照其他政府会计准则制度的规定进行会计处理。

【例 10-3】不满足"双特征"的情形

北京地铁 4 号线是北京市轨道交通路网中的主干线之一，4 号线工程概算总投资 153 亿元，于 2×04 年 8 月正式开工，2×09 年 9 月 28 日通车试运营。北京地铁 4 号线是我国城市轨道交通领域的首个 PPP 项目，该项目由北京市基础设施投资有限公司具体实施。

北京地铁 4 号线工程投资建设分为 A、B 两个相对独立的部分：A 部分为洞体、车站等土建工程，投资额约为 107 亿元，约占项目总投资的 70%，由北京市政府国有独资企业京投公司成立的全资子公司 4 号线公司负责；B 部分为车辆、信号等设备部分，投资额约为 46 亿元，约占项目总投资的 30%，由 PPP 项目公司北京京港地铁有限公司负责。京港地铁是由京投公司、香港地铁公司和首创集团按 2∶49∶49 的出资比例组建。4 号线项目竣工验收后，京港地铁通过租赁取得 4 号线公司的 A 部分资产的使用权。京港地铁负责 4 号线的运营管理、全部设施（包括 A 和 B 两部分）的维护和除洞体外的资产更新，以及站内的商业经营，通过地铁票款收入及站内商业经营收入回收投资并获得合理投资收益。30 年特许经营期结束后，京港地铁将 B 部分项目设施完好、无偿地移交给北京市政府指定部门，将 A 部分项目设施归还给 4 号线公司。

建设阶段，北京市政府负责项目 A 部分的建设和 B 部分质量的监管，主要包括制定项目建设标准，对工程的建设进度、质量进行监督和检查，以及项目的试运行和竣工验收，审批竣工验收报告等。京港地铁公司作为项目 B 部分的投资建设责任主体，负责项目资金筹措、建设管理和运营。运营阶段，运营票价实行政府定价管理，并建立测算票价的调整机制。京港地铁在特许经营期内利用 4 号线项目设施自主经营，负责地铁 4 号线"A+B"两部分资产运营、维护及更新，提供客运服务并获得票款收入。在遵守相关法律法规的前提下，可以利用项目设施从事广告、通信等商业经营并取得相关收益。

分析：在该案例中，对于北京市地铁项目的 A 部分，由北京市政府国有独资企业京投公司成立的全资子公司 4 号线公司负责，京港地铁公司只是取得了 A 部分资产的使用权，京港地铁不能在合同约定的经营期间内代表政府方使用 PPP 项目资产提供公共产品和服务，即不满足特征一的要求，因此不能按 PPP 项目合同规定，京港地铁与四号线公司签定的协议属于资产租赁协议，按租赁会计处理。B 部分满足 PPP 项目合同的双特征和双控制标准，因此按 PPP 项目合同处理。

2. 满足"双特征"，但不满足"双控制"标准的情形。

（1）采用建设－拥有－运营（BOO）方式的项目合同，社会资本方拥有项目资产所有权，且政府方未控制项目资产的重大剩余权益，不满足"双控制"标准，不适用本准则。

（2）采用转让－拥有－运营（TOO）方式的项目合同，政府方将项目资产所有权有偿转让给社会资本方，并由社会资本方负责运营和维护，政府方未控制项目资产的重大剩余权益，不满足"双控制"标准，不适用本准则。政府方转让资产时应当按照其他政府会计准则制度的规定进行会计处理。

【例 10-4】满足"双特征"，但不满足"双控制"标准的情形

2×08 年 12 月，武汉首座采用 BOO 模式建设和管理的城市生活垃圾处理厂——长山口垃圾焚烧厂正式奠基开工。这是武汉拟建 5 座垃圾焚烧发电厂中正式开工的一座。该项目完工后，可每年焚烧处理生活垃圾 36.5 万吨，年发电约 1.6 亿度。这标志着武汉市生活垃圾正式开始由全部填埋向全部焚烧发电转变。该垃圾厂由政府与负责该项目投资建设的浙江锦江集团签订协议，由企业负责全部 3.73 亿元投资，建成后企业自主经营，政府负责运营监管并以约定标准向企业支付垃圾处理补贴费；运营合同期满，焚烧厂全部产权归投资方所有。此外，北京市第一个垃圾焚烧处理项目——北京高安屯垃圾焚烧处理项目也是采用 BOO 的运作模式。香港资本市场的沪杭甬高速公路公司和沪宁高速公路公司对其名下的道路设施同样采用了类似 BOO 的投资经营方式。

分析：BOO 模式是一种正在推行中的全新的市场化运行模式，即由企业投资并承担工程的设计、建设、运行、维护、培训等工作，硬件设备及软件系统的产权归属企业，而由政府部门负责宏观协调、创建环境、提出需求，政府部门每年只需向企业支付系统使用费即可拥有硬件设备和软件系统的使用权。BOT 与 BOO 模式最大的不同之处在于：在 BOT 项目中，项目公司在特许期结束后必须将项目设施交还给政府，而在 BOO 项目中，项目公司有权不受任何时间限制地拥有并经营项目设施。

基础设施国家独有的含义即作为私人投资者在经济利益驱动下，本着高风险，高回报的原则，投资于基础设施的开发建设。为收回投资并获得投资回报，私人投资者被授权在项目建成后的一定期限内对项目享有经营权，并获得经营收入。期限届满后，将项目设施经营权无偿移交给项目东道国政府。由此可见，项目设施最终经营权仍然掌握在国家手中，而且在 BOT 项目整个运作过程中，私人投资者自始至终都没有对项目的所有权。BOT 模式不过是政府利用私人投资者在一定期限内对项目设施拥有

经营权，但该基础设施的本质属性没有任何改变。而 BOO 方式，项目的所有权不再交还给政府。项目公司有权不受任何时间限制地拥有并经营项目设施，项目公司实际上成为建设、经营某个特定基础设施而不转让项目设施财产权的纯粹的私人公司，其在项目财产所有权上与一般私人公司相同。从这种意义上说，BOO 代表的是一种最高级别的私有化。

TOO 是指将存量资产所有权有偿转让给社会资本或项目公司，项目公司拥有项目的产权，并负责运营、维护和用户服务，可以向消费者收取合理的费用贴补自身支出。此模式不涉及到项目的最终移交，其本质是存量基础设施或公共服务项目的私有化，社会资本承担的职责和风险相对较大。TOO 模式目前在我国的应用和经验较少，运作过程中需要重点关注资产权属与人员安置问题，需要在合同中设计项目的运营方式。

二、关于本准则第二条"双特征"的说明

（一）关于"合同约定的运营期间"，指的是社会资本方对 PPP 项目资产的使用期或运营期，通常在 PPP 项目合同中有明确约定。

（二）关于"社会资本方代表政府方使用 PPP 项目资产提供公共产品和服务"，指的是根据合同约定或政府方授权，社会资本方享有建设、运营、管理、维护本项目设施等权利，同时承担代表政府方提供公共产品和服务的义务。

（三）关于"社会资本方就其提供的公共产品和服务获得补偿"，指的是社会资本方就其在运营期内运营或维护项目资产等按照合同约定获得回报。

三、关于本准则第三条"双控制"标准的说明

（一）关于控制标准一的说明。

1.关于"控制"，指的是政府方通过具有法律效力的合同条款等方式，有权决定社会资本方提供的公共产品和服务的类型、对象和价格。通常情况下，政府方和社会资本方在 PPP 项目合同中应当明确规定社会资本方提供的公共产品和服务的类型、对象和价格。

2.关于"管制"，是指社会资本方提供的公共产品和服务的类型、对象和价格，虽未在 PPP 项目合同中进行明确规定，但受有关法律法规或监管部门规章制度的约束。

3.如果定价的基础或框架受到监管约束，政府方对价格的"控制或管制"不需要完全控制价格，这种情况仍然符合控制标准。如设定政府调价机制，进

行调价前应当经过政府方审核同意，即满足控制标准一的价格控制要求。如果项目合同条款给予社会资本方自主定价权，但约定政府方有权参与分享 PPP 项目资产的超额收益部分，则仍然满足控制标准一中的价格控制要求。

（二）关于控制标准二的说明。

控制标准二中的"重大剩余权益"，指的是 PPP 项目合同终止时，在项目资产剩余使用寿命内使用、处置该项目资产所能获得的权益。政府方对"重大剩余权益"的控制具体表现为以下两种情形：

1.PPP 项目合同终止时，社会资本方应当将项目资产移交给政府方，且移交的项目资产预期仍能为政府方带来经济利益流入或者产生服务潜力。

2.政府方能够通过合同条款限制社会资本方处置或抵押项目资产，保障重大剩余权益不受损害。

（三）"双控制"标准的应用。

1.关于项目资产更新改造时"双控制"标准的应用。在合同约定的运营期间，对不可分离的项目资产进行更新改造的（包括更换部分设施设备），应当将更新改造前后的项目资产视为一个整体来考虑。如果政府方控制了更新改造后项目资产的重大剩余权益，则项目合同仍然适用本准则。

2.关于项目资产部分受政府方控制时"双控制"标准的应用。

项目资产部分受政府方控制的，分为以下两种情况：

（1）项目资产在功能设置和空间分布上可分割且能独立运营的，应当单独进行分析。如果政府方不能控制该部分资产，则该部分资产不适用本准则。

（2）使用 PPP 项目资产提供不受政府方控制的辅助性服务，并不减损政府方对 PPP 项目资产的控制，在应用"双控制"标准时不应当考虑该项服务。

3.关于运营期占项目资产全部使用寿命时"双控制"标准的应用。

对于运营期占项目资产全部使用寿命的项目合同，即使项目合同结束时项目资产不存在重大剩余权益，如果该项目合同满足前述"双控制"标准中的控制标准一，则仍然适用本准则。

四、关于本准则第二十条"政府方承担向社会资本方支付款项的义务"的说明

本准则第二十条规定，按照 PPP 项目合同约定，政府方承担向社会资本方支付款项义务的，相关义务应当按照《政府会计准则第 8 号——负债》有关规定进行会计处理，会计处理结果不影响 PPP 项目资产及净资产的账面价值。

政府方按照《政府会计准则第 8 号——负债》有关规定确认负债的，应当同时确认当期费用，在以后期间支付款项时，相应冲减负债的账面余额。

按照我国 PPP 有关规章制度规定，规范的 PPP 项目应建立按效付费机制，不得通过降低考核标准等方式，提前锁定、固化政府支出责任。因此，本准则中"政府方承担的向社会资本方支付款项的义务"，是指在项目运营期的每一个会计期间内，当社会资本方提供的公共产品或服务满足合同约定的绩效考核要求时，政府方根据合同约定按期应向社会资本方进行补偿的义务。对于这种义务的会计处理，分为以下两种情况：（1）政府方在义务发生的当期及时向社会资本方支付款项的，在支付款项时确认当期费用，同时在预算会计中确认预算支出。（2）政府方在义务发生的当期未及时向社会资本方支付款项的，应当按照应付未付的金额确认当期费用和负债（应付账款等）；在后续实际支付款项时冲减负债的账面余额，同时在预算会计中确认预算支出。

对于 PPP 项目合同中政府承担的法律风险、政策风险以及因政府方原因导致项目合同终止的违约风险等，不属于政府方应承担的现时义务，不满足负债的确认条件。但是，当相关事项发生，政府方承担的潜在义务转化为现时义务，满足预计负债的确认条件时，政府方应当按照其他政府会计准则制度的相关规定进行会计处理。

五、关于会计科目设置及主要账务处理

（一）应增设的会计科目。

1. 政府方应当设置"1841PPP 项目资产"一级科目，核算按照本准则规定确认的 PPP 项目资产，并按照资产类别、项目等进行明细核算。本科目的期末借方余额，反映 PPP 项目资产的账面余额。

2. 政府方应当设置"1842PPP 项目资产累计折旧（摊销）"一级科目，核算按照本准则规定计提的 PPP 项目资产累计折旧（摊销），并按照资产类别、项目等进行明细核算。本科目期末贷方余额，反映政府方计提的 PPP 项目资产折旧（摊销）的累计数。

3. 政府方应当设置"3601PPP 项目净资产"一级科目，核算按照本准则规定所确认的 PPP 项目净资产。本科目的期末贷方余额，反映 PPP 项目净资产的账面余额。

（二）主要账务处理。

1.PPP 项目资产取得时的账务处理。

（1）社会资本方投资建造形成的 PPP 项目资产，政府方应当在资产验收

合格交付使用时，按照确定的成本（包括该项资产自建造开始至验收合格交付使用前所发生的全部必要支出），借记"PPP 项目资产"科目，贷记"PPP 项目净资产"科目。

对于已交付使用但尚未办理竣工财务决算手续的 PPP 项目资产，政府方应当按暂估价值，借记"PPP 项目资产"科目，贷记"PPP 项目净资产"科目；待办理竣工财务决算后，政府方应当按照实际成本与暂估价值的差额，借记或贷记"PPP 项目资产"科目，贷记或借记"PPP 项目净资产"科目。

（2）社会资本方从第三方购买形成的 PPP 项目资产，政府方应当在资产验收合格交付使用时，按照确定的成本（包括该项资产的购买价款、相关税费以及验收合格交付使用前发生的可归属于该项资产的运输费、装卸费、安装费和专业人员服务费等），借记"PPP 项目资产"科目，贷记"PPP 项目净资产"科目。

（3）使用社会资本方现有资产形成的 PPP 项目资产，政府方应当在 PPP 项目开始运营日，按照该项资产的评估价值，借记"PPP 项目资产"科目，贷记"PPP 项目净资产"科目。

（4）使用政府方现有资产形成的 PPP 项目资产，无需进行资产评估的，政府方应当在 PPP 项目开始运营日，按照该资产的账面价值，借记"PPP 项目资产"科目，按照资产已计提的累计折旧或摊销，借记"公共基础设施累计折旧（摊销）"等科目，按照资产的账面余额，贷记"公共基础设施"等科目；按照相关规定需要进行资产评估的，政府方应当按照资产评估价值，借记"PPP 项目资产"科目，按照资产已计提的累计折旧或摊销，借记"公共基础设施累计折旧（摊销）"等科目，按照资产的账面余额，贷记"公共基础设施"等科目，按照资产评估价值与账面价值的差额贷记"其他收入"科目或借记"其他费用"科目。

（5）社会资本方对政府方原有资产进行改建、扩建形成的 PPP 项目资产，政府方应当在资产验收合格交付使用时，按照资产改建、扩建前的账面价值加上改建、扩建发生的支出，再扣除资产被替换部分账面价值后的金额，借记"PPP 项目资产"科目，按照资产改建、扩建前已计提的累计折旧或摊销，借记"公共基础设施累计折旧（摊销）"等科目，按照资产的账面余额，贷记"公共基础设施"等科目，按照 PPP 项目资产初始入账金额与原有资产账面价值的差额，贷记"PPP 项目净资产"科目。

2.PPP 项目资产在项目运营期间的账务处理。

（1）对于为维护 PPP 项目资产的正常使用而发生的日常维修、养护等后续支出，不计入 PPP 项目资产的成本。

（2）对于为增加 PPP 项目资产的使用效能或延长其使用年限而发生的大修、改建、扩建等后续支出，政府方应当在资产验收合格交付使用时，按照相关支出扣除资产被替换部分账面价值的差额，借记"PPP 项目资产"科目，贷记"PPP 项目净资产"科目。

（3）在 PPP 项目运营期间，政府方应当按月对 PPP 项目资产计提折旧（摊销），但社会资本方持续进行良好维护使得其性能得到永久维护的 PPP 项目资产除外。对于作为 PPP 项目资产单独计价入账的土地使用权，政府方应当按照其他政府会计准则制度的规定进行摊销。

政府方初始确认的 PPP 项目净资产金额等于 PPP 项目资产初始入账金额的，按月计提 PPP 项目资产折旧（摊销）时，应当按照计提的 PPP 项目资产折旧（摊销）金额，借记"PPP 项目净资产"科目，贷记"PPP 项目资产累计折旧（摊销）"科目。

政府方初始确认的 PPP 项目净资产金额小于 PPP 项目资产初始入账金额的，按月计提 PPP 项目资产折旧（摊销）时，应当按照计提的 PPP 项目资产折旧（摊销）金额的相应比例（即 PPP 项目净资产初始入账金额占 PPP 项目资产初始入账金额的比例），借记"PPP 项目净资产"科目，按照计提的 PPP 项目资产折旧（摊销）金额，贷记"PPP 项目资产累计折旧（摊销）"科目，按照当期计提的折旧（摊销）金额与所冲减的 PPP 项目净资产金额的差额，借记"业务活动费用"等科目。

3.PPP 项目合同终止时的账务处理。

（1）PPP 项目合同终止时，PPP 项目资产按规定移交至政府方的，政府方应当根据 PPP 项目资产的性质和用途，将其重分类为公共基础设施等资产。无需对所移交的 PPP 项目资产进行资产评估的，政府方应当按移交日 PPP 项目资产的账面价值，借记"公共基础设施"等科目，按照已计提的累计折旧（摊销），借记"PPP 项目资产累计折旧（摊销）"科目，按照 PPP 项目资产的账面余额，贷记"PPP 项目资产"科目；按规定需要对所移交的 PPP 项目资产进行资产评估的，政府方应当按照资产评估价值，借记"公共基础设施"等科目，按照已计提的累计折旧（摊销），借记"PPP 项目资产累计折旧（摊销）"科目，按照 PPP 项目资产的账面余额，贷记"PPP 项目资产"科目，按照资产评估价值与 PPP 项目资产账面价值的差额，贷记"其他收入"科目或借记"其他费用"科目。

（2）PPP 项目合同终止时，政府方应当将尚未冲减完的 PPP 项目净资产账面余额转入累计盈余，即按 PPP 项目净资产的账面余额，借记"PPP 项目净资产"科目，贷记"累计盈余"科目。

4. 其他相关业务的账务处理。

对于上述规定中未明确的其他相关经济业务或事项，政府方应当按照其他政府会计准则制度的规定进行账务处理。

【例 10-5】BOT 运作模式的会计处理

某政府部门与社会资本方签订 PPP 项目合同，采用 BOT 运作模式，由社会资本方投资建设地铁 6 号线，工程建设完毕由社会资本方或项目公司运营，运营期限为 20 年，运营期满后移交给政府部门。假定工程总造价为 1 500 000 万元，地铁 6 号线预计使用年限为 30 年，净残值为 1 000 万元，采用平均年限法计提折旧。政府部门的会计处理如下：

1. 2×18 年 1 月 1 日地铁 6 号线验收合格投入使用。

借：PPP 项目资产——BOT 模式——地铁 6 号线　　　　　　1 500 000.00

　　贷：PPP 项目净资产　　　　　　　　　　　　　　　　　　1 500 000.00

2. 2×18 年 1 月 31 日计提折旧，月折旧额 =（1 500 000-1 000）÷30÷12 ≈ 4 163.89 万元。

借：PPP 项目净资产　　　　　　　　　　　　　　　　　　　4 163.89

　　贷：PPP 项目资产累计折旧　　　　　　　　　　　　　　　4 163.89

合同期满后移交 PPP 项目资产，经过第三方评估该项目价值 600 000 万元，PPP 项目资产累计折旧 =4 163.89×12×20=999 333.60（万元），PPP 项目资产账面净值 =1 500 000-999 333.60=500 666.40（万元），评估价值与 PPP 项目资产账面价值差额 =600 000-500 666.40=99 333.60（万元）。会计处理为：

借：公共基础设施——地铁 6 号线　　　　　　　　　　　　600 000

　　　PPP 项目资产累计折旧　　　　　　　　　　　　　　999 333.60

　　贷：PPP 项目资产——BOT 模式——地铁 6 号线　　　　　600 000

　　　　其他收入　　　　　　　　　　　　　　　　　　　　99 333.60

合同期满时，将未冲销完的净资产转入累计盈余，净资产余额 =1 500 000-999 333.60=500 666.40 万元。会计处理为：

借：PPP 项目净资产　　　　　　　　　　　　　　　　　　500 666.40

　　贷：累计盈余　　　　　　　　　　　　　　　　　　　　500 666.40

【例 10-6】TOT 运作模式的会计处理

某政府部门与社会资本方签订 PPP 项目合同，将政府部门的存量公共基础设施——垃圾处理设施转让给社会资本方，由社会资本方运营，运营期限为20年，运营期间每处理1吨垃圾政府收取10元的费用。假定每月政府方从社会资本方取得垃圾处理收入20万元，运营期满后社会资本方将该资产移交给政府部门，该存量资产的原值为5 000万元，尚可使用年限预计为25年，已经计提折旧800万元，预计净残值为200万元，采用平均年限法计提折旧。政府部门的会计处理如下：

1. 2×18年1月1日政府部门将垃圾处理设施移交给南方公司。

借：PPP项目资产——TOT模式——垃圾处理设施 4 200
　　公共基础设施累计折旧 800
　　贷：公共基础设施——垃圾处理设施 5 000

2. 2×18年1月31日计提折旧，月折旧额＝（4 200-200）÷25÷12≈13.33万元。

借：业务活动费用 13.33
　　贷：PPP项目资产累计折旧 13.33

3. 取得垃圾处理收入20万元，按照权责发生制原则进行财务会计处理，同时又要按照收付实现制原则进行预算会计处理：

借：银行存款 20
　　贷：事业收入 20

同时编制预算会计分录：

借：资金结存——货币资金 20
　　贷：事业预算收入 20

4. 合同期满后将PPP项目资产重分类为公共基础设施，合同期间共计提折旧3 200万元，PPP项目资产账面价值为1 000万元。假定按照规定需要对PPP项目资产进行评估，评估价值为900万元，会计处理为：

借：公共基础设施——垃圾处理设施 900
　　PPP项目资产累计折旧 3 200
　　其他费用 100
　　贷：PPP项目资产——TOT模式——垃圾处理设施 4 200

5. 假定按照规定无需对PPP项目资产进行评估，会计处理为：

借：公共基础设施——垃圾处理设施 1 000
　　PPP项目资产累计折旧 3 200
　　贷：PPP项目资产——TOT模式——垃圾处理设施 4 200

【例 10-7】 ROT 运作模式的会计处理

某政府部门与社会资本方签订 PPP 项目合同，将政府部门的存量资产——垃圾处理设施转让给社会资本方，需要社会资本方对原设施进行改造扩建并进行运营，以延长该设施的使用年限并增加垃圾处理量，改造过程中购置新设备支出 2 500 万元，运营期限为 20 年，运营期满后移交给政府部门。假定该存量资产的原值为 5 000 万元，尚可使用年限预计为 25 年，已经计提折旧 800 万元，PPP 项目资产的预计净残值为 200 万元，采用平均年限法计提折旧。政府部门的会计处理如下：

改扩建的垃圾处理设施验收合格交付使用时，PPP 项目资产 =（5 000-800）+2 500=6 700（万元）。会计处理为：

借：PPP 项目资产——ROT 模式——垃圾处理设施   6 700
　公共基础设施累计折旧   800
　　贷：公共基础设施——垃圾处理设施   5 000
　　　　PPP 项目净资产   2 500

按月计提折旧时，每月应计提折旧额 =（6 700-200）÷25÷12 ≈ 21.67（万元），改扩建前资产部分应分摊的折旧额 =21.67×（4 200/6 700）≈ 13.58（万元），改扩建新增资产部分应分摊的折旧额 =21.67×（2 500/6 700）≈ 8.09（万元）。会计处理为：

借：PPP 项目净资产   8.09
　业务活动费用   13.58
　　贷：PPP 项目资产累计折旧   21.67

合同到期后，合同期内共计提折旧 5 200 万元，PPP 项目资产账面价值为 1 500 万元，会计处理为：

借：公共基础设施——垃圾处理设施   1 500
　PPP 项目资产累计折旧   5 200
　　贷：PPP 项目资产——ROT 模式——垃圾处理设施   6 700

将未冲销完的净资产转入累计盈余，PPP 项目净资产余额 =2 500-8.09×12×20=558.40（万元）会计处理为：

借：PPP 项目净资产   558.40
　贷：累计盈余   558.40

【例 10-8】 综合案例

A 公司和 HZ 市生态环境局签订中心湖旅游基础设施建设 PPP 项目，在湿地公园基础上，深入挖掘优势旅游资源，打造旅游度假胜地。该项目预计使用寿命 30 年，合作期限 22 年（其中，建设期为 2 年，运营期 20 年），自 2×20 年 1 月 1 日起开始运营。本项目分为三个子项，其中，

1.增量项目（生态景观工程）采用 BOT 模式运作，生态景观工程验收合格交付使用前所发生的全部必要支出 1.5 亿元（其中建筑安装工程费 8 000 万元，设备和工器具购置费 3 000 万元，待摊投资 2 300 万元，其他 1 700 万元）；

2.存量项目（湿地公园）采用 TOT 模式运作，2×19 年 12 月 31 日湿地公园账面余额为 19 800 万元，已计提折旧 1 320 万元，其评估价值为 21 000 万元；

3.改（扩）建项目（水系治理工程）采用 ROT 模式运作。改（扩）建前原水库账面余额 4 800 万元，改（扩）建前已提折旧 1 200 万元，改（扩）建支出 2 800 万元，被替换部分账面价值为 1 500 万元。

1.PPP 项目资产取得时的账务处理：

分析：本例中 PPP 合同三个子项均同时满足"双特征"和"双控制"标准，HZ 市生态环境局按照 PPP 会计准则进行会计处理（单位万元，下同）。

（1）增量项目——生态景观工程。在资产验收合格交付使用时：

借：PPP 项目资产——中心湖——生态景观	15 000
贷：PPP 项目净资产——中心湖——生态景观	15 000

（2）存量项目——湿地公园。在开始运营时：

借：PPP 项目资产——中心湖——湿地公园	21 000
公共基础设施累计折旧（摊销）——湿地公园	1 320
贷：公共基础设施——湿地公园	19 800
其他收入	2 520

（3）改（扩）建项目——水系治理工程。在资产验收合格交付使用时：

借：PPP 项目资产——中心湖——水系治理	4 900
公共基础设施累计折旧（摊销）——水库	1 200
贷：公共基础设施——水库	4 800
PPP 项目净资产——中心湖——水系治理	1 300

2.PPP 项目资产在项目运营期间的账务处理：

承例上例，ZB 市生态环境局在运营期（2×20—2×39 年）内的每个会计年度（为简化计算，本例中按年度计提折旧），按照直线法分别对生态景观、湿地公园、水系治理工程计提折旧，账务处理如下：

借：PPP 项目净资产——中心湖——生态景观	500
贷：PPP 项目资产累计折旧（摊销）——中心湖——生态景观	500

借：业务活动费用——中心湖——湿地公园   700

  贷：PPP 项目资产累计折旧（摊销）——中心湖——湿地公园 700

借：PPP 项目净资产——中心湖——水系治理   60

  业务活动费用   120

  贷：PPP 项目资产累计折旧（摊销）——中心湖——水系治理 180

上述 PPP 项目资产计提折旧（摊销）属于同类交易，但会计分录中借方会计科目不同。差异原因在于计提折旧（摊销）时，首先按照计提的 PPP 项目资产折旧（摊销）金额的相应比例（即 PPP 净资产初始入账金额占 PPP 项目资产初始入账金额的比例）冲减 PPP 项目净资产，计提的折旧（摊销）金额与所冲减的 PPP 项目净资产金额之间差额，计入"业务活动费用"。上述三种情形中 PPP 净资产初始入账金额占 PPP 项目资产初始入账金额比例分别是 100%、0、0～100%，所以借方会计科目分别是"PPP 项目净资产""业务活动费用""PPP 项目净资产＋业务活动费用"。

3. PPP 项目合同终止时的账务处理：

承例上例，运营期 20 年期满后，生态景观工程、湿地公园、水系治理工程评估价值分别为 4 500 万元、8 000 万元、1 800 万元，累计折旧（摊销）金额分别为 10 000 万元、14 000 万元、3 600 万元。A 公司将中心湖 PPP 项目资产及权益转移给 HZ 市生态环境局。

移交时，HZ 市生态环境局按照是否需要对 PPP 项目资产进行资产评估，分两种情形进行会计处理：

（1）不需要进行资产评估

①生态景观工程：

借：公共基础设施——中心湖——生态景观   5 000

  PPP 项目资产累计折旧（摊销）——中心湖——生态景观 10 000

  贷：PPP 项目资产——中心湖——生态景观   15 000

同时：

借：PPP 项目净资产——中心湖——生态景观   5 000

  贷：累计盈余   5 000

②湿地公园：

借：公共基础设施——中心湖——湿地公园   7 000

  PPP 项目资产累计折旧（摊销）——中心湖——湿地公园 14 000

  贷：PPP 项目资产——中心湖——湿地公园   21 000

③水系治理工程：

借：公共基础设施——中心湖——水系治理　　　　　　　　　1 800

　　PPP项目资产累计折旧（摊销）——中心湖——水系治理　3 600

　　　贷：PPP项目资产——中心湖——水系治理　　　　　　　5 400

同时：

借：PPP项目净资产——中心湖——水系治理　　　　　　　　600

　　　贷：累计盈余　　　　　　　　　　　　　　　　　　　600

（2）需要进行资产评估

①生态景观工程：

借：公共基础设施——中心湖——生态景观　　　　　　　　　4 500

　　PPP项目资产累计折旧（摊销）——中心湖——生态景观　10 000

　　其他费用　　　　　　　　　　　　　　　　　　　　　　500

　　　贷：PPP项目资产——中心湖——生态景观　　　　　　　15 000

同时：

借：PPP项目净资产——中心湖——生态景观　　　　　　　　4 500

　　　贷：累计盈余　　　　　　　　　　　　　　　　　　　4 500

②湿地公园：

借：公共基础设施——中心湖——湿地公园　　　　　　　　　8 000

　　PPP项目资产累计折旧（摊销）——中心湖——湿地公园　14 000

　　　贷：PPP项目资产——中心湖——湿地公园　　　　　　　21 000

　　　　其他收入　　　　　　　　　　　　　　　　　　　　1 000

③水系治理工程：

借：公共基础设施——中心湖——水系治理　　　　　　　　　1 800

　　PPP项目资产累计折旧（摊销）——中心湖——水系治理　3 600

　　　贷：PPP项目资产——中心湖——水系治理　　　　　　　5 400

同时：

借：PPP项目净资产——中心湖——水系治理　　　　　　　　600

　　　贷：累计盈余　　　　　　　　　　　　　　　　　　　600

六、关于财务报表项目

（一）关于资产负债表。

1.政府方应当在"保障性住房净值"和"长期待摊费用"项目之间依次增加"PPP项目资产""减：PPP项目资产累计折旧（摊销）""PPP项目资

产净值"项目。

2.政府方应当在"权益法调整"项目和"无偿调拨净资产"项目之间增加"PPP 项目净资产"项目。

（二）关于净资产变动表。

1.政府方应当在"本年数""上年数"两栏中的"权益法调整"和"净资产合计"项目之间增加"PPP 项目净资产"列项目。

2.政府方应当在"（六）权益法调整"和"五、本年年末余额"项目之间增加"PPP 项目净资产"行项目。

【例 10-9】PPP 项目对资产负债表的调整

假定 M 市政府部门 2×18 年 1 月各账户余额如表 10-1 所示。2×18 年 12 月31 日资产负债表如表 10-2 所示。

表 10-1　　　　　　　2018 年 1 月科目余额　　　　　　单位：万元

科目名称	期初借方余额	期初贷方余额	本期借方发生额	本期贷方发生额	期末借方余额	期末贷方余额
银行存款			20.00		20.00	
公共基础设施	5 000.00			5 000.00	0.00	0.00
公共基础设施折旧		800.00	800.00			
PPP 项目资产			1 504 200.00		1 504 200.00	
PPP 项目资产折旧				4 177.22		4 177.22
累计盈余		4 200.00				4 200.00
PPP 项目净资产				1 495 836.11		1 495 836.11
本年盈余			13.33	20.00		6.67
合计	5 000.00	5 000.00	1 505 033.33	1 505 033.33	1 504 220.00	1 504 220.00

表 10-2　　　　　　　2018 年 12 月 31 日资产负债表　　　　　　单位：万元

资产	期末数	年初数	负债和净资产	期末数	年初数
银行存款	20.00	0.00			
流动资产合计	20.00	0.00			
公共基础设施原值	0.00	5 000.00			
减：公共基础设施折旧	0.00	800.00			
公共基础设施净值	0.00	4 200.00	净资产：		

续表

资产	期末数	年初数	负债和净资产	期末数	年初数
PPP 项目资产原值	1 504 200.00	0.00	PPP 项目净资产	1 495 836.11	0.00
减：PPP 项目资产累计折旧	4 177.22	0.00	累计盈余	4 200.00	4 200.00
PPP 项目资产净值	1 500 022.78	0.00	本期盈余	6.67	0.00
非流动资产合计	1 500 022.78	4 200.00	净资产合计	1 500 042.78	4 200.00
合计	1 500 022.78	4 200.00	合计	1 500 042.78	4 200.00

1. 资产负债表的列报。资产负债表"期初余额"栏的填列，根据表 10-1 期初余额填列。"公共基础设施"项目期初余额按照"公共基础设施"科目的期初借方余额填列 5 000 万元，"公共基础设施累计折旧"项目的期初余额按照"公共基础设施累计折旧"科目的期初贷方余额填列 800 万元，则公共基础设施净额为 4 200 万元，即原值与累计折旧的差额；"累计盈余"项目按照"累计盈余"科目的期初贷方余额填列 4 200 万元。

资产负债表"期末余额"栏的填列，根据表 10-1 期末余额进行填列。资产负债表"货币资金"项目，反映单位期末库存现金、银行存款、零余额账户用款额度和其他货币资金的合计数，则根据"银行存款"科目期末余额填列为 20 万元。"PPP 项目资产"项目栏反映单位期末控制的 PPP 项目资产原值，根据"PPP 项目资产"科目期末余额直接填列为 1 504 200 万元，"PPP 项目资产累计折旧"项目栏根据"PPP 项目资产累计折旧"科目期末贷方余额填列为 4 177.22 万元，"PPP 项目资产净值"项目栏填列 1 500 022.78 万元（即原值与累计折旧的差额），则资产总计 1 500 042.78 万元，即流动资产与非流动资产的合计数。"PPP 项目净资产"项目栏反映单位控制的 BOT 模式、ROT 模式形成的净资产余额，根据"PPP 项目净资产"科目期末贷方余额填列为 1 495 836.11 万元。"累计盈余"项目栏根据"累计盈余"账户期末贷方余额填列 4 200 万元。"本期盈余"项目反映单位本期期末实现的盈余或亏损，根据"本年盈余"科目期末贷方余额填列 6.67 万元（即收入与费用的差额），净资产合计为 1 500 042.78 万元，系 PPP 项目净资产、本年盈余、累计盈余之和。

2. 收入费用表的列报。收入费用表是反映行政事业单位在一定会计期间事业成果及其分配情况的报表。"事业收入"项目根据"事业收入"科目本期发生额列为 20 万元，"业务活动费用"项目根据"业务活动费用"本期发生额填报 13.33 万元，本期盈余项目根据"本期收入"项目减去"本期支出"项目后的余额填列 6.67 万元。另外，为全面反映 PPP 项目，同时在报表附注披露 PPP 合同主要内容和会计核算的方法。

七、关于新旧衔接规定

（一）关于本准则首次执行时已入库的 PPP 项目合同。对于符合本准则"双特征"和"双控制"标准且已纳入全国 PPP 综合信息平台项目库的 PPP 项目合同，在本准则首次执行日，有关衔接规定如下：

1. 项目资产已由政府方确认为公共基础设施、固定资产等资产的，政府方应当按照所确认资产的账面价值，将其重分类为 PPP 项目资产。具体进行账务处理时，按照资产的账面价值，借记"PPP 项目资产"科目，按照计提的累计折旧或摊销（如果有），借记"公共基础设施累计折旧（摊销）""固定资产累计折旧"等科目，按照资产账面余额，贷记"公共基础设施""固定资产"等科目。

2. 项目资产未由政府方确认，但已由社会资本方确认的，政府方应当按照社会资本方确认的资产账面原值，确认 PPP 项目资产，同时确认 PPP 项目净资产。具体进行账务处理时，按照确定的资产入账成本，借记"PPP 项目资产"科目，贷记"PPP 项目净资产"科目。

3. 政府方和社会资本方均未确认的项目资产，政府方应当及时确认入账，并按照以下原则确定其初始入账成本：可以取得相关原始凭据的，其成本按照有关原始凭据注明的金额确定；没有相关凭据可供取得，但按规定经过资产评估的，其成本按照资产评估价值确定；没有相关凭据可供取得、也未经资产评估的，其成本按照重置成本确定。具体进行账务处理时，按照确定的资产入账成本，借记"PPP 项目资产"科目，贷记"PPP 项目净资产"科目。

（二）关于本准则首次执行时未入库的特许经营项目协议。

对于符合本准则"双特征"和"双控制"标准但未纳入全国 PPP 综合信息平台项目库的特许经营项目协议，在本准则首次执行日，有关衔接规定如下：

1. 协议中不含提前锁定、固化政府支出责任等兜底条款的，在本准则首次执行日，政府方应当参照已入库项目的新旧衔接规定进行会计处理。

2. 协议中含有提前锁定、固化政府支出责任等兜底条款的，政府方应当按照《政府会计准则第 5 号——公共基础设施》《政府会计准则第 8 号——负债》等准则规定，对政府方控制的公共基础设施及相应的负债进行会计处理。

（三）关于 PPP 项目资产折旧（摊销）政策规定。

在国务院财政部门对 PPP 项目资产折旧（摊销）年限作出规定之前，政府方在 PPP 项目资产首次入账时暂不考虑补提折旧（摊销），初始入账后也暂不计提折旧（摊销）。

八、附则

本应用指南自 2021 年 1 月 1 日起施行。

下篇　政府会计制度——行政事业单位会计科目和报表

第一部分　总说明

一、为了规范行政事业单位的会计核算，保证会计信息质量，根据《中华人民共和国会计法》《中华人民共和国预算法》《政府会计准则——基本准则》等法律、行政法规和规章，制定本制度。

二、本制度适用于各级各类行政单位和事业单位（以下统称单位，特别说明的除外）。

纳入企业财务管理体系执行企业会计准则或小企业会计准则的单位，不执行本制度。

本制度尚未规范的有关行业事业单位的特殊经济业务或事项的会计处理，由财政部另行规定。

三、单位应当根据政府会计准则（包括基本准则和具体准则）规定的原则和本制度的要求，对其发生的各项经济业务或事项进行会计核算。

四、单位对基本建设投资应当按照本制度规定统一进行会计核算，不再单独建账，但是应当按项目单独核算，并保证项目资料完整。

五、单位会计核算应当具备财务会计与预算会计双重功能，实现财务会计与预算会计适度分离并相互衔接，全面、清晰反映单位财务信息和预算执行信息。

单位财务会计核算实行权责发生制；单位预算会计核算实行收付实现制，国务院另有规定的，依照其规定。单位对于纳入部门预算管理的现金收支业务，在采用财务会计核算的同时应当进行预算会计核算；对于其他业务，仅需进行财务会计核算。

六、单位会计要素包括财务会计要素和预算会计要素。

财务会计要素包括资产、负债、净资产、收入和费用。

预算会计要素包括预算收入、预算支出和预算结余。

七、单位应当按照下列规定运用会计科目。

（一）单位应当按照本制度的规定设置和使用会计科目。在不影响会计处理和编制报表的前提下，单位可以根据实际情况自行增设或减少某些会计科目。

（二）单位应当执行本制度统一规定的会计科目编号，以便于填制会计凭证、登记账簿、查阅账目，实行会计信息化管理。

（三）单位在填制会计凭证、登记会计账簿时，应当填列会计科目的名称，或者同时填列会计科目的名称和编号，不得只填列会计科目编号、不填列会计科目名称。

（四）单位设置明细科目或进行明细核算，除遵循本制度规定外，还应当满足权责发生制政府部门财务报告和政府综合财务报告编制的其他需要。

八、单位应当按照下列规定编制财务报表和预算会计报表。

（一）财务报表的编制主要以权责发生制为基础，以单位财务会计核算生成的数据为准；预算会计报表的编制主要以收付实现制为基础，以单位预算会计核算生成的数据为准。

（二）财务报表由会计报表及其附注构成。会计报表一般包括资产负债表、收入费用表和净资产变动表。单位可根据实际情况自行选择编制现金流量表。

（三）预算会计报表至少包括预算收入支出表、预算结转结余变动表和财政拨款预算收入支出表。

（四）单位应当至少按照年度编制财务报表和预算会计报表。

（五）单位应当根据本制度规定编制真实、完整的财务报表和预算会计报表，不得违反本制度规定随意改变财务报表和预算会计报表的编制基础、编制依据、编制原则和方法，不得随意改变本制度规定的财务报表和预算会计报表有关数据的会计口径。

（六）财务报表和预算会计报表应当根据登记完整、核对无误的账簿记录和其他有关资料编制，做到数字真实、计算准确、内容完整、编报及时。

（七）财务报表和预算会计报表应当由单位负责人和主管会计工作的负责人、会计机构负责人（会计主管人员）签名并盖章。

九、单位应当重视并不断推进会计信息化的应用。

单位开展会计信息化工作，应当符合财政部制定的相关会计信息化工作规范和标准，确保利用现代信息技术手段开展会计核算及生成的会计信息符合政府会计准则和本制度的规定。

十、本制度自 2019 年 1 月 1 日起施行。

第二部分　会计科目名称和编号

序号	科目编号	科目名称
一、财务会计科目		
（一）资产类		
1	1001	库存现金
2	1002	银行存款
3	1011	零余额账户用款额度
4	1021	其他货币资金
5	1101	短期投资（事业单位）
6	1201	财政应返还额度
7	1211	应收票据（事业单位）
8	1212	应收账款（事业单位）
9	1214	预付账款
10	1215	应收股利（事业单位）
11	1216	应收利息（事业单位）
12	1218	其他应收款
13	1219	坏账准备（事业单位）
14	1301	在途物品
15	1302	库存物品
16	1303	加工物品
17	1401	待摊费用
18	1501	长期股权投资（事业单位）
19	1502	长期债券投资（事业单位）
20	1601	固定资产
21	1602	固定资产累计折旧
22	1611	工程物资
23	1613	在建工程

序号	科目编号	科目名称
24	1701	无形资产
25	1702	无形资产累计摊销
26	1703	研发支出
27	1801	公共基础设施
28	1802	公共基础设施累计折旧（摊销）
29	1811	政府储备物资
30	1821	文物文化资产
31	1831	保障性住房
32	1832	保障性住房累计折旧
33	1891	受托代理资产
34	1901	长期待摊费用
35	1902	待处理财产损溢
（二）负债类		
36	2001	短期借款（事业单位）
37	2101	应交增值税
38	2102	其他应交税费
39	2103	应缴财政款
40	2201	应付职工薪酬
41	2301	应付票据（事业单位）
42	2302	应付账款
43	2303	应付政府补贴款（行政单位）
44	2304	应付利息（事业单位）
45	2305	预收账款（事业单位）
46	2307	其他应付款
47	2401	预提费用
48	2501	长期借款（事业单位）
49	2502	长期应付款
50	2601	预计负债

续表

序号	科目编号	科目名称
51	2901	受托代理负债
（三）净资产类		
52	3001	累计盈余
53	3101	专用基金（事业单位）
54	3201	权益法调整（事业单位）
55	3301	本期盈余
56	3302	本年盈余分配
57	3401	无偿调拨净资产
58	3501	以前年度盈余调整
（四）收入类		
59	4001	财政拨款收入
60	4101	事业收入（事业单位）
61	4201	上级补助收入（事业单位）
62	4301	附属单位上缴收入（事业单位）
63	4401	经营收入（事业单位）
64	4601	非同级财政拨款收入
65	4602	投资收益（事业单位）
66	4603	捐赠收入
67	4604	利息收入
68	4605	租金收入
69	4609	其他收入
（五）费用类		
70	5001	业务活动费用
71	5101	单位管理费用（事业单位）
72	5201	经营费用（事业单位）
73	5301	资产处置费用
74	5401	上缴上级费用（事业单位）

序号	科目编号	科目名称
75	5501	对附属单位补助费用（事业单位）
76	5801	所得税费用（事业单位）
77	5901	其他费用
二、预算会计科目		
（一）预算收入类		
1	6001	财政拨款预算收入
2	6101	事业预算收入（事业单位）
3	6201	上级补助预算收入（事业单位）
4	6301	附属单位上缴预算收入（事业单位）
5	6401	经营预算收入（事业单位）
6	6501	债务预算收入（事业单位）
7	6601	非同级财政拨款预算收入
8	6602	投资预算收益（事业单位）
9	6609	其他预算收入
（二）预算支出类		
10	7101	行政支出（行政单位）
11	7201	事业支出（事业单位）
12	7301	经营支出（事业单位）
13	7401	上缴上级支出（事业单位）
14	7501	对附属单位补助支出（事业单位）
15	7601	投资支出（事业单位）
16	7701	债务还本支出（事业单位）
17	7901	其他支出
（三）预算结余类		
18	8001	资金结存
19	8101	财政拨款结转
20	8102	财政拨款结余
21	8201	非财政拨款结转

序号	科目编号	科目名称
22	8202	非财政拨款结余
23	8301	专用结余（事业单位）
24	8401	经营结余（事业单位）
25	8501	其他结余
26	8701	非财政拨款结余分配（事业单位）

第三部分　会计科目使用说明

一、财务会计科目

（一）资产类

1001　库存现金

一、本科目核算单位的库存现金。

二、单位应当严格按照国家有关现金管理的规定收支现金，并按照本制度规定核算现金的各项收支业务。本科目应当设置"受托代理资产"明细科目，核算单位受托代理、代管的现金。

三、库存现金的主要账务处理如下。

（一）从银行等金融机构提取现金，按照实际提取的金额，借记本科目，贷记"银行存款"科目；将现金存入银行等金融机构，按照实际存入金额，借记"银行存款"科目，贷记本科目。

根据规定从单位零余额账户提取现金，按照实际提取的金额，借记本科目，贷记"零余额账户用款额度"科目。将现金退回单位零余额账户，按照实际退回的金额，借记"零余额账户用款额度"科目，贷记本科目。

【例 11-1】提取现金的会计核算

某单位于 2×19 年 12 月 20 日从甲银行账户提取现金 500 元作为备用金，其账务处理如下。

财务会计：

借：库存现金　　　　　　　　　　　　　　　　　　　500

　　贷：银行存款　　　　　　　　　　　　　　　　　　500

预算会计无分录。

【例 11-2】退回现金的会计核算

某单位于 2×19 年 12 月 25 日将内部职工出差退回的 300 元存入甲银行账户，账务处理如下。

财务会计：

借：银行存款　　　　　　　　　　　　　　　　　　　　　　　　　300

　　贷：库存现金　　　　　　　　　　　　　　　　　　　　　　　　　300

预算会计无分录。

（二）因内部职工出差等原因借出的现金，按照实际借出的现金金额，借记"其他应收款"科目，贷记本科目。出差人员报销差旅费时，按照实际报销的金额，借记"业务活动费用""单位管理费用"等科目，按照实际借出的现金金额，贷记"其他应收款"科目，按照其差额，借记或贷记本科目。

【例11-3】借出现金的会计核算

某事业单位内部职工张三于2×19年2月10日借出2 000元现金作为差旅费，2×19年3月10日最终报销1 800元，归还200元，账务处理如下。

2×19年2月10日借出现金时。

财务会计：

借：其他应收款——张三　　　　　　　　　　　　　　　　　　　2 000

　　贷：库存现金　　　　　　　　　　　　　　　　　　　　　　　 2 000

预算会计无分录。

2×19年3月10日实际报销时。

财务会计：

借：业务活动费用　　　　　　　　　　　　　　　　　　　　　　1 800

　　库存现金　　　　　　　　　　　　　　　　　　　　　　　　　 200

　　贷：其他应收款——张三　　　　　　　　　　　　　　　　　　2 000

预算会计：

借：事业支出　　　　　　　　　　　　　　　　　　　　　　　　1 800

　　贷：资金结存——货币资金　　　　　　　　　　　　　　　　　1 800

（三）因提供服务、物品或者其他事项收到现金，按照实际收到的金额，借记本科目，贷记"事业收入""应收账款"等相关科目。涉及增值税业务的，相关账务处理参见"应交增值税"科目。

因购买服务、物品或者其他事项支付现金，按照实际支付的金额，借记"业务活动费用""单位管理费用""库存物品"等相关科目，贷记本科目。涉及增值税业务的，相关账务处理参见"应交增值税"科目。以库存现金对外捐赠，按照实际捐出的金额，借记"其他费用"科目，贷记本科目。

【例11-4】收到现金的会计核算

2×19 年 6 月 20 日，某事业单位因向乙企业提供相关服务获取了 400 元收益，账务处理如下。

财务会计：

借：库存现金 400

贷：事业收入 400

预算会计：

借：资金结存——货币资金 400

贷：事业预算收入等 400

【例 11-5】支付现金的会计核算

2×19 年 6 月 30 日，某行政单位用现金支付办公用品费 150 元，其账务处理如下。

财务会计：

借：单位管理费用 150

贷：库存现金 150

预算会计：

借：行政支出 150

贷：资金结存——货币资金 150

【例 11-6】捐赠现金的会计核算

2×19 年 8 月 30 日，某事业单位向希望工程捐赠现金 20 000 元，其账务处理如下。

财务会计：

借：其他费用 20 000

贷：库存现金 20 000

预算会计：

借：其他支出 20 000

贷：资金结存——货币资金 20 000

（四）收到受托代理、代管的现金，按照实际收到的金额，借记本科目（受托代理资产），贷记"受托代理负债"科目；支付受托代理、代管的现金，按照实际支付的金额，借记"受托代理负债"科目，贷记本科目（受托代理资产）。

【例 11-7】收到受托代理、代管的现金的会计核算

某单位于 2×19 年 6 月 30 日收到 X 公司委托代理货币捐赠 50 000 元，专用于资助广西某村贫困学生上学，应做如下账务处理。

财务会计：

借：库存现金——受托代理资产　　　　　　　　　　　　　　50 000

　　贷：受托代理负债　　　　　　　　　　　　　　　　　　　50 000

预算会计无分录。

该单位于2×19年10月30日将资助款支付用于给广西某村贫困学生采购学习用品和书籍，应做如下账务处理。

财务会计：

借：受托代理负债　　　　　　　　　　　　　　　　　　　50 000

　　贷：库存现金——受托代理资产　　　　　　　　　　　　　50 000

预算会计无分录。

四、单位应当设置"库存现金日记账"，由出纳人员根据收付款凭证，按照业务发生顺序逐笔登记。每日终了，应当计算当日的现金收入合计数、现金支出合计数和结余数，并将结余数与实际库存数相核对，做到账款相符。每日账款核对中发现有待查明原因的现金短缺或溢余的，应当通过"待处理财产损溢"科目核算。属于现金溢余，应当按照实际溢余的金额，借记本科目，贷记"待处理财产损溢"科目；属于现金短缺，应当按照实际短缺的金额，借记"待处理财产损溢"科目，贷记本科目。待查明原因后及时进行账务处理，具体内容参见"待处理财产损溢"科目。

【例11-8】现金溢余的会计核算

某单位出纳人员在当日结账时发现现金溢余1 200元，经调查发现其中1 000元是属于应支付给内部职员李四（已支付），剩余金额无法查明原因，报经批准后计入其他收入。应做如下账务处理。

发现现金溢余时。

财务会计：

借：库存现金　　　　　　　　　　　　　　　　　　　　　1 200

　　贷：待处理财产损溢　　　　　　　　　　　　　　　　　　1 200

预算会计：

借：资金结存——货币资金　　　　　　　　　　　　　　　　1 200

　　贷：其他预算收入　　　　　　　　　　　　　　　　　　　1 200

报经批准后。

财务会计：

借：待处理财产损溢　　　　　　　　　　　　　　　　　　　1 200

贷：其他应付款——李四	1 000
其他收入	200
借：其他应付款——李四	1 000
贷：库存现金	1 000

预算会计：

借：其他预算收入	1 000
贷：资金结存——货币资金	1 000

【例 11-9】现金短缺的会计核算

某单位出纳人员在当日结账时发现现金短缺 2 000 元，由于无法查清短款原因，报经批准后，由责任人王刚赔偿 500 元（已赔偿），其余短款计入当期费用。应做如下账务处理。

发现现金短缺时。

财务会计：

借：待处理财产损溢	2 000
贷：库存现金	2 000

预算会计：

借：其他支出	2 000
贷：资金结存——货币资金	2 000

报经批准后。

财务会计：

借：其他应收款——王刚	500
经费支出	1 500
贷：待处理财产损溢	2 000
借：库存现金	500
贷：其他应收款——王刚	500

预算会计：

借：资金结存——货币资金	500
贷：其他支出	500

五、现金收入业务繁多、单独设有收款部门的单位，收款部门的收款员应当将每天所收现金连同收款凭据一并交财务部门核收记账，或者将每天所收现金直接送存开户银行后，将收款凭据及向银行送存现金的凭证等一并交财务部门核收记账。

六、单位有外币现金的，应当分别按照人民币、外币种类设置"库存现金日记账"进行明细核算。有关外币现金业务的账务处理参见"银行存款"科目的相关规定。

七、本科目期末借方余额，反映单位实际持有的库存现金。

1002 银行存款

一、本科目核算单位存入银行或者其他金融机构的各种存款。

二、单位应当严格按照国家有关支付结算办法的规定办理银行存款收支业务，并按照本制度规定核算银行存款的各项收支业务。

本科目应当设置"受托代理资产"明细科目，核算单位受托代理、代管的银行存款。

三、银行存款的主要账务处理如下。

（一）将款项存入银行或者其他金融机构，按照实际存入的金额，借记本科目，贷记"库存现金""应收账款""事业收入""经营收入""其他收入"等相关科目。涉及增值税业务的，相关账务处理参见"应交增值税"科目。收到银行存款利息，按照实际收到的金额，借记本科目，贷记"利息收入"科目。

【例 11-10】将款项存入银行的会计核算

某事业单位于 2×19 年 12 月 1 日将因提供相关服务获取的 3 万元收入存入甲银行账户，账务处理如下。

财务会计：

借：银行存款		30 000
贷：事业收入		30 000

预算会计：

借：资金结存——货币资金		30 000
贷：事业预算收入		30 000

【例 11-11】收到利息的会计核算

某行政单位期末收到银行存款利息共计 2 000 元，应做如下账务处理。

财务会计：

借：银行存款		2 000
贷：利息收入		2 000

预算会计：

借：资金结存——货币资金   2 000

  贷：其他预算收入   2 000

（二）从银行等金融机构提取现金，按照实际提取的金额，借记"库存现金"科目，贷记本科目。

【例 11-12】提取现金的会计核算

某单位于 2×19 年 1 月 1 日从甲银行账户提取现金 1 000 元作为备用金，其账务处理如下。

财务会计：

借：库存现金   1 000

  贷：银行存款   1 000

预算会计无分录。

（三）以银行存款支付相关费用，按照实际支付的金额，借记"业务活动费用""单位管理费用""其他费用"等相关科目，贷记本科目。涉及增值税业务的，相关账务处理参见"应交增值税"科目。以银行存款对外捐赠，按照实际捐出的金额，借记"其他费用"科目，贷记本科目。

【例 11-13】支付费用的会计核算（1）

某行政单位以银行转账方式购置文件柜、纸、笔、书桌等办公用品，共计 3 000 元，应做如下账务处理。

财务会计：

借：业务活动费用   3 000

  贷：银行存款   3 000

预算会计：

借：行政支出   3 000

  贷：资金结存——货币资金   3 000

【例 11-14】支付费用的会计核算（2）

某行政单位因办理询证业务支付银行手续费 200 元，应做如下账务处理。

财务会计：

借：业务活动费用   200

  贷：银行存款   200

预算会计：

借：行政支出   200

    贷：资金结存——货币资金   200

（四）收到受托代理、代管的银行存款，按照实际收到的金额，借记本科目（受托代理资产），贷记"受托代理负债"科目；支付受托代理、代管的银行存款，按照实际支付的金额，借记"受托代理负债"科目，贷记本科目（受托代理资产）。

【例 11-15】收到受托代理、代管银行存款的会计核算

某事业单位受托代理海外校友基金会货币捐赠 100 万元，准备用于建立一专项科研资助基金。该单位根据有关凭证，编制如下会计分录。

财务会计：

借：银行存款——受托代理资产   1 000 000

　　贷：受托代理负债   1 000 000

预算会计无分录。

转出受托代理资产时，编制如下会计分录。

财务会计：

借：受托代理负债   1 000 000

　　贷：银行存款——受托代理资产   1 000 000

预算会计无分录。

四、单位发生外币业务的，应当按照业务发生当日的即期汇率，将外币金额折算为人民币金额记账，并登记外币金额和汇率。期末，各种外币账户的期末余额，应当按照期末的即期汇率折算为人民币，作为外币账户期末人民币余额。调整后的各种外币账户人民币余额与原账面余额的差额，作为汇兑损益计入当期费用。

（一）以外币购买物资、设备等，按照购入当日的即期汇率将支付的外币或应支付的外币折算为人民币金额，借记"库存物品"等科目，贷记本科目、"应付账款"等科目的外币账户。涉及增值税业务的，相关账务处理参见"应交增值税"科目。

（二）销售物品、提供服务以外币收取相关款项等，按照收入确认当日的即期汇率将收取的外币或应收取的外币折算为人民币金额，借记本科目、"应收账款"等科目的外币账户，贷记"事业收入"等相关科目。

（三）期末，根据各外币银行存款账户按照期末汇率调整后的人民币余额与原账面人民币余额的差额，作为汇兑损益，借记或贷记本科目，贷记或借记"业务活动费用""单位管理费用"等科目。"应收账款""应付账款"等科

目有关外币账户期末汇率调整业务的账务处理参照本科目。

【例 11-16】 以外币购买物资、设备的会计核算

2×19 年 11 月 1 日某事业单位的美元银行存款账户余额为 500 000 美元，共折合人民币 3 300 000 元；11 月 6 日该单位以 200 000 美元的价格从国外购进一批固定资产，当日的汇率为 1 美元 =6.53 元人民币；11 月 31 日的汇率为 1 美元 =6.50 元人民币。应做如下账务处理。

购进固定资产时。

财务会计：

借：固定资产 　　　　　　　　　　　　　　　　1 306 000

　　贷：银行存款——美元户 　　　　　　　　　　　　　1 306 000

预算会计：

借：事业支出 　　　　　　　　　　　　　　　　1 306 000

　　贷：资金结存——货币资金 　　　　　　　　　　　　1 306 000

月底计算汇兑损益时。

计算汇兑损益前"银行存款——美元户"的余额 = 3 300 000-1 306 000 = 1 994 000（元）

月末美元账户余额折合人民币金额 =（500 000-200 000）×6.50=1 950 000（元）

11 月汇兑损失 = 1 994 000-1 950 000 = 44 000（元）

财务会计：

借：业务活动费用——汇兑损失 　　　　　　　　　44 000

　　贷：银行存款 　　　　　　　　　　　　　　　　　　44 000

预算会计：

借：事业支出——汇兑损失 　　　　　　　　　　　44 000

　　贷：资金结存——货币资金 　　　　　　　　　　　　44 000

五、单位应当按照开户银行或其他金融机构、存款种类及币种等，分别设置"银行存款日记账"，由出纳人员根据收付款凭证，按照业务的发生顺序逐笔登记，每日终了应结出余额。"银行存款日记账"应定期与"银行对账单"核对，至少每月核对一次。月度终了，单位银行存款日记账账面余额与银行对账单余额之间如有差额，应当逐笔查明原因并进行处理，按月编制"银行存款余额调节表"，调节相符。

六、本科目期末借方余额，反映单位实际存放在银行或其他金融机构的款项。

1011 零余额账户用款额度

一、本科目核算实行国库集中支付的单位根据财政部门批复的用款计划收到和支用的零余额账户用款额度。

二、零余额账户用款额度的主要账务处理如下。

（一）收到额度

单位收到"财政授权支付到账通知书"时，根据通知书所列金额，借记本科目，贷记"财政拨款收入"科目。

【例 11-17】单位收到"财政授权支付到账通知书"时的会计核算

某行政单位收到财政授权支付到账通知书，收到财政拨款 200 000 元，应做如下会计分录。

财务会计：

借：零余额账户用款额度　　　　　　　　　　　　　　　200 000
　　贷：财政拨款收入　　　　　　　　　　　　　　　　　　　　200 000

预算会计：

借：资金结存——零余额账户用款额度　　　　　　　　　200 000
　　贷：财政拨款预算收入　　　　　　　　　　　　　　　　　　200 000

（二）支用额度

1. 支付日常活动费用时，按照支付的金额，借记"业务活动费用""单位管理费用"等科目，贷记本科目。

2. 购买库存物品或购建固定资产，按照实际发生的成本，借记"库存物品""固定资产""在建工程"等科目，按照实际支付或应付的金额，贷记本科目、"应付账款"等科目。涉及增值税业务的，相关账务处理参见"应交增值税"科目。

【例 11-18】购买库存物品的会计核算

某行政单位使用零余额账户用款额度 50 000 元购进一批存货，应做如下会计分录。

财务会计：

借：库存物品　　　　　　　　　　　　　　　　　　　　50 000
　　贷：零余额账户用款额度　　　　　　　　　　　　　　　　　50 000

预算会计：

借：行政支出　　　　　　　　　　　　　　　　　　　　50 000

贷：资金结存——零余额账户用款额度　　　　　　　　　　50 000

3. 从零余额账户提取现金时，按照实际提取的金额，借记"库存现金"科目，贷记本科目。

【例 11-19】从零余额账户提取现金时的会计核算

2×19年6月10日，某行政单位从零余额账户中提现2 000元，应做如下会计分录。

财务会计：

借：库存现金　　　　　　　　　　　　　　　　　　　2 000

　　贷：零余额账户用款额度　　　　　　　　　　　　　　2 000

预算会计：

借：资金结存——货币资金　　　　　　　　　　　　　2 000

　　贷：资金结存——零余额账户用款额度　　　　　　　　2 000

2×19年6月30日，该行政单位将剩余的500元现金退回单位零余额账户，应做如下会计分录。

财务会计：

借：零余额账户用款额度　　　　　　　　　　　　　　500

　　贷：库存现金　　　　　　　　　　　　　　　　　　　500

预算会计：

借：资金结存——零余额账户用款额度　　　　　　　　500

　　贷：资金结存——货币资金　　　　　　　　　　　　　500

（三）因购货退回等发生财政授权支付额度退回的，按照退回的金额，借记本科目，贷记"库存物品"等科目。

【例 11-20】因购货退回等发生财政授权支付额度退回的会计核算

某事业单位于2×19年11月30日因购货退回发生2 500元国库授权支付额度退回，退回的货物于2×19年6月30日用本年授权支付的款项购买，应做如下会计分录。

财务会计：

借：零余额账户用款额度　　　　　　　　　　　　　　2 500

　　贷：库存物品　　　　　　　　　　　　　　　　　　　2 500

预算会计：

借：资金结存——零余额账户用款额度　　　　　　　　2 500

　　贷：事业支出　　　　　　　　　　　　　　　　　　　2 500

若该批退回的货物是用以前年度授权支付的款项所购买，应做如下会计分录。

财务会计：

借：零余额账户用款额度 2 500

 贷：库存物品 2 500

预算会计：

借：资金结存——零余额账户用款额度 2 500

 贷：财政拨款结余——年初余额调整 2 500

（四）年末，根据代理银行提供的对账单作注销额度的相关账务处理，借记"财政应返还额度——财政授权支付"科目，贷记本科目。年末，单位本年度财政授权支付预算指标数大于零余额账户用款额度下达数的，根据未下达的用款额度，借记"财政应返还额度——财政授权支付"科目，贷记"财政拨款收入"科目。下年初，单位根据代理银行提供的上年度注销额度恢复到账通知书作恢复额度的相关账务处理，借记本科目，贷记"财政应返还额度——财政授权支付"科目。单位收到财政部门批复的上年未下达零余额账户用款额度，借记本科目，贷记"财政应返还额度——财政授权支付"科目。

【例 11-21】根据代理银行提供的对账单作注销额度的会计核算

2×19年末，某单位的代理银行提供的对账单中注销额度为 300 000 元，应做如下账务处理。

财务会计：

借：财政应返还额度——财政授权支付 300 000

 贷：零余额账户用款额度 300 000

预算会计：

借：资金结存——财政应返还额度 300 000

 贷：资金结存——零余额账户用款额度 300 000

【例 11-22】单位本年度财政授权支付预算指标数大于零余额账户用款额度下达数的会计核算

某单位当年财政授权支付的预算指标数为 1 000 000 元，当年财政授权支付实际支出数为 800 000 元，年末，应做如下账务处理。

财务会计：

借：财政应返还额度——财政授权支付 200 000

 贷：财政拨款收入 200 000

预算会计：

借：资金结存——财政应返还额度 200 000

贷：财政拨款预算收入	200 000

【例11-23】单位根据代理银行提供的上年度注销额度恢复到账通知书作恢复额度的会计核算

沿用【例11-21】。下年初，该单位收到代理银行提供的额度恢复到账通知书中恢复额度为300 000元，应做如下会计处理。

财务会计：

借：零余额账户用款额度	300 000
贷：财政应返还额度——财政授权支付	300 000

预算会计：

借：资金结存——零余额账户用款额度	300 000
贷：资金结存——财政应返还额度	300 000

三、本科目期末借方余额，反映单位尚未支用的零余额账户用款额度。年末注销单位零余额账户用款额度后，本科目应无余额。

1021　其他货币资金

一、本科目核算单位的外埠存款、银行本票存款、银行汇票存款、信用卡存款等各种其他货币资金。

二、本科目应当设置"外埠存款""银行本票存款""银行汇票存款""信用卡存款"等明细科目，进行明细核算。

三、其他货币资金的主要账务处理如下。

（一）单位按照有关规定需要在异地开立银行账户，将款项委托本地银行汇往异地开立账户时，借记本科目，贷记"银行存款"科目。收到采购员交来供应单位发票账单等报销凭证时，借记"库存物品"等科目，贷记本科目。将多余的外埠存款转回本地银行时，根据银行的收账通知，借记"银行存款"科目，贷记本科目。

【例11-24】取得银行本票的会计核算

某单位取得一张金额为20 000元的银行本票一张，该业务的账务处理如下。

财务会计：

借：其他货币资金——银行本票存款	20 000
贷：银行存款	20 000

预算会计无分录。

（二）将款项交存银行取得银行本票、银行汇票，按照取得的银行本票、银行汇票金额，借记本科目，贷记"银行存款"科目。使用银行本票、银行汇票购买库存物品等资产时，按照实际支付金额，借记"库存物品"等科目，贷记本科目。如有余款或因本票、汇票超过付款期等原因而退回款项，按照退款金额，借记"银行存款"科目，贷记本科目。

【例11-25】使用银行本票、银行汇票购买库存物品的会计核算

某事业单位用银行汇票购买一批金额为15 000元的存货，其账务处理如下。

财务会计：

借：库存物品   15 000

    贷：其他货币资金——银行汇票存款   15 000

预算会计：

借：事业支出   15 000

    贷：资金结存——货币资金   15 000

【例11-26】退回款项的会计核算

2×19年末，银行将某单位银行汇票的余额5 000元退回，该业务的账务处理如下。

财务会计：

借：银行存款   5 000

    贷：其他货币资金——银行汇票存款   5 000

预算会计无分录。

（三）将款项交存银行取得信用卡，按照交存金额，借记本科目，贷记"银行存款"科目。用信用卡购物或支付有关费用，按照实际支付金额，借记"单位管理费用""库存物品"等科目，贷记本科目。单位信用卡在使用过程中，需向其账户续存资金的，按照续存金额，借记本科目，贷记"银行存款"科目。

四、单位应当加强对其他货币资金的管理，及时办理结算，对于逾期尚未办理结算的银行汇票、银行本票等，应当按照规定及时转回，并按照上述规定进行相应账务处理。

五、本科目期末借方余额，反映单位实际持有的其他货币资金。

1101 短期投资事业单位

一、本科目核算事业单位按照规定取得的，持有时间不超过1年（含1年）的投资。

二、本科目应当按照投资的种类等进行明细核算。

三、短期投资的主要账务处理如下。

（一）取得短期投资时，按照确定的投资成本，借记本科目，贷记"银行存款"等科目。收到取得投资时实际支付价款中包含的已到付息期但尚未领取的利息，按照实际收到的金额，借记"银行存款"科目，贷记本科目。

【例 11-27】取得短期投资时的会计核算

3月1日，某事业单位以银行存款购买51 000元的有价债券，其中包含已到付息期但尚未领取的利息1 000元，该事业单位准备9个月之内出售。

财务会计：

借：短期投资	51 000
贷：银行存款	51 000
借：银行存款	1 000
贷：短期投资	1 000

预算会计：

借：投资支出	51 000
贷：资金结存——货币资金	51 000
借：资金结存——货币资金	1 000
贷：投资支出	1 000

（二）收到短期投资持有期间的利息，按照实际收到的金额，借记"银行存款"科目，贷记"投资收益"科目。

【例 11-28】收到短期投资持有期间的利息的会计核算

沿用【例11-27】。6月1日，该事业单位收到持有该债券利息500元。

财务会计：

借：银行存款	500
贷：投资收益	500

预算会计：

借：资金结存——货币资金	500
贷：投资预算收益	500

（三）出售短期投资或到期收回短期投资本息，按照实际收到的金额，借记"银行存款"科目，按照出售或收回短期投资的账面余额，贷记本科目，按照其差额，借记或贷记"投资收益"科目。涉及增值税业务的，相关账务处理参见"应交增值税"科目。

【例 11-29】出售短期投资或到期收回短期投资本息的会计核算

沿用【例 11-28】。12 月 1 日，该单位出售该债券，收到 50 500 元，并收到持有期间的其他利息 1 500 元。

财务会计：

借：银行存款　　　　　　　　　　　　　　　　　　52 000

　　贷：短期投资　　　　　　　　　　　　　　　　50 000

　　　　投资收益　　　　　　　　　　　　　　　　　2 000

预算会计：

借：资金结存——货币资金　　　　　　　　　　　　52 000

　　贷：投资预算收益　　　　　　　　　　　　　　　2 000

　　　　投资支出　　　　　　　　　　　　　　　　50 000

四、本科目期末借方余额，反映事业单位持有短期投资的成本。

1201　财政应返还额度

一、本科目核算实行国库集中支付的单位应收财政返还的资金额度，包括可以使用的以前年度财政直接支付资金额度和财政应返还的财政授权支付资金额度。

二、本科目应当设置"财政直接支付""财政授权支付"两个明细科目进行明细核算。

三、财政应返还额度的主要账务处理如下。

（一）财政直接支付

年末，单位根据本年度财政直接支付预算指标数大于当年财政直接支付实际发生数的差额，借记本科目（财政直接支付），贷记"财政拨款收入"科目。单位使用以前年度财政直接支付额度支付款项时，借记"业务活动费用""单位管理费用"等科目，贷记本科目（财政直接支付）。

【例 11-30】财政直接支付的会计核算

某事业单位发生如下业务。

（1）至 2×19 年 12 月 31 日，本年度财政直接支付预算指标数为 200 000 元，当年财政直接支付实际支出数为 180 000 元。

财务会计：

借：财政应返还额度——财政直接支付　　　　　　　20 000

　　贷：财政拨款收入　　　　　　　　　　　　　　20 000

预算会计：

借：资金结存——财政应返还额度 　　　　　　　　　　　　20 000

　　贷：财政拨款预算收入 　　　　　　　　　　　　　　　　　20 000

（2）2×20 年 3 月，以财政直接支付方式发生实际支出 10 000 元。

财务会计：

借：业务活动费用 　　　　　　　　　　　　　　　　　　　10 000

　　贷：财政应返还额度——财政直接支付 　　　　　　　　　　10 000

预算会计：

借：事业支出 　　　　　　　　　　　　　　　　　　　　　10 000

　　贷：资金结存——财政应返还额度 　　　　　　　　　　　　10 000

（二）财政授权支付

年末，根据代理银行提供的对账单作注销额度的相关账务处理，借记本科目（财政授权支付），贷记"零余额账户用款额度"科目。年末，单位本年度财政授权支付预算指标数大于零余额账户用款额度下达数的，根据未下达的用款额度，借记本科目（财政授权支付），贷记"财政拨款收入"科目。下年初，单位根据代理银行提供的上年度注销额度恢复到账通知书作恢复额度的相关账务处理，借记"零余额账户用款额度"科目，贷记本科目（财政授权支付）。单位收到财政部门批复的上年未下达零余额账户用款额度，借记"零余额账户用款额度"科目，贷记本科目（财政授权支付）。

例题详见【例 11-21】至【例 11-23】。

四、本科目期末借方余额，反映单位应收财政返还的资金额度。

1211　应收票据

一、本科目核算事业单位因开展经营活动销售产品、提供有偿服务等而收到的商业汇票，包括银行承兑汇票和商业承兑汇票。

二、本科目应当按照开出、承兑商业汇票的单位等进行明细核算。

三、应收票据的主要账务处理如下。

（一）因销售产品、提供服务等收到商业汇票，按照商业汇票的票面金额，借记本科目，按照确认的收入金额，贷记"经营收入"等科目。涉及增值税业务的，相关账务处理参见"应交增值税"科目。

【例 11-31】因销售产品、提供服务等收到商业汇票的会计核算

某事业单位发生如下业务：销售 M 产品一批给甲公司，货已发出，价款为 10 000

元，增值税税额为 1 300 元。按合同约定两个月后付款，甲公司交给该事业单位 1 张两个月到期的商业承兑汇票，面值为 11 300 元。其会计分录如下。

财务会计：

借：应收票据　　　　　　　　　　　　　　　　　　　　11 300

　　贷：经营收入　　　　　　　　　　　　　　　　　　　　　10 000

　　　　应交增值税——应交税金（销项税额）　　　　　　　　1 300

预算会计无分录。

（二）持未到期的商业汇票向银行贴现，按照实际收到的金额（即扣除贴现息后的净额），借记"银行存款"科目，按照贴现息金额，借记"经营费用"等科目，按照商业汇票的票面金额，贷记本科目（无追索权）或"短期借款"科目（有追索权）。附追索权的商业汇票到期未发生追索事项的，按照商业汇票的票面金额，借记"短期借款"科目，贷记本科目。

【例 11-32】持未到期的商业汇票向银行贴现的会计核算

2×19 年 3 月 5 日，某事业单位持未到期面值为 10 000 元的商业汇票向银行贴现，到期日为 2×19 年 5 月 4 日，不附追索权，按 7.2% 的贴现率贴现。该业务账务处理如下。

贴现天数为 60 天。

贴现利息 =10 000×60×7.2%÷360=120（元）

实付贴现金额 =10 000-120=9 880（元）

财务会计：

借：银行存款　　　　　　　　　　　　　　　　　　　　9 880

　　经营费用　　　　　　　　　　　　　　　　　　　　　120

　　贷：应收票据　　　　　　　　　　　　　　　　　　　　10 000

预算会计：

借：资金结存——货币资金　　　　　　　　　　　　　　9 880

　　贷：经营预算收入　　　　　　　　　　　　　　　　　　9 880

若上述贴现附追索权，则账务处理如下。

财务会计：

借：银行存款　　　　　　　　　　　　　　　　　　　　9 880

　　经营费用　　　　　　　　　　　　　　　　　　　　　120

　　贷：短期借款　　　　　　　　　　　　　　　　　　　10 000

预算会计：

借：资金结存——货币资金　　　　　　　　　　　　　　9 880

贷：经营预算收入	9 880

（三）将持有的商业汇票背书转让以取得所需物资时，按照取得物资的成本，借记"库存物品"等科目，按照商业汇票的票面金额，贷记本科目，如有差额，借记或贷记"银行存款"等科目。涉及增值税业务的，相关账务处理参见"应交增值税"科目。

【例11-33】将持有的商业汇票背书转让以取得所需物资时的会计核算

某事业单位将一张面值为5 000元的商业汇票背书转让给甲公司并支付1 000元差额，用以取得一批价值6 000元的货物。该业务的账务处理如下。

财务会计：

借：库存物品	6 000
贷：应收票据	5 000
银行存款	1 000

预算会计：

借：经营支出	1 000
贷：资金结存——货币资金	1 000

（四）商业汇票到期时，应当分以下情况处理。

1. 收回票款时，按照实际收到的商业汇票票面金额，借记"银行存款"科目，贷记本科目。

2. 因付款人无力支付票款，收到银行退回的商业承兑汇票、委托收款凭证、未付票款通知书或拒付款证明等，按照商业汇票的票面金额，借记"应收账款"科目，贷记本科目。

【例11-34】商业汇票到期时的会计核算

某事业单位收到付款人承兑到期的商业汇票的票面金额10 000元，该业务的账务处理如下。

财务会计：

借：银行存款	10 000
贷：应收票据	10 000

预算会计：

借：资金结存——货币资金	10 000
贷：经营预算收入	10 000

若付款人无力支付票款时，账务处理如下。

财务会计：

借：应收账款   10 000

  贷：应收票据   10 000

预算会计无分录。

四、事业单位应当设置"应收票据备查簿"，逐笔登记每一应收票据的种类、号数、出票日期、到期日、票面金额、交易合同号和付款人、承兑人、背书人姓名或单位名称、背书转让日、贴现日期、贴现率和贴现净额、收款日期、收回金额和退票情况等。

应收票据到期结清票款或退票后，应当在备查簿内逐笔注销。

五、本科目期末借方余额，反映事业单位持有的商业汇票票面金额。

1212 应收账款

一、本科目核算事业单位提供服务、销售产品等应收取的款项，以及单位因出租资产、出售物资等应收取的款项。

二、本科目应当按照债务单位（或个人）进行明细核算。

三、应收账款的主要账务处理如下。

（一）应收账款收回后不需上缴财政

单位发生应收账款时，按照应收未收金额，借记本科目，贷记"事业收入""经营收入""租金收入""其他收入"等科目。涉及增值税业务的，相关账务处理参见"应交增值税"科目。收回应收账款时，按照实际收到的金额，借记"银行存款"等科目，贷记本科目。

【例 11-35】应收账款收回后不需上缴财政的会计核算

2×19 年，某向外提供劳务和产品的科研事业单位有关应收账款的业务如下。

6 月 5 日，向甲公司提供劳务获得收入 50 000 元，不需要上缴财政。按照合同规定，这笔款项应在 6 月 25 日支付。

6 月 5 日的会计分录如下。

财务会计：

借：应收账款   50 000

  贷：经营收入   50 000

预算会计无分录。

6 月 25 日收到款项时的会计分录如下。

财务会计：

借：银行存款   50 000

贷：应收账款	50 000

预算会计：

借：资金结存——货币资金	50 000
贷：经营预算收入	50 000

（二）应收账款收回后需上缴财政

1. 单位出租资产发生应收未收租金款项时，按照应收未收金额，借记本科目，贷记"应缴财政款"科目。

收回应收账款时，按照实际收到的金额，借记"银行存款"等科目，贷记本科目。

2. 单位出售物资发生应收未收款项时，按照应收未收金额，借记本科目，贷记"应缴财政款"科目。

收回应收账款时，按照实际收到的金额，借记"银行存款"等科目，贷记本科目。

涉及增值税业务的，相关账务处理参见"应交增值税"科目。

【例11-36】应收账款收回后需上缴财政的会计核算

2×19年，某向外提供劳务和产品的科研事业单位有关应收账款的业务如下。

6月5日，向甲公司提供劳务获得收入50 000元，需要上缴财政。按照合同规定，这笔款项应在6月25日支付。

6月5日的会计分录如下。

财务会计：

借：应收账款	50 000
贷：应缴财政款	50 000

预算会计无分录。

6月25日收到款项时的会计分录如下。

财务会计：

借：银行存款	50 000
贷：应收账款	50 000

预算会计：

借：资金结存——货币资金	50 000
贷：经营预算收入	50 000

四、事业单位应当于每年年末，对收回后不需上缴财政的应收账款进行全面检查，如发生不能收回的迹象，应当计提坏账准备。

（一）对于账龄超过规定年限、确认无法收回的应收账款，按照规定报经批准后予以核销。按照核销金额，借记"坏账准备"科目，贷记本科目。核销的应收账款应在备查簿中保留登记。

（二）已核销的应收账款在以后期间又收回的，按照实际收回金额，借记本科目，贷记"坏账准备"科目；同时，借记"银行存款"等科目，贷记本科目。

【例11-37】不需上缴财政的应收账款不能收回的会计核算

沿用【例11-35】。6月25日，该事业单位发现无法完全收回甲公司应收账款，按规定报经批准后予以核销10 000元。7月26日该事业单位收回50 000元应收账款。其账务处理如下。

6月25日的会计分录如下。

财务会计：

借：坏账准备   10 000

　　贷：应收账款   10 000

预算会计无分录。

7月26日收到款项时的会计分录如下。

财务会计：

借：银行存款   50 000

　　贷：坏账准备   10 000

　　　　应收账款   40 000

预算会计：

借：资金结存——货币资金   50 000

　　贷：非财政拨款结余   50 000

五、单位应当于每年年末，对收回后应当上缴财政的应收账款进行全面检查。

（一）对于账龄超过规定年限、确认无法收回的应收账款，按照规定报经批准后予以核销。按照核销金额，借记"应缴财政款"科目，贷记本科目。核销的应收账款应当在备查簿中保留登记。

（二）已核销的应收账款在以后期间又收回的，按照实际收回金额，借记"银行存款"等科目，贷记"应缴财政款"科目。

【例11-38】应当上缴财政的应收账款核销的会计核算

沿用【例11-36】。6月25日，该事业单位发现无法完全收回甲公司应收账款，按规定报经批准后予以核销 10 000 元。7月 26 日该事业单位收回 50 000 元应收账款。其账务处理如下。

6月 25 日的会计分录如下。

财务会计：

借：应缴财政款　　　　　　　　　　　　　　　　　10 000

　　贷：应收账款　　　　　　　　　　　　　　　　　10 000

预算会计无分录。

7月 26 日收到款项时的会计分录如下。

财务会计：

借：银行存款　　　　　　　　　　　　　　　　　　50 000

　　贷：应缴财政款　　　　　　　　　　　　　　　　50 000

预算会计：

借：资金结存——货币资金　　　　　　　　　　　　50 000

　　贷：非财政拨款结余　　　　　　　　　　　　　　50 000

六、本科目期末借方余额，反映单位尚未收回的应收账款。

1214　预付账款

一、本科目核算单位按照购货、服务合同或协议规定预付给供应单位（或个人）的款项，以及按照合同规定向承包工程的施工企业预付的备料款和工程款。

二、本科目应当按照供应单位（或个人）及具体项目进行明细核算；对于基本建设项目发生的预付账款，还应当在本科目所属基建项目明细科目下设置"预付备料款""预付工程款""其他预付款"等明细科目，进行明细核算。

三、预付账款的主要账务处理如下。

（一）根据购货、服务合同或协议规定预付款项时，按照预付金额，借记本科目，贷记"财政拨款收入""零余额账户用款额度""银行存款"等科目。

【例 11-39】根据购货、服务合同或协议规定预付款项的会计核算

2×19 年 1 月 10 日，某行政单位与 A 公司签订购买合同，约定购买三台设备，价款共 500 000 元，该行政单位先预付 30% 的款项，应做如下会计处理。

财务会计：

借：预付账款——A 公司　　　　　　　　　　　　　150 000

贷：银行存款	150 000

预算会计：

借：行政支出	150 000
贷：资金结存——货币资金	150 000

（二）收到所购资产或服务时，按照购入资产或服务的成本，借记"库存物品""固定资产""无形资产""业务活动费用"等相关科目，按照相关预付账款的账面余额，贷记本科目，按照实际补付的金额，贷记"财政拨款收入""零余额账户用款额度""银行存款"等科目。涉及增值税业务的，相关账务处理参见"应交增值税"科目。

【例11-40】收到所购资产或服务的会计核算

沿用【例11-39】。2×19年1月12日，A公司收到预付款后发货。1月15日，该行政单位验货后支付剩余70%的价款，应做如下会计处理。

财务会计：

借：固定资产	500 000
贷：预付账款——A公司	150 000
银行存款	350 000

预算会计：

借：行政支出	350 000
贷：资金结存——货币资金	350 000

（三）根据工程进度结算工程价款及备料款时，按照结算金额，借记"在建工程"科目，按照相关预付账款的账面余额，贷记本科目，按照实际补付的金额，贷记"财政拨款收入""零余额账户用款额度""银行存款"等科目。

（四）发生预付账款退回的，按照实际退回金额，借记"财政拨款收入"（本年直接支付）、"财政应返还额度"（以前年度直接支付）、"零余额账户用款额度""银行存款"等科目，贷记本科目。

【例11-41】发生预付账款退回的会计核算

沿用【例11-39】。2×19年1月12日，A公司收到预付款后发货。1月15日，该行政单位发现设备质量不符合要求，将设备退回，并解除购货合同。1月20日，A公司将预付款退回，应做如下会计处理。

财务会计：

借：银行存款	150 000
贷：预付账款——A公司	150 000

预算会计：

借：资金结存——货币资金　　　　　　　　　　　　　　　150 000

　　贷：行政支出　　　　　　　　　　　　　　　　　　　　150 000

四、单位应当于每年年末，对预付账款进行全面检查。如果有确凿证据表明预付账款不再符合预付款项性质，或者因供应单位破产、撤销等原因可能无法收到所购货物、服务的，应当先将其转入其他应收款，再按照规定进行处理。将预付账款账面余额转入其他应收款时，借记"其他应收款"科目，贷记本科目。

【例 11-42】有确凿证据表明预付账款不再符合预付款项性质的会计核算

沿用【例 11-39】。该行政单位预付 30% 的款项后，A 公司迟迟未发货。截至 2×23 年 3 月 31 日，有确凿证据表明确实无法收到所购设备，也无法收回预付款，按照规定将其转为其他应收款，应做如下会计处理。

财务会计：

借：其他应收款　　　　　　　　　　　　　　　　　　　　150 000

　　贷：预付账款——A 公司　　　　　　　　　　　　　　　150 000

预算会计无分录。

五、本科目期末借方余额，反映单位实际预付但尚未结算的款项。

1215　应收股利

一、本科目核算事业单位持有长期股权投资应当收取的现金股利或应当分得的利润。

二、本科目应当按照被投资单位等进行明细核算。

三、应收股利的主要账务处理如下。

（一）取得长期股权投资，按照支付的价款中所包含的已宣告但尚未发放的现金股利，借记本科目，按照确定的长期股权投资成本，借记"长期股权投资"科目，按照实际支付的金额，贷记"银行存款"等科目。

收到取得投资时实际支付价款中所包含的已宣告但尚未发放的现金股利时，按照收到的金额，借记"银行存款"科目，贷记本科目。

（二）长期股权投资持有期间，被投资单位宣告发放现金股利或利润的，按照应享有的份额，借记本科目，贷记"投资收益"（成本法下）或"长期股权投资"（权益法下）科目。

（三）实际收到现金股利或利润时，按照收到的金额，借记"银行存款"

等科目，贷记本科目。

【例 11-43】 宣告发放和收到现金股利的会计核算

某事业单位拥有 A 公司 90％的股权，有权决定 A 公司的财务和经营政策，相应的长期股权投资采用权益法核算。某日，A 公司宣告发放现金股利 200 000 元，该事业单位应享有的份额为 180 000 元（200 000×90％）。次月，该事业单位收到 A 公司发放的现金股利 180 000 元，款项已存入开户银行。该事业单位应编制如下会计分录。

财务会计：

（1）A 公司宣告发放现金股利时。

借：应收股利　　　　　　　　　　　　　　　　　180 000

　　贷：长期股权投资　　　　　　　　　　　　　　　　180 000

（2）收到 A 公司发放的现金股利时。

借：银行存款　　　　　　　　　　　　　　　　　180 000

　　贷：应收股利　　　　　　　　　　　　　　　　　　180 000

预算会计无分录。

四、本科目期末借方余额，反映事业单位应当收取但尚未收到的现金股利或利润。

1216　应收利息

一、本科目核算事业单位长期债券投资应当收取的利息。

事业单位购入的到期一次还本付息的长期债券投资持有期间的利息，应当通过"长期债券投资——应计利息"科目核算，不通过本科目核算。

二、本科目应当按照被投资单位等进行明细核算。

三、应收利息的主要账务处理如下。

（一）取得长期债券投资，按照确定的投资成本，借记"长期债券投资"科目，按照支付的价款中包含的已到付息期但尚未领取的利息，借记本科目，按照实际支付的金额，贷记"银行存款"等科目。

收到取得投资时实际支付价款中所包含的已到付息期但尚未领取的利息时，按照收到的金额，借记"银行存款"等科目，贷记本科目。

（二）按期计算确认长期债券投资利息收入时，对于分期付息、一次还本的长期债券投资，按照以票面金额和票面利率计算确定的应收未收利息金额，借记本科目，贷记"投资收益"科目。

（三）实际收到应收利息时，按照收到的金额，借记"银行存款"等科目，贷记本科目。

【例11-44】计算和收到利息的会计核算

某事业单位持有一项长期债券投资。某月末，该事业单位按照债券票面金额和票面利率计算确定的应收未收利息金额为3600元。次月初，该事业单位收到相应债券的利息收入3600元。该债券为分期付息、一次还本的债券。该事业单位应编制如下会计分录。

财务会计：

（1）计算确定应收未收利息金额时。

借：应收利息 　　　　　　　　　　　　　　　　　　　　3 600

　　贷：投资收益 　　　　　　　　　　　　　　　　　　　　3 600

（2）收到债券利息收入时。

借：银行存款 　　　　　　　　　　　　　　　　　　　　3 600

　　贷：应收利息 　　　　　　　　　　　　　　　　　　　　3 600

预算会计无分录。

四、本科目期末借方余额，反映事业单位应收未收的长期债券投资利息。

1218　其他应收款

一、本科目核算单位除财政应返还额度、应收票据、应收账款、预付账款、应收股利、应收利息以外的其他各项应收及暂付款项，如职工预借的差旅费、已经偿还银行尚未报销的本单位公务卡欠款、拨付给内部有关部门的备用金、应向职工收取的各种垫付款项、支付的可以收回的订金或押金、应收的上级补助和附属单位上缴款项等。

二、本科目应当按照其他应收款的类别以及债务单位（或个人）进行明细核算。

三、其他应收款的主要账务处理如下。

（一）发生其他各种应收及暂付款项时，按照实际发生金额，借记本科目，贷记"零余额账户用款额度""银行存款""库存现金""上级补助收入""附属单位上缴收入"等科目。涉及增值税业务的，相关账务处理参见"应交增值税"科目。

【例11-45】发生其他各种应收及暂付款项的会计核算

2×19年8月31日，某行政单位为职工代垫房租和水电费20 000元。9月30日，该行政单位从应付工资中扣除代垫款项。应做如下会计处理。

8月31日，代垫房租和水电费时。

财务会计：

借：其他应收款   20 000

  贷：银行存款   20 000

预算会计无分录。

9月30日，从应付工资中扣除代垫款时。

财务会计：

借：应付职工薪酬   20 000

  贷：其他应收款   20 000

预算会计：

借：行政支出   20 000

  贷：资金结存——货币资金   20 000

（二）收回其他各种应收及暂付款项时，按照收回的金额，借记"库存现金""银行存款"等科目，贷记本科目。

【例11-46】收回其他各种应收及暂付款项的会计核算

2×19年8月31日，某行政单位用上级补助收入为职工代垫房租和水电费20 000元。9月30日，该行政单位收回该代垫款项。应做如下会计处理。

8月31日，代垫房租和水电费时。

财务会计：

借：其他应收款   20 000

  贷：上级补助收入   20 000

预算会计无分录。

9月30日，从应付工资中扣除代垫款时。

财务会计：

借：银行存款   20 000

  贷：其他应收款   20 000

预算会计：

借：资金结存——货币资金   20 000

  贷：上级补助预算收入   20 000

（三）单位内部实行备用金制度的，有关部门使用备用金以后应当及时到财务部门报销并补足备用金。

财务部门核定并发放备用金时，按照实际发放金额，借记本科目，贷记

"库存现金"等科目。

根据报销金额用现金补足备用金定额时,借记"业务活动费用""单位管理费用"等科目,贷记"库存现金"等科目,报销数和拨补数都不再通过本科目核算。

【例 11-47】单位内部实行备用金制度的会计核算

某行政单位 2 月 1 日起实行备用金制度,由刘明负责管理备用金。管理部门的定额备用金核定为 3 000 元。2 月 15 日,刘明使用 1 000 元备用金购买办公用品,交来普通发票,财务部门用现金补足备用金。应做如下会计处理。

2 月 1 日,发放备用金时。

财务会计:

借:其他应收款——备用金　　　　　　　　　　　　　　　3 000

　　贷:库存现金　　　　　　　　　　　　　　　　　　　　3 000

预算会计无分录。

2 月 15 日,补足备用金时。

财务会计:

借:业务活动费用　　　　　　　　　　　　　　　　　　　1 000

　　贷:库存现金　　　　　　　　　　　　　　　　　　　　1 000

预算会计:

借:行政支出　　　　　　　　　　　　　　　　　　　　　1 000

　　贷:资金结存——货币资金　　　　　　　　　　　　　　1 000

(四)偿还尚未报销的本单位公务卡欠款时,按照偿还的款项,借记本科目,贷记"零余额账户用款额度""银行存款"等科目;持卡人报销时,按照报销金额,借记"业务活动费用""单位管理费用"等科目,贷记本科目。

(五)将预付账款账面余额转入其他应收款时,借记本科目,贷记"预付账款"科目。具体说明参见"预付账款"科目。

四、事业单位应当于每年年末,对其他应收款进行全面检查,如发生不能收回的迹象,应当计提坏账准备。

(一)对于账龄超过规定年限、确认无法收回的其他应收款,按照规定报经批准后予以核销。按照核销金额,借记"坏账准备"科目,贷记本科目。核销的其他应收款应当在备查簿中保留登记。

(二)已核销的其他应收款在以后期间又收回的,按照实际收回金额,借记本科目,贷记"坏账准备"科目;同时,借记"银行存款"等科目,贷记本科目。

【例 11-48】 其他应收款发生不能收回的迹象的会计核算

某事业单位估计 2 000 元的其他应收款中有 1 000 元无法收回，3 月 15 日经批准核销，其账务处理如下。

财务会计：

借：坏账准备 1 000

　　贷：其他应收款 1 000

预算会计无分录。

4 月 15 日，该笔应收款全额收回，其账务处理如下。

财务会计：

借：银行存款 2 000

　　贷：坏账准备 1 000

　　　其他应收款 1 000

预算会计：

借：资金结存——货币资金 2 000

　　贷：其他预算收入 2 000

五、行政单位应当于每年年末，对其他应收款进行全面检查。对于超过规定年限、确认无法收回的其他应收款，应当按照有关规定报经批准后予以核销。核销的其他应收款应在备查簿中保留登记。

（一）经批准核销其他应收款时，按照核销金额，借记"资产处置费用"科目，贷记本科目。

（二）已核销的其他应收款在以后期间又收回的，按照收回金额，借记"银行存款"等科目，贷记"其他收入"科目。

【例 11-49】 核销其他应收款的会计核算

某行政单位预计 1 000 元的其他应收款无法收回，3 月 15 日经批准核销，其账务处理如下。

财务会计：

借：资产处置费用 1 000

　　贷：其他应收款 1 000

预算会计无分录。

4 月 15 日，该笔应收款全额收回，其账务处理如下。

财务会计：

借：银行存款　　　　　　　　　　　　　　　　　　1 000
　　贷：其他收入　　　　　　　　　　　　　　　　　　　1 000
预算会计：
借：资金结存——货币资金　　　　　　　　　　　　1 000
　　贷：其他预算收入　　　　　　　　　　　　　　　　　1 000

六、本科目期末借方余额，反映单位尚未收回的其他应收款。

1219　坏账准备

一、本科目核算事业单位对收回后不需上缴财政的应收账款和其他应收款提取的坏账准备。

二、本科目应当分别应收账款和其他应收款进行明细核算。

三、事业单位应当于每年年末，对收回后不需上缴财政的应收账款和其他应收款进行全面检查，分析其可收回性，对预计可能产生的坏账损失计提坏账准备、确认坏账损失。

四、事业单位可以采用应收款项余额百分比法、账龄分析法、个别认定法等方法计提坏账准备。坏账准备计提方法一经确定，不得随意变更。如需变更，应当按照规定报经批准，并在财务报表附注中予以说明。

五、当期应补提或冲减的坏账准备金额的计算公式如下。

当期应补提或冲减的坏账准备 = 按照期末应收账款和其他应收款计算应计提的坏账准备金额 - 本科目期末贷方余额（或 + 本科目期末借方余额）

六、坏账准备的主要账务处理如下。

（一）提取坏账准备时，借记"其他费用"科目，贷记本科目；冲减坏账准备时，借记本科目，贷记"其他费用"科目。

（二）对于账龄超过规定年限并确认无法收回的应收账款、其他应收款，应当按照有关规定报经批准后，按照无法收回的金额，借记本科目，贷记"应收账款""其他应收款"科目。已核销的应收账款、其他应收款在以后期间又收回的，按照实际收回金额，借记"应收账款""其他应收款"科目，贷记本科目；同时，借记"银行存款"等科目，贷记"应收账款""其他应收款"科目。

例题参照【例 11-48】。

七、本科目期末贷方余额，反映事业单位提取的坏账准备金额。

1301　在途物品

一、本科目核算单位采购材料等物资时货款已付或已开出商业汇票但尚未验收入库的在途物品的采购成本。

二、本科目可按照供应单位和物品种类进行明细核算。

三、在途物品的主要账务处理如下。

（一）单位购入材料等物品，按照确定的物品采购成本的金额，借记本科目，按照实际支付的金额，贷记"财政拨款收入""零余额账户用款额度""银行存款"等科目。涉及增值税业务的，相关账务处理参见"应交增值税"科目。

【例 11-50】单位购入材料等物品的会计核算

某事业单位于 2×19 年 1 月 1 日购入物资，支付价款 30 000 元，结算凭证已收到，货仍在运输途中。其账务处理如下。

2×19 年 1 月 1 日。

财务会计：

借：在途物品　　　　　　　　　　　　　　　　　　　　30 000

　　贷：银行存款　　　　　　　　　　　　　　　　　　　30 000

预算会计：

借：经营支出　　　　　　　　　　　　　　　　　　　　30 000

　　贷：资金结存——货币资金　　　　　　　　　　　　　30 000

（二）所购材料等物品到达验收入库，按照确定的库存物品成本金额，借记"库存物品"科目，按照物品采购成本金额，贷记本科目，按照使得入库物品达到目前场所和状态所发生的其他支出，贷记"银行存款"等科目。

【例 11-51】所购材料等物品到达验收入库的会计核算

沿用【例 11-50】。2×19 年 1 月 30 日，所购物资到达验收入库。其账务处理如下。

财务会计：

2×19 年 1 月 30 日。

借：库存物品　　　　　　　　　　　　　　　　　　　　30 000

　　贷：在途物品　　　　　　　　　　　　　　　　　　　30 000

预算会计无分录。

四、本科目期末借方余额，反映单位在途物品的采购成本。

1302　库存物品

一、本科目核算单位在开展业务活动及其他活动中为耗用或出售而储存的各种材料、产品、包装物、低值易耗品，以及达不到固定资产标准的用具、装具、动植物等的成本。

已完成的测绘、地质勘察、设计成果等的成本，也通过本科目核算。

单位随买随用的零星办公用品，可以在购进时直接列作费用，不通过本科目核算。

单位控制的政府储备物资，应当通过"政府储备物资"科目核算，不通过本科目核算。

单位受托存储保管的物资和受托转赠的物资，应当通过"受托代理资产"科目核算，不通过本科目核算。

单位为在建工程购买和使用的材料物资，应当通过"工程物资"科目核算，不通过本科目核算。

二、本科目应当按照库存物品的种类、规格、保管地点等进行明细核算。

单位储存的低值易耗品、包装物较多的，可以在本科目（低值易耗品、包装物）下按照"在库""在用""摊销"等进行明细核算。

三、库存物品的主要账务处理如下。

（一）取得的库存物品，应当按照其取得时的成本入账。

1. 外购的库存物品验收入库，按照确定的成本，借记本科目，贷记"财政拨款收入""零余额账户用款额度""银行存款""应付账款""在途物品"等科目。涉及增值税业务的，相关账务处理参见"应交增值税"科目。

2. 自制的库存物品加工完成并验收入库，按照确定的成本，借记本科目，贷记"加工物品——自制物品"科目。

3. 委托外单位加工收回的库存物品验收入库，按照确定的成本，借记本科目，贷记"加工物品——委托加工物品"等科目。

4. 接受捐赠的库存物品验收入库，按照确定的成本，借记本科目，按照发生的相关税费、运输费等，贷记"银行存款"等科目，按照其差额，贷记"捐赠收入"科目。

接受捐赠的库存物品按照名义金额入账的，按照名义金额，借记本科目，贷记"捐赠收入"科目；同时，按照发生的相关税费、运输费等，借记"其他费用"科目，贷记"银行存款"等科目。

5. 无偿调入的库存物品验收入库，按照确定的成本，借记本科目，按照发生的相关税费、运输费等，贷记"银行存款"等科目，按照其差额，贷记"无偿调拨净资产"科目。

6. 置换换入的库存物品验收入库，按照确定的成本，借记本科目，按照换出资产的账面余额，贷记相关资产科目（换出资产为固定资产、无形资产的，还应当借记"固定资产累计折旧""无形资产累计摊销"科目），按照置换过程中发生的其他相关支出，贷记"银行存款"等科目，按照借贷方差额，借记"资产处置费用"科目或贷记"其他收入"科目。涉及补价的，分以下情况处理。

（1）支付补价的，按照确定的成本，借记本科目，按照换出资产的账面余额，贷记相关资产科目（换出资产为固定资产、无形资产的，还应当借记"固定资产累计折旧""无形资产累计摊销"科目），按照支付的补价和置换过程中发生的其他相关支出，贷记"银行存款"等科目，按照借贷方差额，借记"资产处置费用"科目或贷记"其他收入"科目。

（2）收到补价的，按照确定的成本，借记本科目，按照收到的补价，借记"银行存款"等科目，按照换出资产的账面余额，贷记相关资产科目（换出资产为固定资产、无形资产的，还应当借记"固定资产累计折旧""无形资产累计摊销"科目），按照置换过程中发生的其他相关支出，贷记"银行存款"等科目，按照补价扣减其他相关支出后的净收入，贷记"应缴财政款"科目，按照借贷方差额，借记"资产处置费用"科目或贷记"其他收入"科目。

【例11-52】外购的库存物品验收入库的会计核算

某行政单位购入材料80 000元，当日收到材料并验收合格入库，应做如下会计处理。

若价款使用财政授权支付方式支付，收到材料并验收入库时。

财务会计：

借：库存物品   80 000

 贷：零余额账户用款额度   80 000

预算会计：

借：行政支出   80 000

 贷：资金结存——零余额账户用款额度   80 000

【例11-53】委托外单位加工收回的库存物品验收入库的会计核算

2×19年1月5日，某事业单位委托C公司加工材料一批，发出甲材料200 000元。1月7日，支付加工费用和相关运输费用共计100 000元。3月10日，材料加工完毕为乙材料，并验收入库。应做如下会计处理。

1 月 5 日，发出材料时。

财务会计：

借：加工物品——委托加工物品　　　　　　　　　　　200 000

　　贷：库存物品——甲材料　　　　　　　　　　　　200 000

预算会计无分录。

1 月 7 日，支付加工费用和相关运输费用时。

财务会计：

借：加工物品——委托加工物品　　　　　　　　　　　100 000

　　贷：零余额账户用款额度　　　　　　　　　　　　100 000

预算会计：

借：经营支出　　　　　　　　　　　　　　　　　　　100 000

　　贷：资金结存——零余额账户用款额度　　　　　　100 000

3 月 10 日，材料加工完毕验收入库时。

财务会计：

借：库存物品——乙材料　　　　　　　　　　　　　　300 000

　　贷：加工物品——委托加工物品　　　　　　　　　300 000

预算会计无分录。

【例 11-54】置换换入的库存物品验收入库的会计核算

某行政单位用两台旧设备置换换入一批材料，换出旧设备的原价为 500 000 元，已计提折旧 300 000 元，评估价值为 200 000 元。置换换出旧设备收到补价 50 000 元，当日收到材料并验收入库。应做如下会计处理。

财务会计：

借：库存物品　　　　　　　　　　　　　　　　　　　150 000

　　固定资产累计折旧　　　　　　　　　　　　　　　300 000

　　银行存款　　　　　　　　　　　　　　　　　　　 50 000

　　贷：固定资产　　　　　　　　　　　　　　　　　500 000

预算会计无分录。

【例 11-55】无偿调入的库存物品验收入库的会计核算

某单位收到上级无偿调入的库存物品，发票上注明价值共计 100 000 元，支付相关税费和运输费 5 000 元，收到材料当天验收入库，应做如下会计处理。

财务会计：

借：库存物品　　　　　　　　　　　　　　　　　　105 000

　　贷：银行存款　　　　　　　　　　　　　　　　　　5 000

　　　　无偿调拨净资产　　　　　　　　　　　　　100 000

预算会计：

借：其他支出　　　　　　　　　　　　　　　　　　　5 000

　　贷：资金结存——货币资金　　　　　　　　　　　5 000

【例11-56】接受捐赠的库存物品验收入库的会计核算

某行政单位接受B公司的捐赠收到材料一批，发票上注明价值共计100 000元，并使用银行存款支付运输费5 000元，收到材料当天验收入库，应做如下会计处理。

财务会计：

借：库存物品　　　　　　　　　　　　　　　　　　105 000

　　贷：银行存款　　　　　　　　　　　　　　　　　　5 000

　　　　捐赠收入　　　　　　　　　　　　　　　　100 000

预算会计：

借：其他支出　　　　　　　　　　　　　　　　　　　5 000

　　贷：资金结存——货币资金　　　　　　　　　　　5 000

（二）库存物品在发出时，分以下情况处理。

1. 单位开展业务活动等领用、按照规定自主出售发出或加工发出库存物品，按照领用、出售等发出物品的实际成本，借记"业务活动费用""单位管理费用""经营费用""加工物品"等科目，贷记本科目。

采用一次转销法摊销低值易耗品、包装物的，在首次领用时将其账面余额一次性摊销计入有关成本费用，借记有关科目，贷记本科目。

采用五五摊销法摊销低值易耗品、包装物的，首次领用时，将其账面余额的50%摊销计入有关成本费用，借记有关科目，贷记本科目；使用完时，将剩余的账面余额转销计入有关成本费用，借记有关科目，贷记本科目。

2. 经批准对外出售的库存物品（不含可自主出售的库存物品）发出时，按照库存物品的账面余额，借记"资产处置费用"科目，贷记本科目；同时，按照收到的价款，借记"银行存款"等科目，按照处置过程中发生的相关费用，贷记"银行存款"等科目，按照其差额，贷记"应缴财政款"科目。

3. 经批准对外捐赠的库存物品发出时，按照库存物品的账面余额和对外捐赠过程中发生的归属于捐出方的相关费用合计数，借记"资产处置费用"科目，按照库存物品账面余额，贷记本科目，按照对外捐赠过程中发生的归属于捐出方的相关费用，贷记"银行存款"等科目。

4. 经批准无偿调出的库存物品发出时，按照库存物品的账面余额，借记"无偿调拨净资产"科目，贷记本科目；同时，按照无偿调出过程中发生的归属于调出方的相关费用，借记"资产处置费用"科目，贷记"银行存款"等科目。

5. 经批准置换换出的库存物品，参照本科目有关置换换入库存物品的规定进行账务处理。

【例11-57】单位开展业务活动等领用库存物品的会计核算

某单位为开展业务活动领用材料一批，价值50 000元，应做如下会计处理。

财务会计：

借：业务活动费用   50 000

  贷：库存物品   50 000

预算会计无分录。

【例11-58】捐赠库存物品的会计核算

某单位向西南小学捐赠图书，该批图书价值100 000元，并用银行存款支付运输费2 000元，应做如下会计处理。

财务会计：

借：资产处置费用   102 000

  贷：库存物品——图书   100 000

    银行存款   2 000

预算会计：

借：其他支出   2 000

  贷：资金结存——货币资金   2 000

【例11-59】无偿调出库存物品的会计核算

某单位向下级无偿调出库存物品一批，发票上注明价值共计100 000元，并用银行存款支付相关费用2 000元，应做如下会计处理。

财务会计：

借：无偿调拨净资产   100 000

  贷：库存物品   100 000

借：资产处置费用   2 000

  贷：银行存款   2 000

预算会计：

借：其他支出	2 000
贷：资金结存——货币资金	2 000

【例 11-60】非自主出售库存物品的会计核算

某单位经批准将一批材料出售（非自主出售），材料成本为 50 000 元，售价为 60 000 元，应做如下会计处理。

财务会计：

借：资产处置费用	50 000
贷：库存物品	50 000
借：银行存款	60 000
贷：应缴财政款	60 000

预算会计无分录。

（三）单位应当定期对库存物品进行清查盘点，每年至少盘点一次。对于发生的库存物品盘盈、盘亏或者报废、毁损，应当先计入"待处理财产损溢"科目，按照规定报经批准后及时进行后续账务处理。

1. 盘盈的库存物品，其成本按照有关凭据注明的金额确定；没有相关凭据、但按照规定经过资产评估的，其成本按照评估价值确定；没有相关凭据、也未经过评估的，其成本按照重置成本确定。如无法采用上述方法确定盘盈的库存物品成本的，按照名义金额入账。盘盈的库存物品，按照确定的入账成本，借记本科目，贷记"待处理财产损溢"科目。

2. 盘亏或者毁损、报废的库存物品，按照待处理库存物品的账面余额，借记"待处理财产损溢"科目，贷记本科目。

属于增值税一般纳税人的单位，若因非正常原因导致的库存物品盘亏或毁损，还应当将与该库存物品相关的增值税进项税额转出，按照其增值税进项税额，借记"待处理财产损溢"科目，贷记"应交增值税——应交税金（进项税额转出）"科目。

【例 11-61】库存物品盘亏或盘盈的会计核算

某单位拥有甲、乙和丙三种材料，丙材料为非自用材料，增值税税率为 13%。2×19 年 6 月 30 日，该单位进行存货盘点，发生如下业务。

财务会计：

（1）盘盈甲材料，价值 500 元。

借：库存物品——甲材料	500
贷：待处理财产损溢	500

（2）盘点过程中，发现乙材料短缺，短缺的乙材料账面价值为 300 元。

借：待处理财产损溢 300

　　贷：库存物品——乙材料 300

（3）盘点过程中，发现丙材料毁损，丙材料毁损账面价值为 200 元。

借：待处理财产损溢 226

　　贷：库存物品——丙材料 200

　　　　应交增值税——应交税金（进项税额转出） 26

预算会计无分录。

四、本科目期末借方余额，反映单位库存物品的实际成本。

1303　加工物品

一、本科目核算单位自制或委托外单位加工的各种物品的实际成本。

未完成的测绘、地质勘察、设计成果的实际成本，也通过本科目核算。

二、本科目应当设置"自制物品""委托加工物品"两个一级明细科目，并按照物品类别、品种、项目等设置明细账，进行明细核算。

本科目"自制物品"一级明细科目下应当设置"直接材料""直接人工""其他直接费用"等二级明细科目归集自制物品发生的直接材料、直接人工（专门从事物品制造人员的人工费）等直接费用；对于自制物品发生的间接费用，应当在本科目"自制物品"一级明细科目下单独设置"间接费用"二级明细科目予以归集，期末，再按照一定的分配标准和方法，分配计入有关物品的成本。

三、加工物品的主要账务处理如下。

（一）自制物品

1. 为自制物品领用材料等，按照材料成本，借记本科目（自制物品——直接材料），贷记"库存物品"科目。

2. 专门从事物品制造的人员发生的直接人工费用，按照实际发生的金额，借记本科目（自制物品——直接人工），贷记"应付职工薪酬"科目。

3. 为自制物品发生的其他直接费用，按照实际发生的金额，借记本科目（自制物品——其他直接费用），贷记"零余额账户用款额度""银行存款"等科目。

4. 为自制物品发生的间接费用，按照实际发生的金额，借记本科目（自制物品——间接费用），贷记"零余额账户用款额度""银行存款""应付职工薪酬""固定资产累计折旧""无形资产累计摊销"等科目。

间接费用一般按照生产人员工资、生产人员工时、机器工时、耗用材料的数量或成本、直接费用（直接材料和直接人工）或产品产量等进行分配。单位可根据具体情况自行选择间接费用的分配方法。分配方法一经确定，不得随意变更。

5. 已经制造完成并验收入库的物品，按照所发生的实际成本（包括耗用的直接材料费用、直接人工费用、其他直接费用和分配的间接费用），借记"库存物品"科目，贷记本科目（自制物品）。

【例 11-62】自行加工验收入库的会计核算

2×19 年 6 月 1 日，某事业单位自行加工材料一批，领用甲材料 200 000 元。7 月 1 日，发生直接人工费用共计 100 000 元，为自制物品发生其他费用 50 000 元。7 月 10 日，材料加工完毕为乙材料，并验收入库。应做如下会计处理。

2×19 年 6 月 1 日。

财务会计：

借：加工物品——自制物品   200 000

  贷：库存物品——甲材料   200 000

预算会计无分录。

2×19 年 7 月 1 日。

财务会计：

借：加工物品——自制物品   100 000

  贷：应付职工薪酬   100 000

借：加工物品——自制物品   50 000

  贷：银行存款   50 000

预算会计：

借：经营支出   50 000

  贷：资金结存——货币资金   50 000

2×19 年 7 月 10 日。

财务会计：

借：库存物品——乙材料   350 000

  贷：加工物品——自制物品   350 000

预算会计无分录。

（二）委托加工物品

1. 发给外单位加工的材料等，按照其实际成本，借记本科目（委托加工物品），贷记"库存物品"科目。

2. 支付加工费、运输费等费用，按照实际支付的金额，借记本科目（委托加工物品），贷记"零余额账户用款额度""银行存款"等科目。涉及增值税业务的，相关账务处理参见"应交增值税"科目。

3. 委托加工完成的材料等验收入库，按照加工前发出材料的成本和加工、运输成本等，借记"库存物品"等科目，贷记本科目（委托加工物品）。

【例 11-63】委托加工物品的会计核算

2×19年1月5日，某事业单位委托C公司加工材料一批，发出甲材料 200 000 元。1 月 7 日，支付加工费用和相关运输费用共计 100 000 元。3 月 10 日，材料加工完毕为乙材料，并验收入库。应做如下会计处理。

1 月 5 日，发出材料时。

财务会计：

借：加工物品——委托加工物品　　　　　　　　　　　　　200 000

　　贷：库存物品——甲材料　　　　　　　　　　　　　　200 000

预算会计无分录。

1 月 7 日，支付加工费用和相关运输费用时。

财务会计：

借：加工物品——委托加工物品　　　　　　　　　　　　　100 000

　　贷：零余额账户用款额度　　　　　　　　　　　　　　100 000

预算会计：

借：经营支出　　　　　　　　　　　　　　　　　　　　　100 000

　　贷：资金结存——零余额账户用款额度　　　　　　　　100 000

3 月 10 日，材料加工完毕验收入库时。

财务会计：

借：库存物品——乙材料　　　　　　　　　　　　　　　　300 000

　　贷：加工物品——委托加工物品　　　　　　　　　　　300 000

预算会计无分录。

四、本科目期末借方余额，反映单位自制或委托外单位加工但尚未完工的各种物品的实际成本。

1401　待摊费用

一、本科目核算单位已经支付，但应当由本期和以后各期分别负担的分摊期在 1 年以内（含 1 年）的各项费用，如预付航空保险费、预付租金等。

摊销期限在 1 年以上的租入固定资产改良支出和其他费用，应当通过"长期待摊费用"科目核算，不通过本科目核算。

待摊费用应当在其受益期限内分期平均摊销，如预付航空保险费应在保险期的有效期内、预付租金应在租赁期内分期平均摊销，计入当期费用。

二、本科目应当按照待摊费用种类进行明细核算。

三、待摊费用的主要账务处理如下。

（一）发生待摊费用时，按照实际预付的金额，借记本科目，贷记"财政拨款收入""零余额账户用款额度""银行存款"等科目。

【例 11-64】发生待摊费用的会计核算

某事业单位于 2×19 年 3 月 1 日向 A 公司租赁一间房屋作为仓库，当日支付了 1 年的房租 12 000 元。

财务会计：

借：待摊费用　　　　　　　　　　　　　　　　　　12 000

　　贷：银行存款　　　　　　　　　　　　　　　　　　12 000

预算会计：

借：事业支出　　　　　　　　　　　　　　　　　　12 000

　　贷：资金结存——货币资金　　　　　　　　　　　　12 000

（二）按照受益期限分期平均摊销时，按照摊销金额，借记"业务活动费用""单位管理费用""经营费用"等科目，贷记本科目。

【例 11-65】按照受益期限分期平均摊销的会计核算

沿用【例 11-64】，该事业单位以后每月按照收益期限分期平均摊销，应做如下会计处理。

2×19 年 3 月 31 日。

财务会计：

借：业务活动费用　　　　　　　　　　　　　　　　　1 000

　　贷：待摊费用　　　　　　　　　　　　　　　　　　1 000

预算会计无分录。

（三）如果某项待摊费用已经不能使单位受益，应当将其摊余金额一次全部转入当期费用。按照摊销金额，借记"业务活动费用""单位管理费用""经营费用"等科目，贷记本科目。

【例 11-66】 待摊费用已经不能使单位受益的会计核算

沿用【例 11-65】，2×19 年 8 月 31 日，该事业单位因情况发生变化不再需要使用租赁的该房屋，应做如下会计处理。

财务会计：

借：业务活动费用　　　　　　　　　　　　　　　　　7 000

　　贷：待摊费用　　　　　　　　　　　　　　　　　　7 000

预算会计无分录。

四、本科目期末借方余额，反映单位各种已支付但尚未摊销的分摊期在 1年以内（含 1 年）的费用。

1501　长期股权投资

一、本科目核算事业单位按照规定取得的，持有时间超过 1 年（不含 1年）的股权性质的投资。

二、本科目应当按照被投资单位和长期股权投资取得方式等进行明细核算。长期股权投资采用权益法核算的，还应当按照"成本""损益调整""其他权益变动"设置明细科目，进行明细核算。

三、长期股权投资的主要账务处理如下。

（一）长期股权投资在取得时，应当按照其实际成本作为初始投资成本。

1. 以现金取得的长期股权投资，按照确定的投资成本，借记本科目或本科目（成本），按照支付的价款中包含的已宣告但尚未发放的现金股利，借记"应收股利"科目，按照实际支付的全部价款，贷记"银行存款"等科目。

实际收到取得投资时所支付价款中包含的已宣告但尚未发放的现金股利时，借记"银行存款"科目，贷记"应收股利"科目。

2. 以现金以外的其他资产置换取得的长期股权投资，参照"库存物品"科目中置换取得库存物品的相关规定进行账务处理。

3. 以未入账的无形资产取得的长期股权投资，按照评估价值加相关税费作为投资成本，借记本科目，按照发生的相关税费，贷记"银行存款""其他应交税费"等科目，按其差额，贷记"其他收入"科目。

4. 接受捐赠的长期股权投资，按照确定的投资成本，借记本科目或本科目（成本），按照发生的相关税费，贷记"银行存款"等科目，按照其差额，贷记"捐赠收入"科目。

5. 无偿调入的长期股权投资，按照确定的投资成本，借记本科目或本科目（成本），按照发生的相关税费，贷记"银行存款"等科目，按照其差额，贷记"无偿调拨净资产"科目。

【例11-67】以现金取得的长期股权投资的会计核算

2×19年6月20日，某事业单位以1500万元购入乙公司10%的股权，其中包含已宣告但尚未发放的现金股利20万元，2×19年9月20日该事业单位收到未发放现金股利20万元。该业务的账务处理如下。

2×19年6月20日。

财务会计：

借：长期股权投资		14 800 000
应收股利		200 000
贷：银行存款		15 000 000

预算会计：

借：投资支出		15 000 000
贷：资金结存——货币资金		15 000 000

2×19年9月20日。

财务会计：

借：银行存款		200 000
贷：应收股利		200 000

预算会计：

借：资金结存——货币资金		200 000
贷：投资支出		200 000

【例11-68】以现金以外的其他资产置换取得长期股权投资的会计核算

某事业单位于2×18年购入一机器设备，原始价值为100 000元，预计使用年限为10年。2×19年该设备已经计提折旧10 000元，该单位将该设备用于对外投资，双方协商作价70 000元。

财务会计：

借：长期股权投资		70 000
累计折旧		10 000
资产处置费用		30 000
贷：固定资产		100 000

预算会计无分录。

【例 11-69】接受捐赠的长期股权投资的会计核算

2×19 年，某事业单位接受 A 公司捐赠的价值为 100 000 元的股权，其账务处理如下。

财务会计：

借：长期股权投资 100 000

　　贷：捐赠收入 100 000

预算会计无分录。

（二）长期股权投资持有期间，应当按照规定采用成本法或权益法进行核算。

1. 采用成本法核算

被投资单位宣告发放现金股利或利润时，按照应收的金额，借记"应收股利"科目，贷记"投资收益"科目。收到现金股利或利润时，按照实际收到的金额，借记"银行存款"等科目，贷记"应收股利"科目。

【例 11-70】成本法核算的会计核算

2×19 年 1 月 20 日，某事业单位以 1 500 万元购入甲公司 10% 的股权。该事业单位取得该部分股权后，无权力主导乙公司的相关活动并获得可变回报。2×19 年 6 月 30 日，甲公司宣告分派现金股利，该事业单位按照其持有比例确定可分回 20 万元。2×19 年 7 月 30 日，该事业单位收到现金股利。应做以下账务处理。

2×19 年 1 月 20 日。

财务会计：

借：长期股权投资 15 000 000

　　贷：银行存款 15 000 000

预算会计：

借：投资支出 15 000 000

　　贷：资金结存——货币资金 15 000 000

2×19 年 6 月 30 日。

借：应收股利 200 000

　　贷：投资收益 200 000

2×19 年 7 月 30 日。

财务会计：

借：银行存款 200 000

  贷：应收股利   200 000

预算会计：

借：资金结存——货币资金   200 000

  贷：投资预算收益   200 000

2．采用权益法核算

（1）被投资单位实现净利润的，按照应享有的份额，借记本科目（损益调整），贷记"投资收益"科目。

被投资单位发生净亏损的，按照应分担的份额，借记"投资收益"科目，贷记本科目（损益调整），但以本科目的账面余额减记至零为限。发生亏损的被投资单位以后年度又实现净利润的，按照收益分享额弥补未确认的亏损分担额等后的金额，借记本科目（损益调整），贷记"投资收益"科目。

（2）被投资单位宣告分派现金股利或利润的，按照应享有的份额，借记"应收股利"科目，贷记本科目（损益调整）。

（3）被投资单位发生除净损益和利润分配以外的所有者权益变动的，按照应享有或应分担的份额，借记或贷记"权益法调整"科目，贷记或借记本科目（其他权益变动）。

【例11-71】权益法核算的会计核算（1）

某事业单位于2×19年1月1日取得A公司30%的股权，2×19年A公司实现净利润8 000 000元，其账务处理如下。

财务会计：

借：长期股权投资——损益调整   2 400 000

  贷：投资收益   2 400 000

预算会计无分录。

【例11-72】权益法核算的会计核算（2）

沿用【例11-71】。A公司于2×20年3月1日宣告发放现金股利，该事业单位按其持股比例计算确定可分得30 000元。2×20年6月1日，A公司支付现金股利。应做如下账务处理。

2×20年3月1日。

财务会计：

借：应收股利   30 000

  贷：长期股权投资——损益调整   30 000

预算会计无分录。

2×20 年 6 月 1 日。

财务会计：

借：银行存款   30 000

  贷：应收股利   30 000

预算会计：

借：资金结存——货币资金   30 000

  贷：投资预算收益   30 000

3. 成本法与权益法的转换

（1）单位因处置部分长期股权投资等原因而对处置后的剩余股权投资由权益法改按成本法核算的，应当按照权益法下本科目账面余额作为成本法下本科目账面余额（成本）。

其后，被投资单位宣告分派现金股利或利润时，属于单位已计入投资账面余额的部分，按照应分得的现金股利或利润份额，借记"应收股利"科目，贷记本科目。

（2）单位因追加投资等原因对长期股权投资的核算从成本法改为权益法的，应当按照成本法下本科目账面余额与追加投资成本的合计金额，借记本科目（成本），按照成本法下本科目账面余额，贷记本科目，按照追加投资的成本，贷记"银行存款"等科目。

【例 11-73】成本法与权益法转换的会计核算（1）

A 事业单位于 2×18 年 1 月 2 日取得 B 公司 10% 的股权，成本为 3 000 000 元，因对被投资单位不具有重大影响且无法可靠确定该项投资的公允价值，A 事业单位对其采用成本法核算。A 事业单位按照净利润的 10% 提取盈余公积。

2×19 年 1 月 2 日，A 事业单位又以 6 000 000 元取得 B 公司 12% 的股权，当日 A 事业单位之前对 B 公司的长期股权投资账面价值为 4 000 000 元。

A 事业单位应做如下账务处理。

2×19 年 1 月 2 日，A 事业单位应确认对 B 公司的长期股权投资。

财务会计：

借：长期股权投资——B 公司——成本   10 000 000

  贷：长期股权投资   4 000 000

    银行存款   6 000 000

预算会计：

借：投资支出   6 000 000

　　　贷：资金结存——货币资金　　　　　　　　　　　　　　　6 000 000

【例11-74】成本法与权益法转换的会计核算（2）

　　甲事业单位持有乙公司30%的有表决权股份，能够对乙公司的生产经营决策施加重大影响，采用权益法核算。2×19年10月，甲事业单位将该项投资中的50%对外出售。出售以后，无法再对乙公司施加重大影响，且该项投资不存在活跃市场，公允价值无法可靠确定，转为采用成本法核算。出售时，该项长期股权投资的账面价值为16 000 000元，其中投资成本为13 000 000元，损益调整为2 000 000元，其他权益变动为1 000 000元。对于处置后剩余部分的投资相关账务处理如下。

财务会计：

借：长期股权投资　　　　　　　　　　　　　　　　　　　　8 000 000

　　贷：长期股权投资——乙公司——成本　　　　　　　　　　6 500 000

　　　　　　　　　　　　　——损益调整　　　　　　　　　　1 000 000

　　　　　　　　　　　　　——其他权益变动　　　　　　　　　500 000

预算会计无分录。

（三）按照规定报经批准处置长期股权投资

1. 按照规定报经批准出售（转让）长期股权投资时，应当区分长期股权投资取得方式分别进行处理。

（1）处置以现金取得的长期股权投资，按照实际取得的价款，借记"银行存款"等科目，按照被处置长期股权投资的账面余额，贷记本科目，按照尚未领取的现金股利或利润，贷记"应收股利"科目，按照发生的相关税费等支出，贷记"银行存款"等科目，按照借贷方差额，借记或贷记"投资收益"科目。

（2）处置以现金以外的其他资产取得的长期股权投资，按照被处置长期股权投资的账面余额，借记"资产处置费用"科目，贷记本科目；同时，按照实际取得的价款，借记"银行存款"等科目，按照尚未领取的现金股利或利润，贷记"应收股利"科目，按照发生的相关税费等支出，贷记"银行存款"等科目，按照贷方差额，贷记"应缴财政款"科目。按照规定将处置时取得的投资收益纳入本单位预算管理的，应当按照所取得价款大于被处置长期股权投资账面余额、应收股利账面余额和相关税费支出合计的差额，贷记"投资收益"科目。

2. 因被投资单位破产清算等原因，有确凿证据表明长期股权投资发生损失，按照规定报经批准后予以核销时，按照予以核销的长期股权投资的账面余额，借记"资产处置费用"科目，贷记本科目。

3. 报经批准置换转出长期股权投资时，参照"库存物品"科目中置换换入库存物品的规定进行账务处理。

4. 采用权益法核算的长期股权投资的处置，除进行上述账务处理外，还应结转原直接计入净资产的相关金额，借记或贷记"权益法调整"科目，贷记或借记"投资收益"科目。

【例 11-75】按照规定报经批准处置长期股权投资的会计核算

2×19 年 2 月 1 日，某事业单位向外转让长期股权投资，该长期股权投资原始投资额为 60 000 元，现在账面余额为 70 000 元，转让价格为 71 000 元，转让过程中共发生税费 8 000 元。其账务处理如下。

财务会计：

借：银行存款　71 000

　　投资收益　7 000

　　贷：长期股权投资　70 000

　　　　银行存款　8 000

预算会计：

借：资金结存——货币资金　63 000

　　贷：投资支出　60 000

　　　　投资预算收益　3 000

【例 11-76】长期股权投资发生损失的会计核算

某事业单位持有对其他公司的长期股权投资，账面价值为 50 000 元。2×19 年 12 月 31 日，证实该公司破产清算，长期股权投资发生损失。

将待核销长期股权投资转入待处置资产。

财务会计：

借：资产处置费用　50 000

　　贷：长期股权投资　50 000

预算会计无分录。

四、本科目期末借方余额，反映事业单位持有的长期股权投资的价值。

1502　长期债券投资

一、本科目核算事业单位按照规定取得的，持有时间超过 1 年（不含 1

年）的债券投资。

二、本科目应当设置"成本"和"应计利息"明细科目，并按照债券投资的种类进行明细核算。

三、长期债券投资的主要账务处理如下。

（一）长期债券投资在取得时，应当按照其实际成本作为投资成本。取得的长期债券投资，按照确定的投资成本，借记本科目（成本），按照支付的价款中包含的已到付息期但尚未领取的利息，借记"应收利息"科目，按照实际支付的金额，贷记"银行存款"等科目。

实际收到取得债券时所支付价款中包含的已到付息期但尚未领取的利息时，借记"银行存款"科目，贷记"应收利息"科目。

【例 11-77】取得长期债券投资的会计核算

某事业单位在 2×19 年 1 月 1 日取得长期债券投资，支付对价 70 000 元。

财务会计：

借：长期债券投资——成本　　　　　　　　　　　70 000

　　贷：银行存款　　　　　　　　　　　　　　　　　70 000

预算会计：

借：投资支出　　　　　　　　　　　　　　　　　70 000

　　贷：资金结存——货币资金　　　　　　　　　　　70 000

（二）长期债券投资持有期间，按期以债券票面金额与票面利率计算确认利息收入时，如为到期一次还本付息的债券投资，借记本科目（应计利息），贷记"投资收益"科目；如为分期付息、到期一次还本的债券投资，借记"应收利息"科目，贷记"投资收益"科目。

收到分期支付的利息时，按照实收的金额，借记"银行存款"等科目，贷记"应收利息"科目。

【例 11-78】收到利息的会计核算

某事业单位在 2×19 年 12 月 31 日，收到被投资单位发放的利息 5 000 元，款项存入银行账户。

财务会计：

借：应收利息　　　　　　　　　　　　　　　　　5 000

　　贷：投资收益　　　　　　　　　　　　　　　　　5 000

借：银行存款　　　　　　　　　　　　　　　　　5 000

　　贷：应收利息　　　　　　　　　　　　　　　　　5 000

预算会计：

借：资金结存——货币资金　　　　　　　　　　　　　　　50 000

　　贷：投资预算收益　　　　　　　　　　　　　　　　　　　　50 000

（三）到期收回长期债券投资，按照实际收到的金额，借记"银行存款"科目，按照长期债券投资的账面余额，贷记本科目，按照相关应收利息金额，贷记"应收利息"科目，按照其差额，贷记"投资收益"科目。

【例 11-79】到期收回长期债券投资的会计核算

某事业单位在 2×19 年 12 月 31 日，将持有的长期债券卖出，收到金额 10 万元，款项存入银行账户，长期债券投资账面余额为 9.5 万元。

财务会计：

借：银行存款　　　　　　　　　　　　　　　　　　　　　100 000

　　贷：长期债券投资　　　　　　　　　　　　　　　　　　　　95 000

　　　　投资收益　　　　　　　　　　　　　　　　　　　　　　　5 000

预算会计：

借：资金结存——货币资金　　　　　　　　　　　　　　　100 000

　　贷：投资支出/其他结余（投资成本）　　　　　　　　　　　　95 000

　　　　投资预算收益　　　　　　　　　　　　　　　　　　　　　5 000

（四）对外出售长期债券投资，按照实际收到的金额，借记"银行存款"科目，按照长期债券投资的账面余额，贷记本科目，按照已记入"应收利息"科目但尚未收取的金额，贷记"应收利息"科目，按照其差额，贷记或借记"投资收益"科目。涉及增值税业务的，相关账务处理参见"应交增值税"科目。

【例 11-80】对外出售长期债券投资的会计核算

某事业单位于 2×20 年 2 月 1 日向外转让其持有的长期债券投资，转让价格为71 000 元，届时长期债券投资账面余额为 70 000 元。

财务会计：

借：银行存款　　　　　　　　　　　　　　　　　　　　　71 000

　　贷：长期债券投资　　　　　　　　　　　　　　　　　　　　70 000

　　　　投资收益　　　　　　　　　　　　　　　　　　　　　　1 000

预算会计：

借：资金结存——货币资金　　　　　　　　　　　　　　　71 000

　　贷：投资支出　　　　　　　　　　　　　　　　　　　　　　70 000

投资预算收益	1 000

四、本科目期末借方余额，反映事业单位持有的长期债券投资的价值。

1601 固定资产

一、本科目核算单位固定资产的原值。

二、本科目应当按照固定资产类别和项目进行明细核算。

固定资产一般分为六类：房屋及构筑物；专用设备；通用设备；文物和陈列品；图书、档案；家具、用具、装具及动植物。

三、固定资产核算时，应当考虑以下情况。

（一）购入需要安装的固定资产，应当先通过"在建工程"科目核算，安装完毕交付使用时再转入本科目核算。

（二）以借入、经营租赁租入方式取得的固定资产，不通过本科目核算，应当设置备查簿进行登记。

（三）采用融资租入方式取得的固定资产，通过本科目核算，并在本科目下设置"融资租入固定资产"明细科目。

（四）经批准在境外购买具有所有权的土地，作为固定资产，通过本科目核算；单位应当在本科目下设置"境外土地"明细科目，进行相应明细核算。

四、固定资产的主要账务处理如下。

（一）固定资产在取得时，应当按照成本进行初始计量。

1. 购入不需安装的固定资产验收合格时，按照确定的固定资产成本，借记本科目，贷记"财政拨款收入""零余额账户用款额度""应付账款""银行存款"等科目。

购入需要安装的固定资产，在安装完毕交付使用前通过"在建工程"科目核算，安装完毕交付使用时再转入本科目。

购入固定资产扣留质量保证金的，应当在取得固定资产时，按照确定的固定资产成本，借记本科目（不需安装）或"在建工程"科目（需要安装），按照实际支付或应付的金额，贷记"财政拨款收入""零余额账户用款额度""应付账款"（不含质量保证金）、"银行存款"等科目，按照扣留的质量保证金数额，贷记"其他应付款"[扣留期在1年以内（含1年）]或"长期应付款"（扣留期超过1年）科目。

质保期满支付质量保证金时，借记"其他应付款""长期应付款"科目，贷记"财政拨款收入""零余额账户用款额度""银行存款"等科目。

【例11-81】购入不需安装的固定资产的会计核算

某事业单位用事业经费购入一项不需要安装的新设备，买价为10 000元，运杂费为1 000元，有关款项均已通过银行存款支付，该项固定资产安装完毕交付使用。会计处理如下。

财务会计：

借：固定资产 11 000

　　贷：银行存款 11 000

预算会计：

借：事业支出 11 000

　　贷：资金结存——货币资金 11 000

【例11-82】购入需要安装的固定资产的会计核算

某事业单位用事业经费购入一项新设备，买价为10 000元，运杂费为300元，安装费为700元，有关款项均已通过银行存款支付，该项固定资产安装完毕交付使用。会计处理如下。

购入设备时。

财务会计：

借：在建工程 10 300

　　贷：银行存款 10 300

预算会计：

借：事业支出 10 300

　　贷：资金结存——货币资金 10 300

安装时。

财务会计：

借：在建工程 700

　　贷：银行存款 700

预算会计：

借：事业支出 700

　　贷：资金结存——货币资金 700

安装完工交付使用时。

财务会计：

借：固定资产 11 000

　　贷：在建工程 11 000

预算会计无分录。

2. 自行建造的固定资产交付使用时，按照在建工程成本，借记本科目，贷记"在建工程"科目。

已交付使用但尚未办理竣工决算手续的固定资产，按照估计价值入账，待办理竣工决算后再按照实际成本调整原来的暂估价值。

【例11-83】自行建造的固定资产的会计核算

某事业单位自行建造固定资产，在前期投入工程价款2 000 000元。

财务会计：

借：在建工程 2 000 000

　　贷：银行存款 2 000 000

预算会计：

借：事业支出 2 000 000

　　贷：资金结存——货币资金 2 000 000

工程中期发现原材料不足，故投入400 000元购买原材料以满足完工需要。

财务会计：

借：在建工程 400 000

　　贷：银行存款 400 000

预算会计：

借：事业支出 400 000

　　贷：资金结存——货币资金 400 000

工程交付使用。

财务会计：

借：固定资产 2 400 000

　　贷：在建工程 2 400 000

预算会计无分录。

3. 融资租赁取得的固定资产，其成本按照租赁协议或者合同确定的租赁价款、相关税费以及固定资产交付使用前所发生的可归属于该项资产的运输费、途中保险费、安装调试费等确定。

融资租入的固定资产，按照确定的成本，借记本科目（不需安装）或"在建工程"科目（需安装），按照租赁协议或者合同确定的租赁付款额，贷记"长期应付款"科目，按照支付的运输费、途中保险费、安装调试费等金额，贷记"财政拨款收入""零余额账户用款额度""银行存款"等科目。

定期支付租金时，按照实际支付金额，借记"长期应付款"科目，贷记"财政拨款收入""零余额账户用款额度""银行存款"等科目。

【例 11-84】融资租赁取得的固定资产的会计核算

某事业单位融资租入固定资产，固定资产价值为 400 000 元，支付运输费等 2 000 元。租赁协议规定该事业单位需要支付租赁价款 400 000 元，每个月支付 10 000 元，分 40 个月支付完。该事业单位的会计处理如下。

财务会计：

借：固定资产	402 000
贷：长期应付款	400 000
银行存款	2 000

预算会计：

借：事业支出	2 000
贷：资金结存——货币资金	2 000

该事业单位需要每月支付租金 10 000 元，支付租金时。

财务会计：

借：长期应付款	10 000
贷：银行存款	10 000

预算会计：

借：事业支出	10 000
贷：资金结存——货币资金	10 000

4. 按照规定跨年度分期付款购入固定资产的账务处理，参照融资租入固定资产。

5. 接受捐赠的固定资产，按照确定的固定资产成本，借记本科目（不需安装）或"在建工程"科目（需安装），按照发生的相关税费、运输费等，贷记"零余额账户用款额度""银行存款"等科目，按照其差额，贷记"捐赠收入"科目。

接受捐赠的固定资产按照名义金额入账的，按照名义金额，借记本科目，贷记"捐赠收入"科目；按照发生的相关税费、运输费等，借记"其他费用"科目，贷记"零余额账户用款额度""银行存款"等科目。

【例 11-85】接受捐赠的固定资产的会计核算

某单位接受社会捐赠的固定资产，资产价值为 50 000 元，期间发生的运输费为 800 元。

财务会计：

借：固定资产   50 800

    贷：捐赠收入   50 000

        银行存款   800

预算会计：

借：其他支出   800

    贷：资金结存——货币资金   800

6. 无偿调入的固定资产，按照确定的固定资产成本，借记本科目（不需安装）或"在建工程"科目（需安装），按照发生的相关税费、运输费等，贷记"零余额账户用款额度""银行存款"等科目，按照其差额，贷记"无偿调拨净资产"科目。

【例 11-86】无偿调入的固定资产的会计核算

某单位接受无偿调入的固定资产，资产价值为 70 000 元，期间发生的运输费为 900 元。

财务会计：

借：固定资产   70 900

    贷：无偿调拨净资产   70 000

        银行存款   900

预算会计：

借：其他支出   900

    贷：资金结存——货币资金   900

7. 置换取得的固定资产，参照"库存物品"科目中置换取得库存物品的相关规定进行账务处理。固定资产取得时涉及增值税业务的，相关账务处理参见"应交增值税"科目。

（二）与固定资产有关的后续支出

1. 符合固定资产确认条件的后续支出

通常情况下，将固定资产转入改建、扩建时，按照固定资产的账面价值，借记"在建工程"科目，按照固定资产已计提折旧，借记"固定资产累计折旧"科目，按照固定资产的账面余额，贷记本科目。

为增加固定资产使用效能或延长其使用年限而发生的改建、扩建等后续支出，借记"在建工程"科目，贷记"财政拨款收入""零余额账户用款额度""银行存款"等科目。

固定资产改建、扩建等完成交付使用时，按照在建工程成本，借记本科目，贷记"在建工程"科目。

2. 不符合固定资产确认条件的后续支出

为保证固定资产正常使用发生的日常维修等支出，借记"业务活动费用""单位管理费用"等科目，贷记"财政拨款收入""零余额账户用款额度""银行存款"等科目。

【例 11-87】不符合固定资产确认条件的后续支出的会计核算

某事业单位决定对固定资产进行扩建，固定资产账面余额为 500 000 元，已计提折旧 100 000 元，扩建过程中支付工程款 200 000 元。

财务会计：

借：在建工程   400 000

  累计折旧   100 000

   贷：固定资产   500 000

借：在建工程   200 000

   贷：银行存款   200 000

预算会计：

借：事业支出   200 000

   贷：资金结存——货币资金   200 000

工程完工，交付使用。

财务会计：

借：固定资产   600 000

   贷：在建工程   600 000

预算会计无分录。

（三）按照规定报经批准处置固定资产，应当分以下情况处理。

1. 报经批准出售、转让固定资产，按照被出售、转让固定资产的账面价值，借记"资产处置费用"科目，按照固定资产已计提的折旧，借记"固定资产累计折旧"科目，按照固定资产账面余额，贷记本科目；同时，按照收到的价款，借记"银行存款"等科目，按照处置过程中发生的相关费用，贷记"银行存款"等科目，按照其差额，贷记"应缴财政款"科目。

【例 11-88】报经批准出售、转让固定资产的会计核算

某事业单位出售固定资产一批，固定资产账面余额为 72 000 元，已计提折旧 60 000 元，出售固定资产收到价款 20 000 元。该业务的账务处理如下。

财务会计：

借：资产处置费用	12 000
固定资产累计折旧	60 000
贷：固定资产	72 000
借：银行存款	20 000
贷：应缴财政款	20 000

预算会计无分录。

2. 报经批准对外捐赠固定资产，按照固定资产已计提的折旧，借记"固定资产累计折旧"科目，按照被处置固定资产账面余额，贷记本科目，按照捐赠过程中发生的归属于捐出方的相关费用，贷记"银行存款"等科目，按照其差额，借记"资产处置费用"科目。

【例11-89】报经批准对外捐赠固定资产的会计核算

某事业单位对外捐赠固定资产，固定资产账面余额为100 000元，已计提折旧30 000元，另外该事业单位支付运输费3 000元。该业务的账务处理如下。

财务会计：

借：资产处置费用	73 000
固定资产累计折旧	30 000
贷：固定资产	100 000
银行存款	3 000

预算会计：

借：其他支出	3 000
贷：资金结存——货币资金	3 000

3. 报经批准无偿调出固定资产，按照固定资产已计提的折旧，借记"固定资产累计折旧"科目，按照被处置固定资产账面余额，贷记本科目，按照其差额，借记"无偿调拨净资产"科目；同时，按照无偿调出过程中发生的归属于调出方的相关费用，借记"资产处置费用"科目，贷记"银行存款"等科目。

【例11-90】报经批准无偿调出固定资产的会计核算

某事业单位无偿调出固定资产，固定资产账面余额为200 000元，已计提折旧50 000元，另外该事业单位支付运输费3 000元。该业务的账务处理如下。

财务会计：

借：无偿调拨净资产	150 000

固定资产累计折旧	50 000
贷：固定资产	200 000
借：资产处置费用	3 000
贷：银行存款	3 000

预算会计：

借：其他支出	3 000
贷：资金结存——货币资金	3 000

4. 报经批准置换出固定资产，参照"库存物品"中置换换入库存物品的规定进行账务处理。

固定资产处置时涉及增值税业务的，相关账务处理参见"应交增值税"科目。

（四）单位应当定期对固定资产进行清查盘点，每年至少盘点一次。对于发生的固定资产盘盈、盘亏或毁损、报废，应当先记入"待处理财产损溢"科目，按照规定报经批准后及时进行后续账务处理。

1. 盘盈的固定资产，其成本按照有关凭据注明的金额确定；没有相关凭据、但按照规定经过资产评估的，其成本按照评估价值确定；没有相关凭据、也未经过评估的，其成本按照重置成本确定。如无法采用上述方法确定盘盈固定资产成本的，按照名义金额（人民币1元）入账。

盘盈的固定资产，按照确定的入账成本，借记本科目，贷记"待处理财产损溢"科目。

2. 盘亏、毁损或报废的固定资产，按照待处理固定资产的账面价值，借记"待处理财产损溢"科目，按照已计提折旧，借记"固定资产累计折旧"科目，按照固定资产的账面余额，贷记本科目。

【例11-91】盘盈、盘亏固定资产的会计核算

某单位于2×19年年底对单位的固定资产进行盘点，发生如下业务。

盘盈固定资产A，价值5 000元。

财务会计：

借：固定资产——A	5 000
贷：待处理财产损溢	5 000

预算会计无分录。

盘点过程中，发现固定资产B毁损，B的账面价值为3 000元，已计提折旧2 000元。

财务会计：

借：待处理财产损溢   1 000

  固定资产累计折旧   2 000

  贷：固定资产——B   3 000

预算会计无分录。

五、本科目期末借方余额，反映单位固定资产的原值。

1602　固定资产累计折旧

一、本科目核算单位计提的固定资产累计折旧。

公共基础设施和保障性住房计提的累计折旧，应当分别通过"公共基础设施累计折旧（摊销）"科目和"保障性住房累计折旧"科目核算，不通过本科目核算。

二、本科目应当按照所对应固定资产的明细分类进行明细核算。

三、单位计提融资租入固定资产折旧时，应当采用与自有固定资产相一致的折旧政策。能够合理确定租赁期届满时将会取得租入固定资产所有权的，应当在租入固定资产尚可使用年限内计提折旧；无法合理确定租赁期届满时能够取得租入固定资产所有权的，应当在租赁期与租入固定资产尚可使用年限两者中较短的期间内计提折旧。

四、固定资产累计折旧的主要账务处理如下。

（一）按月计提固定资产折旧时，按照应计提折旧金额，借记"业务活动费用""单位管理费用""经营费用""加工物品""在建工程"等科目，贷记本科目。

（二）经批准处置或处理固定资产时，按照所处置或处理固定资产的账面价值，借记"资产处置费用""无偿调拨净资产""待处理财产损溢"等科目，按照已计提折旧，借记本科目，按照固定资产的账面余额，贷记"固定资产"科目。

【例11-92】按月计提固定资产折旧的会计核算

某事业单位新购进固定资产一批，价值为72 000元，计划使用6年，每月计提折旧1 000元。

购进时。

财务会计：

借：固定资产   72 000

  贷：银行存款   72 000

预算会计：

借：事业支出 72 000

　　贷：资金结存——货币资金 72 000

按月计提固定资产折旧时。

财务会计：

借：业务活动费用 1 000

　　贷：固定资产累计折旧 1 000

预算会计无分录。

假设第5年末对固定资产进行报废处置。

财务会计：

借：待处理财产损溢 12 000

　　固定资产累计折旧 60 000

　　贷：固定资产 72 000

预算会计无分录。

五、本科目期末贷方余额，反映单位计提的固定资产折旧累计数。

1611　工程物资

一、本科目核算单位为在建工程准备的各种物资的成本，包括工程用材料、设备等。

二、本科目可按照"库存材料""库存设备"等工程物资类别进行明细核算。

三、工程物资的主要账务处理如下。

（一）购入为工程准备的物资，按照确定的物资成本，借记本科目，贷记"财政拨款收入""零余额账户用款额度""银行存款""应付账款"等科目。

【例11-93】购入为工程准备的物资的会计核算

2×19年1月1日，某行政单位购入一批工程物资，支付8 000元。

财务会计：

借：工程物资 8 000

　　贷：银行存款 8 000

预算会计：

借：行政支出 8 000

  贷：资金结存——货币资金   8 000

 （二）领用工程物资，按照物资成本，借记"在建工程"科目，贷记本科目。工程完工后将领出的剩余物资退库时做相反的会计分录。

 【例 11-94】领用工程物资的会计核算

 沿用【例 11-93】，2×19 年 1 月 31 日，该行政单位因建造需要领用该批工程物资的 80%。

 财务会计：

 借：在建工程   6 400

  贷：工程物资   6 400

 预算会计无分录。

 （三）工程完工后将剩余的工程物资转作本单位存货等的，按照物资成本，借记"库存物品"等科目，贷记本科目。

 涉及增值税业务的，相关账务处理参见"应交增值税"科目。

 【例 11-95】工程完工后将剩余的工程物资转作本单位存货的会计核算

 沿用【例 11-94】，2×19 年 10 月 31 日，该行政单位将剩余 20% 的工程物资转为存货。

 财务会计：

 借：库存物品   1 600

  贷：工程物资   1 600

 预算会计无分录。

 四、本科目期末借方余额，反映单位为在建工程准备的各种物资的成本。

1613 在建工程

 一、本科目核算单位在建的建设项目工程的实际成本。单位在建的信息系统项目工程、公共基础设施项目工程、保障性住房项目工程的实际成本，也通过本科目核算。

 二、本科目应当设置"建筑安装工程投资""设备投资""待摊投资""其他投资""待核销基建支出""基建转出投资"等明细科目，并按照具体项目进行明细核算。

 （一）"建筑安装工程投资"明细科目，核算单位发生的构成建设项目实际支出的建筑工程和安装工程的实际成本，不包括被安装设备本身的价值以及按照合同规定支付给施工单位的预付备料款和预付工程款。本明细科目应当设置"建筑工程"和"安装工程"两个明细科目进行明细核算。

（二）"设备投资"明细科目，核算单位发生的构成建设项目实际支出的各种设备的实际成本。

（三）"待摊投资"明细科目，核算单位发生的构成建设项目实际支出的、按照规定应当分摊计入有关工程成本和设备成本的各项间接费用和税费支出。本明细科目的具体核算内容包括以下方面。

1. 勘察费、设计费、研究试验费、可行性研究费及项目其他前期费用。

2. 土地征用及迁移补偿费、土地复垦及补偿费、森林植被恢复费及其他为取得土地使用权、租用权而发生的费用。

3. 土地使用税、耕地占用税、契税、车船税、印花税及按照规定缴纳的其他税费。

4. 项目建设管理费、代建管理费、临时设施费、监理费、招投标费、社会中介审计（审查）费及其他管理性质的费用。

项目建设管理费是指项目建设单位从项目筹建之日起至办理竣工财务决算之日止发生的管理性质的支出，包括不在原单位发工资的工作人员工资及相关费用、办公费、办公场地租用费、差旅交通费、劳动保护费、工具用具使用费、固定资产使用费、招募生产工人费、技术图书资料费（含软件）、业务招待费、施工现场津贴、竣工验收费等。

5. 项目建设期间发生的各类专门借款利息支出或融资费用。

6. 工程检测费、设备检验费、负荷联合试车费及其他检验检测类费用。

7. 固定资产损失、器材处理亏损、设备盘亏及毁损、单项工程或单位工程报废、毁损净损失及其他损失。

8. 系统集成等信息工程的费用支出。

9. 其他待摊性质支出。

本明细科目应当按照上述费用项目进行明细核算，其中有些费用（如项目建设管理费等），还应当按照更为具体的费用项目进行明细核算。

（四）"其他投资"明细科目，核算单位发生的构成建设项目实际支出的房屋购置支出，基本畜禽、林木等购置、饲养、培育支出，办公生活用家具、器具购置支出，软件研发和不能计入设备投资的软件购置等支出。单位为进行可行性研究而购置的固定资产，以及取得土地使用权支付的土地出让金，也通过本明细科目核算。本明细科目应当设置"房屋购置""基本畜禽支出""林木支出""办公生活用家具、器具购置""可行性研究固定资产购置""无形资产"等明细科目。

（五）"待核销基建支出"明细科目，核算建设项目发生的江河清障、航道清淤、飞播造林、补助群众造林、水土保持、城市绿化、取消项目的可行性研究费以及项目整体报废等不能形成资产部分的基建投资支出。本明细科目应按照待核销基建支出的类别进行明细核算。

（六）"基建转出投资"明细科目，核算为建设项目配套而建成的、产权不归属本单位的专用设施的实际成本。本明细科目应按照转出投资的类别进行明细核算。

三、在建工程的主要账务处理如下。

（一）建筑安装工程投资

1. 将固定资产等资产转入改建、扩建等时，按照固定资产等资产的账面价值，借记本科目（建筑安装工程投资），按照已计提的折旧或摊销，借记"固定资产累计折旧"等科目，按照固定资产等资产的原值，贷记"固定资产"等科目。

固定资产等资产改建、扩建过程中涉及替换（或拆除）原资产的某些组成部分的，按照被替换（或拆除）部分的账面价值，借记"待处理财产损溢"科目，贷记本科目（建筑安装工程投资）。

2. 单位对于发包建筑安装工程，根据建筑安装工程价款结算账单与施工企业结算工程价款时，按照应承付的工程价款，借记本科目（建筑安装工程投资），按照预付工程款余额，贷记"预付账款"科目，按照其差额，贷记"财政拨款收入""零余额账户用款额度""银行存款""应付账款"等科目。

3. 单位自行施工的小型建筑安装工程，按照发生的各项支出金额，借记本科目（建筑安装工程投资），贷记"工程物资""零余额账户用款额度""银行存款""应付职工薪酬"等科目。

4. 工程竣工，办妥竣工验收交接手续交付使用时，按照建筑安装工程成本（含应分摊的待摊投资），借记"固定资产"等科目，贷记本科目（建筑安装工程投资）。

【例11-96】将固定资产等资产转入改建、扩建等的会计核算

某行政单位一办公楼因多年使用需要改建，原值为8 000 000元，已计提折旧5 000 000元。改建过程中，拆除部分建筑，账面价值为500 000元，并获得残值收入200 000元。改建过程中发生改建支出3 000 000元，用零余额账户用款额度支付。改建完工后，验收合格，投入使用。应做如下会计处理。

办公楼转入改建工程时。

财务会计:

借: 在建工程——建筑安装工程 3 000 000

固定资产累计折旧 5 000 000

贷: 固定资产——办公楼 8 000 000

预算会计无分录。

拆除部分建筑时。

财务会计:

借: 待处理财产损溢 500 000

贷: 在建工程——建筑安装工程 500 000

预算会计无分录。

获得残值收入时。

财务会计:

借: 银行存款 200 000

贷: 应缴财政款 200 000

预算会计无分录。

发生改建支出时。

财务会计:

借: 在建工程——建筑安装工程 3 000 000

贷: 零余额账户用款额度 3 000 000

预算会计:

借: 行政支出 3 000 000

贷: 资金结存——零余额账户用款额度 3 000 000

完工验收时。

财务会计:

借: 固定资产——办公楼 5 500 000

贷: 在建工程——建筑安装工程 5 500 000

预算会计无分录。

(二) 设备投资

1. 购入设备时, 按照购入成本, 借记本科目 (设备投资), 贷记 "财政拨款收入" "零余额账户用款额度" "银行存款" 等科目; 采用预付款方式购入设备的, 有关预付款的账务处理参照本科目有关 "建筑安装工程投资" 明细科目的规定。

2. 设备安装完毕，办妥竣工验收交接手续交付使用时，按照设备投资成本（含设备安装工程成本和分摊的待摊投资），借记"固定资产"等科目，贷记本科目（设备投资、建筑安装工程投资——安装工程）。

将不需要安装的设备和达不到固定资产标准的工具、器具交付使用时，按照相关设备、工具、器具的实际成本，借记"固定资产""库存物品"科目，贷记本科目（设备投资）。

【例11-97】购入设备的会计核算

某事业单位于2×19年1月1日购入一台机器设备，支付800 000元，因需要安装，2×19年2月1日支付安装费200 000元，2×19年5月1日安装完毕后交付使用。其账务处理如下。

2×19年1月1日。

财务会计：

借：在建工程——设备投资　　　　　　　　　　　　　　800 000

　　贷：银行存款　　　　　　　　　　　　　　　　　　800 000

预算会计：

借：事业支出　　　　　　　　　　　　　　　　　　　　800 000

　　贷：资金结存——货币资金　　　　　　　　　　　　800 000

2×19年2月1日。

财务会计：

借：在建工程——建筑安装工程投资　　　　　　　　　　200 000

　　贷：银行存款　　　　　　　　　　　　　　　　　　200 000

预算会计：

借：事业支出　　　　　　　　　　　　　　　　　　　　200 000

　　贷：资金结存——货币资金　　　　　　　　　　　　200 000

2×19年5月1日。

财务会计：

借：固定资产　　　　　　　　　　　　　　　　　　　1 000 000

　　贷：在建工程——设备投资　　　　　　　　　　　　800 000

　　　　在建工程——建筑安装工程投资　　　　　　　　200 000

预算会计无分录。

（三）待摊投资

建设工程发生的构成建设项目实际支出的、按照规定应当分摊计入有关工程成本和设备成本的各项间接费用和税费支出，先在本明细科目中归集；建设工程办妥竣工验收手续交付使用时，按照合理的分配方法，摊入相关工程成本、在安装设备成本等。

1. 单位发生的构成待摊投资的各类费用，按照实际发生金额，借记本科目（待摊投资），贷记"财政拨款收入""零余额账户用款额度""银行存款""应付利息""长期借款""其他应交税费""固定资产累计折旧""无形资产累计摊销"等科目。

2. 对于建设过程中试生产、设备调试等产生的收入，按照取得的收入金额，借记"银行存款"等科目，按照依据有关规定应当冲减建设工程成本的部分，贷记本科目（待摊投资），按照其差额贷记"应缴财政款"或"其他收入"科目。

3. 由于自然灾害、管理不善等原因造成的单项工程或单位工程报废或毁损，扣除残料价值和过失人或保险公司等赔款后的净损失，报经批准后计入继续施工的工程成本的，按照工程成本扣除残料价值和过失人或保险公司等赔款后的净损失，借记本科目（待摊投资），按照残料变价收入、过失人或保险公司赔款等，借记"银行存款""其他应收款"等科目，按照报废或毁损的工程成本，贷记本科目（建筑安装工程投资）。

4. 工程交付使用时，按照合理的分配方法分配待摊投资，借记本科目（建筑安装工程投资、设备投资），贷记本科目（待摊投资）。

待摊投资的分配方法，可按照下列公式计算。

（1）按照实际分配率分配。适用于建设工期较短、整个项目的所有单项工程一次竣工的建设项目。

实际分配率 = 待摊投资明细科目余额 ÷（建筑工程明细科目余额 + 安装工程明细科目余额 + 设备投资明细科目余额）× 100%

（2）按照概算分配率分配。适用于建设工期长、单项工程分期分批建成投入使用的建设项目。

概算分配率 =（概算中各待摊投资项目的合计数 - 其中可直接分配部分）÷（概算中建筑工程、安装工程和设备投资合计）× 100%

（3）某项固定资产应分配的待摊投资 = 该项固定资产的建筑工程成本或该项固定资产（设备）的采购成本和安装成本合计 × 分配率。

【例 11-98】建设工程发生的构成建设项目成本的支出的会计核算

2×19 年 2 月 1 日，某事业单位在建造某一设备时，以银行存款支付可行性研究费用 15 000 元。根据相关凭证，做如下会计处理。

财务会计：

借：在建工程——待摊投资   15 000

    贷：银行存款   15 000

预算会计：

借：事业支出   15 000

    贷：资金结存——货币资金   15 000

2×19 年 3 月 1 日，该事业单位在设备调试过程中产生的收入为 2 000 元，分配的待摊投资为 1 000 元。做如下会计处理。

财务会计：

借：银行存款   2 000

    贷：在建工程——待摊投资   1 000

        其他收入   1 000

预算会计：

借：资金结存——货币资金   1 000

    贷：其他预算收入   1 000

2×19 年 10 月 1 日，该设备完工交付使用，做如下会计处理。

财务会计：

借：在建工程——设备投资   14 000

    贷：在建工程——待摊投资   14 000

预算会计无分录。

（四）其他投资

1. 单位为建设工程发生的房屋购置支出，基本畜禽、林木等的购置、饲养、培育支出，办公生活用家具、器具购置支出，软件研发和不能计入设备投资的软件购置等支出，按照实际发生金额，借记本科目（其他投资），贷记"财政拨款收入""零余额账户用款额度""银行存款"等科目。

2. 工程完成将形成的房屋、基本畜禽、林木等各种财产以及无形资产交付使用时，按照其实际成本，借记"固定资产""无形资产"等科目，贷记本科目（其他投资）。

【例 11-99】单位为建设工程发生的房屋购置支出的会计核算

某单位于 2×19 年 10 月 1 日新购入一批办公生活用家具，花费 5 万元，用银行存款支付。2×19 年 11 月 1 日，该批家具安装完成交付使用。应做如下会计处理。

2×19 年 10 月 1 日。

财务会计：

借：在建工程——其他投资　　　　　　　　　　　　　　　　50 000

　　贷：银行存款　　　　　　　　　　　　　　　　　　　　　50 000

预算会计：

借：行政支出/事业支出等　　　　　　　　　　　　　　　　　50 000

　　贷：资金结存——货币资金　　　　　　　　　　　　　　　50 000

2×19 年 11 月 1 日。

财务会计：

借：固定资产/无形资产等　　　　　　　　　　　　　　　　　50 000

　　贷：在建工程——其他投资　　　　　　　　　　　　　　　50 000

预算会计无分录。

（五）待核销基建支出

1. 建设项目发生的江河清障、航道清淤、飞播造林、补助群众造林、水土保持、城市绿化等不能形成资产的各类待核销基建支出，按照实际发生金额，借记本科目（待核销基建支出），贷记"财政拨款收入""零余额账户用款额度""银行存款"等科目。

2. 取消的建设项目发生的可行性研究费，按照实际发生金额，借记本科目（待核销基建支出），贷记本科目（待摊投资）。

3. 由于自然灾害等原因发生的建设项目整体报废所形成的净损失，报经批准后转入待核销基建支出，按照项目整体报废所形成的净损失，借记本科目（待核销基建支出），按照报废工程回收的残料变价收入、保险公司赔款等，借记"银行存款""其他应收款"等科目，按照报废的工程成本，贷记本科目（建筑安装工程投资等）。

4. 建设项目竣工验收交付使用时，对发生的待核销基建支出进行冲销，借记"资产处置费用"科目，贷记本科目（待核销基建支出）。

【例 11-100】对发生的待核销基建支出进行冲销的会计核算

某事业单位新建一栋办公楼，已投资 200 000 元，现由于自然灾害导致项目整体报废，经批准冲销该基建支出。应做以下会计处理。

财务会计：

报废时。

借：在建工程——待核销基建支出　　　　　　　　　　　　200 000

　　贷：在建工程——建筑安装工程投资　　　　　　　　200 000

　经批准冲销时。

　　借：资产处置费用　　　　　　　　　　　　　　　　200 000

　　　　贷：在建工程——待核销基建支出　　　　　　　　200 000

　预算会计无分录。

（六）基建转出投资

　　为建设项目配套而建成的、产权不归属本单位的专用设施，在项目竣工验收交付使用时，按照转出的专用设施的成本，借记本科目（基建转出投资），贷记本科目（建筑安装工程投资）；同时，借记"无偿调拨净资产"科目，贷记本科目（基建转出投资）。

【例 11-101】为建设项目配套而建成的、产权不归属本单位的专用设施的会计核算

　　某行政单位新建一座办公楼，根据工作需要配套建设了一台仪器，但产权不归属本单位。该仪器的实际成本为 3 000 000 元，该项目完工后将产权移交其他部门，应做如下会计处理。

　财务会计：

　　借：在建工程——基建转出投资　　　　　　　　　　3 000 000

　　　　贷：在建工程——建筑安装工程投资　　　　　　　3 000 000

　预算会计无分录。

　　四、本科目期末借方余额，反映单位尚未完工的建设项目工程发生的实际成本。

1701　无形资产

　　一、本科目核算单位无形资产的原值。

　　非大批量购入、单价小于 1 000 元的无形资产，可以于购买的当期将其成本直接计入当期费用。

　　二、本科目应当按照无形资产的类别、项目等进行明细核算。

　　三、无形资产的主要账务处理如下。

　　（一）无形资产在取得时，应当按照成本进行初始计量。

　　1. 外购的无形资产，按照确定的成本，借记本科目，贷记"财政拨款收入""零余额账户用款额度""应付账款""银行存款"等科目。

【**例 11-102**】外购的无形资产的会计核算

某行政单位取得一项专利，使用财政授权支付方式支付价款 200 000 元，应做如下会计处理。

财务会计：

借：无形资产　　　　　　　　　　　　　　　　　　　200 000

　　贷：零余额账户用款额度　　　　　　　　　　　　　　　200 000

预算会计：

借：行政支出　　　　　　　　　　　　　　　　　　　200 000

　　贷：资金结存——零余额账户用款额度　　　　　　　　　200 000

2. 委托软件公司开发软件，视同外购无形资产进行处理。合同中约定预付开发费用的，按照预付金额，借记"预付账款"科目，贷记"财政拨款收入""零余额账户用款额度""银行存款"等科目。

软件开发完成交付使用并支付剩余或全部软件开发费用时，按照软件开发费用总额，借记本科目，按照相关预付账款金额，贷记"预付账款"科目，按照支付的剩余金额，贷记"财政拨款收入""零余额账户用款额度""银行存款"等科目。

【**例 11-103**】委托软件公司开发软件的会计核算

某行政单位与软件公司合作，委托其开发软件，价款为 500 000 元。根据合同，该行政单位先预付 40% 的开发费用，剩余费用完工交付后支付。所有款项使用财政授权支付方式支付。应做如下会计处理。

预付开发费用时。

财务会计：

借：预付账款　　　　　　　　　　　　　　　　　　　200 000

　　贷：零余额账户用款额度　　　　　　　　　　　　　　　200 000

预算会计：

借：行政支出　　　　　　　　　　　　　　　　　　　200 000

　　贷：资金结存——零余额账户用款额度　　　　　　　　　200 000

完工交付时。

财务会计：

借：无形资产　　　　　　　　　　　　　　　　　　　500 000

　　贷：预付账款　　　　　　　　　　　　　　　　　　　200 000

　　　　零余额账户用款额度　　　　　　　　　　　　　　　300 000

预算会计：

借：行政支出   300 000

  贷：资金结存——零余额账户用款额度   300 000

3. 自行研究开发形成的无形资产，按照研究开发项目进入开发阶段后至达到预定用途前所发生的支出总额，借记本科目，贷记"研发支出——开发支出"科目。

自行研究开发项目尚未进入开发阶段，或者确实无法区分研究阶段支出和开发阶段支出，但按照法律程序已申请取得无形资产的，按照依法取得时发生的注册费、聘请律师费等费用，借记本科目，贷记"财政拨款收入""零余额账户用款额度""银行存款"等科目；按照依法取得前所发生的研究开发支出，借记"业务活动费用"等科目，贷记"研发支出"科目。

【例 11-104】自行研究开发形成的无形资产的会计核算

某行政单位自行开发一项技术，并申请专利，按法律程序申请专利时发生的注册费、聘请律师费等共计 100 000 元。在取得专利之前共发生研发费用 200 000 元。所有款项均使用财政授权支付方式进行支付。应做如下会计处理。

取得专利前发生研发费用时。

财务会计：

借：研发支出   200 000

  贷：零余额账户用款额度   200 000

预算会计：

借：行政支出   200 000

  贷：资金结存——零余额账户用款额度   200 000

依法取得专利时。

财务会计：

借：无形资产   300 000

  贷：研发支出   200 000

    零余额账户用款额度   100 000

预算会计：

借：行政支出   100 000

  贷：资金结存——零余额账户用款额度   100 000

4. 接受捐赠的无形资产，按照确定的无形资产成本，借记本科目，按照发生的相关税费等，贷记"零余额账户用款额度""银行存款"等科目，按照其差额，贷记"捐赠收入"科目。

接受捐赠的无形资产按照名义金额入账的，按照名义金额，借记本科目，贷记"捐赠收入"科目；同时，按照发生的相关税费等，借记"其他费用"科目，贷记"零余额账户用款额度""银行存款"等科目。

【例 11-105】接受捐赠的无形资产的会计核算

某事业单位接受 A 公司捐赠的一项专利，价值 200 000 元，支付相关税费 2 000 元。应做如下会计处理。

财务会计：

借：无形资产 202 000
　　贷：银行存款 2 000
　　　　捐赠收入 200 000

预算会计：

借：其他支出 2 000
　　贷：资金结存——货币资金 2 000

5. 无偿调入的无形资产，按照确定的无形资产成本，借记本科目，按照发生的相关税费等，贷记"零余额账户用款额度""银行存款"等科目，按照其差额，贷记"无偿调拨净资产"科目。

【例 11-106】无偿调入的无形资产的会计核算

某单位接受无偿调入的无形资产，资产价值 50 000 元，期间发生运输费 400 元。

财务会计：

借：无形资产 50 400
　　贷：无偿调拨净资产 50 000
　　　　银行存款 400

预算会计：

借：其他支出 400
　　贷：资金结存——货币资金 400

6. 置换取得的无形资产，参照"库存物品"科目中置换取得库存物品的相关规定进行账务处理。

无形资产取得时涉及增值税业务的，相关账务处理参见"应交增值税"科目。

【例 11-107】置换取得的无形资产的会计核算

某行政单位用一项一批材料置换换入专利，换出材料的原价为 200 000 元，评估价值为 200 000 元。置换换出材料收到补价 50 000 元，发生其他相关支出 60 000 元。应做如下会计处理。

财务会计：

借：无形资产　　　　　　　　　　　　　　　　　　　210 000

　　贷：库存物品　　　　　　　　　　　　　　　　　　200 000

　　　　银行存款　　　　　　　　　　　　　　　　　　10 000

预算会计：

借：其他支出　　　　　　　　　　　　　　　　　　　10 000

　　贷：资金结存——货币资金　　　　　　　　　　　　10 000

（二）与无形资产有关的后续支出

1. 符合无形资产确认条件的后续支出

为增加无形资产的使用效能对其进行升级改造或扩展其功能时，如需暂停对无形资产进行摊销的，按照无形资产的账面价值，借记"在建工程"科目，按照无形资产已摊销金额，借记"无形资产累计摊销"科目，按照无形资产的账面余额，贷记本科目。

无形资产后续支出符合无形资产确认条件的，按照支出的金额，借记本科目（无需暂停摊销的）或"在建工程"科目（需暂停摊销的），贷记"财政拨款收入""零余额账户用款额度""银行存款"等科目。

暂停摊销的无形资产升级改造或扩展功能等完成交付使用时，按照在建工程成本，借记本科目，贷记"在建工程"科目。

【例 11-108】符合无形资产确认条件的后续支出的会计核算

某事业单位拥有一项软件技术，其账面价值为 50 000 元，已摊销 5 000 元。现为增加该软件技术的效用增加支出 20 000 元，若该支出符合无形资产确认条件，则账务处理如下。

财务会计：

借：在建工程　　　　　　　　　　　　　　　　　　　45 000

　　无形资产累计摊销　　　　　　　　　　　　　　　　5 000

　　贷：无形资产　　　　　　　　　　　　　　　　　　50 000

借：在建工程　　　　　　　　　　　　　　　　　　　20 000

　　贷：银行存款　　　　　　　　　　　　　　　　　　20 000

预算会计：

借：其他支出　　　　　　　　　　　　　　　　　　　20 000

贷：资金结存——货币资金	20 000

2. 不符合无形资产确认条件的后续支出

为保证无形资产正常使用发生的日常维护等支出，借记"业务活动费用""单位管理费用"等科目，贷记"财政拨款收入""零余额账户用款额度""银行存款"等科目。

【例 11-109】不符合无形资产确认条件的后续支出的会计核算

某事业单位拥有一项软件技术，其账面价值为 50 000 元，已摊销 5 000 元。现为维护该软件技术的正常使用发生后续支出 20 000 元，若该支出不符合无形资产确认条件，则账务处理如下。

财务会计：

借：业务活动费用	20 000
贷：银行存款	20 000

预算会计：

借：事业支出	20 000
贷：资金结存——货币资金	20 000

（三）按照规定报经批准处置无形资产，应当分以下情况处理。

1. 报经批准出售、转让无形资产，按照被出售、转让无形资产的账面价值，借记"资产处置费用"科目，按照无形资产已计提的摊销，借记"无形资产累计摊销"科目，按照无形资产账面余额，贷记本科目；同时，按照收到的价款，借记"银行存款"等科目，按照处置过程中发生的相关费用，贷记"银行存款"等科目，按照其差额，贷记"应缴财政款"（按照规定应上缴无形资产转让净收入的）或"其他收入"（按照规定将无形资产转让收入纳入本单位预算管理的）科目。

【例 11-110】报经批准出售、转让无形资产的会计核算

某行政单位经批准将一项专利权出售，该项专利权原价为 500 000 元，已计提摊销 300 000 元，售价为 250 000 元，应做如下会计处理。

财务会计：

借：资产处置费用	200 000
无形资产累计摊销	300 000
贷：无形资产	500 000
借：银行存款	250 000
贷：应缴财政款	250 000

预算会计无分录。

2. 报经批准对外捐赠无形资产，按照无形资产已计提的摊销，借记"无形资产累计摊销"科目，按照被处置无形资产账面余额，贷记本科目，按照捐赠过程中发生的归属于捐出方的相关费用，贷记"银行存款"等科目，按照其差额，借记"资产处置费用"科目。

【例11-111】报经批准对外捐赠无形资产的会计核算

某行政单位对外捐赠无形资产，无形资产账面余额为100 000元，已计提摊销30 000元，另外该行政单位支付运输费3 000元。该业务的账务处理如下。

财务会计：

借：资产处置费用	73 000
无形资产累计摊销	30 000
贷：无形资产	100 000
银行存款	3 000

预算会计：

借：其他支出	3 000
贷：资金结存——货币资金	3 000

3. 报经批准无偿调出无形资产，按照无形资产已计提的摊销，借记"无形资产累计摊销"科目，按照被处置无形资产账面余额，贷记本科目，按照其差额，借记"无偿调拨净资产"科目；同时，按照无偿调出过程中发生的归属于调出方的相关费用，借记"资产处置费用"科目，贷记"银行存款"等科目。

【例11-112】报经批准无偿调出无形资产的会计核算

某事业单位无偿调出内部的一项无形资产，该无形资产的原值为100 000元，已计提摊销20 000元。该业务的账务处理如下。

财务会计：

借：无偿调拨净资产	80 000
无形资产累计摊销	20 000
贷：无形资产	100 000

预算会计无分录。

4. 报经批准置换换出无形资产，参照"库存物品"科目中置换换入库存物品的规定进行账务处理。

5. 无形资产预期不能为单位带来服务潜力或经济利益，按照规定报经批准核销时，按照待核销无形资产的账面价值，借记"资产处置费用"科目，按照已计提摊销，借记"无形资产累计摊销"科目，按照无形资产的账面余额，贷记本科目。

无形资产处置时涉及增值税业务的，相关账务处理参见"应交增值税"科目。

【例 11-113】无形资产预期不能为单位带来服务潜力或经济利益的会计核算

某行政单位将一批不再能为行政单位带来经济利益的著作权予以核销，该批著作权原价为 100 000 元，已计提摊销 85 000 元，应做如下会计处理。

财务会计：

借：资产处置费用   15 000

    无形资产累计摊销   85 000

    贷：无形资产   100 000

预算会计无分录。

（四）单位应当定期对无形资产进行清查盘点，每年至少盘点一次。单位资产清查盘点过程中发现的无形资产盘盈、盘亏等，参照"固定资产"科目相关规定进行账务处理。

四、本科目期末借方余额，反映单位无形资产的成本。

1702 无形资产累计摊销

一、本科目核算单位对使用年限有限的无形资产计提的累计摊销。

二、本科目应当按照所对应无形资产的明细分类进行明细核算。

三、无形资产累计摊销的主要账务处理如下。

（一）按月对无形资产进行摊销时，按照应摊销金额，借记"业务活动费用""单位管理费用""加工物品""在建工程"等科目，贷记本科目。

【例 11-114】按月对无形资产进行摊销的会计核算

2×19 年 3 月 9 日，某行政单位购入一项专利，总价款为 360 000 元，按规定摊销年限为 10 年，应做如下会计处理。

按月计提专利权摊销。

专利权月摊销额＝360 000÷10÷12=3 000（元）

财务会计：

借：单位管理费用   3 000

    贷：无形资产累计摊销   3 000

预算会计无分录。

（二）经批准处置无形资产时，按照所处置无形资产的账面价值，借记"资产处置费用""无偿调拨净资产""待处理财产损溢"等科目，按照已计提摊销，借记本科目，按照无形资产的账面余额，贷记"无形资产"科目。

【例 11-115】经批准处置无形资产时的会计核算

某行政单位的某项无形资产预期已经不能再为单位带来服务潜力，按照规定报经批准核销。该项无形资产的账面余额为 720 000 元，已计提累计摊销为 560 000 元，账面价值为 160 000（720 000-560 000）元。该行政单位应编制如下会计分录。

财务会计：

借：资产处置费用 　　　　　　　　　　　　　　　　　160 000
　　无形资产累计摊销 　　　　　　　　　　　　　　　　560 000
　　贷：无形资产 　　　　　　　　　　　　　　　　　　720 000

预算会计无分录。

四、本科目期末贷方余额，反映单位计提的无形资产摊销累计数。

1703　研发支出

一、本科目核算单位自行研究开发项目研究阶段和开发阶段发生的各项支出。

建设项目中的软件研发支出，应当通过"在建工程"科目核算，不通过本科目核算。

二、本科目应当按照自行研究开发项目，分别"研究支出""开发支出"进行明细核算。

三、研发支出的主要账务处理如下。

（一）自行研究开发项目研究阶段的支出，应当先在本科目归集。按照从事研究及其辅助活动人员计提的薪酬，研究活动领用的库存物品，发生的与研究活动相关的管理费、间接费和其他各项费用，借记本科目（研究支出），贷记"应付职工薪酬""库存物品""财政拨款收入""零余额账户用款额度""固定资产累计折旧""银行存款"等科目。

期（月）末，应当将本科目归集的研究阶段的支出金额转入当期费用，借记"业务活动费用"等科目，贷记本科目（研究支出）。

（二）自行研究开发项目开发阶段的支出，先通过本科目进行归集。按照从事开发及其辅助活动人员计提的薪酬，开发活动领用的库存物品，发生的与开发活动相关的管理费、间接费和其他各项费用，借记本科目（开发支出），贷记"应付职工薪酬""库存物品""财政拨款收入""零余额账户用款额度""固定资产累计折旧""银行存款"等科目。自行研究开发项目完成，达到预定用途形成无形资产的，按照本科目归集的开发阶段的支出金额，借记"无形资产"科目，贷记本科目（开发支出）。

单位应于每年年度终了评估研究开发项目是否能达到预定用途，如预计不能达到预定用途（如无法最终完成开发项目并形成无形资产的），应当将已发生的开发支出金额全部转入当期费用，借记"业务活动费用"等科目，贷记本科目（开发支出）。

自行研究开发项目时涉及增值税业务的，相关账务处理参见"应交增值税"科目。

【例 11-116】自行研究开发项目开发阶段的支出的会计核算

某事业单位自行开展研究开发活动。在研究阶段，计提从事研究活动人员的薪酬共计 48 500 元。当年末，将发生的研究阶段支出合计 630 000 元转入业务活动费用。次年初，经论证和批准，相应研发活动进入开发阶段。在开发阶段，计提从事开发活动人员的薪酬共计 76 100 元。半年后，开发项目完成，形成一项无形资产，开发成本合计为 522 000 元。该事业单位应编制如下会计分录。

财务会计：

（1）计提从事研究活动人员的薪酬时。

借：研发支出——研究支出   48 500

  贷：应付职工薪酬   48 500

（2）结转研究阶段支出时。

借：业务活动费用   630 000

  贷：研发支出——研究支出   630 000

（3）计提从事开发活动人员的薪酬时。

借：研发支出——开发支出   76 100

  贷：应付职工薪酬   76 100

（4）开发项目完成并形成一项无形资产时。

借：无形资产   522 000

  贷：研发支出——开发支出   522 000

预算会计无分录。

四、本科目期末借方余额，反映单位预计能达到预定用途的研究开发项目在开发阶段发生的累计支出数。

1801 公共基础设施

一、本科目核算单位控制的公共基础设施的原值。

二、本科目应当按照公共基础设施的类别、项目等进行明细核算。

三、单位应当根据行业主管部门对公共基础设施的分类规定，制定适合于本单位管理的公共基础设施目录、分类方法，作为进行公共基础设施核算的依据。

四、公共基础设施的主要账务处理如下。

（一）公共基础设施在取得时，应当按照其成本入账。

1. 自行建造的公共基础设施完工交付使用时，按照在建工程的成本，借记本科目，贷记"在建工程"科目。

已交付使用但尚未办理竣工决算手续的公共基础设施，按照估计价值入账，待办理竣工决算后再按照实际成本调整原来的暂估价值。

【例 11-117】自行建造的公共基础设施完工交付使用的会计核算

某行政单位根据市政规划自行建造市民广场，该项公共基础设施至交付使用前所发生的全部必要支出为 3 000 000 元，应做如下会计处理。

财务会计：

借：公共基础设施 3 000 000

　　贷：在建工程 3 000 000

预算会计无分录。

2. 接受其他单位无偿调入的公共基础设施，按照确定的成本，借记本科目，按照发生的归属于调入方的相关费用，贷记"财政拨款收入""零余额账户用款额度""银行存款"等科目，按照其差额，贷记"无偿调拨净资产"科目。

无偿调入的公共基础设施成本无法可靠取得的，按照发生的相关税费、运输费等金额，借记"其他费用"科目，贷记"财政拨款收入""零余额账户用款额度""银行存款"等科目。

【例 11-118】接受其他单位无偿调入的公共基础设施的会计核算

某单位接受上级无偿调入健身设施，经评估该项公共基础设施的价值为 200 000 元，该单位支付安装费 10 000 元。应做如下会计处理。

财务会计：

借：公共基础设施	210 000
贷：无偿调拨净资产	200 000
银行存款	10 000

预算会计：

借：其他支出	10 000
贷：资金结存——货币资金	10 000

3. 接受捐赠的公共基础设施，按照确定的成本，借记本科目，按照发生的相关费用，贷记"财政拨款收入""零余额账户用款额度""银行存款"等科目，按照其差额，贷记"捐赠收入"科目。

接受捐赠的公共基础设施成本无法可靠取得的，按照发生的相关税费等金额，借记"其他费用"科目，贷记"财政拨款收入""零余额账户用款额度""银行存款"等科目。

4. 外购的公共基础设施，按照确定的成本，借记本科目，贷记"财政拨款收入""零余额账户用款额度""银行存款"等科目。

【例 11-119】外购的公共基础设施的会计核算

某行政单位外购一批防灾设施，支付款项 100 000 元，支付运费等相关支出 2 000 元，使用财政授权支付方式进行支付。应做如下会计处理。

财务会计：

借：公共基础设施	102 000
贷：零余额账户用款额度	102 000

预算会计：

借：行政支出	102 000
贷：资金结存——零余额账户用款额度	102 000

5. 对于成本无法可靠取得的公共基础设施，单位应当设置备查簿进行登记，待成本能够可靠确定后按照规定及时入账。

（二）与公共基础设施有关的后续支出

将公共基础设施转入改建、扩建时，按照公共基础设施的账面价值，借记"在建工程"科目，按照公共基础设施已计提折旧，借记"公共基础设施累计折旧（摊销）"科目，按照公共基础设施的账面余额，贷记本科目。

为增加公共基础设施使用效能或延长其使用年限而发生的改建、扩建等后续支出，借记"在建工程"科目，贷记"财政拨款收入""零余额账户用款额度""银行存款"等科目。

公共基础设施改建、扩建完成，竣工验收交付使用时，按照在建工程成本，借记本科目，贷记"在建工程"科目。

为保证公共基础设施正常使用发生的日常维修等支出，借记"业务活动费用""单位管理费用"等科目，贷记"财政拨款收入""零余额账户用款额度""银行存款"等科目。

【例11-120】公共基础设施改扩建的会计核算

某行政单位为延长市民广场的使用年限对其进行改扩建，该市民广场账面价值为1 000 000元，已计提累计折旧200 000元，发生后续支出共200 000元，使用财政授权支付方式进行支付，应做如下会计处理。

财务会计：

借：在建工程	800 000
公共基础设施累计折旧	200 000
贷：公共基础设施	1 000 000
借：在建工程	200 000
贷：零余额账户用款额度	200 000

预算会计：

借：行政支出	200 000
贷：资金结存——零余额账户用款额度	200 000

【例11-121】为保证公共基础设施正常使用发生的日常维修等支出的会计核算

某行政单位管理的市民广场，为维护其正常使用进行了日常维护，发生日常维护支出共100 000元，使用财政授权支付方式进行支付，应做如下会计处理。

财务会计：

借：业务活动费用	100 000
贷：零余额账户用款额度	100 000

预算会计：

借：行政支出	100 000
贷：资金结存——零余额账户用款额度	100 000

（三）按照规定报经批准处置公共基础设施，分以下情况处理。

1. 报经批准对外捐赠公共基础设施，按照公共基础设施已计提的折旧或摊销，借记"公共基础设施累计折旧（摊销）"科目，按照被处置公共基础设施账面余额，贷记本科目，按照捐赠过程中发生的归属于捐出方的相关费用，贷记"银行存款"等科目，按照其差额，借记"资产处置费用"科目。

2. 报经批准无偿调出公共基础设施，按照公共基础设施已计提的折旧或摊销，借记"公共基础设施累计折旧（摊销）"科目，按照被处置公共基础设施账面余额，贷记本科目，按照其差额，借记"无偿调拨净资产"科目；同时，按照无偿调出过程中发生的归属于调出方的相关费用，借记"资产处置费用"科目，贷记"银行存款"等科目。

（四）单位应当定期对公共基础设施进行清查盘点。对于发生的公共基础设施盘盈、盘亏、毁损或报废，应当先记入"待处理财产损溢"科目，按照规定报经批准后及时进行后续账务处理。

1. 盘盈的公共基础设施，其成本按照有关凭据注明的金额确定；没有相关凭据、但按照规定经过资产评估的，其成本按照评估价值确定；没有相关凭据、也未经过评估的，其成本按照重置成本确定。盘盈的公共基础设施成本无法可靠取得的，单位应当设置备查簿进行登记，待成本确定后按照规定及时入账。

盘盈的公共基础设施，按照确定的入账成本，借记本科目，贷记"待处理财产损溢"科目。

2. 盘亏、毁损或报废的公共基础设施，按照待处置公共基础设施的账面价值，借记"待处理财产损溢"科目，按照已计提折旧或摊销，借记"公共基础设施累计折旧（摊销）"科目，按照公共基础设施的账面余额，贷记本科目。

【例 11-122】发生的公共基础设施盘盈、盘亏、毁损或报废的会计核算

某行政单位管理的市民广场因洪灾遭到毁损，其原价为 3 000 000 元，已计提折旧 1 000 000 元，应做如下会计处理。

财务会计：

借：待处理财产损溢　　　　　　　　　　　　　　　2 000 000

公共基础设施累计折旧　　　　　　　　　　　　1 000 000

贷：公共基础设施　　　　　　　　　　　　　　　　3 000 000

预算会计无分录。

五、本科目期末借方余额，反映公共基础设施的原值。

1802 公共基础设施累计折旧（摊销）

一、本科目核算单位计提的公共基础设施累计折旧和累计摊销。

二、本科目应当按照所对应公共基础设施的明细分类进行明细核算。

三、公共基础设施累计折旧（摊销）的主要账务处理如下。

（一）按月计提公共基础设施折旧时，按照应计提的折旧额，借记"业务活动费用"科目，贷记本科目。

（二）按月对确认为公共基础设施的单独计价入账的土地使用权进行摊销时，按照应计提的摊销额，借记"业务活动费用"科目，贷记本科目。

（三）处置公共基础设施时，按照所处置公共基础设施的账面价值，借记"资产处置费用""无偿调拨净资产""待处理财产损溢"等科目，按照已提取的折旧和摊销，借记本科目，按照公共基础设施账面余额，贷记"公共基础设施"科目。

【例 11-123】处置公共基础设施的会计核算

某行政单位对外捐赠公共基础设施，该设施账面余额为 100 000 元，已计提折旧 30 000 元，另外该行政单位支付运输费 3 000 元。该业务的账务处理如下。

财务会计：

借：资产处置费用	73 000
公共基础设施累计折旧	30 000
贷：公共基础设施	100 000
银行存款	3 000

预算会计：

借：其他支出	3 000
贷：资金结存——货币资金	3 000

四、本科目期末贷方余额，反映单位提取的公共基础设施折旧和摊销的累计数。

1811 政府储备物资

一、本科目核算单位控制的政府储备物资的成本。

对政府储备物资不负有行政管理职责但接受委托具体负责执行其存储保管等工作的单位，其受托代储的政府储备物资应当通过"受托代理资产"科目核算，不通过本科目核算。

二、本科目应当按照政府储备物资的种类、品种、存放地点等进行明细核算。单位根据需要，可在本科目下设置"在库""发出"等明细科目进行明细核算。

三、政府储备物资的主要账务处理如下。

（一）政府储备物资取得时，应当按照其成本入账。

1. 购入的政府储备物资验收入库，按照确定的成本，借记本科目，贷记"财政拨款收入""零余额账户用款额度""银行存款"等科目。

【例 11-124】购入的政府储备物资验收入库的会计核算

某行政单位购入一批抗震救灾政府储备物资，价款为 5 000 000 元，相关税费为 850 000 元，运费、保险费共计 20 000 元，使用财政授权支付方式进行结算，购入的政府储备物资验收入库。应做如下会计处理。

财务会计：

借：政府储备物资　　　　　　　　　　　　　　　　5 870 000

　　贷：零余额账户用款额度　　　　　　　　　　　　　　5 870 000

预算会计：

借：行政支出　　　　　　　　　　　　　　　　　　5 870 000

　　贷：资金结存——零余额账户用款额度　　　　　　　　5 870 000

2. 涉及委托加工政府储备物资业务的，相关账务处理参照"加工物品"科目。

3. 接受捐赠的政府储备物资验收入库，按照确定的成本，借记本科目，按照单位承担的相关税费、运输费等，贷记"零余额账户用款额度""银行存款"等科目，按照其差额，贷记"捐赠收入"科目。

【例 11-125】接受捐赠的政府储备物资验收入库的会计核算

某行政单位接受一批抗震救灾政府储备物资的捐赠，价款为 2 000 000 元，支付运输费用 5 000 元，物资验收入库。应做如下会计处理。

财务会计：

借：政府储备物资　　　　　　　　　　　　　　　　2 005 000

　　贷：捐赠收入　　　　　　　　　　　　　　　　　　2 000 000

　　　　银行存款　　　　　　　　　　　　　　　　　　　　5 000

预算会计：

借：行政支出　　　　　　　　　　　　　　　　　　　　5 000

　　贷：资金结存——货币资金　　　　　　　　　　　　　　5 000

4. 接受无偿调入的政府储备物资验收入库，按照确定的成本，借记本科目，按照单位承担的相关税费、运输费等，贷记"零余额账户用款额度""银行存款"等科目，按照其差额，贷记"无偿调拨净资产"科目。

（二）政府储备物资发出时，分以下情况处理。

1. 因动用而发出无需收回的政府储备物资的，按照发出物资的账面余额，借记"业务活动费用"科目，贷记本科目。

2. 因动用而发出需要收回或者预期可能收回的政府储备物资的，在发出物资时，按照发出物资的账面余额，借记本科目（发出），贷记本科目（在库）；按照规定的质量验收标准收回物资时，按照收回物资原账面余额，借记本科目（在库），按照未收回物资的原账面余额，借记"业务活动费用"科目，按照物资发出时登记在本科目所属"发出"明细科目中的余额，贷记本科目（发出）。

3. 因行政管理主体变动等原因而将政府储备物资调拨给其他主体的，按照无偿调出政府储备物资的账面余额，借记"无偿调拨净资产"科目，贷记本科目。

4. 对外销售政府储备物资并将销售收入纳入单位预算统一管理的，发出物资时，按照发出物资的账面余额，借记"业务活动费用"科目，贷记本科目；实现销售收入时，按照确认的收入金额，借记"银行存款""应收账款"等科目，贷记"事业收入"等科目。

对外销售政府储备物资并按照规定将销售净收入上缴财政的，发出物资时，按照发出物资的账面余额，借记"资产处置费用"科目，贷记本科目；取得销售价款时，按照实际收到的款项金额，借记"银行存款"等科目，按照发生的相关税费，贷记"银行存款"等科目，按照销售价款大于所承担的相关税费后的差额，贷记"应缴财政款"科目。

【例11-126】捐赠政府储备物资的会计核算

沿用【例11-125】，该行政单位经批准将这批政府储备物资向灾区捐赠，支付运输费用2 000元，应做如下会计处理。

财务会计：

借：资产处置费用　　　　　　　　　　　　　　　　　　　2 007 000

　　贷：政府储备物资　　　　　　　　　　　　　　　　　　2 005 000

　　　　银行存款　　　　　　　　　　　　　　　　　　　　　2 000

预算会计：

借：行政支出　　　　　　　　　　　　　　　　　　　　　　2 000

　　贷：资金结存——货币资金　　　　　　　　　　　　　　　2 000

（三）单位应当定期对政府储备物资进行清查盘点，每年至少盘点一次。对于发生的政府储备物资盘盈、盘亏或者报废、毁损，应当先记入"待处理财产损溢"科目，按照规定报经批准后及时进行后续账务处理。

1. 盘盈的政府储备物资，按照确定的入账成本，借记本科目，贷记"待处理财产损溢"科目。

2. 盘亏或者毁损、报废的政府储备物资，按照待处理政府储备物资的账面余额，借记"待处理财产损溢"科目，贷记本科目。

【例 11-127】盘亏或者毁损、报废的政府储备物资的会计核算

沿用【例 11-125】，该批政府储备物资由于洪灾损毁，报经批准予以核销，应做如下会计处理。

财务会计：

借：待处理财产损溢　　　　　　　　　　　　　　　　　2 005 000

　　贷：政府储备物资　　　　　　　　　　　　　　　　　　　2 005 000

预算会计无分录。

四、本科目期末借方余额，反映政府储备物资的成本。

1821　文物文化资产

一、本科目核算单位为满足社会公共需求而控制的文物文化资产的成本。

单位为满足自身开展业务活动或其他活动需要而控制的文物和陈列品，应当通过"固定资产"科目核算，不通过本科目核算。

二、本科目应当按照文物文化资产的类别、项目等进行明细核算。

三、文物文化资产的主要账务处理如下。

（一）文物文化资产在取得时，应当按照其成本入账。

1. 外购的文物文化资产，其成本包括购买价款、相关税费以及可归属于该项资产达到预定用途前所发生的其他支出（如运输费、安装费、装卸费等）。

外购的文物文化资产，按照确定的成本，借记本科目，贷记"财政拨款收入""零余额账户用款额度""银行存款"等科目。

【例 11-128】外购的文物文化资产的会计核算

某事业单位用事业经费购入一批文物文化资产，买价为 10 000 元，运杂费为 1 000 元，有关款项均已通过银行存款支付。会计处理如下。

财务会计：

借：文物文化资产　　　　　　　　　　　　　　　　　　11 000

　　贷：银行存款　　　　　　　　　　　　　　　　　　　　11 000

预算会计：

借：事业支出   11 000

　　贷：资金结存——货币资金   11 000

2. 接受其他单位无偿调入的文物文化资产，其成本按照该项资产在调出方的账面价值加上归属于调入方的相关费用确定。调入的文物文化资产，按照确定的成本，借记本科目，按照发生的归属于调入方的相关费用，贷记"零余额账户用款额度""银行存款"等科目，按照其差额，贷记"无偿调拨净资产"科目。

无偿调入的文物文化资产成本无法可靠取得的，按照发生的归属于调入方的相关费用，借记"其他费用"科目，贷记"零余额账户用款额度""银行存款"等科目。

【例 11-129】接受其他单位无偿调入的文物文化资产的会计核算

某单位接受无偿调入的文物文化资产，资产价值 70 000 元，期间发生运输费 900 元。

财务会计：

借：文物文化资产   70 900

　　贷：无偿调拨净资产   70 000

　　　　银行存款   900

预算会计：

借：其他支出   900

　　贷：资金结存——货币资金   900

3. 接受捐赠的文物文化资产，其成本按照有关凭据注明的金额加上相关费用确定；没有相关凭据可供取得，但按照规定经过资产评估的，其成本按照评估价值加上相关费用确定；没有相关凭据可供取得、也未经评估的，其成本比照同类或类似资产的市场价格加上相关费用确定。

接受捐赠的文物文化资产，按照确定的成本，借记本科目，按照发生的相关税费、运输费等金额，贷记"零余额账户用款额度""银行存款"等科目，按照其差额，贷记"捐赠收入"科目。

接受捐赠的文物文化资产成本无法可靠取得的，按照发生的相关税费、运输费等金额，借记"其他费用"科目，贷记"零余额账户用款额度""银行存款"等科目。

【例 11-130】接受捐赠的文物文化资产的会计核算

某单位接受社会捐赠的文物文化资产，资产价值 50 000 元，期间发生运输费 800 元。

财务会计：

借：文物文化资产　　　　　　　　　　　　　　　　50 800

　　贷：捐赠收入　　　　　　　　　　　　　　　　50 000

　　　　银行存款　　　　　　　　　　　　　　　　　800

预算会计：

借：其他支出　　　　　　　　　　　　　　　　　　　800

　　贷：资金结存——货币资金　　　　　　　　　　　800

4. 对于成本无法可靠取得的文物文化资产，单位应当设置备查簿进行登记，待成本能够可靠确定后按照规定及时入账。

（二）与文物文化资产有关的后续支出，参照"公共基础设施"科目相关规定进行处理。

（三）按照规定报经批准处置文物文化资产，应当分以下情况处理。

1. 报经批准对外捐赠文物文化资产，按照被处置文物文化资产账面余额和捐赠过程中发生的归属于捐出方的相关费用合计数，借记"资产处置费用"科目，按照被处置文物文化资产账面余额，贷记本科目，按照捐赠过程中发生的归属于捐出方的相关费用，贷记"银行存款"等科目。

【例 11-131】报经批准对外捐赠文物文化资产的会计核算

某行政单位对外捐赠文物文化资产，文物文化资产账面余额为 100 000 元，另外该行政单位支付运输费 3 000 元。该业务的会计处理如下。

财务会计：

借：资产处置费用　　　　　　　　　　　　　　　103 000

　　贷：文物文化资产　　　　　　　　　　　　　100 000

　　　　银行存款　　　　　　　　　　　　　　　　3 000

预算会计：

借：其他支出　　　　　　　　　　　　　　　　　　3 000

　　贷：资金结存——货币资金　　　　　　　　　　3 000

2. 报经批准无偿调出文物文化资产，按照被处置文物文化资产账面余额，借记"无偿调拨净资产"科目，贷记本科目；同时，按照无偿调出过程中发生的归属于调出方的相关费用，借记"资产处置费用"科目，贷记"银行存款"等科目。

【例 11-132】报经批准无偿调出文物文化资产的会计核算

某事业单位无偿调出内部的一项文物文化资产，该文物文化资产的原值为 100 000 元。该业务的会计处理如下。

财务会计：

借：无偿调拨净资产   100 000

  贷：文物文化资产   100 000

预算会计无分录。

（四）单位应当定期对文物文化资产进行清查盘点，每年至少盘点一次。对于发生的文物文化资产盘盈、盘亏、毁损或报废等，参照"公共基础设施"科目相关规定进行账务处理。

【例 11-133】清查盘点文物文化资产的会计核算

某单位于 2×19 年年底对单位的文物文化资产进行盘点，发现价值 3 000 元的文物文化资产毁损。会计处理如下。

财务会计：

借：待处理财产损溢   3 000

  贷：文物文化资产   3 000

预算会计无分录。

四、本科目期末借方余额，反映文物文化资产的成本。

1831　保障性住房

一、本科目核算单位为满足社会公共需求而控制的保障性住房的原值。

二、本科目应当按照保障性住房的类别、项目等进行明细核算。

三、保障性住房的主要账务处理如下。

（一）保障性住房在取得时，应当按其成本入账。

1. 外购的保障性住房，其成本包括购买价款、相关税费以及可归属于该项资产达到预定用途前所发生的其他支出。

外购的保障性住房，按照确定的成本，借记本科目，贷记"财政拨款收入""零余额账户用款额度""银行存款"等科目。

【例 11-134】外购的保障性住房的会计核算

2×19 年 3 月 15 日，某事业单位外购一批保障性住房，支付价款 2 000 000 元，使用财政授权支付方式进行结算。该业务的会计处理如下。

财务会计：

借：保障性住房   2 000 000

    贷：零余额账户用款额度   2 000 000

预算会计：

借：事业支出   2 000 000

    贷：资金结存——零余额账户用款额度   2 000 000

2. 自行建造的保障性住房交付使用时，按照在建工程成本，借记本科目，贷记"在建工程"科目。已交付使用但尚未办理竣工决算手续的保障性住房，按照估计价值入账，待办理竣工决算后再按照实际成本调整原来的暂估价值。

【例 11-135】自行建造的保障性住房的会计核算

2×19 年 10 月 15 日，某单位自行建造的保障性住房工程完工交付使用，前期投入工程价款 3 000 000 元。该业务的会计处理如下。

财务会计：

借：保障性住房   3 000 000

    贷：在建工程   3 000 000

预算会计无分录。

3. 接受其他单位无偿调入的保障性住房，其成本按照该项资产在调出方的账面价值加上归属于调入方的相关费用确定。

无偿调入的保障性住房，按照确定的成本，借记本科目，按照发生的归属于调入方的相关费用，贷记"零余额账户用款额度""银行存款"等科目，按照其差额，贷记"无偿调拨净资产"科目。

【例 11-136】无偿调入的保障性住房的会计核算

2×19 年 10 月 30 日，某单位接受无偿调入的保障性住房 10 套，价值 4 000 000 元，该单位支付相关费用 20 000 元。该业务的会计处理如下。

财务会计：

借：保障性住房   4 020 000

    贷：银行存款   20 000

        无偿调拨净资产   4 000 000

预算会计：

借：其他支出   20 000

    贷：资金结存——货币资金   20 000

4. 接受捐赠、融资租赁取得的保障性住房，参照"固定资产"科目相关规定进行处理。

（二）与保障性住房有关的后续支出，参照"固定资产"科目相关规定进行处理。

（三）按照规定出租保障性住房并将出租收入上缴同级财政，按照收取的租金金额，借记"银行存款"等科目，贷记"应缴财政款"科目。

【例11-137】 出租保障性住房的会计核算

某单位将拥有的保障性住房租给单位职工，每月收取租金1 000元。该业务的会计处理如下。

财务会计：

借：银行存款 1 000

　　贷：应缴财政款 1 000

预算会计无分录。

（四）按照规定报经批准处置保障性住房，应当分以下情况处理。

1. 报经批准无偿调出保障性住房，按照保障性住房已计提的折旧，借记"保障性住房累计折旧"科目，按照被处置保障性住房账面余额，贷记本科目，按照其差额，借记"无偿调拨净资产"科目；同时，按照无偿调出过程中发生的归属于调出方的相关费用，借记"资产处置费用"科目，贷记"银行存款"等科目。

2. 报经批准出售保障性住房，按照被出售保障性住房的账面价值，借记"资产处置费用"科目，按照保障性住房已计提的折旧，借记"保障性住房累计折旧"科目，按照保障性住房账面余额，贷记本科目；同时，按照收到的价款，借记"银行存款"等科目，按照出售过程中发生的相关费用，贷记"银行存款"等科目，按照其差额，贷记"应缴财政款"科目。

【例11-138】 出售保障性住房的会计核算

某事业单位出售保障性住房一批，保障性住房账面余额为72 000元，已计提折旧60 000元，出售保障性住房收到价款20 000元。该业务的账务处理如下。

财务会计：

借：资产处置费用 12 000

　　保障性住房累计折旧 60 000

　　贷：保障性住房 72 000

借：银行存款 20 000

　　　　贷：应缴财政款　　　　　　　　　　　　　　　　　　　　20 000

　　预算会计无分录。

　　（五）单位应当定期对保障性住房进行清查盘点。对于发生的保障性住房盘盈、盘亏、毁损或报废等，参照"固定资产"科目相关规定进行账务处理。

　　【例 11-139】清查盘点保障性住房的会计核算

　　某单位于 2×19 年年底对单位的保障性住房进行盘点，发生如下业务。

　　盘盈保障性住房，价值 50 000 元。该业务的账务处理如下。

　　财务会计：

　　借：保障性住房　　　　　　　　　　　　　　　　　　　　　50 000

　　　　贷：待处理财产损溢　　　　　　　　　　　　　　　　　　50 000

　　预算会计无分录。

　　四、本科目期末借方余额，反映保障性住房的原值。

1832　保障性住房累计折旧

　　一、本科目核算单位计提的保障性住房的累计折旧。

　　二、本科目应当按照所对应保障性住房的类别进行明细核算。

　　三、单位应当参照《政府会计准则第 3 号——固定资产》及其应用指南的相关规定，按月对其控制的保障性住房计提折旧。

　　四、保障性住房累计折旧的主要账务处理如下。

　　（一）按月计提保障性住房折旧时，按照应计提的折旧额，借记"业务活动费用"科目，贷记本科目。

　　【例 11-140】按月计提保障性住房折旧的会计核算

　　某事业单位新购进保障性住房一批，价值 72 000 元，计划使用 6 年，每月计提折旧 1 000 元。该业务的会计处理如下。

　　财务会计：

　　借：业务活动费用　　　　　　　　　　　　　　　　　　　　1 000

　　　　贷：保障性住房累计折旧　　　　　　　　　　　　　　　　1 000

　　预算会计无分录。

　　（二）报经批准处置保障性住房时，按照所处置保障性住房的账面价值，借记"资产处置费用""无偿调拨净资产""待处理财产损溢"等科目，按照已计提折旧，借记本科目，按照保障性住房的账面余额，贷记"保障性住房"

科目。

五、本科目期末贷方余额，反映单位计提的保障性住房折旧累计数。

1891 受托代理资产

一、本科目核算单位接受委托方委托管理的各项资产，包括受托指定转赠的物资、受托存储保管的物资等的成本。单位管理的罚没物资也应当通过本科目核算。单位收到的受托代理资产为现金和银行存款的，不通过本科目核算，应当通过"库存现金""银行存款"科目进行核算。

二、本科目应当按照资产的种类和委托人进行明细核算；属于转赠资产的，还应当按照受赠人进行明细核算。

三、受托代理资产的主要账务处理如下。

（一）受托转赠物资

1. 接受委托人委托需要转赠给受赠人的物资，其成本按照有关凭据注明的金额确定。接受委托转赠的物资验收入库，按照确定的成本，借记本科目，贷记"受托代理负债"科目。

受托协议约定由受托方承担相关税费、运输费等的，还应当按照实际支付的相关税费、运输费等金额，借记"其他费用"科目，贷记"银行存款"等科目。

2. 将受托转赠物资交付受赠人时，按照转赠物资的成本，借记"受托代理负债"科目，贷记本科目。

3. 转赠物资的委托人取消了对捐赠物资的转赠要求，且不再收回捐赠物资的，应当将转赠物资转为单位的存货、固定资产等。按照转赠物资的成本，借记"受托代理负债"科目，贷记本科目；同时，借记"库存物品""固定资产"等科目，贷记"其他收入"科目。

【例 11-141】接受委托人委托需要转赠给受赠人的物资的会计核算

2×19年6月3日，某行政单位接受 E 公司委托转赠物资一批验收入库，该批物资的实际成本为 360 000 元，该行政单位使用银行存款支付运费 5 000 元。应做如下会计处理。

2×19年6月3日，接受受托转赠物资时。

财务会计：

借：受托代理资产		360 000
贷：受托代理负债		360 000

借：其他费用 5 000
　　贷：银行存款 5 000

预算会计：

借：其他支出 5 000
　　贷：资金结存——货币资金 5 000

2×19年7月5日，该行政单位将物资交付受赠人甲希望小学，会计处理如下。

财务会计：

借：受托代理负债 360 000
　　贷：受托代理资产 360 000

预算会计无分录。

若2×19年6月15日，E公司取消了对捐赠物资的转赠要求，会计处理如下。

财务会计：

借：受托代理负债 360 000
　　贷：受托代理资产 360 000

借：库存物品 360 000
　　贷：其他收入 360 000

预算会计无分录。

（二）受托存储保管物资

1. 接受委托人委托存储保管的物资，其成本按照有关凭据注明的金额确定。接受委托储存的物资验收入库，按照确定的成本，借记本科目，贷记"受托代理负债"科目。

2. 发生由受托单位承担的与受托存储保管的物资相关的运输费、保管费等费用时，按照实际发生的费用金额，借记"其他费用"等科目，贷记"银行存款"等科目。

3. 根据委托人要求交付或发出受托存储保管的物资时，按照发出物资的成本，借记"受托代理负债"科目，贷记本科目。

【例11-142】受托存储保管物资的会计核算

2×19年7月7日，某行政单位接受F公司委托储存物资一批，实际成本为480 000元，该行政单位用银行存款支付运费6 000元，并将物资验收入库。应做如下会计处理。

2×19年7月7日，接受受托存储保管物资时。

财务会计：

借：受托代理资产 480 000

  贷：受托代理负债 480 000

借：其他费用 6 000

  贷：银行存款 6 000

预算会计：

借：其他支出 6 000

  贷：资金结存——货币资金 6 000

2×19年7月16日，该行政单位根据委托将受托存储保管物资交付。应做如下会计处理。

财务会计：

借：受托代理负债 480 000

  贷：受托代理资产 480 000

预算会计无分录。

（三）罚没物资

1. 取得罚没物资时，其成本按照有关凭据注明的金额确定。罚没物资验收（入库），按照确定的成本，借记本科目，贷记"受托代理负债"科目。罚没物资成本无法可靠确定的，单位应当设置备查簿进行登记。

2. 按照规定处置或移交罚没物资时，按照罚没物资的成本，借记"受托代理负债"科目，贷记本科目。处置时取得款项的，按照实际取得的款项金额，借记"银行存款"等科目，贷记"应缴财政款"等科目。

单位受托代理的其他实物资产，参照本科目有关受托转赠物资、受托存储保管物资的规定进行账务处理。

【例11-143】罚没物资的会计核算

2×19年10月1日，某行政单位没收一批物资，该物资成本为30 000元。应做如下会计处理。

财务会计：

借：受托代理资产 30 000

  贷：受托代理负债 30 000

预算会计无分录。

2×19年12月1日，该行政单位按照规定处置罚没物资，取得款项30 500元。应做如下会计处理。

财务会计：

借：银行存款　　　　　　　　　　　　　　　　　　30 500

　　贷：应缴财政款　　　　　　　　　　　　　　　　30 500

预算会计无分录。

四、本科目期末借方余额，反映单位受托代理实物资产的成本。

1901　长期待摊费用

一、本科目核算单位已经支出，但应由本期和以后各期负担的分摊期限在 1 年以上（不含 1 年）的各项费用，如以经营租赁方式租入的固定资产发生的改良支出等。

二、本科目应当按照费用项目进行明细核算。

三、长期待摊费用的主要账务处理如下。

（一）发生长期待摊费用时，按照支出金额，借记本科目，贷记"财政拨款收入""零余额账户用款额度""银行存款"等科目。

【例 11-144】发生长期待摊费用的会计核算

2×19 年 4 月 1 日，某事业单位对其以经营租赁方式新租入的办公楼进行装修，一共发生 120 000 元的支出，使用财政授权支付方式进行结算。假定不考虑其他因素，应做如下会计处理。

2×19 年 4 月 1 日。

财务会计：

借：长期待摊费用　　　　　　　　　　　　　　　　120 000

　　贷：零余额账户用款额度　　　　　　　　　　　120 000

预算会计：

借：事业支出　　　　　　　　　　　　　　　　　　120 000

　　贷：资金结存——零余额账户用款额度　　　　　120 000

（二）按照受益期间摊销长期待摊费用时，按照摊销金额，借记"业务活动费用""单位管理费用""经营费用"等科目，贷记本科目。

【例 11-145】按照受益期间摊销长期待摊费用的会计核算

沿用【例 11-144】。2×19 年 11 月 30 日，该办公楼装修完工，达到预定可使用状态并交付使用，按租赁期 10 年开始进行摊销。假定不考虑其他因素，应做如下会计处理。

2×19 年 12 月摊销装修支出时。

财务会计：

借：业务活动费用　　　　　　　　　　　　　　　　　　　　1 000

　　贷：长期待摊费用　　　　　　　　　　　　　　　　　　1 000

预算会计无分录。

（三）如果某项长期待摊费用已经不能使单位受益，应当将其摊余金额一次全部转入当期费用。按照摊销金额，借记"业务活动费用""单位管理费用""经营费用"等科目，贷记本科目。

四、本科目期末借方余额，反映单位尚未摊销完毕的长期待摊费用。

1902　待处理财产损溢

一、本科目核算单位在资产清查过程中查明的各种资产盘盈、盘亏和报废、毁损的价值。

二、本科目应当按照待处理的资产项目进行明细核算；对于在资产处理过程中取得收入或发生相关费用的项目，还应当设置"待处理财产价值""处理净收入"明细科目，进行明细核算。

三、单位资产清查中查明的资产盘盈、盘亏、报废和毁损，一般应当先记入本科目，按照规定报经批准后及时进行账务处理。年末结账前一般应处理完毕。

四、待处理财产损溢的主要账务处理如下。

（一）账款核对时发现的库存现金短缺或溢余

1. 每日账款核对中发现现金短缺或溢余，属于现金短缺，按照实际短缺的金额，借记本科目，贷记"库存现金"科目；属于现金溢余，按照实际溢余的金额，借记"库存现金"科目，贷记本科目。

2. 如为现金短缺，属于应由责任人赔偿或向有关人员追回的，借记"其他应收款"科目，贷记本科目；属于无法查明原因的，报经批准核销时，借记"资产处置费用"科目，贷记本科目。

3. 如为现金溢余，属于应支付给有关人员或单位的，借记本科目，贷记"其他应付款"科目；属于无法查明原因的，报经批准后，借记本科目，贷记"其他收入"科目。

例题参照"库存现金"科目的例题。

（二）资产清查过程中发现的存货、固定资产、无形资产、公共基础设施、政府储备物资、文物文化资产、保障性住房等各种资产盘盈、盘亏或报

废、毁损

1. 盘盈的各类资产

（1）转入待处理资产时，按照确定的成本，借记"库存物品""固定资产""无形资产""公共基础设施""政府储备物资""文物文化资产""保障性住房"等科目，贷记本科目。

（2）按照规定报经批准后处理时，对于盘盈的流动资产，借记本科目，贷记"单位管理费用"（事业单位）或"业务活动费用"（行政单位）科目。对于盘盈的非流动资产，如属于本年度取得的，按照当年新取得相关资产进行账务处理；如属于以前年度取得的，按照前期差错处理，借记本科目，贷记"以前年度盈余调整"科目。

【例11-146】盘盈资产的会计核算

某事业单位在2×19年11月10日对固定资产盘点时，盘盈一台设备，账面价值为3 000元。报经批准后，于2×19年12月10日对该设备进行处理。账务处理如下。

财务会计：

2×19年11月10日。

| 借：固定资产——设备 | 3 000 | |
| 贷：待处理财产损溢 | | 3 000 |

2×19年12月10日。

| 借：待处理财产损溢 | 3 000 | |
| 贷：以前年度盈余调整 | | 3 000 |

预算会计无分录。

2. 盘亏或者毁损、报废的各类资产

（1）转入待处理资产时，借记本科目（待处理财产价值）（盘亏、毁损、报废固定资产、无形资产、公共基础设施、保障性住房的，还应借记"固定资产累计折旧""无形资产累计摊销""公共基础设施累计折旧（摊销）""保障性住房累计折旧"科目），贷记"库存物品""固定资产""无形资产""公共基础设施""政府储备物资""文物文化资产""保障性住房""在建工程"等科目。涉及增值税业务的，相关账务处理参见"应交增值税"科目。

报经批准处理时，借记"资产处置费用"科目，贷记本科目（待处理财产价值）。

（2）处理毁损、报废实物资产过程中取得的残值或残值变价收入、保险理赔和过失人赔偿等，借记"库存现金""银行存款""库存物品""其他应收款"等科目，贷记本科目（处理净收入）；处理毁损、报废实物资产过程中发生的相关费用，借记本科目（处理净收入），贷记"库存现金""银行存款"等科目。

处理收支结清，如果处理收入大于相关费用的，按照处理收入减去相关费用后的净收入，借记本科目（处理净收入），贷记"应缴财政款"等科目；如果处理收入小于相关费用的，按照相关费用减去处理收入后的净支出，借记"资产处置费用"科目，贷记本科目（处理净收入）。

【例 11-147】盘亏资产的会计核算

某事业单位在 2×19 年 6 月 1 日对固定资产盘点时，发现一台设备 B 毁损，设备 B 的账面价值为 5 000 元，已计提折旧 4 000 元。2×19 年 6 月 10 日，报经批准处理。2×19 年 6 月 30 日，将毁损的设备 B 变卖获取 300 元，另支付运费 100 元。账务处理如下。

2×19 年 6 月 1 日。

财务会计：

借：待处理财产损溢——待处理财产价值		1 000
固定资产累计折旧		4 000
贷：固定资产		5 000

预算会计无分录。

2×19 年 6 月 10 日。

财务会计：

借：资产处置费用		1 000
贷：待处理财产损溢——待处理财产价值		1 000

预算会计无分录。

2×19 年 6 月 30 日。

财务会计：

借：银行存款		300
贷：待处理财产损溢——处理净收入		300
借：待处理财产损溢——处理净收入		100
贷：银行存款		100

| 借：待处理财产损溢——处理净收入 | 200 |
| 贷：应缴财政款 | 200 |

预算会计无分录。

五、本科目期末如为借方余额，反映尚未处理完毕的各种资产的净损失；期末如为贷方余额，反映尚未处理完毕的各种资产净溢余。年末，经批准处理后，本科目一般应无余额。

（二）负债类

2001　短期借款

一、本科目核算事业单位经批准向银行或其他金融机构等借入的期限在1年内（含1年）的各种借款。

二、本科目应当按照债权人和借款种类进行明细核算。

三、短期借款的主要账务处理如下。

（一）借入各种短期借款时，按照实际借入的金额，借记"银行存款"科目，贷记本科目。

【例12-1】借入各种短期借款的会计核算

某事业单位为满足事业业务发展的资金需要，从中国建设银行A支行借入100 000元，借款期限为8个月，年利率为6%。账务处理如下。

财务会计：

| 借：银行存款 | 100 000 |
| 贷：短期借款——建设银行A支行 | 100 000 |

预算会计：

| 借：资金结存——货币资金 | 100 000 |
| 贷：债务预算收入 | 100 000 |

（二）银行承兑汇票到期，本单位无力支付票款的，按照应付票据的账面余额，借记"应付票据"科目，贷记本科目。

【例12-2】银行承兑汇票到期，本单位无力支付票款的会计核算

2×19年3月1日，某事业单位因采购需要向B银行申请了银行承兑汇票50 000元。截至到期日2×19年9月1日，本单位无力支付票款。账务处理如下。

财务会计：

借：应付票据   50 000

    贷：短期借款   50 000

预算会计：

借：经营支出   50 000

    贷：债务预算收入   50 000

（三）归还短期借款时，借记本科目，贷记"银行存款"科目。

【例 12-3】归还短期借款的会计核算

沿用【例 12-1】。某事业单位到期归还上述短期借款，并支付借款利息。账务处理如下。

借款利息 =100 000×6%×8÷12=4 000（元）

财务会计：

借：短期借款   100 000

    其他费用   4 000

    贷：银行存款   104 000

预算会计：

借：债务还本支出   100 000

    其他支出   4 000

    贷：资金结存——货币资金   104 000

四、本科目期末贷方余额，反映事业单位尚未偿还的短期借款本金。

2101　应交增值税

一、本科目核算单位按照税法规定计算应交纳的增值税。

二、属于增值税一般纳税人的单位，应当在本科目下设置"应交税金""未交税金""预交税金""待抵扣进项税额""待认证进项税额""待转销项税额""简易计税""转让金融商品应交增值税""代扣代交增值税"等明细科目。

（一）"应交税金"明细账内应当设置"进项税额""已交税金""转出未交增值税""减免税款""销项税额""进项税额转出""转出多交增值税"等专栏。其中：

1. "进项税额"专栏，记录单位购进货物、加工修理修配劳务、服务、无形资产或不动产而支付或负担的、准予从当期销项税额中抵扣的增值税额；

2. "已交税金"专栏，记录单位当月已交纳的应交增值税额；

3. "转出未交增值税"和"转出多交增值税"专栏,分别记录一般纳税人月度终了转出当月应交未交或多交的增值税额;

4. "减免税款"专栏,记录单位按照现行增值税制度规定准予减免的增值税额;

5. "销项税额"专栏,记录单位销售货物、加工修理修配劳务、服务、无形资产或不动产应收取的增值税额;

6. "进项税额转出"专栏,记录单位购进货物、加工修理修配劳务、服务、无形资产或不动产等发生非正常损失以及其他原因而不应从销项税额中抵扣、按照规定转出的进项税额。

(二)"未交税金"明细科目,核算单位月度终了从"应交税金"或"预交税金"明细科目转入当月应交未交、多交或预缴的增值税额,以及当月交纳以前期间未交的增值税额。

(三)"预交税金"明细科目,核算单位转让不动产、提供不动产经营租赁服务等,以及其他按照现行增值税制度规定应预缴的增值税额。

(四)"待抵扣进项税额"明细科目,核算单位已取得增值税扣税凭证并经税务机关认证,按照现行增值税制度规定准予以后期间从销项税额中抵扣的进项税额。

(五)"待认证进项税额"明细科目,核算单位由于未经税务机关认证而不得从当期销项税额中抵扣的进项税额。包括:一般纳税人已取得增值税扣税凭证并按规定准予从销项税额中抵扣,但尚未经税务机关认证的进项税额;一般纳税人已申请稽核但尚未取得稽核相符结果的海关缴款书进项税额。

(六)"待转销项税额"明细科目,核算单位销售货物、加工修理修配劳务、服务、无形资产或不动产,已确认相关收入(或利得)但尚未发生增值税纳税义务而需于以后期间确认为销项税额的增值税额。

(七)"简易计税"明细科目,核算单位采用简易计税方法发生的增值税计提、扣减、预缴、缴纳等业务。

(八)"转让金融商品应交增值税"明细科目,核算单位转让金融商品发生的增值税额。

(九)"代扣代交增值税"明细科目,核算单位购进在境内未设经营机构的境外单位或个人在境内的应税行为代扣代缴的增值税。

属于增值税小规模纳税人的单位只需在本科目下设置"转让金融商品应交增值税""代扣代交增值税"明细科目。

三、应交增值税的主要账务处理如下。

（一）单位取得资产或接受劳务等业务

1. 采购等业务进项税额允许抵扣

单位购买用于增值税应税项目的资产或服务等时，按照应计入相关成本费用或资产的金额，借记"业务活动费用""在途物品""库存物品""工程物资""在建工程""固定资产""无形资产"等科目，按照当月已认证的可抵扣增值税额，借记本科目（应交税金——进项税额），按照当月未认证的可抵扣增值税额，借记本科目（待认证进项税额），按照应付或实际支付的金额，贷记"应付账款""应付票据""银行存款""零余额账户用款额度"等科目。发生退货的，如原增值税专用发票已做认证，应根据税务机关开具的红字增值税专用发票做相反的会计分录；如原增值税专用发票未做认证，应将发票退回并做相反的会计分录。

小规模纳税人购买资产或服务等时不能抵扣增值税，发生的增值税计入资产成本或相关成本费用。

2. 采购等业务进项税额不得抵扣

单位购进资产或服务等，用于简易计税方法计税项目、免征增值税项目、集体福利或个人消费等，其进项税额按照现行增值税制度规定不得从销项税额中抵扣的，取得增值税专用发票时，应按照增值税发票注明的金额，借记相关成本费用或资产科目，按照待认证的增值税进项税额，借记本科目（待认证进项税额），按照实际支付或应付的金额，贷记"银行存款""应付账款""零余额账户用款额度"等科目。经税务机关认证为不可抵扣进项税时，借记本科目（应交税金——进项税额）科目，贷记本科目（待认证进项税额），同时，将进项税额转出，借记相关成本费用科目，贷记本科目（应交税金——进项税额转出）。

购进不动产或不动产在建工程按照规定进项税额分年抵扣。

单位取得应税项目为不动产或者不动产在建工程，其进项税额按照现行增值税制度规定自取得之日起分 2 年从销项税额中抵扣的，应当按照取得成本，借记"固定资产""在建工程"等科目，按照当期可抵扣的增值税额，借记本科目（应交税金——进项税额），按照以后期间可抵扣的增值税额，借记本科目（待抵扣进项税额），按照应付或实际支付的金额，贷记"应付账款""应付票据""银行存款""零余额账户用款额度"等科目。尚未抵扣的进项税额待以后期间允许抵扣时，按照允许抵扣的金额，借记本科目（应交税金——进项税额），贷记本科目（待抵扣进项税额）。

3. 进项税额抵扣情况发生改变

单位因发生非正常损失或改变用途等，原已计入进项税额、待抵扣进项税额或待认证进项税额，但按照现行增值税制度规定不得从销项税额中抵扣的，借记"待处理财产损溢""固定资产""无形资产"等科目，贷记本科目（应交税金——进项税额转出）、本科目（待抵扣进项税额）或本科目（待认证进项税额）；原不得抵扣且未抵扣进项税额的固定资产、无形资产等，因改变用途等用于允许抵扣进项税额的应税项目的，应按照允许抵扣的进项税额，借记本科目（应交税金——进项税额），贷记"固定资产""无形资产"等科目。固定资产、无形资产等经上述调整后，应按照调整后的账面价值在剩余尚可使用年限内计提折旧或摊销。

4. 购买方作为扣缴义务人

按照现行增值税制度规定，境外单位或个人在境内发生应税行为，在境内未设有经营机构的，以购买方为增值税扣缴义务人。境内一般纳税人购进服务或资产时，按照应计入相关成本费用或资产的金额，借记"业务活动费用""在途物品""库存物品""工程物资""在建工程""固定资产""无形资产"等科目，按照可抵扣的增值税额，借记本科目（应交税金——进项税额）（小规模纳税人应借记相关成本费用或资产科目），按照应付或实际支付的金额，贷记"银行存款""应付账款"等科目，按照应代扣代缴的增值税额，贷记本科目（代扣代交增值税）。实际缴纳代扣代缴增值税时，按照代扣代缴的增值税额，借记本科目（代扣代交增值税），贷记"银行存款""零余额账户用款额度"等科目。

【**例12-4**】单位购买用于增值税应税项目的资产或服务的会计核算

2×19年5月1日，某事业单位买了一座办公楼，价值2 000万元，进项税额为180万元，款项由财政直接支付。会计处理如下。

财务会计：

借：固定资产		20 000 000
应交增值税——应交税金（进项税额）		1 080 000
应交增值税——待抵扣进项税		720 000
贷：财政拨款收入		21 800 000

预算会计：

借：事业支出		1 090 000
贷：财政拨款预算收入		1 090 000

【例12-5】进项税额不得抵扣的会计核算

沿用【例12-4】。在2×20年4月，单位将办公楼改造成员工食堂，用于集体福利。假设2×20年4月该不动产的净值为1 800万元。会计处理如下。

不动产净值率＝1 800÷2 000×100%=90%

不得抵扣的进项税额＝180×90%=162（万元）

由于不得抵扣的进项税额为162万元，大于已抵扣的进项税额108万元，所以应做如下会计处理。

财务会计：

借：固定资产　　　　　　　　　　　　　　　　　　　　1 620 000

　　贷：应交增值税——应交税金（进项税额转出）　　　　1 080 000

　　　　应交增值税——待抵扣进项税　　　　　　　　　　 540 000

预算会计无分录。

【例12-6】单位购买用于增值税应税项目的资产的会计核算

2×19年7月9日，某事业单位购入一台打印机用于办公，取得增值税专用发票并认证通过，专用发票上注明的金额为20 000元，增值税税额为2 600元。会计处理如下。

财务会计：

借：固定资产　　　　　　　　　　　　　　　　　　　　20 000

　　应交增值税——应交税金（进项税额）　　　　　　　　2 600

　　贷：财政拨款收入　　　　　　　　　　　　　　　　　22 600

预算会计：

借：事业支出　　　　　　　　　　　　　　　　　　　　22 600

　　贷：财政拨款预算收入　　　　　　　　　　　　　　　22 600

假定该打印机分10年按直线法计提折旧，无残值。2×20年8月20日，该打印机改用于免税项目。

打印机每年计提折旧＝20 000÷10=2 000（元）

2×20年8月，打印机净值＝20 000-2 000=18 000（元）

打印机转出进项税＝18 000×13%=2 340（元）

财务会计：

借：固定资产　　　　　　　　　　　　　　　　　　　　2 340

　　贷：应交增值税——应交税金（进项税额转出）　　　　2 340

预算会计无分录。

（二）单位销售资产或提供服务等业务

1. 销售资产或提供服务业务

单位销售货物或提供服务，应当按照应收或已收的金额，借记"应收账款""应收票据""银行存款"等科目，按照确认的收入金额，贷记"经营收入""事业收入"等科目，按照现行增值税制度规定计算的销项税额（或采用简易计税方法计算的应纳增值税额），贷记本科目（应交税金——销项税额）或本科目（简易计税）（小规模纳税人应贷记本科目）。发生销售退回的，应根据按照规定开具的红字增值税专用发票做相反的会计分录。

按照本制度及相关政府会计准则确认收入的时点早于按照增值税制度确认增值税纳税义务发生时点的，应将相关销项税额计入本科目（待转销项税额），待实际发生纳税义务时再转入本科目（应交税金——销项税额）或本科目（简易计税）。

按照增值税制度确认增值税纳税义务发生时点早于按照本制度及相关政府会计准则确认收入的时点的，应按照应纳增值税额，借记"应收账款"科目，贷记本科目（应交税金——销项税额）或本科目（简易计税）。

2. 金融商品转让按照规定以盈亏相抵后的余额作为销售额

金融商品实际转让月末，如产生转让收益，则按照应纳税额，借记"投资收益"科目，贷记本科目（转让金融商品应交增值税）；如产生转让损失，则按照可结转下月抵扣税额，借记本科目（转让金融商品应交增值税），贷记"投资收益"科目。交纳增值税时，应借记本科目（转让金融商品应交增值税），贷记"银行存款"等科目。年末，本科目（转让金融商品应交增值税）如有借方余额，则借记"投资收益"科目，贷记本科目（转让金融商品应交增值税）。

【例 12-7】销售资产或提供服务业务的会计核算

某事业单位属于增值税一般纳税人，经营业务为销售商品，销售商品不含税价格共计 20 000 元，增值税销项税额 2 600 元，货款共计 22 600 元，款项尚未收到。

财务会计：

借：应收账款	22 600
贷：经营收入	20 000
应交增值税——应交税金（销项税额）	2 600

预算会计无分录。

（三）月末转出多交增值税和未交增值税

月度终了，单位应当将当月应交未交或多交的增值税自"应交税金"明细科目转入"未交税金"明细科目。对于当月应交未交的增值税，借记本科目（应交税金——转出未交增值税），贷记本科目（未交税金）；对于当月多交的增值税，借记本科目（未交税金），贷记本科目（应交税金——转出多交增值税）。

（四）交纳增值税

1. 交纳当月应交增值税

单位交纳当月应交的增值税，借记本科目（应交税金——已交税金）（小规模纳税人借记本科目），贷记"银行存款"等科目。

2. 交纳以前期间未交增值税

单位交纳以前期间未交的增值税，借记本科目（未交税金）（小规模纳税人借记本科目），贷记"银行存款"等科目。

3. 预交增值税

单位预交增值税时，借记本科目（预交税金），贷记"银行存款"等科目。月末，单位应将"预交税金"明细科目余额转入"未交税金"明细科目，借记本科目（未交税金），贷记本科目（预交税金）。

4. 减免增值税

对于当期直接减免的增值税，借记本科目（应交税金——减免税款），贷记"业务活动费用""经营费用"等科目。

按照现行增值税制度规定，单位初次购买增值税税控系统专用设备支付的费用以及缴纳的技术维护费允许在增值税应纳税额中全额抵减的，按照规定抵减的增值税应纳税额，借记本科目（应交税金——减免税款）（小规模纳税人借记本科目），贷记"业务活动费用""经营费用"等科目。

四、本科目期末贷方余额，反映单位应交未交的增值税；期末如为借方余额，反映单位尚未抵扣或多交的增值税。

2102 其他应交税费

一、本科目核算单位按照税法等规定计算应交纳的除增值税以外的各种税费，包括城市维护建设税、教育费附加、地方教育费附加、车船税、房产税、城镇土地使用税和企业所得税等。

单位代扣代缴的个人所得税，也通过本科目核算。单位应交纳的印花税不需要预提应交税费，直接通过"业务活动费用""单位管理费用""经营费用"等科目核算，不通过本科目核算。

二、本科目应当按照应交纳的税费种类进行明细核算。

三、其他应交税费的主要账务处理如下。

（一）发生城市维护建设税、教育费附加、地方教育费附加、车船税、房产税、城镇土地使用税等纳税义务的，按照税法规定计算的应缴税费金额，借记"业务活动费用""单位管理费用""经营费用"等科目，贷记本科目（应交城市维护建设税、应交教育费附加、应交地方教育费附加、应交车船税、应交房产税、应交城镇土地使用税等）。

【例 12-8】缴纳车船税的会计核算

某事业单位用车本年应缴纳车船税 1 000 元，账务处理如下。

财务会计：

借：业务活动费用　　　　　　　　　　　　　　　　1 000

　　贷：其他应交税费——应交车船税　　　　　　　　　1 000

预算会计无分录。

该事业单位实际缴纳时，账务处理如下。

财务会计：

借：其他应交税费——应交车船税　　　　　　　　　1 000

　　贷：银行存款　　　　　　　　　　　　　　　　1 000

预算会计：

借：事业支出　　　　　　　　　　　　　　　　　　1 000

　　贷：资金结存——货币资金　　　　　　　　　　　1 000

（二）按照税法规定计算应代扣代缴职工（含长期聘用人员）的个人所得税，借记"应付职工薪酬"科目，贷记本科目（应交个人所得税）。

按照税法规定计算应代扣代缴支付给职工（含长期聘用人员）以外人员劳务费的个人所得税，借记"业务活动费用""单位管理费用"等科目，贷记本科目（应交个人所得税）。

【例 12-9】代扣代缴职工个人所得税的会计核算

某行政单位从职工工资中代扣个人所得税 60 000 元，从劳务费中代扣个人所得税 30 000 元，应做如下会计处理。

计算代扣代缴个人所得税时。

财务会计：

借：应付职工薪酬	60 000
业务活动费用	30 000
贷：其他应交税费——应交个人所得税	90 000

预算会计无分录。

实际缴纳代扣代缴个人所得税时。

财务会计：

借：其他应交税费——应交个人所得税	90 000
贷：银行存款	90 000

预算会计：

借：事业支出	90 000
贷：资金结存——货币资金	90 000

（三）发生企业所得税纳税义务的，按照税法规定计算的应交所得税额，借记"所得税费用"科目，贷记本科目（单位应交所得税）。

【例 12-10】应交企业所得税的会计核算

某事业单位按照税法规定计算得出，应缴纳企业所得税 10 000 元。账务处理如下。

财务会计：

借：所得税费用	10 000
贷：其他应交税费——单位应交所得税	10 000

预算会计无分录。

该事业单位实际缴纳企业所得税 10 000 元时，账务处理如下。

财务会计：

借：其他应交税费——单位应交所得税	10 000
贷：银行存款等	10 000

预算会计：

借：非财政拨款结余	10 000
贷：资金结存——货币资金	10 000

（四）单位实际交纳上述各种税费时，借记本科目（应交城市维护建设税、应交教育费附加、应交地方教育费附加、应交车船税、应交房产税、应交城镇土地使用税、应交个人所得税、单位应交所得税等），贷记"财政拨款收入""零余额账户用款额度""银行存款"等科目。

四、本科目期末贷方余额，反映单位应交未交的除增值税以外的税费金额；期末如为借方余额，反映单位多交纳的除增值税以外的税费金额。

2103 应缴财政款

一、本科目核算单位取得或应收的按照规定应当上缴财政的款项,包括应缴国库的款项和应缴财政专户的款项。

单位按照国家税法等有关规定应当缴纳的各种税费,通过"应交增值税""其他应交税费"科目核算,不通过本科目核算。

二、本科目应当按照应缴财政款项的类别进行明细核算。

三、应缴财政款的主要账务处理如下。

(一)单位取得或应收按照规定应缴财政的款项时,借记"银行存款""应收账款"等科目,贷记本科目。

【例 12-11】单位取得或应收按照规定应缴财政的款项的会计核算

某事业单位收到一项事业性收费 5 000 元,已经存入银行账户。此款项按规定需要全额上缴财政专户。会计处理如下。

财务会计:

借:银行存款 5 000

　　贷:应缴财政款 5 000

上缴财政款时。

借:应缴财政款 5 000

　　贷:银行存款 5 000

预算会计无分录。

(二)单位处置资产取得的应上缴财政的处置净收入的账务处理,参见"待处理财产损溢"等科目。

【例 12-12】单位处置资产取得的应上缴财政的处置净收入的会计核算

某行政单位经批准将一项专利权出售,该项专利权原价为 600 000 元,已计提摊销 400 000 元,售价为 250 000 元,应做如下会计处理。

财务会计:

借:资产处置费用 200 000

　　无形资产累计摊销 400 000

　　　贷:无形资产 600 000

借:银行存款 250 000

　　贷:应缴财政款 250 000

上缴财政款时。

借：应缴财政款   250 000
　　贷：银行存款   250 000

预算会计无分录。

（三）单位上缴应缴财政的款项时，按照实际上缴的金额，借记本科目，贷记"银行存款"科目。

四、本科目期末贷方余额，反映单位应当上缴财政但尚未缴纳的款项。年终清缴后，本科目一般应无余额。

2201　应付职工薪酬

一、本科目核算单位按照有关规定应付给职工（含长期聘用人员）及为职工支付的各种薪酬，包括基本工资、国家统一规定的津贴补贴、规范津贴补贴（绩效工资）、改革性补贴、社会保险费（如职工基本养老保险费、职业年金、基本医疗保险费等）、住房公积金等。

二、本科目应当根据国家有关规定按照"基本工资（含离退休费）""国家统一规定的津贴补贴""规范津贴补贴（绩效工资）""改革性补贴""社会保险费""住房公积金""其他个人收入"等进行明细核算。其中，"社会保险费""住房公积金"明细科目核算内容包括单位从职工工资中代扣代缴的社会保险费、住房公积金，以及单位为职工计算缴纳的社会保险费、住房公积金。

三、应付职工薪酬的主要账务处理如下。

（一）计算确认当期应付职工薪酬（含单位为职工计算缴纳的社会保险费、住房公积金）。

1. 计提从事专业及其辅助活动人员的职工薪酬，借记"业务活动费用""单位管理费用"科目，贷记本科目。

2. 计提应由在建工程、加工物品、自行研发无形资产负担的职工薪酬，借记"在建工程""加工物品""研发支出"等科目，贷记本科目。

3. 计提从事专业及其辅助活动之外的经营活动人员的职工薪酬，借记"经营费用"科目，贷记本科目。

4. 因解除与职工的劳动关系而给予的补偿，借记"单位管理费用"等科目，贷记本科目。

【例12-13】计算确认当期应付职工薪酬的会计核算

某行政单位本月职工薪酬总额为900 000元，其中，从事专业及其辅助活动职工工资 720 000 元，离退休费 80 000 元，地方津贴补贴 50 000 元，住房公积金 50 000 元，代扣代缴住房公积金 50 000 元，代扣代缴社会保险费 12 000 元，代扣代缴个人所得税 36 000 元，代扣为职工垫付的房租、水电费共 75 000 元。应做如下会计处理。

计算本月应付职工薪酬时。

财务会计：

借：业务活动费用　　　　　　　　　　　　　　　　　　　　900 000

　　贷：应付职工薪酬——基本工资　　　　　　　　　　　　720 000

　　　　　　　　　　——离退休费　　　　　　　　　　　　 80 000

　　　　　　　　　　——地方津贴补贴　　　　　　　　　　 50 000

　　　　　　　　　　——住房公积金　　　　　　　　　　　 50 000

预算会计无分录。

计算本月代扣代缴税费和代扣垫付费用时。

财务会计：

借：应付职工薪酬——基本工资　　　　　　　　　　　　　　173 000

　　贷：其他应付款——住房公积金　　　　　　　　　　　　 50 000

　　　　　　　　　　——社会保险费　　　　　　　　　　　 12 000

　　　　其他应交税费——应交个人所得税　　　　　　　　　 36 000

　　　　其他应收款　　　　　　　　　　　　　　　　　　　 75 000

预算会计无分录。

使用财政直接支付方式支付职工薪酬和代缴住房公积金、社会保险费和个人所得税时。

财务会计：

借：应付职工薪酬——基本工资　　　　　　　　　　　　　　547 000

　　　　　　　　　　——离退休费　　　　　　　　　　　　 80 000

　　　　　　　　　　——地方津贴补贴　　　　　　　　　　 50 000

　　　　　　　　　　——住房公积金　　　　　　　　　　　 50 000

　　其他应付款——住房公积金　　　　　　　　　　　　　　 50 000

　　　　　　　　——社会保险费　　　　　　　　　　　　　 12 000

　　其他应交税费——应交个人所得税　　　　　　　　　　　 36 000

　　贷：财政拨款收入　　　　　　　　　　　　　　　　　　825 000

预算会计：

借：事业支出　　　　　　　　　　　　　　　　　　　　　　825 000

贷：财政拨款预算收入	825 000

（二）向职工支付工资、津贴补贴等薪酬时，按照实际支付的金额，借记本科目，贷记"财政拨款收入""零余额账户用款额度""银行存款"等科目。

（三）按照税法规定代扣职工个人所得税时，借记本科目（基本工资），贷记"其他应交税费——应交个人所得税"科目。

从应付职工薪酬中代扣为职工垫付的水电费、房租等费用时，按照实际扣除的金额，借记本科目（基本工资），贷记"其他应收款"等科目。

从应付职工薪酬中代扣社会保险费和住房公积金，按照代扣的金额，借记本科目（基本工资），贷记本科目（社会保险费、住房公积金）。

（四）按照国家有关规定缴纳职工社会保险费和住房公积金时，按照实际支付的金额，借记本科目（社会保险费、住房公积金），贷记"财政拨款收入""零余额账户用款额度""银行存款"等科目。

（五）从应付职工薪酬中支付的其他款项，借记本科目，贷记"零余额账户用款额度""银行存款"等科目。

【例12-14】 从应付职工薪酬中支付的其他款项的会计核算

某行政单位计提当月职工薪酬共计568 500（422 000+43 500+68 000+35 000）元，其中包含了职工基本工资422 000元，国家统一规定的津贴补贴43 500元，应从职工基本工资中代扣的社会保险费65 000元和住房公积金32 000元，代扣的社会保险费和住房公积金合计97 000（65 000+32 000）元，单位应为职工计算缴纳的社会保险费68 000元和住房公积金32 000元，单位按税法规定应从职工基本工资中代扣的职工个人所得税7 800元。在当月职工薪酬中，社会保险费合计133 000（65 000+68 000）元，住房公积金合计70 000（35 000+35 000）元。数日后，该行政单位通过财政直接支付的方式向职工支付基本工资314 200（422 000-65 000-35 000-7 800）元和津贴补贴43 500元，两项款项合计357 700（314 200+43 500）元。按照国家规定向相关机构缴纳职工社会保险费133 000元和住房公积金70 000元，两项款项合计203 000（133 000+70 000）元，通过财政直接支付方式支付。该行政单位应编制如下会计分录。

（1）计提职工薪酬时。

财务会计：

借：业务活动费用	568 500
贷：应付职工薪酬——基本工资	422 000
——国家统一规定的津贴补贴	43 500

——社会保险费	68 000
——住房公积金	35 000

预算会计无分录。

（2）按税法规定代扣职工个人所得税时。

财务会计：

借：应付职工薪酬——基本工资　　　　　　　　　　7 800

　　贷：其他应交税费——应交个人所得税　　　　　　7 800

预算会计无分录。

（3）从应付职工薪酬中代扣社会保险费和住房公积金时。

财务会计：

借：应付职工薪酬——基本工资　　　　　　　　　100 000

　　贷：应付职工薪酬——社会保险费　　　　　　　65 000

　　　　　　　　　　——住房公积金　　　　　　　35 000

预算会计无分录。

（4）向职工支付基本工资和津贴补贴时。

财务会计：

借：应付职工薪酬——基本工资　　　　　　　　　314 200

　　　　　　　　　——国家统一规定的津贴补贴　　43 500

　　贷：财政拨款收入　　　　　　　　　　　　　357 700

预算会计无分录。

（5）向相关机构缴纳职工社会保险费和住房公积金时。

财务会计：

借：应付职工薪酬——社会保险费　　　　　　　　133 000

　　　　　　　　　——住房公积金　　　　　　　　70 000

　　贷：财政拨款收入　　　　　　　　　　　　　203 000

预算会计无分录。

四、本科目期末贷方余额，反映单位应付未付的职工薪酬。

2301　应付票据

一、本科目核算事业单位因购买材料、物资等而开出、承兑的商业汇票，包括银行承兑汇票和商业承兑汇票。

二、本科目应当按照债权人进行明细核算。

三、应付票据的主要账务处理如下。

（一）开出、承兑商业汇票时，借记"库存物品""固定资产"等科目，贷记本科目。涉及增值税业务的，相关账务处理参见"应交增值税"科目。

以商业汇票抵付应付账款时，借记"应付账款"科目，贷记本科目。

（二）支付银行承兑汇票的手续费时，借记"业务活动费用""经营费用"等科目，贷记"银行存款""零余额账户用款额度"等科目。

（三）商业汇票到期时，应当分以下情况处理。

1. 收到银行支付到期票据的付款通知时，借记本科目，贷记"银行存款"科目。

【例12-15】收到银行支付到期票据的付款通知的会计核算

某事业单位于2×19年3月2日购入所需物资，共计60 000元，货物已经验收入库，并交付供货方金额为60 000元的银行承兑汇票。支付银行承兑汇票的手续费2 000元。会计处理如下。

财务会计：

借：库存物品　　　　　　　　　　　　　　　　　　　60 000

　　贷：应付票据　　　　　　　　　　　　　　　　　　60 000

借：业务活动费用　　　　　　　　　　　　　　　　　　2 000

　　贷：银行存款　　　　　　　　　　　　　　　　　　2 000

预算会计：

借：事业支出　　　　　　　　　　　　　　　　　　　　2 000

　　贷：资金结存——货币资金　　　　　　　　　　　　2 000

2. 银行承兑汇票到期，单位无力支付票款的，按照应付票据账面余额，借记本科目，贷记"短期借款"科目。

3. 商业承兑汇票到期，单位无力支付票款的，按照应付票据账面余额，借记本科目，贷记"应付账款"科目。

【例12-16】银行承兑汇票到期的会计核算

沿用【例12-15】。若该银行承兑汇票已到期，单位收到银行支付到期票据的付款通知时。

财务会计：

借：应付票据　　　　　　　　　　　　　　　　　　　60 000

　　贷：银行存款　　　　　　　　　　　　　　　　　　60 000

预算会计：

| 借：事业支出 | 60 000 |
| 贷：资金结存——货币资金 | 60 000 |

若该银行承兑汇票到期，单位无力支付票据。

财务会计：

| 借：应付票据 | 60 000 |
| 贷：短期借款 | 60 000 |

预算会计：

| 借：事业支出 | 60 000 |
| 贷：债务预算收入 | 60 000 |

四、单位应当设置"应付票据备查簿"，详细登记每一应付票据的种类、号数、出票日期、到期日、票面金额、交易合同号、收款人姓名或单位名称，以及付款日期和金额等。应付票据到期结清票款后，应当在备查簿内逐笔注销。

五、本科目期末贷方余额，反映事业单位开出、承兑的尚未到期的应付票据金额。

2302　应付账款

一、本科目核算单位因购买物资、接受服务、开展工程建设等而应付的偿还期限在1年以内（含1年）的款项。

二、本科目应当按照债权人进行明细核算。对于建设项目，还应设置"应付器材款""应付工程款"等明细科目，并按照具体项目进行明细核算。

三、应付账款的主要账务处理如下。

（一）收到所购材料、物资、设备或服务以及确认完成工程进度但尚未付款时，根据发票及账单等有关凭证，按照应付未付款项的金额，借记"库存物品""固定资产""在建工程"等科目，贷记本科目。涉及增值税业务的，相关账务处理参见"应交增值税"科目。

【例12-17】收到所购材料、物资、设备或服务以及确认完成工程进度但尚未付款的会计核算

2×19年5月1日，某事业单位向某供应商购买自用材料一批，增值税专用发票上注明的含增值税的价格为2 260元，材料已经入库，款项未付。账务处理如下。

财务会计：

| 借：库存物品 | 2 000 |

应交增值税——应交税金（进项税额）	260
贷：应付账款——某供应商	2 260

预算会计无分录。

（二）偿付应付账款时，按照实际支付的金额，借记本科目，贷记"财政拨款收入""零余额账户用款额度""银行存款"等科目。

【例 12-18】偿付应付账款的会计核算

沿用【例 12-17】。2×19 年 6 月 30 日，该事业单位偿付该笔应付账款，账务处理如下。

财务会计：

借：应付账款——某供应商	2 260
贷：银行存款	2 260

预算会计：

借：事业支出	2 260
贷：资金结存——货币资金	2 260

（三）开出、承兑商业汇票抵付应付账款时，借记本科目，贷记"应付票据"科目。

【例 12-19】开出、承兑商业汇票抵付应付账款的会计核算

某事业单位开出商业汇票用以抵付对甲公司的应付账款 20 000 元，账务处理如下。

财务会计：

借：应付账款	20 000
贷：应付票据	20 000

预算会计无分录。

（四）无法偿付或债权人豁免偿还的应付账款，应当按照规定报经批准后进行账务处理。经批准核销时，借记本科目，贷记"其他收入"科目。

核销的应付账款应在备查簿中保留登记。

【例 12-20】无法偿付或债权人豁免偿还的应付账款的会计核算

某事业单位的一项应付账款账面余额为 1 700 元，因债权人豁免偿还予以核销。

财务会计：

借：应付账款——某供应商	1 700
贷：其他收入	1 700

预算会计无分录。

四、本科目期末贷方余额，反映单位尚未支付的应付账款金额。

2303　应付政府补贴款

一、本科目核算负责发放政府补贴的行政单位，按照规定应当支付给政府补贴接受者的各种政府补贴款。

二、本科目应当按照应支付的政府补贴种类进行明细核算。单位还应当根据需要按照补贴接受者进行明细核算，或者建立备查簿对补贴接受者予以登记。

三、应付政府补贴款的主要账务处理如下。

（一）发生应付政府补贴时，按照依规定计算确定的应付政府补贴金额，借记"业务活动费用"科目，贷记本科目。

【例 12-21】发生应付政府补贴的会计核算

某行政单位负责给当地的低保居民发放政府给予的生活补助，共计 650 000 元，计算应付政府补贴金额时，应做如下会计处理。

财务会计：

借：业务活动费用　　　　　　　　　　　　　　　　　 650 000

　　贷：应付政府补贴款——生活补助　　　　　　　　　 650 000

预算会计无分录。

（二）支付应付政府补贴款时，按照支付金额，借记本科目，贷记"零余额账户用款额度""银行存款"等科目。

【例 12-22】支付应付政府补贴款的会计核算

沿用【例 12-21】。该行政单位用财政授权支付方式支付上述政府补贴款，应做如下会计处理。

财务会计：

借：应付政府补贴款——生活补助　　　　　　　　　　 650 000

　　贷：零余额账户用款额度　　　　　　　　　　　　　 650 000

预算会计：

借：行政支出　　　　　　　　　　　　　　　　　　　 650 000

　　贷：资金结存——零余额账户用款额度　　　　　　　 650 000

四、本科目期末贷方余额，反映行政单位应付未付的政府补贴金额。

2304　应付利息

一、本科目核算事业单位按照合同约定应支付的借款利息，包括短期借款、分期付息到期还本的长期借款等应支付的利息。

二、本科目应当按照债权人等进行明细核算。

三、应付利息的主要账务处理如下。

（一）为建造固定资产、公共基础设施等借入的专门借款的利息，属于建设期间发生的，按期计提利息费用时，按照计算确定的金额，借记"在建工程"科目，贷记本科目；不属于建设期间发生的，按期计提利息费用时，按照计算确定的金额，借记"其他费用"科目，贷记本科目。

（二）对于其他借款，按期计提利息费用时，按照计算确定的金额，借记"其他费用"科目，贷记本科目。

（三）实际支付应付利息时，按照支付的金额，借记本科目，贷记"银行存款"等科目。

【例 12-23】计提利息费用的会计核算

某事业单位经批准向银行借入一笔短期借款，年末计提借款利息费用 450 元。该事业单位应编制如下会计分录。

财务会计：

借：其他费用　　　　　　　　　　　　　　　　　　450

　　贷：应付利息　　　　　　　　　　　　　　　　　　450

预算会计无分录。

四、本科目期末贷方余额，反映事业单位应付未付的利息金额。

2305　预收账款

一、本科目核算事业单位预先收取但尚未结算的款项。

二、本科目应当按照债权人进行明细核算。

三、预收账款的主要账务处理如下。

（一）从付款方预收款项时，按照实际预收的金额，借记"银行存款"等科目，贷记本科目。

【例 12-24】预收款项的会计核算

2×19 年 5 月，某事业单位与某企业签订购货协议，该企业在事业单位订购 A 产品，共计 500 000 元，按照购货协议，企业需要按购货金额的 20% 预先支付给该事业单位。

账务处理如下。

财务会计：

借：银行存款   100 000

 贷：预收账款   100 000

预算会计：

借：资金结存——货币资金   100 000

 贷：经营预算收入   100 000

（二）确认有关收入时，按照预收账款账面余额，借记本科目，按照应确认的收入金额，贷记"事业收入""经营收入"等科目，按照付款方补付或退回付款方的金额，借记或贷记"银行存款"等科目。涉及增值税业务的，相关账务处理参见"应交增值税"科目。

【例 12-25】确认有关收入时的会计核算

沿用【例 12-24】。A 产品于 9 月全部交付，并验收入库，且事业单位已经收到相应货款。账务处理如下。

财务会计：

借：银行存款   400 000

  预收账款   100 000

 贷：经营收入   500 000

借：资金结存——货币资金   400 000

 贷：经营预算收入   400 000

预算会计无分录。

（三）无法偿付或债权人豁免偿还的预收账款，应当按照规定报经批准后进行账务处理。经批准核销时，借记本科目，贷记"其他收入"科目。

核销的预收账款应在备查簿中保留登记。

【例 12-26】无法偿付或债权人豁免偿还的预收账款的会计核算

沿用【例 12-25】。若该事业单位无法偿付预收的款项，账务处理如下。

财务会计：

借：预收账款   100 000

 贷：其他收入   100 000

预算会计无分录。

四、本科目期末贷方余额，反映事业单位预收但尚未结算的款项金额。

2307 其他应付款

一、本科目核算单位除应交增值税、其他应交税费、应缴财政款、应付职工薪酬、应付票据、应付账款、应付政府补贴款、应付利息、预收账款以外，其他各项偿还期限在1年内（含1年）的应付及暂收款项，如收取的押金、存入保证金、已经报销但尚未偿还银行的本单位公务卡欠款等。

同级政府财政部门预拨的下期预算款和没有纳入预算的暂付款项，以及采用实拨资金方式通过本单位转拨给下属单位的财政拨款，也通过本科目核算。

二、本科目应当按照其他应付款的类别以及债权人等进行明细核算。

三、其他应付款的主要账务处理如下。

（一）发生其他应付及暂收款项时，借记"银行存款"等科目，贷记本科目。支付（或退回）其他应付及暂收款项时，借记本科目，贷记"银行存款"等科目。将暂收款项转为收入时，借记本科目，贷记"事业收入"等科目。

【例12-27】发生其他应付及暂收款项的会计核算

2×19年5月1日，某行政单位将办公楼出租，收取F公司押金10 000元，应做如下会计处理。

财务会计：

借：银行存款 10 000

　　贷：其他应付款——押金（F公司） 10 000

预算会计无分录。

2×19年6月1日确认为收入，应做如下会计处理。

财务会计：

借：其他应付款——押金（F公司） 10 000

　　贷：事业收入 10 000

预算会计：

借：资金结存——货币资金 10 000

　　贷：事业预算收入 10 000

若2×19年6月2日该行政单位与F公司的租赁合约到期，F公司不再租用办公楼，该行政单位返还押金，应做如下会计处理。

财务会计：

借：其他应付款——押金（F公司） 10 000

　　贷：银行存款 10 000

预算会计无分录。

（二）收到同级政府财政部门预拨的下期预算款和没有纳入预算的暂付款项，按照实际收到的金额，借记"银行存款"等科目，贷记本科目；待到下一预算期或批准纳入预算时，借记本科目，贷记"财政拨款收入"科目。

采用实拨资金方式通过本单位转拨给下属单位的财政拨款，按照实际收到的金额，借记"银行存款"科目，贷记本科目；向下属单位转拨财政拨款时，按照转拨的金额，借记本科目，贷记"银行存款"科目。

【例12-28】收到同级政府财政部门预拨的下期预算款和没有纳入预算的暂付款项的会计核算

2×19年12月6日，某行政单位收到同级财政部门预拨的下期预算款100 000元。2×20年1月6日，该笔款项批准纳入该年的预算。账务处理如下。

2×19年12月6日。

财务会计：

借：银行存款   100 000

  贷：其他应付款   100 000

预算会计无分录。

2×20年1月6日。

财务会计：

借：其他应付款   100 000

  贷：财政拨款收入   100 000

预算会计：

借：资金结存——货币资金   100 000

  贷：财政拨款预算收入   100 000

（三）本单位公务卡持卡人报销时，按照审核报销的金额，借记"业务活动费用""单位管理费用"等科目，贷记本科目；偿还公务卡欠款时，借记本科目，贷记"零余额账户用款额度"等科目。

（四）涉及质保金形成其他应付款的，相关账务处理参见"固定资产"科目。

（五）无法偿付或债权人豁免偿还的其他应付款项，应当按照规定报经批准后进行账务处理。经批准核销时，借记本科目，贷记"其他收入"科目。

核销的其他应付款应在备查簿中保留登记。

【例12-29】无法偿付或债权人豁免偿还的其他应付款项的会计核算

沿用【例12-27】。F公司因一些原因导致行政单位无法偿还押金，该行政单位按规定报经批准后核销该笔押金，应做如下会计处理。

财务会计：

借：其他应付款——押金（F公司）　　　　　　　　　　10 000

　　贷：其他收入　　　　　　　　　　　　　　　　　　　　10 000

预算会计无分录。

四、本科目期末贷方余额，反映单位尚未支付的其他应付款金额。

2401　预提费用

一、本科目核算单位预先提取的已经发生但尚未支付的费用，如预提租金费用等。

事业单位按规定从科研项目收入中提取的项目间接费用或管理费，也通过本科目核算。

事业单位计提的借款利息费用，通过"应付利息""长期借款"科目核算，不通过本科目核算。

二、本科目应当按照预提费用的种类进行明细核算。对于提取的项目间接费用或管理费，应当在本科目下设置"项目间接费用或管理费"明细科目，并按项目进行明细核算。

三、预提费用的主要账务处理如下。

（一）项目间接费用或管理费

按规定从科研项目收入中提取项目间接费用或管理费时，按照提取的金额，借记"单位管理费用"科目，贷记本科目（项目间接费用或管理费）。

实际使用计提的项目间接费用或管理费时，按照实际支付的金额，借记本科目（项目间接费用或管理费），贷记"银行存款""库存现金"等科目。

【例12-30】项目间接费用或管理费的会计核算

2×19年6月6日，某事业单位按规定从科研项目收入中提取项目间接费用20 000元，会计处理如下。

财务会计：

借：单位管理费用　　　　　　　　　　　　　　　　　　20 000

　　贷：预提费用——项目间接费用　　　　　　　　　　　　20 000

预算会计：

借：非财政拨款结转——项目间接费用　　　　　　　　　20 000

　　贷：非财政拨款结余——项目间接费用　　　　　　　　　20 000

2×19 年 12 月 6 日，该事业单位实际使用计提的项目间接费用 15 000 元，会计处理如下。

财务会计：

借：预提费用——项目间接费用 15 000

　　贷：银行存款 15 000

预算会计：

借：事业支出 15 000

　　贷：资金结存——货币资金 15 000

（二）其他预提费用

按期预提租金等费用时，按照预提的金额，借记"业务活动费用""单位管理费用""经营费用"等科目，贷记本科目。

实际支付款项时，按照支付金额，借记本科目，贷记"零余额账户用款额度""银行存款"等科目。

【例 12-31】按期预提租金等费用的会计核算

甲事业单位供销部门于 2×19 年 7 月 1 日租入一台运输设备，合同规定租赁期为半年，租赁期满一次付清租金 6 000 元。

甲公司租入设备使用期为 7 月至 11 月，每月月末应做如下相同会计分录。

财务会计：

借：经营费用 1 000

　　贷：预提费用 1 000

预算会计无分录。

2×19 年 12 月末开出转账支票支付租金时，应做如下会计分录。

财务会计：

借：经营费用 1 000

　　预提费用 5 000

　　贷：银行存款 6 000

预算会计：

借：经营支出 6 000

　　贷：资金结存——货币资金 6 000

四、本科目期末贷方余额，反映单位已预提但尚未支付的各项费用。

2501 长期借款

一、本科目核算事业单位经批准向银行或其他金融机构等借入的期限超过1年（不含1年）的各种借款本息。

二、本科目应当设置"本金"和"应计利息"明细科目，并按照贷款单位和贷款种类进行明细核算。对于建设项目借款，还应按照具体项目进行明细核算。

三、长期借款的主要账务处理如下。

（一）借入各项长期借款时，按照实际借入的金额，借记"银行存款"科目，贷记本科目（本金）。

【例12-32】借入长期借款的会计核算

某事业单位于2×19年1月1日从银行借入资金300 000元，借款期限为5年，年利率为8%，按年支付利息，到期一次还本。会计处理如下。

2×19年1月1日，取得借款。

财务会计：

借：银行存款　　　　　　　　　　　　　　　　　　　300 000

　　贷：长期借款——本金　　　　　　　　　　　　　　　　300 000

预算会计：

借：资金结存——货币资金　　　　　　　　　　　　　300 000

　　贷：债务预算收入——本金　　　　　　　　　　　　　　300 000

（二）为建造固定资产、公共基础设施等应支付的专门借款利息，按期计提利息时，分以下情况处理。

1. 属于工程项目建设期间发生的利息，计入工程成本，按照计算确定的应支付的利息金额，借记"在建工程"科目，贷记"应付利息"科目。

2. 属于工程项目完工交付使用后发生的利息，计入当期费用，按照计算确定的应支付的利息金额，借记"其他费用"科目，贷记"应付利息"科目。

（三）按期计提其他长期借款的利息时，按照计算确定的应支付的利息金额，借记"其他费用"科目，贷记"应付利息"科目（分期付息、到期还本借款的利息）或本科目（应计利息）（到期一次还本付息借款的利息）。

（四）到期归还长期借款本金、利息时，借记本科目（本金、应计利息），贷记"银行存款"科目。

【例12-33】到期归还长期借款本金、利息的会计核算沿用【例 12-32】。该事业单位借入的长期借款用以建设办公楼，该办公楼于 2×19 年 1 月 1 日开工，2×23 年 1 月 1 日完工交付使用。2×23 年 12 月 31 日该事业单位归还长期借款本息。

2×19 年、2×20 年、2×21 年、2×22 年年末的会计处理如下。

财务会计：

借：在建工程 24 000

　　贷：应付利息 24 000

借：应付利息 24 000

　　贷：银行存款 24 000

预算会计：

借：其他支出 24 000

　　贷：资金结存——货币资金 24 000

2×23 年年末的会计处理如下。

财务会计：

借：其他费用 24 000

　　贷：应付利息 24 000

借：应付利息 24 000

　　贷：银行存款 24 000

借：长期借款——本金 300 000

　　贷：银行存款 300 000

预算会计：

借：其他支出 24 000

　　贷：资金结存——货币资金 24 000

借：债务预算收入——本金 300 000

　　贷：资金结存——货币资金 300 000

四、本科目期末贷方余额，反映事业单位尚未偿还的长期借款本息金额。

2502　长期应付款

一、本科目核算单位发生的偿还期限超过 1 年（不含 1 年）的应付款项，如以融资租赁方式取得固定资产应付的租赁费等。

二、本科目应当按照长期应付款的类别以及债权人进行明细核算。

三、长期应付款的主要账务处理如下。

（一）发生长期应付款时，借记"固定资产""在建工程"等科目，贷记本科目。

【例12-34】发生长期应付款的会计核算

某行政单位以分期付款方式从G公司购入一台仪器，总价款为270 000元，分三年支付，于每年年末支付，购入时应做如下会计处理。

财务会计：

借：固定资产	270 000
贷：长期应付款	270 000

预算会计无分录。

（二）支付长期应付款时，按照实际支付的金额，借记本科目，贷记"财政拨款收入""零余额账户用款额度""银行存款"等科目。涉及增值税业务的，相关账务处理参见"应交增值税"科目。

【例12-35】支付长期应付款的会计核算

沿用【例12-34】。该行政单位年末使用财政直接支付方式支付款项，应做如下会计处理。

财务会计：

借：长期应付款	90 000
贷：财政拨款收入	90 000

预算会计：

借：行政支出	90 000
贷：财政拨款预算收入	90 000

（三）无法偿付或债权人豁免偿还的长期应付款，应当按照规定报经批准后进行账务处理。经批准核销时，借记本科目，贷记"其他收入"科目。核销的长期应付款应在备查簿中保留登记。

【例12-36】无法偿付或债权人豁免偿还的长期应付款的会计核算

沿用【例12-35】。该笔长期应付款支付两年后，G公司豁免最后一年应付的款项，该行政单位按照规定报经批准后予以核销，应做如下会计处理。

财务会计：

借：长期应付款	90 000
贷：其他收入	90 000

预算会计无分录。

（四）涉及质保金形成长期应付款的，相关账务处理参见"固定资产"科目。

四、本科目期末贷方余额，反映单位尚未支付的长期应付款金额。

2601　预计负债

一、本科目核算单位对因或有事项所产生的现时义务而确认的负债，如对未决诉讼等确认的负债。

二、本科目应当按照预计负债的项目进行明细核算。

三、预计负债的主要账务处理如下。

（一）确认预计负债时，按照预计的金额，借记"业务活动费用""经营费用""其他费用"等科目，贷记本科目。

（二）实际偿付预计负债时，按照偿付的金额，借记本科目，贷记"银行存款""零余额账户用款额度"等科目。

（三）根据确凿证据需要对已确认的预计负债账面余额进行调整的，按照调整增加的金额，借记有关科目，贷记本科目；按照调整减少的金额，借记本科目，贷记有关科目。

【例 12-37】确认预计负债的会计核算

2×19 年 11 月 1 日，某事业单位因合同违约而被甲公司起诉。2×19 年 12 月 31 日，该事业单位尚未接到法院的判决。在咨询了单位的法律顾问后，该事业单位认为最终的法律判决很可能对单位不利。假定该事业单位预计将要支付的赔偿金额、诉讼费等费用为 1 600 000 ~ 2 000 000 元的某一金额，而且这个区间内每个金额的可能性都大致相同。

该事业单位应在资产负债表中确认一项预计负债，金额如下。

（1 600 000+2 000 000）÷2=1 800 000（元）

同时在 2×19 年 12 月 31 日的附注中进行披露。

事业单位的有关账务处理如下。

财务会计：

借：业务活动费用　　　　　　　　　　　　　　　1 800 000

　　贷：预计负债——未决诉讼　　　　　　　　　　1 800 000

预算会计无分录。

2×20 年 3 月 1 日，法院判决表明该事业单位要支付赔偿金额等 1 900 000 元，账务处理如下。

财务会计：

借：预计负债——未决诉讼   1 800 000

     业务活动费用   100 000

       贷：银行存款   1 900 000

预算会计：

借：事业支出   1 900 000

       贷：资金结存——货币资金   1 900 000

四、本科目期末贷方余额，反映单位已确认但尚未支付的预计负债金额。

2901   受托代理负债

一、本科目核算单位接受委托取得受托代理资产时形成的负债。

二、本科目的账务处理参见"受托代理资产""库存现金""银行存款"等科目。

三、本科目期末贷方余额，反映单位尚未交付或发出受托代理资产形成的受托代理负债金额。

（三）净资产类

3001   累计盈余

一、本科目核算单位历年实现的盈余扣除盈余分配后滚存的金额，以及因无偿调入调出资产产生的净资产变动额。

按照规定上缴、缴回、单位间调剂结转结余资金产生的净资产变动额，以及对以前年度盈余的调整金额，也通过本科目核算。

二、累计盈余的主要账务处理如下。

（一）年末，将"本年盈余分配"科目的余额转入累计盈余，借记或贷记"本年盈余分配"科目，贷记或借记本科目。

【例13-1】累计盈余的会计核算

某行政事业单位2×19年12月31日本年盈余分配科目余额为50 000元，相关账务处理如下。

财务会计：

借：本年盈余分配   50 000

       贷：累计盈余   50 000

预算会计无分录。

（二）年末，将"无偿调拨净资产"科目的余额转入累计盈余，借记或贷记"无偿调拨净资产"科目，贷记或借记本科目。

【例13-2】将"无偿调拨净资产"科目的余额转入累计盈余的会计核算

某行政事业单位2×19年12月31日"无偿调拨净资产"科目余额为150 000元，相关账务处理如下。

财务会计：

借：无偿调拨净资产   150 000

  贷：累计盈余   150 000

预算会计无分录。

（三）按照规定上缴财政拨款结转结余、缴回非财政拨款结转资金、向其他单位调出财政拨款结转资金时，按照实际上缴、缴回、调出金额，借记本科目，贷记"财政应返还额度""零余额账户用款额度""银行存款"等科目。

按照规定从其他单位调入财政拨款结转资金时，按照实际调入金额，借记"零余额账户用款额度""银行存款"等科目，贷记本科目。

【例13-3】从其他单位调入财政拨款结转资金的会计核算

某行政事业单位2×19年12月31日与其他单位发生资金调入20 000元，相关账务处理如下。

财务会计：

借：零余额账户用款额度   20 000

  贷：累计盈余   20 000

借：资金结存——零余额账户用款额度   20 000

  贷：财政拨款结转——归集调入   20 000

预算会计无分录。

（四）将"以前年度盈余调整"科目的余额转入本科目，借记或贷记"以前年度盈余调整"科目，贷记或借记本科目。

【例13-4】将"以前年度盈余调整"科目的余额转入"累计盈余"科目的会计核算

某行政事业单位2×19年12月31日"以前年度盈余调整"科目，贷方余额为20 000元，相关账务处理如下。

财务会计：

借：以前年度盈余调整   20 000

  贷：累计盈余   20 000

预算会计无分录。

（五）按照规定使用专用基金购置固定资产、无形资产的，按照固定资产、无形资产成本金额，借记"固定资产""无形资产"科目，贷记"银行存款"等科目；同时，按照专用基金使用金额，借记"专用基金"科目，贷记本科目。

三、本科目期末余额，反映单位未分配盈余（或未弥补亏损）的累计数以及截至上年末无偿调拨净资产变动的累计数。本科目年末余额，反映单位未分配盈余（或未弥补亏损）以及无偿调拨净资产变动的累计数。

3101 专用基金

一、本科目核算事业单位按照规定提取或设置的具有专门用途的净资产，主要包括职工福利基金、科技成果转换基金等。

二、本科目应当按照专用基金的类别进行明细核算。

三、专用基金的主要账务处理如下。

（一）年末，根据有关规定从本年度非财政拨款结余或经营结余中提取专用基金的，按照预算会计下计算的提取金额，借记"本年盈余分配"科目，贷记本科目。

（二）根据有关规定从收入中提取专用基金并计入费用的，一般按照预算会计下基于预算收入计算提取的金额，借记"业务活动费用"等科目，贷记本科目。国家另有规定的，从其规定。

（三）根据有关规定设置的其他专用基金，按照实际收到的基金金额，借记"银行存款"等科目，贷记本科目。

（四）按照规定使用提取的专用基金时，借记本科目，贷记"银行存款"等科目。使用提取的专用基金购置固定资产、无形资产的，按照固定资产、无形资产成本金额，借记"固定资产""无形资产"科目，贷记"银行存款"等科目；同时，按照专用基金使用金额，借记本科目，贷记"累计盈余"科目。

【例 13-5】使用提取的专用基金购置固定资产、无形资产的会计核算

某行政事业单位在 2×19 年利用从经营结余中提取的专用基金购置了一台固定资产，市场公允价值为 100 000 元，应缴纳的增值税税额为 13 000 元。相关账务处理如下。

财务会计：

借：固定资产　　　　　　　　　　　　　　　　　　　100 000

　　应交增值税——应交税金（进项税额）　　　　　　13 000

　　　贷：银行存款　　　　　　　　　　　　　　　　113 000

借：专用基金　　　　　　　　　　　　　　　　　　　113 000

　　　贷：累计盈余　　　　　　　　　　　　　　　　113 000

预算会计：

借：专用结余　　　　　　　　　　　　　　　　　　　113 000

　　　贷：资金结存——货币资金　　　　　　　　　　113 000

四、本科目期末贷方余额，反映事业单位累计提取或设置的尚未使用的专用基金。

3201　权益法调整

一、本科目核算事业单位持有的长期股权投资采用权益法核算时，按照被投资单位除净损益和利润分配以外的所有者权益变动份额调整长期股权投资账面余额而计入净资产的金额。

二、本科目应当按照被投资单位进行明细核算。

三、权益法调整的主要账务处理如下。

（一）年末，按照被投资单位除净损益和利润分配以外的所有者权益变动应享有（或应分担）的份额，借记或贷记“长期股权投资——其他权益变动”科目，贷记或借记本科目。

【例 13-6】按照被投资单位除净损益和利润分配以外的所有者权益变动应享有（或应分担）的份额调整长期股权投资账面余额的会计核算

某事业单位在 2×19 年被投资单位除净损益和利润分配以外的所有者权益变动金额为 100 000 元，该事业单位持有被投资单位 30% 的股权，不考虑相关税费。相关账务处理如下。

财务会计：

借：长期股权投资——其他权益变动　　　　　　　　　30 000

　　　贷：权益法调整　　　　　　　　　　　　　　　30 000

预算会计无分录。

（二）采用权益法核算的长期股权投资，因被投资单位除净损益和利润分配以外的所有者权益变动而将应享有（或应分担）的份额计入单位净资产的，处置该项投资时，按照原计入净资产的相应部分金额，借记或贷记本科目，贷记或借记"投资收益"科目。

【例13-7】 处置采用权益法核算的长期股权投资的会计核算

某事业单位在2×19年被投资单位除净损益和利润分配以外的所有者权益变动金额为100 000元，该事业单位持有被投资单位30%的股权，不考虑相关税费，之后在2×20年处置了该项投资。相关账务处理如下。

财务会计：

借：长期股权投资——其他权益变动   30 000

    贷：权益法调整   30 000

借：权益法调整   30 000

    贷：投资收益   30 000

预算会计无分录。

四、本科目期末余额，反映事业单位在被投资单位除净损益和利润分配以外的所有者权益变动中累积享有（或分担）的份额。

3301　本期盈余

一、本科目核算单位本期各项收入、费用相抵后的余额。

二、本期盈余的主要账务处理如下。

（一）期末，将各类收入科目的本期发生额转入本期盈余，借记"财政拨款收入""事业收入""上级补助收入""附属单位上缴收入""经营收入""非同级财政拨款收入""投资收益""捐赠收入""利息收入""租金收入""其他收入"科目，贷记本科目；将各类费用科目本期发生额转入本期盈余，借记本科目，贷记"业务活动费用""单位管理费用""经营费用""所得税费用""资产处置费用""上缴上级费用""对附属单位补助费用""其他费用"科目。

【例13-8】 将各类收入和费用科目的本期发生额转入本期盈余的会计核算

某行政单位2×19年相关科目发生额如下。

（1）"财政拨款收入"科目发生额为20 000元，"事业收入"科目发生额为5 000元，"上级补助收入"科目发生额为10 000元，"附属单位上缴收入"科目发生额为20 000元，"经营收入"科目发生额为3 000元，"投资收益"科目发生额为2 000元，"其他收入"科目发生额为8 000元。

（2）"业务活动费用"科目发生额为9 000元，"单位管理费用"科目发生额为3 000元，"经营费用"科目发生额为3 000元，"资产处置费用"科目发生额为2 000元，"所得税费用"科目发生额为2 000元，"其他费用"科目发生额为2 000元。

相关账务处理如下。

（1）结转本年年度收入。

财务会计：

借：财政拨款收入		20 000
事业收入		5 000
上级补助收入		10 000
附属单位上缴收入		20 000
经营收入		3 000
投资收益		2 000
其他收入		8 000
贷：本期盈余		68 000

预算会计无分录。

（2）结转本年年度费用。

财务会计：

借：本期盈余		21 000
贷：业务活动费用		9 000
单位管理费用		3 000
经营费用		3 000
资产处置费用		2 000
所得税费用		2 000
其他费用		2 000

预算会计无分录。

（二）年末，完成上述结转后，将本科目余额转入"本年盈余分配"科目，借记或贷记本科目，贷记或借记"本年盈余分配"科目。

【例13-9】将"本期盈余"科目余额转入"本年盈余分配"科目的会计核算（1）

某行政单位2×19年12月31日结转"本年盈余"科目贷方余额47 000元。相关账务处理如下。

财务会计：

借：本期盈余		47 000

贷：本年盈余分配	47 000

预算会计无分录。

三、本科目期末如为贷方余额，反映单位自年初至当期期末累计实现的盈余；如为借方余额，反映单位自年初至当期期末累计发生的亏损。

四、年末结账后，本科目应无余额。

3302　本年盈余分配

一、本科目核算单位本年度盈余分配的情况和结果。

二、本年盈余分配的主要账务处理如下。

（一）年末，将"本期盈余"科目余额转入本科目，借记或贷记"本期盈余"科目，贷记或借记本科目。

【例13-10】将"本期盈余"科目余额转入"本年盈余分配"科目的会计核算（2）

某行政单位2×19年12月31日"本期盈余"科目贷方余额为50 000元。相关账务处理如下。

财务会计：

借：本期盈余	50 000
贷：本年盈余分配	50 000

预算会计无分录。

（二）年末，根据有关规定从本年度非财政拨款结余或经营结余中提取专用基金的，按照预算会计下计算的提取金额，借记本科目，贷记"专用基金"科目。

【例13-11】提取专用基金的会计核算

某行政单位2×19年12月31日按预算会计下计算的提取金额提取专用基金4 000元。相关账务处理如下。

财务会计：

借：本年盈余分配	4 000
贷：专用基金	4 000
借：非财政拨款结余分配	4 000
贷：专用结余	4 000

预算会计无分录。

（三）年末，按照规定完成上述（一）、（二）处理后，将本科目余额转入累计盈余，借记或贷记本科目，贷记或借记"累计盈余"科目。

【例 13-12】将"本年盈余分配"科目余额转入"累计盈余"科目的会计核算

某行政单位 2×19 年 12 月 31 日"本年盈余分配"科目贷方余额为 43 000 元。相关账务处理如下。

财务会计：

借：本年盈余分配　　　　　　　　　　　　　43 000

　　贷：累计盈余　　　　　　　　　　　　　　　43 000

预算会计无分录。

三、年末结账后，本科目应无余额。

3401　无偿调拨净资产

一、本科目核算单位无偿调入或调出非现金资产所引起的净资产变动金额。

二、无偿调拨净资产的主要账务处理如下。

（一）按照规定取得无偿调入的存货、长期股权投资、固定资产、无形资产、公共基础设施、政府储备物资、文物文化资产、保障性住房等，按照确定的成本，借记"库存物品""长期股权投资""固定资产""无形资产""公共基础设施""政府储备物资""文物文化资产""保障性住房"等科目，按照调入过程中发生的归属于调入方的相关费用，贷记"零余额账户用款额度""银行存款"等科目，按照其差额，贷记本科目。

【例 13-13】取得无偿调入资产的会计核算

某事业单位 2×19 年取得无偿调入存货 20 000 元，长期股权投资 10 000 元，固定资产 5 000 元，同时发生调入费用 5 000 元。相关账务处理如下。

财务会计：

借：库存物品　　　　　　　　　　　　　　　20 000

　　固定资产　　　　　　　　　　　　　　　　5 000

　　长期股权投资　　　　　　　　　　　　　10 000

　　贷：无偿调拨净资产　　　　　　　　　　　　35 000

借：其他支出　　　　　　　　　　　　　　　5 000

　　贷：资金结存　　　　　　　　　　　　　　　5 000

预算会计无分录。

（二）按照规定经批准无偿调出存货、长期股权投资、固定资产、无形资产、公共基础设施、政府储备物资、文物文化资产、保障性住房等，按照调出资产的账面余额或账面价值，借记本科目，按照固定资产累计折旧、无形资产累计摊销、公共基础设施累计折旧或摊销、保障性住房累计折旧的金额，借记"固定资产累计折旧""无形资产累计摊销""公共基础设施累计折旧（摊销）""保障性住房累计折旧"科目，按照调出资产的账面余额，贷记"库存物品""长期股权投资""固定资产""无形资产""公共基础设施""政府储备物资""文物文化资产""保障性住房"等科目；同时，按照调出过程中发生的归属于调出方的相关费用，借记"资产处置费用"科目，贷记"零余额账户用款额度""银行存款"等科目。

【例13-14】 无偿调出资产的会计核算

某事业单位2×19年发生无偿调出无形资产，原价为20 000元、累计摊销为2 000元，无偿调出存货10 000元，无偿调出公共基础设施2 000元。相关账务处理如下。

财务会计：

借：无偿调拨净资产	30 000
无形资产累计摊销	2 000
贷：无形资产	20 000
库存物品	10 000
公共基础设施	2 000

预算会计无分录。

（三）年末，将本科目余额转入累计盈余，借记或贷记本科目，贷记或借记"累计盈余"科目。

【例13-15】 将"无偿调拨净资产"科目余额转入"累计盈余"科目的会计核算

某事业单位2×19年末"无偿调拨净资产"科目的贷方余额为5 000元。相关账务处理如下。

财务会计：

借：无偿调拨净资产	5 000
贷：累计盈余	5 000

预算会计无分录。

三、年末结账后，本科目应无余额。

3501　以前年度盈余调整

一、本科目核算单位本年度发生的调整以前年度盈余的事项，包括本年度发生的重要前期差错更正涉及调整以前年度盈余的事项。

二、以前年度盈余调整的主要账务处理如下。

（一）调整增加以前年度收入时，按照调整增加的金额，借记有关科目，贷记本科目。调整减少的，做相反会计分录。

【例 13-16】调整增加以前年度收入的会计核算

某单位 2×20 年 3 月在单位账务自查中发现，单位存在本年度应该确认但是没有确认的收入 200 000 元。相关账务处理如下。

财务会计：

借：预收账款　　　　　　　　　　　　　　　　　　　200 000

　　贷：以前年度盈余调整　　　　　　　　　　　　　　　200 000

借：资金结存　　　　　　　　　　　　　　　　　　　200 000

　　贷：财政拨款结转　　　　　　　　　　　　　　　　　200 000

预算会计无分录。

（二）调整增加以前年度费用时，按照调整增加的金额，借记本科目，贷记有关科目。调整减少的，做相反会计分录。

（三）盘盈的各种非流动资产，报经批准后处理时，借记"待处理财产损溢"科目，贷记本科目。

（四）经上述调整后，应将本科目的余额转入累计盈余，借记或贷记"累计盈余"科目，贷记或借记本科目。

【例 13-17】将"以前年度盈余调整"科目余额转入"累计盈余"科目的会计核算

某单位 2×20 年 12 月 31 日"以前年度盈余调整"科目的贷方余额为 200 000 元。相关账务处理如下。

财务会计：

借：以前年度盈余调整　　　　　　　　　　　　　　　200 000

　　贷：累计盈余　　　　　　　　　　　　　　　　　　　200 000

预算会计无分录。

三、本科目结转后应无余额。

（四）收入类

4001　财政拨款收入

一、本科目核算单位从同级政府财政部门取得的各类财政拨款。

同级政府财政部门预拨的下期预算款和没有纳入预算的暂付款项，以及采用实拨资金方式通过本单位转拨给下属单位的财政拨款，通过"其他应付款"科目核算，不通过本科目核算。

二、本科目可按照一般公共预算财政拨款、政府性基金预算财政拨款等拨款种类进行明细核算。

三、财政拨款收入的主要账务处理如下。

（一）财政直接支付方式下，根据收到的"财政直接支付入账通知书"及相关原始凭证，按照通知书中的直接支付入账金额，借记"库存物品""固定资产""业务活动费用""单位管理费用""应付职工薪酬"等科目，贷记本科目。涉及增值税业务的，相关账务处理参见"应交增值税"科目。

年末，根据本年度财政直接支付预算指标数与当年财政直接支付实际支付数的差额，借记"财政应返还额度——财政直接支付"科目，贷记本科目。

【例14-1】财政直接支付方式下，财政拨款收入的会计核算（1）

某行政单位收到财政部门委托其代理银行转来的财政直接支付入账通知书，其中包含财政部门为行政部门支付100 000元的日常行政活动经费，200 000元的在职人员工资，70 000元的为开展某项专业业务活动所发生的费用。相关账务处理如下。

财务会计：

借：业务活动费用　　　　　　　　　　　　　　　　170 000

　　应付职工薪酬　　　　　　　　　　　　　　　　200 000

　　　贷：财政拨款收入　　　　　　　　　　　　　　　370 000

预算会计：

借：行政支出　　　　　　　　　　　　　　　　　　370 000

　　贷：财政拨款预算收入　　　　　　　　　　　　　　370 000

【例14-2】财政直接支付方式下，财政拨款收入的会计核算（2）

某行政单位本年度财政直接支付的基本支出拨款预算指标数为800 000元，而当年财政直接支付实际支出为730 000元，年末确定该行政单位应收财政返还的资金额度为70 000元。相关账务处理如下。

财务会计：

借：财政应返还额度——财政直接支付　　　　　　　70 000

　　贷：财政拨款收入　　　　　　　　　　　　　　　　70 000

预算会计：

借：资金结存——财政应返还额度　　　　　　　　　70 000

　　贷：财政拨款预算收入　　　　　　　　　　　　　　70 000

（二）财政授权支付方式下，根据收到的"财政授权支付额度到账通知书"，按照通知书中的授权支付额度，借记"零余额账户用款额度"科目，贷记本科目。

年末，本年度财政授权支付预算指标数大于零余额账户用款额度下达数的，根据未下达的用款额度，借记"财政应返还额度——财政授权支付"科目，贷记本科目。

【例 14-3】财政授权支付方式下，财政拨款收入的会计核算（1）

2×20 年 6 月，某行政单位收到财政授权支付额度到账通知书，授权支付金额为 100 000 元。

财务会计：

借：零余额账户用款额度　　　　　　　　　　　　100 000

　　贷：财政拨款收入　　　　　　　　　　　　　　　100 000

预算会计：

借：资金结存——零余额账户用款额度　　　　　　100 000

　　贷：财政拨款预算收入　　　　　　　　　　　　　100 000

【例 14-4】财政授权支付方式下，财政拨款收入的会计核算（2）

某行政单位本年度财政授权支付的基本支出拨款预算指标数为 100 000 元，而当年财政授权支付实际支出为 70 000 元，年末确定该行政单位应收财政返还的资金额度为 30 000 元。相关账务处理如下。

财务会计：

借：财政应返还额度——财政授权支付　　　　　　 30 000

　　贷：财政拨款收入　　　　　　　　　　　　　　　 30 000

预算会计：

借：资金结存——财政应返还额度　　　　　　　　　30 000

　　贷：财政拨款预算收入　　　　　　　　　　　　　 30 000

（三）其他方式下收到财政拨款收入时，按照实际收到的金额，借记"银行存款"等科目，贷记本科目。

【例 14-5】 其他方式下收到财政拨款收入的会计核算

2×20 年 6 月，某行政单位收到其他方式下的财政拨款收入，金额为 800 000 元。

财务会计：

借：银行存款等　　　　　　　　　　　　　　　　　800 000

　　贷：财政拨款收入　　　　　　　　　　　　　　　　800 000

预算会计：

借：资金结存——货币资金　　　　　　　　　　　　800 000

　　贷：财政拨款预算收入　　　　　　　　　　　　　　800 000

（四）因差错更正或购货退回等发生国库直接支付款项退回的，属于以前年度支付的款项，按照退回金额，借记"财政应返还额度——财政直接支付"科目，贷记"以前年度盈余调整""库存物品"等科目；属于本年度支付的款项，按照退回金额，借记本科目，贷记"业务活动费用""库存物品"等科目。

【例 14-6】 因差错更正或购货退回等发生国库直接支付款项退回的会计核算

某行政单位本年度发生了一笔由购货退回引起的国库直接支付款项退回的业务，经相关人员查证，属于本年度支付的款项，退货物品的金额为 70 000 元。相关账务处理如下。

财务会计：

借：财政拨款收入　　　　　　　　　　　　　　　　70 000

　　贷：库存物品　　　　　　　　　　　　　　　　　　70 000

预算会计：

借：财政拨款预算收入　　　　　　　　　　　　　　70 000

　　贷：事业支出　　　　　　　　　　　　　　　　　　70 000

（五）期末，将本科目本期发生额转入本期盈余，借记本科目，贷记"本期盈余"科目。

【例 14-7】 财政拨款收入期末结转的会计核算

某行政单位年终进行结账，财政拨款收入贷方余额为 7 900 000 元。相关账务处理如下。

财务会计：

借：财政拨款收入　　　　　　　　　　　　　　　7 900 000

贷：本期盈余	7 900 000

预算会计：

借：财政拨款预算收入	7 900 000
贷：财政拨款结转——本年收支结转	7 900 000

四、期末结转后，本科目应无余额。

4101　事业收入

一、本科目核算事业单位开展专业业务活动及其辅助活动实现的收入，不包括从同级政府财政部门取得的各类财政拨款。

二、本科目应当按照事业收入的类别、来源等进行明细核算。

对于因开展科研及其辅助活动从非同级政府财政部门取得的经费拨款，应当在本科目下单设"非同级财政拨款"明细科目进行核算。

三、事业收入的主要账务处理如下。

（一）采用财政专户返还方式管理的事业收入

1. 实现应上缴财政专户的事业收入时，按照实际收到或应收的金额，借记"银行存款""应收账款"等科目，贷记"应缴财政款"科目。

2. 向财政专户上缴款项时，按照实际上缴的款项金额，借记"应缴财政款"科目，贷记"银行存款"等科目。

3. 收到从财政专户返还的事业收入时，按照实际收到的返还金额，借记"银行存款"等科目，贷记本科目。

【例 14-8】采用财政专户返还方式管理事业收入的会计核算

某事业单位采用财政专户返还方式管理事业收入，在 7 月初开展了一项鉴证服务，服务费为 10 000 元，预计 2 个月完成，到期收到 10 000 元的款项，并于 5 日后上缴财政专户，10 日后收到财政专户返还的事业收入。相关账务处理如下。

（1）确认收入时。

财务会计：

借：银行存款 / 应收账款等	10 000
贷：应缴财政款	10 000

预算会计无分录。

（2）上缴财政专户时。

财务会计：

借：应缴财政款	10 000

贷：银行存款／应收账款等	10 000

预算会计无分录。

（3）收到财政专户返还款项时。

财务会计：

借：银行存款等	10 000
贷：事业收入	10 000

预算会计：

借：资金结存——货币资金	10 000
贷：事业预算收入	10 000

（二）采用预收款方式确认的事业收入

1. 实际收到预收款项时，按照收到的款项金额，借记"银行存款"等科目，贷记"预收账款"科目。

2. 以合同完成进度确认事业收入时，按照基于合同完成进度计算的金额，借记"预收账款"科目，贷记本科目。

【例14-9】采用预收款方式确认事业收入的会计核算

某事业单位7月初开展了一项鉴证服务，服务费为10 000元，预计2个月完成，7月初预收了10 000元的款项，7月底按照服务完成进度确认了一半的事业收入。相关账务处理如下。

7月初。

财务会计：

借：银行存款	10 000
贷：预收账款	10 000

预算会计：

借：资金结存——货币资金	10 000
贷：事业预算收入	10 000

7月底。

财务会计：

借：预收账款	5 000
贷：事业收入	5 000

预算会计无分录。

（三）采用应收款方式确认的事业收入

1. 根据合同完成进度计算本期应收的款项，借记"应收账款"科目，贷记本科目。

2. 实际收到款项时，借记"银行存款"等科目，贷记"应收账款"科目。

【例14-10】采用应收款方式确认事业收入的会计核算

某事业单位开展咨询服务，咨询服务费为10 000元，款项尚未收到。相关账务处理如下。

财务会计：

借：应收账款   10 000

    贷：事业收入——科技咨询业务   10 000

预算会计无分录。

（四）其他方式下确认的事业收入，按照实际收到的金额，借记"银行存款""库存现金"等科目，贷记本科目。

上述（二）至（四）中涉及增值税业务的，相关账务处理参见"应交增值税"科目。

【例14-11】其他方式下确认事业收入的会计核算

某事业单位销售科研中间产品一批，单价为250元，共800件，合计200 000元，增值税税额26 000元，款已收到。相关账务处理如下。

财务会计：

借：银行存款   226 000

    贷：事业收入   200 000

        应交增值税——应交税金（销项税额）   26 000

预算会计：

借：资金结存——货币资金   226 000

    贷：事业预算收入   226 000

若上述已销科研中间产品有40件因质量问题被退货，货款10 000元，增值税税额为1 300元。其账务处理如下。

财务会计：

借：事业收入   10 000

        应交增值税——应交税金（销项税额）   1 300

    贷：银行存款   11 300

预算会计：

借：资金结存——货币资金   11 300

    贷：事业预算收入   11 300

（五）期末，将本科目本期发生额转入本期盈余，借记本科目，贷记"本期盈余"科目。

【例 14-12】事业收入期末结转的会计核算

某事业单位年终进行结账，事业收入贷方余额为 7 900 000 元，均为专项资金收入。相关账务处理如下。

财务会计：

借：事业收入   7 900 000

  贷：本期盈余   7 900 000

预算会计：

借：事业预算收入   7 900 000

  贷：非财政拨款结转——本年收支结转   7 900 000

四、期末结转后，本科目应无余额。

4201   上级补助收入

一、本科目核算事业单位从主管部门和上级单位取得的非财政拨款收入。

二、本科目应当按照发放补助单位、补助项目等进行明细核算。

三、上级补助收入的主要账务处理如下。

（一）确认上级补助收入时，按照应收或实际收到的金额，借记"其他应收款""银行存款"等科目，贷记本科目。

实际收到应收的上级补助款时，按照实际收到的金额，借记"银行存款"等科目，贷记"其他应收款"科目。

【例 14-13】确认上级补助收入时的会计核算

某事业单位收到主管部门拨来的补助款 100 000 元，款项已经到账。此款项是上级单位用其所集中的款项对附属单位基本支出进行的调剂。相关账务处理如下。

财务会计：

借：银行存款   100 000

  贷：上级补助收入——主管部门   100 000

预算会计：

借：资金结存——货币资金   100 000

  贷：上级补助预算收入   100 000

（二）期末，将本科目本期发生额转入本期盈余，借记本科目，贷记"本期盈余"科目。

【例 14-14】 上级补助收入期末结转的会计核算

年终，结转上级补助收入科目，其中专项资金 600 000 元，非专项资金 300 000 元。相关账务处理如下。

财务会计：

借：上级补助收入 900 000

　　贷：本期盈余 900 000

预算会计：

借：上级补助预算收入 900 000

　　贷：非财政拨款结转 600 000

　　　　其他结余 300 000

四、期末结转后，本科目应无余额。

4301　附属单位上缴收入

一、本科目核算事业单位取得的附属独立核算单位按照有关规定上缴的收入。

二、本科目应当按照附属单位、缴款项目等进行明细核算。

三、附属单位上缴收入的主要账务处理如下。

（一）确认附属单位上缴收入时，按照应收或收到的金额，借记"其他应收款""银行存款"等科目，贷记本科目。实际收到应收附属单位上缴款时，按照实际收到的金额，借记"银行存款"等科目，贷记"其他应收款"科目。

【例 14-15】 确认附属单位上缴收入时的会计核算

某事业单位下属的招待所为独立核算的附属单位。按事业单位与招待所签订的收入分配办法规定，2×13 年招待所应缴纳分成款 60 000 元，事业单位已收到招待所上缴的款项。相关账务处理如下。

财务会计：

借：银行存款 60 000

　　贷：附属单位上缴收入 60 000

预算会计：

借：资金结存——货币资金 60 000

　　贷：附属单位上缴预算收入 60 000

（二）期末，将本科目本期发生额转入本期盈余，借记本科目，贷记"本期盈余"科目。

【例14-16】附属单位上缴收入期末结转的会计核算

某事业单位年终进行结账，附属单位上缴收入贷方余额为900 000元，均为专项资金收入。相关账务处理如下。

财务会计：

借：附属单位上缴收入   900 000

  贷：本期盈余   900 000

预算会计：

借：附属单位上缴预算收入   900 000

  贷：非财政拨款结转——本年收支结转 900 000

四、期末结转后，本科目应无余额。

4401　经营收入

一、本科目核算事业单位在专业业务活动及其辅助活动之外开展非独立核算经营活动取得的收入。

二、本科目应当按照经营活动类别、项目和收入来源等进行明细核算。

三、经营收入应当在提供服务或发出存货，同时收讫价款或者取得索取价款的凭据时，按照实际收到或应收的金额予以确认。

四、经营收入的主要账务处理如下。

（一）实现经营收入时，按照确定的收入金额，借记"银行存款""应收账款""应收票据"等科目，贷记本科目。涉及增值税业务的，相关账务处理参见"应交增值税"科目。

【例14-17】实现经营收入时的会计核算

某事业单位附属的服务部提供打印服务应收取打印费1 000元，实际收到800元，款项已经存入银行。相关账务处理如下。

财务会计：

借：银行存款   800

  应收账款   200

  贷：经营收入——打印服务   1 000

预算会计：

借：资金结存——货币资金　　　　　　　　　　　　　　　800

　　贷：经营预算收入——打印服务　　　　　　　　　　　　800

（二）期末，将本科目本期发生额转入本期盈余，借记本科目，贷记"本期盈余"科目。

【例 14-18】经营收入期末结转的会计核算

某事业单位附属的服务部结转本期经营收入 1 000 元。相关账务处理如下。

财务会计：

借：经营收入　　　　　　　　　　　　　　　　　　　　1 000

　　贷：本期盈余　　　　　　　　　　　　　　　　　　　1 000

五、期末结转后，本科目应无余额。

4601　非同级财政拨款收入

一、本科目核算单位从非同级政府财政部门取得的经费拨款，包括从同级政府其他部门取得的横向转拨财政款、从上级或下级政府财政部门取得的经费拨款等。

事业单位因开展科研及其辅助活动从非同级政府财政部门取得的经费拨款，应当通过"事业收入——非同级财政拨款"科目核算，不通过本科目核算。

二、本科目应当按照本级横向转拨财政款和非本级财政拨款进行明细核算，并按照收入来源进行明细核算。

三、非同级财政拨款收入的主要账务处理如下。

（一）确认非同级财政拨款收入时，按照应收或实际收到的金额，借记"其他应收款""银行存款"等科目，贷记本科目。

【例 14-19】确认非同级财政拨款收入时的会计核算

某单位收到了非同级财政部门委托其代理银行转来的财政直接支付入账通知书，包含银行存款 900 000 元。相关账务处理如下。

财务会计：

借：银行存款　　　　　　　　　　　　　　　　　　900 000

　　贷：非同级财政拨款收入　　　　　　　　　　　　900 000

预算会计：

借：资金结存——货币资金　　　　　　　　　　　　900 000

　　贷：非同级财政拨款预算收入　　　　　　　　　　900 000

（二）期末，将本科目本期发生额转入本期盈余，借记本科目，贷记"本期盈余"科目。

【例 14-20】非同级财政拨款收入期末结转的会计核算

某单位年终进行结账，非同级财政拨款收入贷方余额为 900 000 元，其中，专项资金收入为 300 000 元，非专项资金收入为 600 000 元。相关账务处理如下。

财务会计：

借：非同级财政拨款收入	900 000
贷：本期盈余	900 000

预算会计：

借：非同级财政拨款预算收入	900 000
贷：非财政拨款结转——本年收支结转	300 000
其他结余	600 000

四、期末结转后，本科目应无余额。

4602　投资收益

一、本科目核算事业单位股权投资和债券投资所实现的收益或发生的损失。

二、本科目应当按照投资的种类等进行明细核算。

三、投资收益的主要账务处理如下。

（一）收到短期投资持有期间的利息，按照实际收到的金额，借记"银行存款"科目，贷记"投资收益"科目。

【例 14-21】收到短期投资持有期间的利息时的会计核算

某事业单位收到一项短期投资持有期间利息 50 000 元。相关账务处理如下。

财务会计：

借：银行借款	50 000
贷：投资收益	50 000

预算会计无分录。

（二）出售或到期收回短期债券本息，按照实际收到的金额，借记"银行存款"科目，按照出售或收回短期投资的成本，贷记"短期投资"科目，按照其差额，贷记或借记本科目。涉及增值税业务的，相关账务处理参见"应交增值税"科目。

【例 14-22】出售或到期收回短期债券本息的会计核算

某事业单位一项短期国债投资到期兑付，其收到国债投资本息 61 200 元，其中短期投资成本为 60 000 元，利息为 1 200 元。相关账务处理如下。

财务会计：

借：银行存款		61 200
贷：短期投资		60 000
投资收益		1 200

预算会计：

借：资金结存——货币资金		61 200
贷：投资支出		60 000
投资预算收益		1 200

（三）持有的分期付息、一次还本的长期债券投资，按期确认利息收入时，按照计算确定的应收未收利息，借记"应收利息"科目，贷记本科目；持有的到期一次还本付息的债券投资，按期确认利息收入时，按照计算确定的应收未收利息，借记"长期债券投资——应计利息"科目，贷记本科目。

【例 14-23】持有的分期付息、一次还本的长期债券投资，按期确认利息收入时的会计核算

某事业单位投资了一项长期债券，采用的支付方式是分期付息、一次还本，每期应计的利息为 5 000 元，利息已收到。相关账务处理如下。

财务会计：

借：应收利息		5 000
贷：投资收益		5 000
借：银行存款		5 000
贷：应收利息		5 000

预算会计：

借：资金结存——货币资金		5 000
贷：投资预算收益		5 000

（四）出售长期债券投资或到期收回长期债券投资本息，按照实际收到的金额，借记"银行存款"等科目，按照债券初始投资成本和已计未收利息金额，贷记"长期债券投资——成本、应计利息"科目（到期一次还本付息债券）或"长期债券投资""应收利息"科目（分期付息债券），按照其差额，贷记或借记本科目。涉及增值税业务的，相关账务处理参见"应交增值税"

科目。

【例 14-24】出售长期债券投资或到期收回长期债券投资本息的会计核算

某事业单位出售一项长期债券，采用的支付方式是到期一次还本付息，其中成本为 100 000 元，当期应计利息为 5 000 元收到银行存款 200 000 元。相关账务处理如下。

财务会计：

借：银行存款   200 000

  贷：长期债券投资   100 000

    应收利息   5 000

    投资收益   95 000

预算会计：

借：资金结存——货币资金   200 000

  贷：投资支出   100 000

    投资预算收益   100 000

（五）采用成本法核算的长期股权投资持有期间，被投资单位宣告分派现金股利或利润时，按照宣告分派的现金股利或利润中属于单位应享有的份额，借记"应收股利"科目，贷记本科目。采用权益法核算的长期股权投资持有期间，按照应享有或应分担的被投资单位实现的净损益的份额，借记或贷记"长期股权投资——损益调整"科目，贷记或借记本科目；被投资单位发生净亏损，但以后年度又实现净利润的，单位在其收益分享额弥补未确认的亏损分担额等后，恢复确认投资收益，借记"长期股权投资——损益调整"科目，贷记本科目。

【例 14-25】采用成本法核算的长期股权投资持有期间，被投资单位宣告分派现金股利或利润时的会计核算

某事业单位一项长期股权投资按成本法核算，被投资单位次年宣告分配股利 20 000 元，属于本单位享有的股利份额为 12 000 元，股利尚未收到。相关账务处理如下。

财务会计：

借：应收股利   12 000

  贷：投资收益   12 000

预算会计无分录。

【例 14-26】采用权益法核算的长期股权投资持有期间，被投资单位宣告分派现金股利或利润时的会计核算

某事业单位一项长期股权投资按权益法核算，年底被投资单位实现净利润 60 000 元，按投资份额计算，属于该事业单位享有的被投资单位净利润为 30 000 元。相关账务处理如下。

财务会计：

借：长期股权投资——损益调整   30 000

  贷：投资收益   30 000

预算会计无分录。

被投资单位次年 3 月宣告分配现金股利 20 000 元，属于本单位享有的现金股利份额为 10 000 元，股利尚未收到。相关账务处理如下。

财务会计：

借：应收股利   10 000

  贷：长期股权投资——损益调整   10 000

预算会计无分录。

（六）按照规定处置长期股权投资时有关投资收益的账务处理，参见"长期股权投资"科目。

【例 14-27】处置长期股权投资时有关投资收益的会计核算

2×19 年 12 月 1 日，某事业单位向外转让长期股权投资，该长期股权投资原始投资额为 60 000 元，现在账面余额为 65 000 元，转让价格为 70 000 元，转让过程中共发生税费 8 000 元。其账务处理如下。

财务会计：

借：银行存款   70 000

  投资收益   3 000

  贷：长期股权投资   65 000

    银行存款   8 000

预算会计：

借：资金结存——货币资金   62 000

  贷：投资支出   60 000

    投资预算收益   2 000

（七）期末，将本科目本期发生额转入本期盈余，借记或贷记本科目，贷记或借记"本期盈余"科目。

【例 14-28】投资收益期末结转的会计核算

某事业单位年终进行结账，投资收益贷方余额为 900 000 元。相关账务处理如下。

财务会计：

借：投资收益   900 000

    贷：本期盈余   900 000

预算会计：

借：投资预算收益   900 000

    贷：其他结余   900 000

四、期末结转后，本科目应无余额。

4603 捐赠收入

一、本科目核算单位接受其他单位或者个人捐赠取得的收入。

二、本科目应当按照捐赠资产的用途和捐赠单位等进行明细核算。

三、捐赠收入的主要账务处理如下。

（一）接受捐赠的货币资金，按照实际收到的金额，借记"银行存款" "库存现金"等科目，贷记本科目。

【例 14-29】接受货币资金捐赠的会计核算

某单位接受了其他单位捐赠的货币资金，金额为 30 000 元。相关账务处理如下。

财务会计：

借：银行存款   30 000

    贷：捐赠收入   30 000

预算会计：

借：资金结存——货币资金   30 000

    贷：其他预算收入——捐赠收入   30 000

（二）接受捐赠的存货、固定资产等非现金资产，按照确定的成本，借记 "库存物品" "固定资产"等科目，按照发生的相关税费、运输费等，贷记 "银行存款"等科目，按照其差额，贷记本科目。

【例 14-30】接受存货、固定资产等非现金资产捐赠的会计核算

某单位接受了其他单位捐赠的固定资产，成本为 31 000 元，其中发生的相关税费和运费为 1 000 元。相关账务处理如下。

财务会计：

借：固定资产   31 000

    贷：银行存款   1 000

捐赠收入	30 000

预算会计：

借：其他支出　　　　　　　　　　　　　　　　　　　1 000

　　贷：资金结存　　　　　　　　　　　　　　　　　　　1 000

（三）接受捐赠的资产按照名义金额入账的，按照名义金额，借记"库存物品""固定资产"等科目，贷记本科目；同时，按照发生的相关税费、运输费等，借记"其他费用"科目，贷记"银行存款"等科目。

【例 14-31】接受捐赠的资产按照名义金额入账时的会计核算

某单位接受了其他单位捐赠的固定资产，按照名义金额入账，其中发生的相关税费和运费为 1 000 元。相关账务处理如下。

财务会计：

借：库存物品 / 固定资产等　　　　　　　　　　　　　　1

　　贷：捐赠收入　　　　　　　　　　　　　　　　　　　1

借：其他费用　　　　　　　　　　　　　　　　　　　1 000

　　贷：银行存款　　　　　　　　　　　　　　　　　　1 000

预算会计：

借：其他支出　　　　　　　　　　　　　　　　　　　1 000

　　贷：资金结存　　　　　　　　　　　　　　　　　　1 000

（四）期末，将本科目本期发生额转入本期盈余，借记本科目，贷记"本期盈余"科目。

【例 14-32】捐赠收入期末结转的会计核算

某单位年终进行结账，捐赠收入贷方余额为 600 000 元，均为非专项资金收入。相关账务处理如下。

财务会计：

借：捐赠收入　　　　　　　　　　　　　　　　　　600 000

　　贷：本期盈余　　　　　　　　　　　　　　　　　600 000

预算会计：

借：其他预算收入——捐赠收入　　　　　　　　　　600 000

　　贷：其他结余　　　　　　　　　　　　　　　　　600 000

四、期末结转后，本科目应无余额。

4604　利息收入

一、本科目核算单位取得的银行存款利息收入。

二、利息收入的主要账务处理如下。

（一）取得银行存款利息时，按照实际收到的金额，借记"银行存款"科目，贷记本科目。

【例 14-33】取得银行存款利息时的会计核算

某单位在银行存了一笔款项，当期收到了银行存款利息收入 1 000 元。相关账务处理如下。

财务会计：

借：银行存款 1 000

　　贷：利息收入 1 000

预算会计：

借：资金结存——货币资金 1 000

　　贷：其他预算收入——利息收入 1 000

（二）期末，将本科目本期发生额转入本期盈余，借记本科目，贷记"本期盈余"科目。

【例 14-34】利息收入期末结转的会计核算

某单位年终进行结账，利息收入贷方余额为 900 000 元。相关账务处理如下。

财务会计：

借：利息收入 900 000

　　贷：本期盈余 900 000

预算会计：

借：其他预算收入——利息收入 900 000

　　贷：其他结余 900 000

三、期末结转后，本科目应无余额。

4605　租金收入

一、本科目核算单位经批准利用国有资产出租取得并按照规定纳入本单位预算管理的租金收入。

二、本科目应当按照出租国有资产类别和收入来源等进行明细核算。

三、租金收入的主要账务处理如下。

（一）国有资产出租收入，应当在租赁期内各个期间按照直线法予以确认。

1. 采用预收租金方式的，预收租金时，按照收到的金额，借记"银行存款"等科目，贷记"预收账款"科目；分期确认租金收入时，按照各期租金金额，借记"预收账款"科目，贷记本科目。

【例14-35】国有资产出租采用预收租金方式的会计核算

某单位和另一单位签订了一份办公楼租赁合同，约定租金支付方式为预收租金方式，当期预收款项为100 000元，租期为10个月。相关账务处理如下。

财务会计：

借：银行存款　　　　　　　　　　　　　　　　　100 000

　　贷：预收账款　　　　　　　　　　　　　　　　100 000

预算会计：

借：资金结存——货币资金　　　　　　　　　　　100 000

　　贷：其他预算收入——租金收入　　　　　　　　100 000

2. 采用后付租金方式的，每期确认租金收入时，按照各期租金金额，借记"应收账款"科目，贷记本科目；收到租金时，按照实际收到的金额，借记"银行存款"等科目，贷记"应收账款"科目。

【例14-36】国有资产出租采用后付租金方式的会计核算

某单位和另一单位签订了一份办公楼租赁合同，约定租金支付方式为后付租金方式，租金总额为100 000元，租期为10个月，每期确认10 000元租金收入，款项尚未收到。相关账务处理如下。

财务会计：

借：应收账款　　　　　　　　　　　　　　　　　10 000

　　贷：租金收入　　　　　　　　　　　　　　　　10 000

预算会计无分录。

3. 采用分期收取租金方式的，每期收取租金时，按照租金金额，借记"银行存款"等科目，贷记本科目。

涉及增值税业务的，相关账务处理参见"应交增值税"科目。

【例14-37】国有资产出租采用分期收取租金方式的会计核算

某单位和另一单位签订了一份办公楼租赁合同，预定租金支付方式为分期收取租金方式，租金总额为100 000元，租期为10个月，每期收取10 000元租金收入。

相关账务处理如下。

财务会计：

借：银行存款   10 000

  贷：租金收入   10 000

预算会计：

借：资金结存——货币资金   10 000

  贷：其他预算收入——租金收入   10 000

（二）期末，将本科目本期发生额转入本期盈余，借记本科目，贷记"本期盈余"科目。

【例 14-38】租金收入期末结转的会计核算

某单位年终进行结账，租金收入贷方余额为 400 000 元。相关账务处理如下。

财务会计：

借：租金收入   400 000

  贷：本期盈余   400 000

预算会计：

借：其他预算收入——租金收入   400 000

  贷：其他结余   400 000

四、期末结转后，本科目应无余额。

4609 其他收入

一、本科目核算单位取得的除财政拨款收入、事业收入、上级补助收入、附属单位上缴收入、经营收入、非同级财政拨款收入、投资收益、捐赠收入、利息收入、租金收入以外的各项收入，包括现金盘盈收入、按照规定纳入单位预算管理的科技成果转化收入、行政单位收回已核销的其他应收款、无法偿付的应付及预收款项、置换换出资产评估增值等。

二、本科目应当按照其他收入的类别、来源等进行明细核算。

三、其他收入的主要账务处理如下。

（一）现金盘盈收入

每日现金账款核对中发现的现金溢余，属于无法查明原因的部分，报经批准后，借记"待处理财产损溢"科目，贷记本科目。

【例 14-39】现金盘盈收入的会计核算

某单位进行每日的现金账款核对，盘盈现金 10 000 元，无法查明原因，报经批准后，相关账务处理如下。

财务会计：

借：待处理财产损溢   10 000

    贷：其他收入   10 000

预算会计无分录。

（二）科技成果转化收入

单位科技成果转化所取得的收入，按照规定留归本单位的，按照所取得收入扣除相关费用之后的净收益，借记"银行存款"等科目，贷记本科目。

【例 14-40】科技成果转化收入的会计核算

某单位进行科技成果转化，取得转化收入 100 000 元。相关账务处理如下。

财务会计：

借：银行存款   100 000

    贷：其他收入   100 000

预算会计：

借：资金结存——货币资金   100 000

    贷：其他预算收入   100 000

（三）收回已核销的其他应收款

行政单位已核销的其他应收款在以后期间收回的，按照实际收回的金额，借记"银行存款"等科目，贷记本科目。

【例 14-41】收回已核销的其他应收款的会计核算

某单位收回了一笔已核销的其他应收款，金额为 50 000 元。相关账务处理如下。

财务会计：

借：银行存款   50 000

    贷：其他收入   50 000

预算会计：

借：资金结存——货币资金   50 000

    贷：其他预算收入   50 000

（四）无法偿付的应付及预收款项

无法偿付或债权人豁免偿还的应付账款、预收账款、其他应付款及长期应付款，借记"应付账款""预收账款""其他应付款""长期应付款"等科目，贷记本科目。

【例 14-42】 无法偿付的应付及预收款项的会计核算

由于卖方原因，某单位一笔应付账款无法偿付，金额为 50 000 元。相关账务处理如下。

财务会计：

借：应付账款   50 000

    贷：其他收入   50 000

预算会计无分录。

（五）置换换出资产评估增值

资产置换过程中，换出资产评估增值的，按照评估价值高于资产账面价值或账面余额的金额，借记有关科目，贷记本科目。具体账务处理参见"库存物品"等科目。

以未入账的无形资产取得的长期股权投资，按照评估价值加相关税费作为投资成本，借记"长期股权投资"科目，按照发生的相关税费，贷记"银行存款""其他应交税费"等科目，按其差额，贷记本科目。

【例 14-43】 置换换出资产评估增值的会计核算

某单位在进行固定资产置换的过程中，换出的固定资产被评估为增值，评估价值高于固定资产账面价值 10 000 元。相关账务处理如下。

财务会计：

借：固定资产   10 000

    贷：其他收入   10 000

预算会计无分录。

（六）确认（一）至（五）以外的其他收入时，按照应收或实际收到的金额，借记"其他应收款""银行存款""库存现金"等科目，贷记本科目。涉及增值税业务的，相关账务处理参见"应交增值税"科目。

【例 14-44】 确认其他收入时的会计核算

某单位收到其他项目收入 5 000 元，相关账务处理如下。

财务会计：

借：银行存款   5 000

    贷：其他收入   5 000

预算会计无分录。

（七）期末，将本科目本期发生额转入本期盈余，借记本科目，贷记"本期盈余"科目。

【例14-45】期末结转的会计核算

某单位年终进行结账，其他收入贷方余额为900 000元，其中，专项资金收入为500 000元，非专项资金收入为400 000元。相关账务处理如下。

财务会计：

借：其他收入 900 000

　　贷：本期盈余 900 000

预算会计：

借：其他预算收入 900 000

　　贷：非财政拨款结转——本年收支结转 500 000

　　　　其他结余 400 000

四、期末结转后，本科目应无余额。

（五）费用类

5001　业务活动费用

一、本科目核算单位为实现其职能目标，依法履职或开展专业业务活动及其辅助活动所发生的各项费用。

二、本科目应当按照项目、服务或者业务类别、支付对象等进行明细核算。为了满足成本核算需要，本科目下还可按照"工资福利费用""商品和服务费用""对个人和家庭的补助费用""对企业补助费用""固定资产折旧费""无形资产摊销费""公共基础设施折旧（摊销）费""保障性住房折旧费""计提专用基金"等成本项目设置明细科目，归集能够直接计入业务活动或采用一定方法计算后计入业务活动的费用。

三、业务活动费用的主要账务处理如下。

（一）为履职或开展业务活动人员计提的薪酬，按照计算确定的金额，借记本科目，贷记"应付职工薪酬"科目。

【例15-1】为履职或开展业务活动人员计提薪酬的会计核算

某行政单位本月职工薪酬总额为900 000元，代扣代缴个人所得税36 000元，使用财政直接支付方式支付职工薪酬和个人所得税。账务处理如下。

（1）计提工资时。

财务会计：

借：业务活动费用——工资福利费用 900 000

  贷：应付职工薪酬——工资   900 000

预算会计无分录。

（2）实际支付给职工并代扣个人所得税时。

财务会计：

借：应付职工薪酬——工资   900 000

  贷：财政拨款收入——基本支出拨款（人员经费）   864 000

    其他应交税费——应交个人所得税   36 000

预算会计：

借：行政支出   864 000

  贷：财政拨款预算收入——基本支出拨款（人员经费）   864 000

（3）实际缴纳税款时。

财务会计：

借：其他应交税费——应交个人所得税   36 000

  贷：银行存款   36 000

预算会计：

借：行政支出   36 000

  贷：资金结存——货币资金   36 000

  （二）为履职或开展业务活动发生的外部人员劳务费，按照计算确定的金额，借记本科目，按照代扣代缴个人所得税的金额，贷记"其他应交税费——应交个人所得税"科目，按照扣税后应付或实际支付的金额，贷记"其他应付款""财政拨款收入""零余额账户用款额度""银行存款"等科目。

  【例15-2】为履职或开展业务活动发生的外部人员劳务费的会计核算

  某事业单位为开展业务活动发生外部人员劳务费共计23 800元，其中，应代扣代缴个人所得税1 600元，扣税后应支付的劳务费为22 200（23 800-1 600）元。该事业单位应编制如下会计分录。

  财务会计：

借：业务活动费用   23 800

  贷：其他应交税费——应交个人所得税   1 600

    其他应付款   22 200

预算会计无分录。

  （三）为履职或开展业务活动领用库存物品，以及动用发出相关政府储备物资，按照领用库存物品或发出相关政府储备物资的账面余额，借记本科目，贷记"库存物品""政府储备物资"科目。

【例15-3】为履职或开展业务活动领用库存物品，以及动用发出相关政府储备物资的会计核算

6月10日，某行政单位购入一批材料80 000元，价款使用财政授权支付方式进行支付，当日收到材料并验收合格入库。6月15日，该行政单位领用该材料30 000元用于开展业务活动。其会计分录如下。

（1）购入材料时。

财务会计：

借：库存物品   80 000

    贷：零余额账户用款额度   80 000

预算会计：

借：行政支出   80 000

    贷：资金结存——零余额账户用款额度   80 000

（2）领用材料时。

财务会计：

借：业务活动费用——商品和服务费用   30 000

    贷：库存物品   30 000

预算会计无分录。

（四）为履职或开展业务活动所使用的固定资产、无形资产以及为所控制的公共基础设施、保障性住房计提的折旧、摊销，按照计提金额，借记本科目，贷记"固定资产累计折旧""无形资产累计摊销""公共基础设施累计折旧（摊销）""保障性住房累计折旧"科目。

【例15-4】为履职或开展业务活动所使用的资产计提的折旧、摊销的会计核算

某行政单位的设备A专门用于开展业务活动，该设备采用直线法计提折旧，该设备原价为240 000元，预计使用年限为10年，预计净残值为零。截至2×19年4月30日，该设备已计提折旧120 000元，则2×19年5月31日，计提折旧的会计分录如下。

每月折旧金额 =240 000÷10÷12=2 000（元）

财务会计：

借：业务活动费用——固定资产折旧费   2 000

    贷：固定资产累计折旧——设备A   2 000

预算会计无分录。

（五）为履职或开展业务活动发生的城市维护建设税、教育费附加、地方教育费附加、车船税、房产税、城镇土地使用税等，按照计算确定应交纳的金额，借记本科目，贷记"其他应交税费"等科目。

【例 15-5】为履职或开展业务活动发生的相关税费的会计核算

某行政单位于 20×7 年 1 月，出租办公室产生应交增值税 5 000 元，城市维护建设税以及教育费附加的税率和征收率分别为 7%、3%。与其他应交税费相关的会计分录如下。

应交城市建设维护税＝5 000×7%=350（元）

应交教育费附加＝5 000×3%=150（元）

（1）计算应交税费时。

财务会计：

借：业务活动费用	500	
贷：其他应交税费——城市维护建设税		350
——教育费附加		150

预算会计无分录。

（2）支付税费时。

财务会计：

借：其他应交税费——城市维护建设税	350
——教育费附加	150
贷：银行存款	500

预算会计：

借：行政支出	500
贷：资金结存——货币资金	500

（六）为履职或开展业务活动发生其他各项费用时，按照费用确认金额，借记本科目，贷记"财政拨款收入""零余额账户用款额度""银行存款""应付账款""其他应付款""其他应收款"等科目。

【例 15-6】为履职或开展业务活动发生其他各项费用的会计核算

某行政单位用于开展业务的固定资产发生日常维修费用 1 000 元，该费用不计入固定资产成本，用财政授权支付方式进行支付，其会计分录如下。

财务会计：

借：业务活动费用	1 000
贷：零余额账户用款额度	1 000

预算会计：

借：行政支出　　　　　　　　　　　　　　　　　　1 000

　　贷：资金结存——零余额账户用款额度　　　　　　　　1 000

（七）按照规定从收入中提取专用基金并计入费用的，一般按照预算会计下基于预算收入计算提取的金额，借记本科目，贷记"专用基金"科目。国家另有规定的，从其规定。

【例 15-7】按照规定从收入中提取专用基金并计入费用的会计核算

2×19 年，某事业单位按照规定从事业收入中提取 100 000 元作为修购基金，其会计分录如下。

财务会计：

借：业务活动费用——计提专用基金　　　　　　　100 000

　　贷：专用基金——修购基金　　　　　　　　　　　　100 000

预算会计无分录。

（八）发生当年购货退回等业务，对于已计入本年业务活动费用的，按照收回或应收的金额，借记"财政拨款收入""零余额账户用款额度""银行存款""其他应收款"等科目，贷记本科目。

【例 15-8】发生当年购货退回等业务，并且已计入本年业务活动费用的会计核算

某事业单位已领用的部分库存物品存在质量问题，价值 5 000 元，系当年用财政授权支付方式购入的存货，领用时计入业务活动费用，已做退回处理，收到来自供应商的退款。其会计分录如下。

财务会计：

借：零余额账户用款额度　　　　　　　　　　　　5 000

　　贷：业务活动费用——商品和服务费用　　　　　　　5 000

预算会计：

借：资金结存——零余额账户用款额度　　　　　　5 000

　　贷：事业支出　　　　　　　　　　　　　　　　　　5 000

（九）期末，将本科目本期发生额转入本期盈余，借记"本期盈余"科目，贷记本科目。

【例 15-9】期末结转的会计核算（1）

2×19 年 11 月 30 日，某事业单位业务活动费用科目余额 5 000 元，单位管理费

用科目余额 2 000 元，经营费用科目余额 2 000 元，资产处置费用科目余额 1 000 元，所得税费用科目余额 5 000 元，其他费用科目余额 5 000 元。期末结转的会计分录如下。

财务会计：

借：本期盈余		20 000
贷：业务活动费用		5 000
单位管理费用		2 000
经营费用		2 000
资产处置费用		1 000
所得税费用		5 000
其他费用		5 000

预算会计无分录。

【例 15-10】 期末结转的会计核算（2）

某单位 2×19 年行政支出共计 200 000 元，其中财政拨款支出为 100 000 元，非同级财政专项资金支出为 60 000 元，非同级财政、非专项资金支出为 40 000 元。

预算会计：

借：财政拨款结转——本年收支结转		100 000
非财政拨款结转——本年收支结转		60 000
其他结余		40 000
贷：行政支出		200 000

财务会计无分录。

四、期末结转后，本科目应无余额。

5101　单位管理费用

一、本科目核算事业单位本级行政及后勤管理部门开展管理活动发生的各项费用，包括单位行政及后勤管理部门发生的人员经费、公用经费、资产折旧（摊销）等费用，以及由单位统一负担的离退休人员经费、工会经费、诉讼费、中介费等。

二、本科目应当按照项目、费用类别、支付对象等进行明细核算。

为了满足成本核算需要，本科目下还可按照"工资福利费用""商品和服务费用""对个人和家庭的补助费用""固定资产折旧费""无形资产摊销费"等成本项目设置明细科目，归集能够直接计入单位管理活动或采用一定方法计算后计入单位管理活动的费用。

三、单位管理费用的主要账务处理如下。

（一）为管理活动人员计提的薪酬，按照计算确定的金额，借记本科目，贷记"应付职工薪酬"科目。

【例 15-11】为管理活动人员计提薪酬的会计核算

某事业单位本月后勤部门人员薪酬总额为 50 000 元，代扣代缴个人所得税 1 000 元，使用财政直接支付方式支付职工薪酬和个人所得税。账务处理如下。

（1）计提工资时。

财务会计：

借：单位管理费用——工资福利费用　　　　　　　　　　50 000
　　贷：应付职工薪酬——工资　　　　　　　　　　　　　50 000

预算会计无分录。

（2）实际支付给职工并代扣个人所得税时。

财务会计：

借：应付职工薪酬——工资　　　　　　　　　　　　　　50 000
　　贷：财政拨款收入　　　　　　　　　　　　　　　　　49 000
　　　　其他应交税费——应交个人所得税　　　　　　　　 1 000

预算会计：

借：事业支出　　　　　　　　　　　　　　　　　　　　49 000
　　贷：财政拨款预算收入——基本支出（人员经费）　　　49 000

（3）实际缴纳税款时。

财务会计：

借：其他应交税费——应交个人所得税　　　　　　　　　 1 000
　　贷：银行存款　　　　　　　　　　　　　　　　　　　 1 000

预算会计：

借：事业支出　　　　　　　　　　　　　　　　　　　　 1 000
　　贷：资金结存——货币资金　　　　　　　　　　　　　 1 000

（二）为开展管理活动发生的外部人员劳务费，按照计算确定的费用金额，借记本科目，按照代扣代缴个人所得税的金额，贷记"其他应交税费——应交个人所得税"科目，按照扣税后应付或实际支付的金额，贷记"其他应付款""财政拨款收入""零余额账户用款额度""银行存款"等科目。

【例 15-12】为开展管理活动发生的外部人员劳务费的会计核算

某事业单位为开展管理活动发生外部人员劳务费共计 18 500 元，其中，应代扣代缴个人所得税 1 100 元，扣税后实际支付的劳务费为 17 400（18 500-1 100）元，款项通过零余额账户用款额度支付。该事业单位应编制如下会计分录。

财务会计：

借：单位管理费用   18 500

 贷：其他应交税费——应交个人所得税   1 100

   零余额账户用款额度   17 400

预算会计无分录。

（三）开展管理活动内部领用库存物品，按照领用物品实际成本，借记本科目，贷记"库存物品"科目。

【例 15-13】为开展管理活动发生的内部领用库存物品的会计核算

2×19 年 5 月，某事业单位后勤部门领用库存物品，成本为 3 000 元，其会计分录如下。

财务会计：

借：单位管理费用——商品和服务费用   3 000

 贷：库存物品   3 000

预算会计无分录。

（四）为管理活动所使用固定资产、无形资产计提的折旧、摊销，按照应提折旧、摊销额，借记本科目，贷记"固定资产累计折旧""无形资产累计摊销"科目。

【例 15-14】为管理活动所使用资产计提的折旧、摊销的会计核算

某事业单位的设备 A 专门用于管理活动，该设备采用直线法计提折旧，该设备原价为 60 000 元，预计使用年限为 5 年，预计净残值为零。截至 2×19 年 3 月 31 日，该设备已计提折旧 30 000 元，则 2×19 年 4 月 30 日，计提折旧的会计分录如下。

每月折旧金额 =60 000÷5÷12=1 000（元）

财务会计：

借：单位管理费用——固定资产折旧费   1 000

 贷：固定资产累计折旧——设备 A   1 000

预算会计无分录。

（五）为开展管理活动发生城市维护建设税、教育费附加、地方教育费附加、车船税、房产税、城镇土地使用税等，按照计算确定应交纳的金额，借记本科目，贷记"其他应交税费"等科目。

【**例 15-15**】为开展管理活动发生的相关税费的会计核算

2×19 年，某事业单位管理用车辆发生车船税 460 元，已用银行存款支付，其会计分录如下。

（1）确认其他应交税费时。

财务会计：

借：单位管理费用   460

  贷：其他应交税费——车船税   460

预算会计无分录。

（2）实际支付时。

财务会计：

借：其他应交税费——车船税   460

  贷：银行存款   460

预算会计：

借：事业支出   460

  贷：资金结存——货币资金   460

（六）为开展管理活动发生的其他各项费用，按照费用确认金额，借记本科目，贷记"财政拨款收入""零余额账户用款额度""银行存款""其他应付款""其他应收款"等科目。

【**例 15-16**】为开展管理活动发生的其他各项费用的会计核算

某事业单位管理用固定资产发生日常维修费用 5 000 元，该费用不计入固定资产成本，用财政授权支付方式进行支付，其会计分录如下。

财务会计：

借：单位管理费用——商品和服务费用   5 000

  贷：零余额账户用款额度   5 000

预算会计：

借：事业支出   5 000

  贷：资金结存——零余额账户用款额度 5 000

（七）发生当年购货退回等业务，对于已计入本年单位管理费用的，按照收回或应收的金额，借记"财政拨款收入""零余额账户用款额度""银行存款""其他应收款"等科目，贷记本科目。

【例15-17】发生当年购货退回等业务，并且已计入本年单位管理费用的会计核算

某事业单位已领用的部分库存物品存在质量问题，价值2 000元，系当年用财政授权支付方式购入的存货，领用当时计入单位管理费用，已做退回处理，收到来自供应商的退款。其会计分录如下。

财务会计：

借：零余额账户用款额度 2 000

　　贷：单位管理费用——商品和服务费用 2 000

预算会计：

借：资金结存——零余额账户用款额度 2 000

　　贷：事业支出 2 000

（八）期末，将本科目本期发生额转入本期盈余，借记"本期盈余"科目，贷记本科目。

【例15-18】期末结转的会计核算

2×19年12月31日，某事业单位单位管理费用科目余额5 000元。

期末结转会计分录如下。

财务会计：

借：本期盈余 5 000

　　贷：单位管理费用 5 000

预算会计无分录。

四、期末结转后，本科目应无余额。

5201　经营费用

一、本科目核算事业单位在专业业务活动及其辅助活动之外开展非独立核算经营活动发生的各项费用。

二、本科目应当按照经营活动类别、项目、支付对象等进行明细核算。

为了满足成本核算需要，本科目下还可按照"工资福利费用""商品和服务费用""对个人和家庭的补助费用""固定资产折旧费""无形资产摊销费"等成本项目设置明细科目，归集能够直接计入单位经营活动或采用一定方法计算后计入单位经营活动的费用。

三、经营费用的主要账务处理如下。

（一）为经营活动人员计提的薪酬，按照计算确定的金额，借记本科目，贷记"应付职工薪酬"科目。

【例 15-19】为经营活动人员计提的薪酬的会计核算

某事业单位开展经营活动，2×19 年 4 月经营活动人员薪酬总额为 70 000 元，代扣代缴个人所得税 3 000 元，使用银行存款支付职工薪酬和个人所得税。账务处理如下。

（1）计提工资时。

财务会计：

借：经营费用——工资福利费用　　　　　　　　　　　　70 000

　　贷：应付职工薪酬——工资　　　　　　　　　　　　　70 000

预算会计无分录。

（2）实际支付给职工并代扣个人所得税时。

财务会计：

借：应付职工薪酬——工资　　　　　　　　　　　　　　70 000

　　贷：银行存款　　　　　　　　　　　　　　　　　　　67 000

　　　　其他应交税费——应交个人所得税　　　　　　　　 3 000

预算会计：

借：经营支出——工资福利支出　　　　　　　　　　　　67 000

　　贷：资金结存——货币资金　　　　　　　　　　　　　67 000

（3）实际缴纳税款时。

财务会计：

借：其他应交税费——应交个人所得税　　　　　　　　　 3 000

　　贷：银行存款　　　　　　　　　　　　　　　　　　　 3 000

预算会计：

借：经营支出　　　　　　　　　　　　　　　　　　　　 3 000

　　贷：资金结存——货币资金　　　　　　　　　　　　　 3 000

（二）开展经营活动领用或发出库存物品，按照物品实际成本，借记本科目，贷记"库存物品"科目。

【例 15-20】开展经营活动领用或发出库存物品的会计核算

某事业单位开展经营活动，2×19 年 4 月出售一批库存物品，已发出，该批物品的成本为 50 000 元，其会计处理如下。

财务会计：

借：经营费用——商品和服务费用　　　　　　　　　　　50 000

　　贷：库存物品　　　　　　　　　　　　　　　　　　　50 000

预算会计无分录。

（三）为经营活动所使用固定资产、无形资产计提的折旧、摊销，按照应提折旧、摊销额，借记本科目，贷记"固定资产累计折旧""无形资产累计摊销"科目。

【例15-21】为经营活动所使用固定资产、无形资产计提的折旧、摊销的会计核算（1）

2×19年5月，某事业单位购买一项固有资产，价值240 000元，用于开展经营活动，全部价款使用银行存款支付，单位计提2×19年5月的摊销1 000元。其会计分录如下。

财务会计：

借：经营费用   1 000

 贷：固定资产累计折旧   1 000

预算会计无分录。

借：经营支出——资本性支出   240 000

 贷：资金结存——货币资金   240 000

【例15-22】为经营活动所使用固定资产、无形资产计提的折旧、摊销的会计核算（2）

沿用【例15-21】，假如该项专利权摊销年限为10年，则2×19年5月计提无形资产摊销的会计分录如下。

无形资产摊销金额 =240 000÷10÷12=2 000（元）

财务会计：

借：经营费用——无形资产摊销费   2 000

 贷：无形资产累计摊销   2 000

预算会计无分录。

（四）开展经营活动发生城市维护建设税、教育费附加、地方教育费附加、车船税、房产税、城镇土地使用税等，按照计算确定应交纳的金额，借记本科目，贷记"其他应交税费"等科目。

【例15-23】开展经营活动发生相关税费的会计核算

某事业单位开展经营活动，2×19年1月，出售库存物品取得收入20 000元，增值税销项税额为2 600元，城市维护建设税以及教育费附加的税率和征收率分别为7%、3%。计提并缴纳城市维护建设税以及教育费附加的会计分录如下。

应交城市维护建设税＝2 600×7%=182（元）

应交教育费附加＝2 600×3%=78（元）

（1）计算应交税费时。

财务会计：

借：经营费用 260

 贷：其他应交税费——城市维护建设税 182

    ——教育费附加 78

预算会计无分录。

（2）支付税费时。

财务会计：

借：其他应交税费——城市维护建设税 182

   ——教育费附加 78

 贷：银行存款 260

预算会计：

借：经营支出 260

 贷：资金结存——货币资金 260

（五）发生与经营活动相关的其他各项费用时，按照费用确认金额，借记本科目，贷记"银行存款""其他应付款""其他应收款"等科目。涉及增值税业务的，相关账务处理参见"应交增值税"科目。

【例15-24】发生与经营活动相关的其他各项费用时的会计核算

2×19年5月，某事业单位发生经营部门退职人员生活补贴3 000元，已用银行存款支付，其会计分录如下。

财务会计：

借：经营费用——对个人和家庭的补助费用 3 000

 贷：银行存款 3 000

预算会计：

借：经营支出——对个人和家庭的补助 3 000

 贷：资金结存——货币资金 3 000

（六）发生当年购货退回等业务，对于已计入本年经营费用的，按照收回或应收的金额，借记"银行存款""其他应收款"等科目，贷记本科目。

【例15-25】发生当年购货退回等业务，对于已计入本年经营费用的会计核算

某事业单位经营部门已发出的部分库存物品存在质量问题，价值2 000元，系当

年用银行存款支付方式购入的存货，领用时计入经营费用，已收回并做退货处理，收到来自供应商的退款。其会计分录如下。

财务会计：

借：银行存款　　　　　　　　　　　　　　　　　　2 000

　　贷：业务活动费用——商品和服务费用　　　　　　　　2 000

预算会计：

借：资金结存——货币资金　　　　　　　　　　　　2 000

　　贷：经营支出——商品和服务支出　　　　　　　　　　2 000

（七）期末，将本科目本期发生额转入本期盈余，借记"本期盈余"科目，贷记本科目。

【例15-26】期末结转的会计核算（1）

2×19年12月，某事业单位开展经营活动产生的经营费用为60 000元，其结转会计分录如下。

财务会计：

借：本期盈余　　　　　　　　　　　　　　　　　60 000

　　贷：经营费用　　　　　　　　　　　　　　　　　60 000

预算会计无分录。

【例15-27】期末结转的会计核算（2）

2×19年年末，某事业单位经营支出借方余额为250 000元，其结转会计分录如下。

预算会计：

借：经营结余　　　　　　　　　　　　　　　　　250 000

　　贷：经营支出　　　　　　　　　　　　　　　　　250 000

财务会计无分录。

四、期末结转后，本科目应无余额。

5301　资产处置费用

一、本科目核算单位经批准处置资产时发生的费用，包括转销的被处置资产价值，以及在处置过程中发生的相关费用或者处置收入小于相关费用形成的净支出。资产处置的形式按照规定包括无偿调拨、出售、出让、转让、置换、对外捐赠、报废、毁损以及货币性资产损失核销等。

单位在资产清查中查明的资产盘亏、毁损以及资产报废等，应当先通过

"待处理财产损溢"科目进行核算，再将处理资产价值和处理净支出计入本科目。

短期投资、长期股权投资、长期债券投资的处置，按照相关资产科目的规定进行账务处理。

二、本科目应当按照处置资产的类别、资产处置的形式等进行明细核算。

三、资产处置费用的主要账务处理如下。

（一）不通过"待处理财产损溢"科目核算的资产处置

1. 按照规定报经批准处置资产时，按照处置资产的账面价值，借记本科目[处置固定资产、无形资产、公共基础设施、保障性住房的，还应借记"固定资产累计折旧""无形资产累计摊销""公共基础设施累计折旧（摊销）""保障性住房累计折旧"科目]，按照处置资产的账面余额，贷记"库存物品""固定资产""无形资产""公共基础设施""政府储备物资""文物文化资产""保障性住房""其他应收款""在建工程"等科目。

2. 处置资产过程中仅发生相关费用的，按照实际发生金额，借记本科目，贷记"银行存款""库存现金"等科目。

3. 处置资产过程中取得收入的，按照取得的价款，借记"库存现金""银行存款"等科目，按照处置资产过程中发生的相关费用，贷记"银行存款""库存现金"等科目，按照其差额，借记本科目或贷记"应缴财政款"等科目。

涉及增值税业务的，相关账务处理参见"应交增值税"科目。

【例 15-28】不通过"待处理财产损溢"科目核算的资产处置的会计核算

某单位经批准无偿调出一项专利权，该项专利权原价为 500 000 元，已计提摊销 300 000 元，调出过程中发生相关费用 10 000 元，已通过银行存款支付。其会计分录如下。

财务会计：

借：资产处置费用　　　　　　　　　　　　　　　　200 000
　　无形资产累计摊销　　　　　　　　　　　　　　300 000
　　贷：无形资产　　　　　　　　　　　　　　　　　　　　500 000
借：资产处置费用　　　　　　　　　　　　　　　　　10 000
　　贷：银行存款　　　　　　　　　　　　　　　　　　　　10 000

预算会计：

借：其他支出　　　　　　　　　　　　　　　　　　10 000
　　贷：资金结存——货币资金　　　　　　　　　　　　　　10 000

（二）通过"待处理财产损溢"科目核算的资产处置

1. 单位账款核对中发现的现金短缺，属于无法查明原因的，报经批准核销时，借记本科目，贷记"待处理财产损溢"科目。

2. 单位资产清查过程中盘亏或者毁损、报废的存货、固定资产、无形资产、公共基础设施、政府储备物资、文物文化资产、保障性住房等，报经批准处理时，按照处理资产价值，借记本科目，贷记"待处理财产损溢——待处理财产价值"科目。处理收支结清时，处理过程中所取得收入小于所发生相关费用的，按照相关费用减去处理收入后的净支出，借记本科目，贷记"待处理财产损溢——处理净收入"科目。

【例 15-29】通过"待处理财产损溢"科目核算的资产处置的会计核算

某行政单位在资产清查过程中发现用于开展业务活动的设备 A 已老化，无法继续正常使用，应报废。该设备原价为 300 000 元，已计提折旧 280 000 元。经批准后，设备 A 已做报废处理。其会计分录如下。

财务会计：

借：待处理财产损溢——待处理财产价值　　　　　　　　20 000

　　固定资产累计折旧　　　　　　　　　　　　　　　　280 000

　　　贷：固定资产　　　　　　　　　　　　　　　　　　　300 000

借：资产处置费用　　　　　　　　　　　　　　　　　　20 000

　　　贷：待处理财产损溢——待处理财产价值　　　　　　　　20 000

预算会计无分录。

（三）期末，将本科目本期发生额转入本期盈余，借记"本期盈余"科目，贷记本科目。

【例 15-30】期末结转的会计核算

2×19 年 11 月 30 日，某事业单位资产处置费用科目余额 1 000 元。

期末结转分录如下。

财务会计：

借：本期盈余　　　　　　　　　　　　　　　　　　　　1 000

　　　贷：资产处置费用　　　　　　　　　　　　　　　　　　1 000

预算会计无分录。

四、期末结转后，本科目应无余额。

5401　上缴上级费用

一、本科目核算事业单位按照财政部门和主管部门的规定上缴上级单位款项发生的费用。

二、本科目应当按照收缴款项单位、缴款项目等进行明细核算。

三、上缴上级费用的主要账务处理如下。

（一）单位发生上缴上级支出的，按照实际上缴的金额或者按照规定计算出应当上缴上级单位的金额，借记本科目，贷记"银行存款""其他应付款"等科目。

【例 15-31】单位发生上缴上级支出的会计核算

2×19 年 12 月，某事业单位根据体制安排和本年事业收入的数额，经过计算，本年应上缴上级单位款项 100 000 元，事业单位通过银行转账上缴了款项。其会计分录如下。

财务会计：

借：上缴上级费用——上缴单位 ×× 　　　　　　　　　　100 000

　　贷：银行存款 　　　　　　　　　　　　　　　　　　100 000

预算会计：

借：上缴上级支出——上缴单位 ×× 　　　　　　　　　　100 000

　　贷：资金结存——货币资金 　　　　　　　　　　　　100 000

（二）期末，将本科目本期发生额转入本期盈余，借记"本期盈余"科目，贷记本科目。

【例 15-32】期末结转的会计核算

沿用【例 15-31】，假如该事业单位在 2×19 年没有发生其他的上缴上级支出，则期末和年末结转分录如下。

财务会计：

借：本期盈余 　　　　　　　　　　　　　　　　　　　　100 000

　　贷：上缴上级费用 　　　　　　　　　　　　　　　　100 000

预算会计：

借：其他结余 　　　　　　　　　　　　　　　　　　　　100 000

　　贷：上缴上级支出 　　　　　　　　　　　　　　　　100 000

四、期末结转后，本科目应无余额。

5501 对附属单位补助费用

一、本科目核算事业单位用财政拨款收入之外的收入对附属单位补助发生的费用。

二、本科目应当按照接受补助单位、补助项目等进行明细核算。

三、对附属单位补助费用的主要账务处理如下。

（一）单位发生对附属单位补助支出的，按照实际补助的金额或者按照规定计算出应当对附属单位补助的金额，借记本科目，贷记"银行存款""其他应付款"等科目。

【例15-33】单位发生对附属单位补助支出的会计核算

2×19年12月，某事业单位用自有经费对所属独立核算杂志社补助10 000元，以银行存款支付。其会计分录如下。

财务会计：

借：对附属单位补助费用——杂志社　　　　　　　　　　10 000

　　贷：银行存款　　　　　　　　　　　　　　　　　　　10 000

预算会计：

借：对附属单位补助支出——杂志社　　　　　　　　　　10 000

　　贷：资金结存——货币资金　　　　　　　　　　　　　10 000

（二）期末，将本科目本期发生额转入本期盈余，借记"本期盈余"科目，贷记本科目。

【例15-34】期末结转的会计核算

沿用【例15-33】，假如该事业单位在2×19年没有发生其他对附属单位的补助支出，则期末和年末结转分录如下。

财务会计：

借：本期盈余　　　　　　　　　　　　　　　　　　　　10 000

　　贷：对附属单位补助费用　　　　　　　　　　　　　　10 000

预算会计：

借：其他结余　　　　　　　　　　　　　　　　　　　　10 000

　　贷：对附属单位补助支出　　　　　　　　　　　　　　10 000

四、期末结转后，本科目应无余额。

5801　所得税费用

一、本科目核算有企业所得税缴纳义务的事业单位按规定缴纳企业所得税所形成的费用。

二、所得税费用的主要账务处理如下。

（一）发生企业所得税纳税义务的，按照税法规定计算的应交税金数额，借记本科目，贷记"其他应交税费——单位应交所得税"科目。

实际缴纳时，按照缴纳金额，借记"其他应交税费——单位应交所得税"科目，贷记"银行存款"科目。

【例 15-35】发生企业所得税纳税义务的会计核算

2×19年，某事业单位按照税法规定应交企业所得税为 2 500 元，已用银行存款支付。其会计分录如下。

财务会计：

借：所得税费用 2 500
　　贷：其他应交税费——单位应交所得税 2 500
借：其他应交税费——单位应交所得税 2 500
　　贷：银行存款 2 500

预算会计：

借：非财政拨款结余——累计结余 2 500
　　贷：资金结存——货币资金 2 500

（二）年末，将本科目本年发生额转入本期盈余，借记"本期盈余"科目，贷记本科目。

【例 15-36】年末结转的会计核算

沿用【例 15-35】，假如该事业单位在 2×19 年没有发生其他所得税费用，年末结转的会计分录如下。

财务会计：

借：本期盈余 2 500
　　贷：所得税费用 2 500

三、年末结转后，本科目应无余额。

5901　其他费用

一、本科目核算单位发生的除业务活动费用、单位管理费用、经营费用、资产处置费用、上缴上级费用、附属单位补助费用、所得税费用以外的各项费用，包括利息费用、坏账损失、罚没支出、现金资产捐赠支出以及相关税费、运输费等。

二、本科目应当按照其他费用的类别等进行明细核算。

单位发生的利息费用较多的，可以单独设置"5701 利息费用"科目。

三、其他费用的主要账务处理如下。

（一）利息费用

按期计算确认借款利息费用时，按照计算确定的金额，借记"在建工程"科目或本科目，贷记"应付利息""长期借款——应计利息"科目。

【例 15-37】利息费用的会计核算

单位借入 5 年期、到期还本、每年付息的长期借款 5 000 000 元，合同约定年利率为 3.5%。其会计分录如下。

（1）计算确定利息费用时。

财务会计：

借：其他费用——利息费用   175 000

  贷：应付利息   175 000

单位每年支付的利息 ＝5 000 000×3.5%＝175 000（元）

（2）实际支付利息时。

财务会计：

借：应付利息   175 000

  贷：银行存款   175 000

预算会计：

借：其他支出——利息支出   175 000

  贷：资金结存——货币资金   175 000

（二）坏账损失

年末，事业单位按照规定对收回后不需上缴财政的应收账款和其他应收款计提坏账准备时，按照计提金额，借记本科目，贷记"坏账准备"科目；冲减多提的坏账准备时，按照冲减金额，借记"坏账准备"科目，贷记本科目。

【例 15-38】坏账损失的会计核算（1）

2×19 年，某事业单位根据应收款项余额百分比法计算出本年应计提的坏账准备金额为 25 000 元，"坏账准备"科目期末贷方余额为 20 000 元。则计提坏账准备的会计分录如下。

当期应补提的坏账准备 =25 000-20 000=5 000（元）

财务会计：

借：其他费用——坏账损失 5 000

　　贷：坏账准备 5 000

预算会计无分录。

【例 15-39】坏账损失的会计核算（2）

2×19 年，某事业单位根据应收款项余额百分比法计算出本年应计提的坏账准备金额为 25 000 元，"坏账准备"科目期末贷方余额为 30 000 元。则冲减坏账准备的会计分录如下。

当期应冲减的坏账准备 =30 000-25 000=5 000（元）

财务会计：

借：坏账准备 5 000

　　贷：其他费用——坏账损失 5 000

预算会计无分录。

（三）罚没支出

单位发生罚没支出的，按照实际缴纳或应当缴纳的金额，借记本科目，贷记"银行存款""库存现金""其他应付款"等科目。

【例 15-40】罚没支出的会计核算

某事业单位因未按规定按时缴纳税金，发生税收滞纳金 2 000 元，已用银行存款支付，其会计分录如下。

财务会计：

借：其他费用——罚没支出 2 000

　　贷：银行存款 2 000

预算会计：

借：其他支出——其他资金支出 2 000

　　贷：资金结存——货币资金 2 000

（四）现金资产捐赠

单位对外捐赠现金资产的，按照实际捐赠的金额，借记本科目，贷记"银行存款""库存现金"等科目。

【例 15-41】现金资产捐赠的会计核算

某事业单位为社会公益事业的发展，向某慈善机构捐赠现款 100 000 元，用银行存款支付。

财务会计：

借：其他费用——捐赠费用   100 000

 贷：银行存款   100 000

预算会计：

借：其他支出——其他资金支出   100 000

 贷：资金结存——货币资金   100 000

（五）其他相关费用。

单位接受捐赠（或无偿调入）以名义金额计量的存货、固定资产、无形资产，以及成本无法可靠取得的公共基础设施、文物文化资产等发生的相关税费、运输费等，按照实际支付的金额，借记本科目，贷记"财政拨款收入""零余额账户用款额度""银行存款""库存现金"等科目。

单位发生的与受托代理资产相关的税费、运输费、保管费等，按照实际支付或应付的金额，借记本科目，贷记"零余额账户用款额度""银行存款""库存现金""其他应付款"等科目。

【例 15-42】其他相关费用的会计核算

某事业单位接受了一项固定资产的捐赠，发生相关税费以及运输费共计 5 000 元，已用银行存款支付，其会计分录如下。

财务会计：

借：其他费用   5 000

 贷：银行存款   5 000

预算会计：

借：其他支出——其他资金支出   5 000

 贷：资金结存——货币资金   5 000

（六）期末，将本科目本期发生额转入本期盈余，借记"本期盈余"科目，贷记本科目。

【例 15-43】期末结转的会计核算（1）

2×19 年 12 月，某事业单位发生其他费用共计 15 000 元，期末结转的会计分录如下。

财务会计：

借：本期盈余   15 000

 贷：其他费用   15 000

预算会计无分录。

【例 15-44】期末结转的会计核算（2）

2×19年，某事业单位发生其他支出共计 50 000 元，其中财政拨款支出 20 000 元、非财政拨款支出 20 000 元、其他资金支出 10 000 元，年末结转分录如下。

预算会计：

借：财政拨款结转——本年收支结转 20 000

非财政拨款结转——本年收支结转 20 000

其他结余 10 000

贷：其他支出 50 000

财务会计无分录。

四、期末结转后，本科目应无余额。

二、预算会计科目

（一）预算收入类

6001 财政拨款预算收入

一、本科目核算单位从同级政府财政部门取得的各类财政拨款。

二、本科目应当设置"基本支出"和"项目支出"两个明细科目，并按照《政府收支分类科目》中"支出功能分类科目"的项级科目进行明细核算；同时，在"基本支出"明细科目下按照"人员经费"和"日常公用经费"进行明细核算，在"项目支出"明细科目下按照具体项目进行明细核算。

有一般公共预算财政拨款、政府性基金预算财政拨款等两种或两种以上财政拨款的单位，还应当按照财政拨款的种类进行明细核算。

三、财政拨款预算收入的主要账务处理如下。

（一）财政直接支付方式下，单位根据收到的"财政直接支付入账通知书"及相关原始凭证，按照通知书中的直接支付金额，借记"行政支出""事业支出"等科目，贷记本科目。

年末，根据本年度财政直接支付预算指标数与当年财政直接支付实际支出数的差额，借记"资金结存——财政应返还额度"科目，贷记本科目。

【例 16-1】财政直接支付方式下，财政拨款预算收入的会计核算某行政单位通过财政直接支付方式向某社会组织支付一笔款项 45 600 元，具体内容为向该社会组织支付一笔政府购买服务的费用。该行政单位应编制如下会计分录。

财务会计：

借：业务活动费用   45 600

 贷：财政拨款收入   45 600

预算会计：

借：行政支出   45 600

 贷：财政拨款预算收入   45 600

（二）财政授权支付方式下，单位根据收到的"财政授权支付额度到账通知书"，按照通知书中的授权支付额度，借记"资金结存——零余额账户用款额度"科目，贷记本科目。

年末，单位本年度财政授权支付预算指标数大于零余额账户用款额度下达数的，按照两者差额，借记"资金结存——财政应返还额度"科目，贷记本科目。

【例 16-2】财政授权支付方式下，财政拨款预算收入的会计核算

某行政单位本年度取得财政授权支付方式下的预算收入为 5 000 000 元，相应的会计分录如下。

财务会计：

借：零余额账户用款额度   5 000 000

 贷：财政拨款收入   5 000 000

预算会计：

借：资金结存——零余额账户用款额度   5 000 000

 贷：财政拨款预算收入   5 000 000

（三）其他方式下，单位按照本期预算收到财政拨款预算收入时，按照实际收到的金额，借记"资金结存——货币资金"科目，贷记本科目。

单位收到下期预算的财政预拨款，应当在下个预算期，按照预收的金额，借记"资金结存——货币资金"科目，贷记本科目。

【例 16-3】其他方式下，财政拨款预算收入的会计核算

某事业单位尚未纳入财政国库单一账户制度改革。该事业单位收到开户银行转来的收款通知，收到财政部门拨入的本期预算经费 24 800 元。该事业单位应编制如下会计分录。

财务会计：

借：银行存款　　　　　　　　　　　　　　　　　　　24 800

　　贷：财政拨款收入　　　　　　　　　　　　　　　　　　24 800

预算会计：

借：资金结存——货币资金　　　　　　　　　　　　　24 800

　　贷：财政拨款预算收入　　　　　　　　　　　　　　　　24 800

（四）因差错更正、购货退回等发生国库直接支付款项退回的，属于本年度支付的款项，按照退回金额，借记本科目，贷记"行政支出""事业支出"等科目。

【例 16-4】因差错更正、购货退回等发生国库直接支付款项退回的会计核算

某行政单位因货品质量问题退回一批当年购入的货品 460 元，该批货品在购入时已计入本年业务活动费用和行政支出，退货款项已收到并存入银行，而且计入当年财政拨款预算收入。该行政单位应编制如下会计分录。

财务会计：

借：银行存款　　　　　　　　　　　　　　　　　　　460

　　贷：业务活动费用　　　　　　　　　　　　　　　　　　460

预算会计：

借：财政拨款预算收入　　　　　　　　　　　　　　　460

　　贷：行政支出　　　　　　　　　　　　　　　　　　　　460

（五）年末，将本科目本年发生额转入财政拨款结转，借记本科目，贷记"财政拨款结转——本年收支结转"科目。

【例 16-5】期末结转的会计核算

年末，某事业单位"财政拨款预算收入"科目的本年发生额为 658 000 元。该事业单位将其全数转入"财政拨款结转——本年收支结转"科目。该事业单位应编制如下会计分录。

预算会计：

借：财政拨款预算收入　　　　　　　　　　　　　　　658 000

　　贷：财政拨款结转——本年收支结转　　　　　　　　　　658 000

财务会计无分录。

四、年末结转后，本科目应无余额。

6101　事业预算收入

一、本科目核算事业单位开展专业业务活动及其辅助活动取得的现金流入。

事业单位因开展科研及其辅助活动从非同级政府财政部门取得的经费拨款，也通过本科目核算。

二、本科目应当按照事业预算收入类别、项目、来源、《政府收支分类科目》中"支出功能分类科目"项级科目等进行明细核算。对于因开展科研及其辅助活动从非同级政府财政部门取得的经费拨款，应当在本科目下单设"非同级财政拨款"明细科目进行明细核算；事业预算收入中如有专项资金收入，还应按照具体项目进行明细核算。

三、事业预算收入的主要账务处理如下。

（一）采用财政专户返还方式管理的事业预算收入，收到从财政专户返还的事业预算收入时，按照实际收到的返还金额，借记"资金结存——货币资金"科目，贷记本科目。

【例 16-6】采用财政专户返还方式管理的事业预算收入的会计核算

某事业单位收到从财政专户返还的一部分事业预算收入 85 000 元，款项已存入开户银行。该事业单位应编制如下会计分录。

财务会计：

借：银行存款　　　　　　　　　　　　　　　　　　　　　85 000

　　贷：事业收入　　　　　　　　　　　　　　　　　　　　85 000

预算会计：

借：资金结存——货币资金　　　　　　　　　　　　　　　85 000

　　贷：事业预算收入　　　　　　　　　　　　　　　　　　85 000

（二）收到其他事业预算收入时，按照实际收到的款项金额，借记"资金结存——货币资金"科目，贷记本科目。

【例 16-7】收到其他事业预算收入的会计核算（1）

某事业单位按合同约定从付款方预收一笔事业活动款项 85 000 元，款项已存入开户银行。该事业单位应编制如下会计分录。

财务会计：

借：银行存款　　　　　　　　　　　　　　　　　　　　　85 000

　　贷：预收账款　　　　　　　　　　　　　　　　　　　　85 000

预算会计：

借：资金结存——货币资金　　　　　　　　　　　　　　　85 000

　　贷：事业预算收入　　　　　　　　　　　　　　　　　　85 000

该事业单位在按合同完成进度计算确认当年实现的事业收入时，只做财务会计核算，不做预算会计核算。

【例 16-8】收到其他事业预算收入的会计核算（2）

某事业单位按合同约定开展一项专业业务活动。次月，该事业单位收到上月末按合同完成进度计算确认的事业收入 25 600 元。收到款项时，该事业单位应编制如下会计分录。

财务会计：

借：银行存款　　　　　　　　　　　　　　　　　　　　　25 600

　　贷：应收账款　　　　　　　　　　　　　　　　　　　　25 600

预算会计：

借：资金结存——货币资金　　　　　　　　　　　　　　　25 600

　　贷：事业预算收入　　　　　　　　　　　　　　　　　　25 600

该事业单位在按合同完成进度计算确认当月实现的事业收入时，只做财务会计核算，不做预算会计核算。

【例 16-9】收到其他事业预算收入的会计核算（3）

某事业单位在开展专业业务活动中收到现金 1 220 元。该事业单位应编制如下会计分录。

财务会计：

借：库存现金　　　　　　　　　　　　　　　　　　　　　1 220

　　贷：事业收入　　　　　　　　　　　　　　　　　　　　1 220

预算会计：

借：资金结存——货币资金　　　　　　　　　　　　　　　1 220

　　贷：事业预算收入　　　　　　　　　　　　　　　　　　1 220

（三）年末，将本科目本年发生额中的专项资金收入转入非财政拨款结转，借记本科目下各专项资金收入明细科目，贷记"非财政拨款结转——本年收支结转"科目；将本科目本年发生额中的非专项资金收入转入其他结余，借记本科目下各非专项资金收入明细科目，贷记"其他结余"科目。

【例 16-10】期末结转的会计核算

年末，某事业单位"事业预算收入"科目的本年发生额为 417 200 元，其中，专项资金收入 102 200 元，非专项资金收入 315 000 元。该事业单位分别将其转入"非财政拨款结转——本年收支结转"和"其他结余"科目。该事业单位应编制如下会计分录。

预算会计：

借：事业预算收入 417 200

　　贷：非财政拨款结转——本年收支结转 102 200

　　　　其他结余 315 000

财务会计无分录。

四、年末结转后，本科目应无余额。

6201　上级补助预算收入

一、本科目核算事业单位从主管部门和上级单位取得的非财政补助现金流入。

二、本科目应当按照发放补助单位、补助项目、《政府收支分类科目》中"支出功能分类科目"的项级科目等进行明细核算。上级补助预算收入中如有专项资金收入，还应按照具体项目进行明细核算。

三、上级补助预算收入的主要账务处理如下。

（一）收到上级补助预算收入时，按照实际收到的金额，借记"资金结存——货币资金"科目，贷记本科目。

【例 16-11】收到上级补助预算收入的会计核算

某事业单位收到上级单位拨入一笔非财政补助资金 26 000 元，款项已存入开户银行。该事业单位应编制如下会计分录。

财务会计：

借：银行存款 26 000

　　贷：上级补助收入 26 000

预算会计：

借：资金结存——货币资金 26 000

　　贷：上级补助预算收入 26 000

（二）年末，将本科目本年发生额中的专项资金收入转入非财政拨款结转，借记本科目下各专项资金收入明细科目，贷记"非财政拨款结转——本年收支结转"科目；将本科目本年发生额中的非专项资金收入转入其他结余，借记本科目下各非专项资金收入明细科目，贷记"其他结余"科目。

【例16-12】期末结转的会计核算

年末，某事业单位"上级补助预算收入"科目的本年发生额为 90 600 元，其中，专项资金收入 85 500 元，非专项资金收入 5 100 元。该事业单位分别将其转入"非财政拨款结转——本年收支结转"和"其他结余"科目。该事业单位应编制如下会计分录。

预算会计：

借：上级补助预算收入　　　　　　　　　　　　　　　　　90 600

　　贷：非财政拨款结转——本年收支结转　　　　　　　　　　85 500

　　　　其他结余　　　　　　　　　　　　　　　　　　　　5 100

财务会计无分录。

四、年末结转后，本科目应无余额。

6301　附属单位上缴预算收入

一、本科目核算事业单位取得附属独立核算单位根据有关规定上缴的现金流入。

二、本科目应当按照附属单位、缴款项目、《政府收支分类科目》中"支出功能分类科目"的项级科目等进行明细核算。附属单位上缴预算收入中如有专项资金收入，还应按照具体项目进行明细核算。

三、附属单位上缴预算收入的主要账务处理如下。

（一）收到附属单位缴来款项时，按照实际收到的金额，借记"资金结存——货币资金"科目，贷记本科目。

【例16-13】收到附属单位缴来款项的会计核算

某事业单位收到一笔上月确认的附属单位上缴收入 17 800 元，款项已存入开户银行。该事业单位应编制如下会计分录。

财务会计

借：银行存款　　　　　　　　　　　　　　　　　　　　17 800

　　贷：其他应收款　　　　　　　　　　　　　　　　　　　17 800

预算会计：

借：资金结存——货币资金　　　　　　　　　　　　　　17 800

　　贷：附属单位上缴预算收入　　　　　　　　　　　　　　17 800

（二）年末，将本科目本年发生额中的专项资金收入转入非财政拨款结转，借记本科目下各专项资金收入明细科目，贷记"非财政拨款结转——本年收支结转"科目；将本科目本年发生额中的非专项资金收入转入其他结余，借记本科目下各非专项资金收入明细科目，贷记"其他结余"科目。

【例 16-14】期末结转的会计核算

年末，某事业单位"附属单位上缴预算收入"科目的本年发生额为 47 100 元，其中，专项资金收入 1 500 元，非专项资金收入 45 600 元。该事业单位分别将其转入"非财政拨款结转——本年收支结转"和"其他结余"科目。该事业单位应编制如下会计分录。

预算会计：

借：附属单位上缴预算收入 47 100

　　贷：非财政拨款结转——本年收支结转 1 500

　　　　其他结余 45 600

财务会计无分录。

四、年末结转后，本科目应无余额。

6401　经营预算收入

一、本科目核算事业单位在专业业务活动及其辅助活动之外开展非独立核算经营活动取得的现金流入。

二、本科目应当按照经营活动类别、项目、《政府收支分类科目》中"支出功能分类科目"的项级科目等进行明细核算。

三、经营预算收入的主要账务处理如下。

（一）收到经营预算收入时，按照实际收到的金额，借记"资金结存——货币资金"科目，贷记本科目。

【例 16-15】收到经营预算收入的会计核算

某事业单位开展一项非独立核算的经营活动，取得经营收入 5 800 元，款项已存入开户银行。暂不考虑增值税业务。该事业单位应编制如下会计分录。

财务会计：

借：银行存款 5 800

　　贷：经营收入 5 800

预算会计：

借：资金结存——货币资金 5 800

　　贷：经营预算收入 5 800

（二）年末，将本科目本年发生额转入经营结余，借记本科目，贷记"经营结余"科目。

【例16-16】期末结转的会计核算

年末，某事业单位"经营预算收入"科目的本年发生额为23 100元。该事业单位将其全额转入"经营结余"科目。该事业单位应编制如下会计分录。

预算会计：

借：经营预算收入　　　　　　　　　　　　　　　　23 100

　　贷：经营结余　　　　　　　　　　　　　　　　　　23 100

财务会计无分录。

四、年末结转后，本科目应无余额。

6501 债务预算收入

一、本科目核算事业单位按照规定从银行和其他金融机构等借入的、纳入部门预算管理的、不以财政资金作为偿还来源的债务本金。

二、本科目应当按照贷款单位、贷款种类、《政府收支分类科目》中"支出功能分类科目"的项级科目等进行明细核算。债务预算收入中如有专项资金收入，还应按照具体项目进行明细核算。

三、债务预算收入的主要账务处理如下。

（一）借入各项短期或长期借款时，按照实际借入的金额，借记"资金结存——货币资金"科目，贷记本科目。

【例16-17】借入各项短期或长期借款的会计核算

某事业单位经批准向银行借入一笔短期借款，借款金额为50 000元。该事业单位应编制如下会计分录。

财务会计：

借：银行存款　　　　　　　　　　　　　　　　　　50 000

　　贷：短期借款　　　　　　　　　　　　　　　　　　50 000

预算会计：

借：资金结存——货币资金　　　　　　　　　　　　50 000

　　贷：债务预算收入　　　　　　　　　　　　　　　　50 000

（二）年末，将本科目本年发生额中的专项资金收入转入非财政拨款结转，借记本科目下各专项资金收入明细科目，贷记"非财政拨款结转——本年收支结转"科目；将本科目本年发生额中的非专项资金收入转入其他结余，借记本科目下各非专项资金收入明细科目，贷记"其他结余"科目。

【例16-18】期末结转的会计核算

年末，某事业单位"债务预算收入"科目的本年发生额为120 000元，其中，专项资金收入110 000元，非专项资金收入10 000元。该事业单位分别将其转入"非财政拨款结转——本年收支结转"和"其他结余"科目。该事业单位应编制如下会计分录。

预算会计：

借：债务预算收入　　　　　　　　　　　　　　　　　120 000

　　贷：非财政拨款结转——本年收支结转　　　　　　　110 000

　　　　其他结余　　　　　　　　　　　　　　　　　　10 000

财务会计无分录。

四、年末结转后，本科目应无余额。

6601　非同级财政拨款预算收入

一、本科目核算单位从非同级政府财政部门取得的财政拨款，包括本级横向转拨财政款和非本级财政拨款。

对于因开展科研及其辅助活动从非同级政府财政部门取得的经费拨款，应当通过"事业预算收入——非同级财政拨款"科目进行核算，不通过本科目核算。

二、本科目应当按照非同级财政拨款预算收入的类别、来源、《政府收支分类科目》中"支出功能分类科目"的项级科目等进行明细核算。非同级财政拨款预算收入中如有专项资金收入，还应按照具体项目进行明细核算。

三、非同级财政拨款预算收入的主要账务处理如下。

（一）取得非同级财政拨款预算收入时，按照实际收到的金额，借记"资金结存——货币资金"科目，贷记本科目。

【例16-19】取得非同级财政拨款预算收入的会计核算

某纳入省级政府财政部门预算范围的事业单位从当地市级政府财政部门获得一笔财政资金55 000元，该笔财政资金属于当地市政府支持该事业单位发展的专项资金，款项已存入该事业单位的银行存款账户。该事业单位应编制如下会计分录。

财务会计：

借：银行存款　　　　　　　　　　　　　　　　　　　55 000

贷：非同级财政拨款收入	55 000

预算会计：

借：资金结存——货币资金	55 000
贷：非同级财政拨款预算收入	55 000

（二）年末，将本科目本年发生额中的专项资金收入转入非财政拨款结转，借记本科目下各专项资金收入明细科目，贷记"非财政拨款结转——本年收支结转"科目；将本科目本年发生额中的非专项资金收入转入其他结余，借记本科目下各非专项资金收入明细科目，贷记"其他结余"科目。

【例 16-20】期末结转的会计核算

年末，某事业单位"非同级财政拨款预算收入"科目的本年发生额为 299 000 元，其中，专项资金收入 234 000 元，非专项资金收入 65 000 元。该事业单位分别将其转入"非财政拨款结转——本年收支结转"和"其他结余"科目。该事业单位应编制如下会计分录。

预算会计：

借：非同级财政拨款预算收入	299 000
贷：非财政拨款结转——本年收支结转	234 000
其他结余	65 000

财务会计无分录。

四、年末结转后，本科目应无余额。

6602　投资预算收益

一、本科目核算事业单位取得的按照规定纳入部门预算管理的属于投资收益性质的现金流入，包括股权投资收益、出售或收回债券投资所取得的收益和债券投资利息收入。

二、本科目应当按照《政府收支分类科目》中"支出功能分类科目"的项级科目等进行明细核算。

三、投资预算收益的主要账务处理如下。

（一）出售或到期收回本年度取得的短期、长期债券，按照实际取得的价款或实际收到的本息金额，借记"资金结存——货币资金"科目，按照取得债券时"投资支出"科目的发生额，贷记"投资支出"科目，按照其差额，贷记或借记本科目。出售或到期收回以前年度取得的短期、长期债券，按照实际取得的价款或实际收到的本息金额，借记"资金结存——货币资金"科目，按照取得债券时"投资支出"科目的发生额，贷记"其他结余"科目，按照其差额，贷记或借记本科目。出售、转让以货币资金取得的长期股权投资的，其账务处理参照出售或到期收回债券投资。

【例16-21】出售或到期收回本年度取得的短期、长期债券的会计核算

某事业单位出售一项本年度取得的短期债券，实际收到款项12 800元，款项已存入开户银行。该项短期债券的账面余额为12 500元，取得时"投资支出"科目的发生额也为12 500元。按照规定，本次短期债券出售取得的投资收益纳入单位预算管理。该事业单位应编制如下会计分录。

财务会计：

借：银行存款   12 800

  贷：短期投资   12 500

    投资收益   300

预算会计：

借：资金结存——货币资金   12 800

  贷：投资支出   12 500

    投资预算收益   300

（二）持有的短期投资以及分期付息、一次还本的长期债券投资收到利息时，按照实际收到的金额，借记"资金结存——货币资金"科目，贷记本科目。

【例16-22】持有的短期投资以及分期付息、一次还本的长期债券投资收到利息时的会计核算

某事业单位收到短期投资持有期间的利息2 200元，款项已存入开户银行。该事业单位应编制如下会计分录。

财务会计：

借：银行存款   2 200

  贷：投资收益   2 200

预算会计：

借：资金结存——货币资金   2 200

  贷：投资预算收益   2 200

（三）持有长期股权投资取得被投资单位分派的现金股利或利润时，按照实际收到的金额，借记"资金结存——货币资金"科目，贷记本科目。

【例16-23】持有长期股权投资取得被投资单位分派的现金股利或利润时的会

计核算

某事业单位持有 B 公司 10% 的股份，相应的长期股权投资采用成本法核算。某日，该事业单位收到 B 公司数日前宣告分派的现金股利 12 000 元，款项已存入开户银行。该事业单位应编制如下会计分录。

财务会计：

借：银行存款　　　　　　　　　　　　　　　　　　　12 000

　　贷：应收股利　　　　　　　　　　　　　　　　　　　　12 000

预算会计：

借：资金结存——货币资金　　　　　　　　　　　　　12 000

　　贷：投资预算收益　　　　　　　　　　　　　　　　　　12 000

（四）出售、转让以非货币性资产取得的长期股权投资时，按照实际取得的价款扣减支付的相关费用和应缴财政款后的余额（按照规定纳入单位预算管理的），借记"资金结存——货币资金"科目，贷记本科目。

【例 16-24】出售、转让以非货币性资产取得的长期股权投资时的会计核算

某事业单位出售一项本年度取得的长期股权投资，实际收到款项 12 800 元，款项已存入开户银行。该项长期股权投资的账面余额为 12 500 元，取得时"投资支出"科目的发生额也为 12 500 元。按照规定，本次长期股权投资出售取得的投资收益纳入单位预算管理。该事业单位应编制如下会计分录。

财务会计：

借：银行存款　　　　　　　　　　　　　　　　　　　12 800

　　贷：长期股权投资　　　　　　　　　　　　　　　　　　12 500

　　　　投资收益　　　　　　　　　　　　　　　　　　　　　300

预算会计：

借：资金结存——货币资金　　　　　　　　　　　　　12 800

　　贷：投资支出　　　　　　　　　　　　　　　　　　　　12 500

　　　　投资预算收益　　　　　　　　　　　　　　　　　　　300

（五）年末，将本科目本年发生额转入其他结余，借记或贷记本科目，贷记或借记"其他结余"科目。

【例 16-25】期末结转的会计核算

年末，某事业单位"投资预算收益"科目的本年发生额为 89 000 元。该事业单位将其全额转入"其他结余"科目。该事业单位应编制如下会计分录。

预算会计：

借：投资预算收益   89 000

  贷：其他结余   89 000

财务会计无分录。

四、年末结转后，本科目应无余额。

6609　其他预算收入

一、本科目核算单位除财政拨款预算收入、事业预算收入、上级补助预算收入、附属单位上缴预算收入、经营预算收入、债务预算收入、非同级财政拨款预算收入、投资预算收益之外的纳入部门预算管理的现金流入，包括捐赠预算收入、利息预算收入、租金预算收入、现金盘盈收入等。

二、本科目应当按照其他收入类别、《政府收支分类科目》中"支出功能分类科目"的项级科目等进行明细核算。其他预算收入中如有专项资金收入，还应按照具体项目进行明细核算。单位发生的捐赠预算收入、利息预算收入、租金预算收入金额较大或业务较多的，可单独设置"6603 捐赠预算收入""6604 利息预算收入""6605 租金预算收入"等科目。

三、其他预算收入的主要账务处理如下。

（一）接受捐赠现金资产、收到银行存款利息、收到资产承租人支付的租金时，按照实际收到的金额，借记"资金结存——货币资金"科目，贷记本科目。

【例 16-26】接受捐赠现金资产、收到银行存款利息、收到资产承租人支付的租金时的会计核算

某事业单位接受捐赠一笔货币资金 60 000 元，按捐赠约定规定用于专门用途，款项已存入开户银行。该事业单位应编制如下会计分录。

财务会计：

借：银行存款   60 000

  贷：捐赠收入   60 000

预算会计：

借：资金结存——货币资金   60 000

  贷：其他预算收入   60 000

（二）每日现金账款核对中如发现现金溢余，按照溢余的现金金额，借记"资金结存——货币资金"科目，贷记本科目。经核实，属于应支付给有关个人和单位的部分，按照实际支付的金额，借记本科目，贷记"资金结存——货

币资金"科目。

【例16-27】现金溢余的会计核算

某事业单位某日现金账款核对中发现现金溢余5 000元。经核实，该部分款项不属于任何人，款项已存入开户银行。该事业单位应编制如下会计分录。

财务会计：

借：银行存款   5 000

  贷：其他收入   5 000

预算会计：

借：资金结存——货币资金   5 000

  贷：其他预算收入   5 000

（三）收到其他预算收入时，按照收到的金额，借记"资金结存——货币资金"科目，贷记本科目。

【例16-28】收到其他预算收入的会计核算（1）

某事业单位经批准采用预收租金方式出租一项固定资产，预收半年的租金90 000元，款项已存入开户银行。该事业单位应编制如下会计分录。

财务会计：

借：银行存款   90 000

  贷：预收账款   90 000

预算会计：

借：资金结存——货币资金   90 000

  贷：其他预算收入   90 000

【例16-29】收到其他预算收入的会计核算（2）

某事业单位经批准出售一项自主研发的无形资产，出售价款为385 000元，相应款项已收到并存入开户银行。按照规定，该项无形资产的出售收入纳入本单位预算管理。暂不考虑增值税业务。该事业单位应编制如下会计分录。

财务会计：

借：银行存款   385 000

  贷：其他收入   385 000

预算会计：

借：资金结存——货币资金   385 000

  贷：其他预算收入   385 000

（四）年末，将本科目本年发生额中的专项资金收入转入非财政拨款结转，借记本科目下各专项资金收入明细科目，贷记"非财政拨款结转——本年收支结转"科目；将本科目本年发生额中的非专项资金收入转入其他结余，借记本科目下各非专项资金收入明细科目，贷记"其他结余"科目。

【例16-30】期末结转的会计核算

年末，某事业单位"其他预算收入"科目的本年发生额为59 500元，其中，专项资金收入34 500元，非专项资金收入25 000元。该事业单位分别将其转入"非财政拨款结转——本年收支结转"和"其他结余"科目。该事业单位应编制如下会计分录。

预算会计：

借：其他预算收入   59 500

贷：非财政拨款结转——本年收支结转   34 500

其他结余   25 000

财务会计无分录。

四、年末结转后，本科目应无余额。

（二）预算支出类

7101　行政支出

一、本科目核算行政单位履行其职责实际发生的各项现金流出。

二、本科目应当分别按照"财政拨款支出""非财政专项资金支出"和"其他资金支出"，"基本支出"和"项目支出"等进行明细核算，并按照《政府收支分类科目》中"支出功能分类科目"的项级科目进行明细核算；"基本支出"和"项目支出"明细科目下应当按照《政府收支分类科目》中"部门预算支出经济分类科目"的款级科目进行明细核算，同时在"项目支出"明细科目下按照具体项目进行明细核算。

有一般公共预算财政拨款、政府性基金预算财政拨款等两种或两种以上财政拨款的行政单位，还应当在"财政拨款支出"明细科目下按照财政拨款的种类进行明细核算。

对于预付款项，可通过在本科目下设置"待处理"明细科目进行核算，待确认具体支出项目后再转入本科目下相关明细科目。年末结账前，应将本科目"待处理"明细科目余额全部转入本科目下相关明细科目。

三、行政支出的主要账务处理如下。

（一）支付单位职工薪酬

向单位职工个人支付薪酬时，按照实际支付的金额，借记本科目，贷记"财政拨款预算收入""资金结存"科目。

按照规定代扣代缴个人所得税以及代扣代缴或为职工缴纳职工社会保险费、住房公积金等时，按照实际缴纳的金额，借记本科目，贷记"财政拨款预算收入""资金结存"科目。

【例 17-1】支付单位职工薪酬的会计核算

某行政单位通过财政直接支付的方式向单位职工个人支付薪酬共计 360 700 元。该行政单位应编制如下会计分录。

财务会计：

借：应付职工薪酬　　　　　　　　　　　　　360 700
　　贷：财政拨款收入　　　　　　　　　　　　　　360 700

预算会计：

借：行政支出　　　　　　　　　　　　　　　360 700
　　贷：财政拨款预算收入　　　　　　　　　　　　360 700

（二）支付外部人员劳务费

按照实际支付给外部人员个人的金额，借记本科目，贷记"财政拨款预算收入""资金结存"科目。

按照规定代扣代缴个人所得税时，按照实际缴纳的金额，借记本科目，贷记"财政拨款预算收入""资金结存"科目。

【例 17-2】支付外部人员劳务费的会计核算

某行政单位通过财政直接支付的方式向外部人员支付应付劳务费 22 200 元。该行政单位应编制如下会计分录。

财务会计：

借：其他应付款　　　　　　　　　　　　　　22 200
　　贷：财政拨款收入　　　　　　　　　　　　　　22 200

预算会计：

借：行政支出　　　　　　　　　　　　　　　22 200
　　贷：财政拨款预算收入　　　　　　　　　　　　22 200

（三）为购买存货、固定资产、无形资产等以及在建工程支付相关款项时，按照实际支付的金额，借记本科目，贷记"财政拨款预算收入""资金结存"科目。

【例 17-3】 购买资产等支付相关款项时的会计核算

某行政单位通过财政直接支付方式购入一台不需要安装的固定资产，实际支付价款为 85 500 元。该行政单位应编制如下会计分录。

财务会计：

借：固定资产   85 500

    贷：财政拨款收入   85 500

预算会计：

借：行政支出   85 500

    贷：财政拨款预算收入   85 500

（四）发生预付账款时，按照实际支付的金额，借记本科目，贷记"财政拨款预算收入""资金结存"科目。

对于暂付款项，在支付款项时可不做预算会计处理，待结算或报销时，按照结算或报销的金额，借记本科目，贷记"资金结存"科目。

【例 17-4】 发生预付账款的会计核算

某行政单位向社会力量购买一项服务，发生预付账款 4 500 元，款项通过财政直接支付方式支付。该行政单位应编制如下会计分录。

财务会计：

借：预付账款   4 500

    贷：财政拨款收入   4 500

预算会计：

借：行政支出   4 500

    贷：财政拨款预算收入   4 500

（五）发生其他各项支出时，按照实际支付的金额，借记本科目，贷记"财政拨款预算收入""资金结存"科目。

【例 17-5】 发生其他各项支出的会计核算

某行政单位为履职发生水费、电费、物业管理费等各项办公费用 1 850 元，款项通过财政授权支付方式支付。该行政单位应编制如下会计分录。

财务会计：

借：业务活动费用   1 850

    贷：零余额账户用款额度   1 850

预算会计：

借：行政支出   1 850

　　　　贷：资金结存——零余额账户用款额度　　　　　　　　　　　1 850

　　（六）因购货退回等发生款项退回，或者发生差错更正的，属于当年支出收回的，按照收回或更正金额，借记"财政拨款预算收入""资金结存"科目，贷记本科目。

【例17-6】当年因购货退回等发生款项退回，或者发生差错更正的会计核算

　　某行政单位因货品质量问题退回一批当年购入的货品460元，该批货品在购入时已计入本年业务活动费用和行政支出，退货款项已收到并存入单位零余额账户。该行政单位应编制如下会计分录。

　　财务会计：

　　借：零余额账户用款额度　　　　　　　　　　　　　　　　460

　　　　贷：业务活动费用　　　　　　　　　　　　　　　　　　　460

　　预算会计：

　　借：资金结存——零余额账户用款额度　　　　　　　　　　460

　　　　贷：行政支出　　　　　　　　　　　　　　　　　　　　　460

　　（七）年末，将本科目本年发生额中的财政拨款支出转入财政拨款结转，借记"财政拨款结转——本年收支结转"科目，贷记本科目下各财政拨款支出明细科目；将本科目本年发生额中的非财政专项资金支出转入非财政拨款结转，借记"非财政拨款结转——本年收支结转"科目，贷记本科目下各非财政专项资金支出明细科目；将本科目本年发生额中的其他资金支出（非财政非专项资金支出）转入其他结余，借记"其他结余"科目，贷记本科目下其他资金支出明细科目。

【例17-7】期末结转的会计核算

　　年末，某行政单位"行政支出"科目的本年发生额为422 550元，其中，财政拨款支出415 000元，非财政专项资金支出7 200元，其他资金支出350元。该行政单位分别将其转入"财政拨款结转——本年收支结转""非财政拨款结转——本年收支结转"和"其他结余"科目。该行政单位应编制如下会计分录。

　　（1）结转财政拨款支出时。

　　预算会计：

　　借：财政拨款结转——本年收支结转　　　　　　　　　　415 000

　　　　贷：行政支出——财政拨款支出　　　　　　　　　　　　415 000

　　财务会计无分录。

　　（2）结转非财政专项资金支出时。

预算会计：

借：非财政拨款结转——本年收支结转   7 200

    贷：行政支出——非财政专项资金支出   7 200

财务会计无分录。

（3）结转其他资金支出时。

预算会计：

借：其他结余   350

    贷：行政支出——其他资金支出   350

财务会计无分录。

四、年末结转后，本科目应无余额。

7201　事业支出

一、本科目核算事业单位开展专业业务活动及其辅助活动实际发生的各项现金流出。

二、单位发生教育、科研、医疗、行政管理、后勤保障等活动的，可在本科目下设置相应的明细科目进行核算，或单设"7201 教育支出""7202 科研支出""7203 医疗支出""7204 行政管理支出""7205 后勤保障支出"等一级会计科目进行核算。

三、本科目应当分别按照"财政拨款支出""非财政专项资金支出"和"其他资金支出"，"基本支出"和"项目支出"等进行明细核算，并按照《政府收支分类科目》中"支出功能分类科目"的项级科目进行明细核算；"基本支出"和"项目支出"明细科目下应当按照《政府收支分类科目》中"部门预算支出经济分类科目"的款级科目进行明细核算，同时在"项目支出"明细科目下按照具体项目进行明细核算。

有一般公共预算财政拨款、政府性基金预算财政拨款等两种或两种以上财政拨款的事业单位，还应当在"财政拨款支出"明细科目下按照财政拨款的种类进行明细核算。

对于预付款项，可通过在本科目下设置"待处理"明细科目进行明细核算，待确认具体支出项目后再转入本科目下相关明细科目。年末结账前，应将本科目"待处理"明细科目余额全部转入本科目下相关明细科目。

四、事业支出的主要账务处理如下。

（一）支付单位职工（经营部门职工除外）薪酬

向单位职工个人支付薪酬时，按照实际支付的数额，借记本科目，贷记"财政拨款预算收入""资金结存"科目。

按照规定代扣代缴个人所得税以及代扣代缴或为职工缴纳职工社会保险费、住房公积金等时，按照实际缴纳的金额，借记本科目，贷记"财政拨款预算收入""资金结存"科目。

【例17-8】支付单位职工（经营部门职工除外）薪酬的会计核算（1）

某事业单位通过财政直接支付的方式向单位开展专业业务活动及其辅助活动的职工个人支付薪酬共计750 000元。该事业单位应编制如下会计分录。

财务会计：

借：应付职工薪酬　　　　　　　　　　　　　750 000

　　贷：财政拨款收入　　　　　　　　　　　　　750 000

预算会计：

借：事业支出　　　　　　　　　　　　　　　750 000

　　贷：财政拨款预算收入　　　　　　　　　　　750 000

【例17-9】支付单位职工（经营部门职工除外）薪酬的会计核算（2）

某事业单位通过财政直接支付的方式为单位开展专业业务活动及其辅助活动的职工代扣代缴个人所得税26 600元，同时通过财政直接支付的方式为这些职工代扣代缴和缴纳职工社会保险费和住房公积金共计288 000元。本次实际向相关部门和机构缴纳金额合计为314 600（26 600+288 000）元。该事业单位应编制如下会计分录。

财务会计：

借：应付职工薪酬　　　　　　　　　　　　　288 000

　　其他应交税费——应交个人所得税　　　　 26 600

　　贷：财政拨款收入　　　　　　　　　　　　　314 600

预算会计：

借：事业支出　　　　　　　　　　　　　　　314 600

　　贷：财政拨款预算收入　　　　　　　　　　　314 600

（二）为专业业务活动及其辅助活动支付外部人员劳务费

按照实际支付给外部人员个人的金额，借记本科目，贷记"财政拨款预算收入""资金结存"科目。

按照规定代扣代缴个人所得税时，按照实际缴纳的金额，借记本科目，贷记"财政拨款预算收入""资金结存"科目。

【例 17-10】为专业业务活动及其辅助活动支付外部人员劳务费的会计核算

某事业单位通过银行存款账户为专业业务活动及其辅助活动支付外部人员的应付劳务费 63 500 元。该事业单位应编制如下会计分录。

财务会计：

借：其他应付款 63 500

　　贷：银行存款 63 500

预算会计：

借：事业支出 63 500

　　贷：资金结存——货币资金 63 500

（三）开展专业业务活动及其辅助活动过程中为购买存货、固定资产、无形资产等以及在建工程支付相关款项时，按照实际支付的金额，借记本科目，贷记"财政拨款预算收入""资金结存"科目。

【例 17-11】开展专业业务活动及其辅助活动过程中购买资产支付相关款项的会计核算

某事业单位在开展专业业务活动及其辅助活动过程中通过财政授权支付方式购入一批库存物品，实际支付价款为 14 500 元。暂不考虑增值税业务。该事业单位应编制如下会计分录。

财务会计：

借：库存物品 14 500

　　贷：零余额账户用款额度 14 500

预算会计：

借：事业支出 14 500

　　贷：资金结存——零余额账户用款额度 14 500

（四）开展专业业务活动及其辅助活动过程中发生预付账款时，按照实际支付的金额，借记本科目，贷记"财政拨款预算收入""资金结存"科目。

对于暂付款项，在支付款项时可不做预算会计处理，待结算或报销时，按照结算或报销的金额，借记本科目，贷记"资金结存"科目。

【例 17-12】发生预付账款的会计核算（1）

某事业单位在开展专业业务活动及其辅助活动过程中购买一项服务，发生预付账款 15 000 元，款项通过财政直接支付方式支付。次月，购买的该项服务完成，该事业单位补付相应的款项 22 000 元，款项通过财政直接支付方式支付。该事业单位购买该项服务发生的费用属于业务活动费用，金额合计为 37 000（15 000+22 000）元。该事业单位应编制如下会计分录。

（1）预付账款时。

财务会计：

借：预付账款   15 000

    贷：财政拨款收入   15 000

预算会计：

借：事业支出   15 000

    贷：财政拨款预算收入   15 000

（2）服务完成并补付款项时。

财务会计：

借：业务活动费用   37 000

    贷：财政拨款收入   22 000

        预付账款   15 000

预算会计：

借：事业支出   22 000

    贷：财政拨款预算收入   22 000

【例17-13】发生预付账款的会计核算（2）

某事业单位行政管理部门职工出差预借差旅费600元，款项以库存现金支付。数日后，相关职工出差回来报销差旅费570元，退回多余现金30（600-570）元。该事业单位应编制如下会计分录。

（1）预借差旅费时。

财务会计：

借：其他应收款   600

    贷：库存现金   600

预算会计无分录。

（2）报销差旅费时。

财务会计：

借：单位管理费用   570

    库存现金   30

    贷：其他应收款   600

预算会计：

借：事业支出   570

　　　　贷：资金结存——货币资金　　　　　　　　　　　　　570

　　（五）开展专业业务活动及其辅助活动过程中缴纳的相关税费以及发生的其他各项支出，按照实际支付的金额，借记本科目，贷记"财政拨款预算收入""资金结存"科目。

　　【例17-14】开展专业业务活动及其辅助活动过程中缴纳的相关税费以及发生的其他各项支出的会计核算

　　某事业单位在开展专业业务活动及其辅助活动过程中缴纳城市维护建设税720元，款项通过银行存款账户支付。该事业单位应编制如下会计分录。

　　财务会计：

　　借：其他应交税费——应交城市维护建设税　　　　　　720

　　　　贷：银行存款　　　　　　　　　　　　　　　　　720

　　预算会计：

　　借：事业支出　　　　　　　　　　　　　　　　　　　720

　　　　贷：资金结存——货币资金　　　　　　　　　　　720

　　【例17-15】缴纳相关税费以及发生的其他各项支出的会计核算

　　某事业单位在开展专业业务活动及其辅助活动过程中发生应当计入当期业务活动费用的相关办公费用5 300元，款项通过银行存款账户支付。该事业单位应编制如下会计分录。

　　财务会计：

　　借：业务活动费用　　　　　　　　　　　　　　　　　5 300

　　　　贷：银行存款　　　　　　　　　　　　　　　　　5 300

　　预算会计：

　　借：事业支出　　　　　　　　　　　　　　　　　　　5 300

　　　　贷：资金结存——货币资金　　　　　　　　　　　5 300

　　（六）开展专业业务活动及其辅助活动过程中因购货退回等发生款项退回，或者发生差错更正的，属于当年支出收回的，按照收回或更正金额，借记"财政拨款预算收入""资金结存"科目，贷记本科目。

　　【例17-16】当年因购货退回等发生款项退回，或者发生差错更正的会计核算

　　某事业单位因货品质量问题退回一批当年购入的货品460元，该批货品在购入时已计入本年单位管理费用和事业支出，退货款项已收到并存入银行存款账户。该事业单位应编制如下会计分录。

财务会计：

借：银行存款　　　　　　　　　　　　　　　　　　　460

　　贷：单位管理费用　　　　　　　　　　　　　　　　460

预算会计：

借：资金结存——货币资金　　　　　　　　　　　　　460

　　贷：事业支出　　　　　　　　　　　　　　　　　　460

（七）年末，将本科目本年发生额中的财政拨款支出转入财政拨款结转，借记"财政拨款结转——本年收支结转"科目，贷记本科目下各财政拨款支出明细科目；将本科目本年发生额中的非财政专项资金支出转入非财政拨款结转，借记"非财政拨款结转——本年收支结转"科目，贷记本科目下各非财政专项资金支出明细科目；将本科目本年发生额中的其他资金支出（非财政非专项资金支出）转入其他结余，借记"其他结余"科目，贷记本科目下其他资金支出明细科目。

【例 17-17】期末结转的会计核算

年末，某事业单位"事业支出"科目的本年发生额为 998 500 元，其中，财政拨款支出 515 000 元，非财政专项资金支出 362 000 元，其他资金支出 121 500 元。该事业单位分别将其转入"财政拨款结转——本年收支结转""非财政拨款结转——本年收支结转"和"其他结余"科目。该事业单位应编制如下会计分录。

（1）结转财政拨款支出时。

预算会计：

借：财政拨款结转——本年收支结转　　　　　　　　515 000

　　贷：事业支出——财政拨款支出　　　　　　　　　515 000

财务会计无分录。

（2）结转非财政专项资金支出时。

预算会计：

借：非财政拨款结转——本年收支结转　　　　　　　362 000

　　贷：事业支出——非财政专项资金支出　　　　　　362 000

财务会计无分录。

（3）结转其他资金支出时。

预算会计：

借：其他结余　　　　　　　　　　　　　　　　　　121 500

　　贷：事业支出——其他资金支出　　　　　　　　　121 500

财务会计无分录。

五、年末结转后，本科目应无余额。

7301　经营支出

一、本科目核算事业单位在专业业务活动及其辅助活动之外开展非独立核算经营活动实际发生的各项现金流出。

二、本科目应当按照经营活动类别、项目、《政府收支分类科目》中"支出功能分类科目"的项级科目和"部门预算支出经济分类科目"的款级科目等进行明细核算。

对于预付款项，可通过在本科目下设置"待处理"明细科目进行明细核算，待确认具体支出项目后再转入本科目下相关明细科目。年末结账前，应将本科目"待处理"明细科目余额全部转入本科目下相关明细科目。

三、经营支出的主要账务处理如下。

（一）支付经营部门职工薪酬

向职工个人支付薪酬时，按照实际的金额，借记本科目，贷记"资金结存"科目。

按照规定代扣代缴个人所得税以及代扣代缴或为职工缴纳职工社会保险费、住房公积金时，按照实际缴纳的金额，借记本科目，贷记"资金结存"科目。

【例 17-18】支付经营部门职工薪酬的会计核算

某事业单位通过银行存款账户向单位开展经营活动的职工个人支付薪酬共计22 300 元。该事业单位应编制如下会计分录。

财务会计：

借：应付职工薪酬		22 300
贷：银行存款		22 300

预算会计：

借：经营支出		22 300
贷：资金结存——货币资金		22 300

（二）为经营活动支付外部人员劳务费

按照实际支付给外部人员个人的金额，借记本科目，贷记"资金结存"科目。

按照规定代扣代缴个人所得税时，按照实际缴纳的金额，借记本科目，贷记"资金结存"科目。

【例 17-19】为经营活动支付外部人员劳务费的会计核算

某事业单位通过银行存款账户为经营活动支付外部人员的应付劳务费 4 500 元。该事业单位应编制如下会计分录。

财务会计：

借：其他应付款   4 500

    贷：银行存款   4 500

预算会计：

借：经营支出   4 500

    贷：资金结存——货币资金   4 500

（三）开展经营活动过程中为购买存货、固定资产、无形资产等以及在建工程支付相关款项时，按照实际支付的金额，借记本科目，贷记"资金结存"科目。

【例 17-20】开展经营活动过程中为购买资产等支付相关款项时的会计核算

某事业单位在开展经营活动过程中通过银行存款账户购入一批库存物品，实际支付价款为 7 800 元。暂不考虑增值税业务。该事业单位应编制如下会计分录。

财务会计：

借：库存物品   7 800

    贷：银行存款   7 800

预算会计：

借：经营支出   7 800

    贷：资金结存——货币资金   7 800

（四）开展经营活动过程中发生预付账款时，按照实际支付的金额，借记本科目，贷记"资金结存"科目。

对于暂付款项，在支付款项时可不做预算会计处理，待结算或报销时，按照结算或报销的金额，借记本科目，贷记"资金结存"科目。

【例 17-21】开展经营活动过程中发生预付账款的会计核算

某事业单位在开展经营活动过程中购买一项固定资产，发生预付账款 5 000 元，款项通过银行存款账户支付。次月，购买的该项固定资产收到并投入使用，该事业单位补付相应的款项 18 000 元，款项通过银行存款账户支付。该事业单位在购买该项固定资产过程中共支付款项 23 000（5 000+18 000）元。暂不考虑增值税业务。该事业单位应编制如下会计分录。

（1）预付账款时。

财务会计：

借：预付账款   5 000

    贷：银行存款   5 000

预算会计：

借：经营支出   5 000

    贷：资金结存——货币资金   5 000

（2）收到固定资产并补付款项时。

财务会计：

借：固定资产   23 000

    贷：银行存款   18 000

       预付账款   5 000

预算会计：

借：经营支出   18 000

    贷：资金结存——货币资金   18 000

（五）因开展经营活动缴纳的相关税费以及发生的其他各项支出，按照实际支付的金额，借记本科目，贷记"资金结存"科目。

【例17-22】因开展经营活动缴纳的相关税费以及发生的其他各项支出的会计核算（1）

某事业单位在开展经营活动过程中缴纳房产税1 230元，款项通过银行存款账户支付。该事业单位应编制如下会计分录。

财务会计：

借：其他应交税费——应交房产税   1 230

    贷：银行存款   1 230

预算会计：

借：经营支出   1 230

    贷：资金结存——货币资金   1 230

【例17-23】因开展经营活动缴纳的相关税费以及发生的其他各项支出的会计核算（2）

某事业单位在开展经营活动过程中发生相关办公费用6 600元，款项通过银行存款账户支付。该办公费用在上月通过"其他应付款"科目记入了上月的"经营费用"

科目。该事业单位应编制如下会计分录。

财务会计：

借：其他应付款　　　　　　　　　　　　　　　　　　6 600

　　贷：银行存款　　　　　　　　　　　　　　　　　　　6 600

预算会计：

借：经营支出　　　　　　　　　　　　　　　　　　　6 600

　　贷：资金结存——货币资金　　　　　　　　　　　　6 600

（六）开展经营活动中因购货退回等发生款项退回，或者发生差错更正的，属于当年支出收回的，按照收回或更正金额，借记"资金结存"科目，贷记本科目。

【例 17-24】当年开展经营活动中因购货退回等发生款项退回，或者发生差错更正的会计核算

某事业单位因货品质量问题退回一批当年购入的货品 320 元，该批货品在购入时已计入本年经营费用和经营支出，退货款项已收到并存入银行存款账户。该事业单位应编制如下会计分录。

财务会计：

借：银行存款　　　　　　　　　　　　　　　　　　　320

　　贷：经营费用　　　　　　　　　　　　　　　　　　　320

预算会计：

借：资金结存——货币资金　　　　　　　　　　　　　320

　　贷：经营支出　　　　　　　　　　　　　　　　　　　320

（七）年末，将本科目本年发生额转入经营结余，借记"经营结余"科目，贷记本科目。

【例 17-25】期末结转的会计核算

年末，某事业单位"经营支出"科目的本年发生额为 89 100 元。该事业单位将其全额转入"经营结余"科目。该事业单位应编制如下会计分录。

预算会计：

借：经营结余　　　　　　　　　　　　　　　　　　　89 100

　　贷：经营支出　　　　　　　　　　　　　　　　　　　89 100

财务会计无分录。

四、年末结转后，本科目应无余额。

7401　上缴上级支出

一、本科目核算事业单位按照财政部门和主管部门的规定上缴上级单位款项发生的现金流出。

二、本科目应当按照收缴款项单位、缴款项目、《政府收支分类科目》中"支出功能分类科目"的项级科目和"部门预算支出经济分类科目"的款级科目等进行明细核算。

三、上缴上级支出的主要账务处理如下。

（一）按照规定将款项上缴上级单位的，按照实际上缴的金额，借记本科目，贷记"资金结存"科目。

【例 17-26】款项上缴上级单位的会计核算

某事业单位按照财政部门和主管部门的规定上缴上级单位款项 18 000 元，款项以银行存款支付。该事业单位应编制如下会计分录。

财务会计：

借：上缴上级费用　　　　　　　　　　　　　　　　　18 000

　　贷：银行存款　　　　　　　　　　　　　　　　　　　　18 000

预算会计：

借：上缴上级支出　　　　　　　　　　　　　　　　　18 000

　　贷：资金结存——货币资金　　　　　　　　　　　　　　18 000

（二）年末，将本科目本年发生额转入其他结余，借记"其他结余"科目，贷记本科目。

【例 17-27】期末结转的会计核算

年末，某事业单位"上缴上级支出"科目的本年发生额为 46 000 元。该事业单位将其全额转入"其他结余"科目。该事业单位应编制如下会计分录。

预算会计：

借：其他结余　　　　　　　　　　　　　　　　　　　46 000

　　贷：上缴上级支出　　　　　　　　　　　　　　　　　　46 000

财务会计无分录。

四、年末结转后，本科目应无余额。

7501　对附属单位补助支出

一、本科目核算事业单位用财政拨款预算收入之外的收入对附属单位补助发生的现金流出。

二、本科目应当按照接受补助单位、补助项目、《政府收支分类科目》中"支出功能分类科目"的项级科目和"部门预算支出经济分类科目"的款级科目等进行明细核算。

三、对附属单位补助支出的主要账务处理如下。

（一）发生对附属单位补助支出的，按照实际补助的金额，借记本科目，贷记"资金结存"科目。

【例 17-28】发生对附属单位补助支出的会计核算

某事业单位通过银行存款账户支付上一会计期间记入"其他应付款"科目的对附属单位补助款项 24 000 元。该事业单位应编制如下会计分录。

财务会计：

借：其他应付款   24 000

  贷：银行存款   24 000

预算会计：

借：对附属单位补助支出   24 000

  贷：资金结存——货币资金   24 000

（二）年末，将本科目本年发生额转入其他结余，借记"其他结余"科目，贷记本科目。

【例 17-29】期末结转的会计核算

年末，某事业单位"对附属单位补助支出"科目的本年发生额为 67 300 元。该事业单位将其全额转入"其他结余"科目。该事业单位应编制如下会计分录。

预算会计：

借：其他结余   67 300

  贷：对附属单位补助支出   67 300

财务会计无分录。

四、年末结转后，本科目应无余额。

7601 投资支出

一、本科目核算事业单位以货币资金对外投资发生的现金流出。

二、本科目应当按照投资类型、投资对象、《政府收支分类科目》中"支出功能分类科目"的项级科目和"部门预算支出经济分类科目"的款级科目等进行明细核算。

三、投资支出的主要账务处理如下。

（一）以货币资金对外投资时，按照投资金额和所支付的相关税费金额的合计数，借记本科目，贷记"资金结存"科目。

【例 17-30】以货币资金对外投资时的会计核算

某事业单位以银行存款 860 000 元购买取得一项长期股权投资，购买过程中发生相关税费支出 10 000 元，款项以银行存款支付。该项长期股权投资在取得时，确定的成本为 870 000（860 000+10 000）元。该事业单位应编制如下会计分录。

财务会计：

借：长期股权投资   870 000

 贷：银行存款   870 000

预算会计：

借：投资支出   870 000

 贷：资金结存——货币资金   870 000

（二）出售、对外转让或到期收回本年度以货币资金取得的对外投资的，如果按规定将投资收益纳入单位预算，按照实际收到的金额，借记"资金结存"科目，按照取得投资时"投资支出"科目的发生额，贷记本科目，按照其差额，贷记或借记"投资预算收益"科目；如果按规定将投资收益上缴财政的，按照取得投资时"投资支出"科目的发生额，借记"资金结存"科目，贷记本科目。

出售、对外转让或到期收回以前年度以货币资金取得的对外投资的，如果按规定将投资收益纳入单位预算，按照实际收到的金额，借记"资金结存"科目，按照取得投资时"投资支出"科目的发生额，贷记"其他结余"科目，按照其差额，贷记或借记"投资预算收益"科目；如果按规定将投资收益上缴财政的，按照取得投资时"投资支出"科目的发生额，借记"资金结存"科目，贷记"其他结余"科目。

【例 17-31】出售、对外转让或到期收回本年度以货币资金取得的对外投资的会计核算

某事业单位利用闲散资金购买一批国债作为短期投资，实际投资成本为 12 500 元，款项以银行存款支付。次年，该事业单位出售该项短期投资，出售价款为 12 800 元，实际收到款项 12 800 元，按照规定，取得的相应投资收益 300（12 800-12 500）元直接上缴财政。该事业单位应编制如下会计分录。

（1）取得短期投资时。

财务会计：

借：短期投资　　　　　　　　　　　　　　　　　　12 500

　　贷：银行存款　　　　　　　　　　　　　　　　　　12 500

预算会计：

借：投资支出　　　　　　　　　　　　　　　　　　12 500

　　贷：资金结存——货币资金　　　　　　　　　　　　12 500

（2）出售短期投资时。

财务会计：

借：银行存款　　　　　　　　　　　　　　　　　　12 800

　　贷：短期投资　　　　　　　　　　　　　　　　　　12 800

借：应缴财政款　　　　　　　　　　　　　　　　　　300

　　贷：银行存款　　　　　　　　　　　　　　　　　　300

预算会计：

借：资金结存——货币资金　　　　　　　　　　　　12 500

　　贷：其他结余　　　　　　　　　　　　　　　　　　12 500

借：资金结转——货币资金　　　　　　　　　　　　300

　　贷：投资支出　　　　　　　　　　　　　　　　　　300

（三）年末，将本科目本年发生额转入其他结余，借记"其他结余"科目，贷记本科目。

【例 17-32】期末结转的会计核算

年末，某事业单位"投资支出"科目的本年发生额为 85 000 元。该事业单位将其全额转入"其他结余"科目。该事业单位应编制如下会计分录。

预算会计：

借：其他结余　　　　　　　　　　　　　　　　　　85 000

　　贷：投资支出　　　　　　　　　　　　　　　　　　85 000

财务会计无分录。

四、年末结转后，本科目应无余额。

7701　债务还本支出

一、本科目核算事业单位偿还自身承担的纳入预算管理的从金融机构举借的债务本金的现金流出。

二、本科目应当按照贷款单位、贷款种类、《政府收支分类科目》中"支出功能分类科目"的项级科目和"部门预算支出经济分类科目"的款级科目等进行明细核算。

三、债务还本支出的主要账务处理如下。

（一）偿还各项短期或长期借款时，按照偿还的借款本金，借记本科目，贷记"资金结存"科目。

【例17-33】偿还各项短期或长期借款时的会计核算（1）

某事业单位向金融机构偿还一项短期借款本金50 000元，款项通过银行存款账户支付。该事业单位应编制如下会计分录。

财务会计：

借：短期借款   50 000

    贷：银行存款   50 000

预算会计：

借：债务还本支出   50 000

    贷：资金结存——货币资金   50 000

【例17-34】偿还各项短期或长期借款时的会计核算（2）

某事业单位向金融机构偿还一项到期一次还本付息的长期借款165 200元，其中，借款本金150 000元，应计利息15 200元，款项通过银行存款账户支付。该事业单位应编制如下会计分录。

财务会计：

借：长期借款——本金   150 000

         ——应计利息   15 200

    贷：银行存款   165 200

预算会计：

借：债务还本支出   150 000

    贷：资金结存——货币资金   150 000

借：其他支出   165 200

    贷：资金结存——货币资金   165 200

（二）年末，将本科目本年发生额转入其他结余，借记"其他结余"科目，贷记本科目。

【例17-35】期末结转的会计核算

年末，某事业单位"债务还本支出"科目的本年发生额为365 000元。该事业单

418

位将其全额转入"其他结余"科目。该事业单位应编制如下会计分录。

预算会计：

借：其他结余　　　　　　　　　　　　　　　　　365 000

　　贷：债务还本支出　　　　　　　　　　　　　　365 000

财务会计无分录。

四、年末结转后，本科目应无余额。

7901　其他支出

一、本科目核算单位除行政支出、事业支出、经营支出、上缴上级支出、对附属单位补助支出、投资支出、债务还本支出以外的各项现金流出，包括利息支出、对外捐赠现金支出、现金盘亏损失、接受捐赠（调入）和对外捐赠（调出）非现金资产发生的税费支出、资产置换过程中发生的相关税费支出、罚没支出等。

二、本科目应当按照其他支出的类别，"财政拨款支出""非财政专项资金支出"和"其他资金支出"，《政府收支分类科目》中"支出功能分类科目"的项级科目和"部门预算支出经济分类科目"的款级科目等进行明细核算。其他支出中如有专项资金支出，还应按照具体项目进行明细核算。

有一般公共预算财政拨款、政府性基金预算财政拨款等两种或两种以上财政拨款的事业单位，还应当在"财政拨款支出"明细科目下按照财政拨款的种类进行明细核算。

单位发生利息支出、捐赠支出等其他支出金额较大或业务较多的，可单独设置"7902 利息支出""7903 捐赠支出"等科目。

三、其他支出的主要账务处理如下。

（一）利息支出

支付银行借款利息时，按照实际支付金额，借记本科目，贷记"资金结存"科目。

【例 17-36】利息支出的会计核算

某事业单位支付银行借款利息 450 元，款项通过银行存款账户支付。相应的银行借款利息在财务会计中已记入了"应付利息"总账科目。该事业单位应编制如下会计分录。

财务会计：

借：应付利息　　　　　　　　　　　　　　　　　450

贷：银行存款	450

预算会计：

借：其他支出	450
贷：资金结存——货币资金	450

（二）对外捐赠现金资产

对外捐赠现金资产时，按照捐赠金额，借记本科目，贷记"资金结存——货币资金"科目。

【例17-37】对外捐赠现金资产的会计核算

某事业单位对外捐赠现金资产50 000元，款项通过银行存款支付。该事业单位应编制如下会计分录。

财务会计：

借：其他费用	50 000
贷：银行存款	50 000

预算会计：

借：其他支出	50 000
贷：资金结存——货币资金	50 000

（三）现金盘亏损失

每日现金账款核对中如发现现金短缺，按照短缺的现金金额，借记本科目，贷记"资金结存——货币资金"科目。经核实，属于应当由有关人员赔偿的，按照收到的赔偿金额，借记"资金结存——货币资金"科目，贷记本科目。

【例17-38】现金盘亏损失的会计核算

某事业单位现金账款核对中发现现金短缺50元。经核实，其中30元应当由责任人赔偿；其余20（50-30）元无法查明原因，经批准予以核销。次日，收到相关责任人赔偿现金30元。该事业单位应编制如下会计分录。

（1）现金账款核对中发现现金短缺时。

财务会计：

借：待处理财产损溢	50
贷：库存现金	50

预算会计：

借：其他支出	50
贷：资金结存——货币资金	50

（2）核实批准相关情况时。

财务会计：

借：其他应收款 30

资产处置费用 20

贷：待处理财产损溢 50

预算会计无分录。

（3）收到相关责任人赔偿现金时。

财务会计：

借：库存现金 30

贷：其他应收款 30

预算会计：

借：资金结存——货币资金 30

贷：其他支出 30

（四）接受捐赠（无偿调入）和对外捐赠（无偿调出）非现金资产发生的税费支出

接受捐赠（无偿调入）非现金资产发生的归属于捐入方（调入方）的相关税费、运输费等，以及对外捐赠（无偿调出）非现金资产发生的归属于捐出方（调出方）的相关税费、运输费等，按照实际支付金额，借记本科目，贷记"资金结存"科目。

【例 17-39】无偿捐赠发生的相关税费的会计核算（1）

某事业单位接受捐赠一批库存物品，有关凭据注明的金额为 62 500 元，以银行存款支付运输费用 500 元，库存物品已验收入库，成本金额为 63 000（62 500+500）元。该事业单位应编制如下会计分录。

财务会计：

借：库存物品 63 000

贷：银行存款 500

捐赠收入 62 500

预算会计：

借：其他支出 500

贷：资金结存——货币资金 500

【例 17-40】无偿捐赠发生的相关税费的会计核算（2）

某行政单位接受其他单位无偿调入一项公共基础设施，该项公共基础设施在调出方的账面价值为 724 000 元。调入过程中，该行政单位发生相关费用 3 000 元，款项通过财政授权支付方式支付。该项无偿调入的公共基础设施的成本为 727 000（724 000+3 000）元。该行政单位应编制如下会计分录。

财务会计：

借：公共基础设施   727 000

  贷：零余额账户用款额度   3 000

    无偿调拨净资产   724 000

预算会计：

借：其他支出   3 000

  贷：资金结存——零余额账户用款额度   3 000

（五）资产置换过程中发生的相关税费支出

资产置换过程中发生的相关税费，按照实际支付金额，借记本科目，贷记"资金结存"科目。

【例 17-41】资产置换过程中发生的相关税费支出的会计核算

某事业单位以一项无形资产置换取得一项固定资产，该项无形资产的账面余额为 850 000 元，相应的累计摊销数为 170 000 元，账面净值为 680 000（850 000-170 000）元。经评估，该项无形资产的评估价值为 650 000 元。置换过程中发生相关税费支出 10 000 元，款项以银行存款支付。该项固定资产在取得时，确定的成本为 660 000（650 000+10 000）元。该事业单位在该项无形资产置换业务中发生资产处置费用 30 000（680 000-650 000）元。该事业单位应编制如下会计分录。

财务会计：

借：固定资产   660 000

  无形资产累计摊销   170 000

  资产处置费用   30 000

  贷：银行存款   10 000

    无形资产   850 000

预算会计：

借：其他支出   10 000

  贷：资金结存——货币资金   10 000

（六）其他支出

发生罚没等其他支出时，按照实际支出金额，借记本科目，贷记"资金结存"科目。

【例17-42】其他支出的会计核算

某事业单位因未按规定按时缴纳税金，发生税收滞纳金2 000元，已用银行存款支付，其会计分录如下。

财务会计：

借：其他费用——罚没支出　　　　　　　　　　　　　　　2 000

　　贷：银行存款　　　　　　　　　　　　　　　　　　　　　　2 000

预算会计：

借：其他支出——其他资金支出　　　　　　　　　　　　　2 000

　　贷：资金结存——货币资金　　　　　　　　　　　　　　　　2 000

（七）年末，将本科目本年发生额中的财政拨款支出转入财政拨款结转，借记"财政拨款结转——本年收支结转"科目，贷记本科目下各财政拨款支出明细科目；将本科目本年发生额中的非财政专项资金支出转入非财政拨款结转，借记"非财政拨款结转——本年收支结转"科目，贷记本科目下各非财政专项资金支出明细科目；将本科目本年发生额中的其他资金支出（非财政非专项资金支出）转入其他结余，借记"其他结余"科目，贷记本科目下各其他资金支出明细科目。

【例17-43】期末结转的会计核算

年末，某事业单位"其他支出"科目的本年发生额为7 400元，其中，财政拨款支出500元，非财政专项资金支出300元，其他资金支出6 600元。该事业单位分别将其转入"财政拨款结转——本年收支结转""非财政拨款结转——本年收支结转"和"其他结余"科目。该事业单位应编制如下会计分录。

（1）结转财政拨款支出时。

预算会计：

借：财政拨款结转——本年收支结转　　　　　　　　　　　500

　　贷：其他支出——财政拨款支出　　　　　　　　　　　　　　500

财务会计无分录。

（2）结转非财政专项资金支出时。

预算会计：

借：非财政拨款结转——本年收支结转　　　　　　　　　　300

　　贷：其他支出——非财政专项资金支出　　　　　　　　　　　300

财务会计无分录。

（3）结转其他资金支出时。

预算会计：

借：其他结余　　　　　　　　　　　　　　　　　　　6 600

　　贷：其他支出——其他资金支出　　　　　　　　　　　　　6 600

财务会计无分录。

四、年末结转后，本科目应无余额。

（三）预算结余类

8001　资金结存

一、本科目核算单位纳入部门预算管理的资金的流入、流出、调整和滚存等情况。

二、本科目应当设置下列明细科目。

（一）"零余额账户用款额度"：本明细科目核算实行国库集中支付的单位根据财政部门批复的用款计划收到和支用的零余额账户用款额度。

年末结账后，本明细科目应无余额。

（二）"货币资金"：本明细科目核算单位以库存现金、银行存款、其他货币资金形态存在的资金。

本明细科目年末借方余额，反映单位尚未使用的货币资金。

（三）"财政应返还额度"：本明细科目核算实行国库集中支付的单位可以使用的以前年度财政直接支付资金额度和财政应返还的财政授权支付资金额度。本明细科目下可设置"财政直接支付""财政授权支付"两个明细科目进行明细核算。

本明细科目年末借方余额，反映单位应收财政返还的资金额度。

三、资金结存的主要账务处理如下。

（一）财政授权支付方式下，单位根据代理银行转来的财政授权支付额度到账通知书，按照通知书中的授权支付额度，借记本科目（零余额账户用款额度），贷记"财政拨款预算收入"科目。

以国库集中支付以外的其他支付方式取得预算收入时，按照实际收到的金额，借记本科目（货币资金），贷记"财政拨款预算收入""事业预算收入""经营预算收入"等科目。

【例18-1】财政授权支付方式下，资金结存的会计核算（1）

某行政单位本年度取得财政授权支付方式下的预算收入为 5 000 000 元，相应的分录如下。

财务会计：

借：零余额账户用款额度　　　　　　　　　　　　　　　　5 000 000

　　贷：财政拨款收入　　　　　　　　　　　　　　　　　　5 000 000

预算会计：

借：资金结存——零余额账户用款额度　　　　　　　　　　5 000 000

　　贷：财政拨款预算收入　　　　　　　　　　　　　　　　5 000 000

【例 18-2】财政授权支付方式下，资金结存的会计核算（2）

某事业单位收到代理银行转来的财政授权支付额度到账通知书，通知书中所列的财政授权支付额度为 55 000 元。该事业单位应编制如下会计分录。

财务会计：

借：零余额账户用款额度　　　　　　　　　　　　　　　　　55 000

　　贷：财政拨款收入　　　　　　　　　　　　　　　　　　　55 000

预算会计：

借：资金结存——零余额账户用款额度　　　　　　　　　　　55 000

　　贷：财政拨款预算收入　　　　　　　　　　　　　　　　　55 000

（二）财政授权支付方式下，发生相关支出时，按照实际支付的金额，借记"行政支出""事业支出"等科目，贷记本科目（零余额账户用款额度）。

从零余额账户提取现金时，借记本科目（货币资金），贷记本科目（零余额账户用款额度）。退回现金时，做相反会计分录。

使用以前年度财政直接支付额度发生支出时，按照实际支付金额，借记"行政支出""事业支出"等科目，贷记本科目（财政应返还额度）。

国库集中支付以外的其他支付方式下，发生相关支出时，按照实际支付的金额，借记"事业支出""经营支出"等科目，贷记本科目（货币资金）。

【例 18-3】财政授权支付方式下，发生相关支出的会计核算（1）

某行政单位在开展业务活动过程中通过财政授权支付方式购入一项不需要安装的固定资产，实际支付价款为 8 500 元。该行政单位应编制如下会计分录。

财务会计：

借：固定资产　　　　　　　　　　　　　　　　　　　　　　8 500

　　贷：零余额账户用款额度　　　　　　　　　　　　　　　　8 500

预算会计：

借：行政支出　　　　　　　　　　　　　　　　　　　　　　8 500

贷：资金结存——零余额账户用款额度	8 500

【例 18-4】财政授权支付方式下，发生相关支出的会计核算（2）

某事业单位从单位零余额账户中提取现金 500 元，以备日常零星开支使用。该事业单位应编制如下会计分录。

财务会计：

借：库存现金	500
贷：零余额账户用款额度	500

预算会计：

借：资金结存——货币资金	500
贷：资金结存——零余额账户用款额度	500

【例 18-5】财政授权支付方式下，发生相关支出的会计核算（3）

某行政单位使用以前年度财政直接支付额度支付业务活动费用 1 080 元。该行政单位应编制如下会计分录。

财务会计：

借：业务活动费用	1 080
贷：财政应返还额度——财政直接支付	1 080

预算会计：

借：行政支出	1 080
贷：资金结存——财政应返还额度	1 080

（三）按照规定上缴财政拨款结转结余资金或注销财政拨款结转结余资金额度的，按照实际上缴资金数额或注销的资金额度数额，借记"财政拨款结转——归集上缴"或"财政拨款结余——归集上缴"科目，贷记本科目（财政应返还额度、零余额账户用款额度、货币资金）。

按规定向原资金拨入单位缴回非财政拨款结转资金的，按照实际缴回资金数额，借记"非财政拨款结转——缴回资金"科目，贷记本科目（货币资金）。

收到从其他单位调入的财政拨款结转资金的，按照实际调入资金数额，借记本科目（财政应返还额度、零余额账户用款额度、货币资金），贷记"财政拨款结转——归集调入"科目。

【例 18-6】上缴财政拨款结转结余资金的会计核算

某行政单位按规定上缴财政拨款结转资金 3 200 元，具体通过上缴财政授权支付额度的方式完成。该行政单位应编制如下会计分录。

财务会计：

借：累计盈余　　　　　　　　　　　　　　　　　　　　　3 200

　　贷：零余额账户用款额度　　　　　　　　　　　　　　　3 200

预算会计：

借：财政拨款结转——归集上缴　　　　　　　　　　　　　3 200

　　贷：资金结存——零余额账户用款额度　　　　　　　　　3 200

【例 18-7】收到从其他单位调入的财政拨款结转资金的会计核算

某事业单位按照规定从其他单位调入财政拨款结转资金 15 000 元，收到相应数额的财政授权支付额度。该事业单位应编制如下会计分录。

财务会计：

借：零余额账户用款额度　　　　　　　　　　　　　　　 15 000

　　贷：累计盈余　　　　　　　　　　　　　　　　　　　 15 000

预算会计：

借：资金结存——零余额账户用款额度　　　　　　　　　 15 000

　　贷：财政拨款结转——归集调入　　　　　　　　　　　 15 000

（四）按照规定使用专用基金时，按照实际支付金额，借记"专用结余"科目（从非财政拨款结余中提取的专用基金）或"事业支出"等科目（从预算收入中计提的专用基金），贷记本科目（货币资金）。

【例 18-8】按照规定使用专用基金的会计核算

某事业单位按照规定使用从预算收入中提取的专用基金购置一项固定资产，款项合计 9 600 元，通过银行存款账户支付。购置的固定资产用于开展专业业务活动及其辅助活动。该事业单位应编制如下会计分录。

财务会计：

借：固定资产　　　　　　　　　　　　　　　　　　　　　9 600

　　贷：银行存款　　　　　　　　　　　　　　　　　　　　9 600

借：专用基金　　　　　　　　　　　　　　　　　　　　　9 600

　　贷：累计盈余　　　　　　　　　　　　　　　　　　　　9 600

预算会计：

借：事业支出　　　　　　　　　　　　　　　　　　　　　9 600

　　贷：资金结存——货币资金　　　　　　　　　　　　　　9 600

（五）因购货退回、发生差错更正等退回国库直接支付、授权支付款项，或者收回货币资金的，属于本年度支付的，借记"财政拨款预算收入"科目或本科目（零余额账户用款额度、货币资金），贷记相关支出科目；属于以前年度支付的，借记本科目（财政应返还额度、零余额账户用款额度、货币资金），贷记"财政拨款结转""财政拨款结余""非财政拨款结转""非财政拨款结余"科目。

【例 18-9】当年因购货退回、发生差错更正等退回国库直接支付、授权支付款项，或者收回货币资金的会计核算

某事业单位因货品质量问题退回一批当年购入的货品 560 元，该批货品在购入时已计入本年业务活动费用和事业支出，退货款项已收到并增加单位零余额账户用款额度。该事业单位应编制如下会计分录。

财务会计：

借：零余额账户用款额度 560

　　贷：业务活动费用 560

预算会计：

借：资金结存——零余额账户用款额度 560

　　贷：事业支出 560

（六）有企业所得税缴纳义务的事业单位缴纳所得税时，按照实际缴纳金额，借记"非财政拨款结余——累计结余"科目，贷记本科目（货币资金）。

【例 18-10】发生企业所得税纳税义务的会计核算

某事业单位有企业所得税缴纳义务，通过银行存款账户缴纳应交企业所得税 1 120 元。该事业单位应编制如下会计分录。

财务会计：

借：其他应交税费——单位应交所得税 1 120

　　贷：银行存款 1 120

预算会计：

借：非财政拨款结余——累计结余 1 120

　　贷：资金结存——货币资金 1 120

（七）年末，根据本年度财政直接支付预算指标数与当年财政直接支付实际支出数的差额，借记本科目（财政应返还额度），贷记"财政拨款预算收入"科目。

【例 18-11】期末财政直接支付预算指标数与当年财政直接支付实际支出数的差额的会计核算

年末，某行政单位本年度财政直接支付预算指标数大于当年财政直接支付实际

支出数，差额为 2 720 元。该行政单位应编制如下会计分录。

财务会计：

借：财政应返还额度——财政直接支付 2 720

贷：财政拨款收入 2 720

预算会计：

借：资金结存——财政应返还额度 2 720

贷：财政拨款预算收入 2 720

（八）年末，单位依据代理银行提供的对账单作注销额度的相关账务处理，借记本科目（财政应返还额度），贷记本科目（零余额账户用款额度）；本年度财政授权支付预算指标数大于零余额账户用款额度下达数的，根据未下达的用款额度，借记本科目（财政应返还额度），贷记"财政拨款预算收入"科目。

下年初，单位依据代理银行提供的额度恢复到账通知书作恢复额度的相关账务处理，借记本科目（零余额账户用款额度），贷记本科目（财政应返还额度）。单位收到财政部门批复的上年末未下达零余额账户用款额度的，借记本科目（零余额账户用款额度），贷记本科目（财政应返还额度）。

【例 18-12】期末注销额度的会计核算

年初，某事业单位收到代理银行提供的上年度注销零余额账户用款额度恢复到账通知书，恢复上年度注销的零余额账户用款额度 2 500 元。年末，该事业单位本年度财政授权支付预算指标数大于零余额账户用款额度下达数，两者间的差额为 1 680 元。年末，该事业单位根据代理银行提供的对账单，注销本年度尚未使用的零余额账户用款额度 1 300 元。该事业单位应编制如下会计分录。

（1）年初，恢复上年度注销的零余额账户用款额度时。

财务会计：

借：零余额账户用款额度 2 500

贷：财政应返还额度——财政授权支付 2 500

预算会计：

借：资金结存——零余额账户用款额度 2 500

贷：资金结存——财政应返还额度 2 500

（2）年末，确认本年度尚未收到的财政授权支付预算指标数时。

财务会计：

借：财政应返还额度——财政授权支付 1 680

　　　　贷：财政拨款收入　　　　　　　　　　　　　　　　　　　1 680

　　预算会计：

　　　　借：资金结存——财政应返还额度　　　　　　　　　　　　1 680

　　　　　　贷：财政拨款预算收入　　　　　　　　　　　　　　　1 680

　　（3）年末，注销本年度尚未使用的零余额账户用款额度时。

　　财务会计：

　　　　借：财政应返还额度——财政授权支付　　　　　　　　　　1 300

　　　　　　贷：零余额账户用款额度　　　　　　　　　　　　　　1 300

　　预算会计：

　　　　借：资金结存——财政应返还额度　　　　　　　　　　　　1 300

　　　　　　贷：资金结存——零余额账户用款额度　　　　　　　　1 300

　　四、本科目年末借方余额，反映单位预算资金的累计滚存情况。

8101　财政拨款结转

　　一、本科目核算单位取得的同级财政拨款结转资金的调整、结转和滚存情况。

　　二、本科目应当设置下列明细科目。

　　（一）与会计差错更正、以前年度支出收回相关的明细科目

　　"年初余额调整"：本明细科目核算因发生会计差错更正、以前年度支出收回等原因，需要调整财政拨款结转的金额。

　　年末结账后，本明细科目应无余额。

　　（二）与财政拨款调拨业务相关的明细科目

　　1．"归集调入"：本明细科目核算按照规定从其他单位调入财政拨款结转资金时，实际调增的额度数额或调入的资金数额。年末结账后，本明细科目应无余额。

　　2．"归集调出"：本明细科目核算按照规定向其他单位调出财政拨款结转资金时，实际调减的额度数额或调出的资金数额。年末结账后，本明细科目应无余额。

　　3．"归集上缴"：本明细科目核算按照规定上缴财政拨款结转资金时，实际核销的额度数额或上缴的资金数额。年末结账后，本明细科目应无余额。

　　4．"单位内部调剂"：本明细科目核算经财政部门批准对财政拨款结余资金改变用途，调整用于本单位其他未完成项目等的调整金额。年末结账后，

本明细科目应无余额。

（三）与年末财政拨款结转业务相关的明细科目

1．"本年收支结转"：本明细科目核算单位本年度财政拨款收支相抵后的余额。年末结账后，本明细科目应无余额。

2．"累计结转"：本明细科目核算单位滚存的财政拨款结转资金。本明细科目年末贷方余额，反映单位财政拨款滚存的结转资金数额。

本科目还应当设置"基本支出结转""项目支出结转"两个明细科目，并在"基本支出结转"明细科目下按照"人员经费""日常公用经费"进行明细核算，在"项目支出结转"明细科目下按照具体项目进行明细核算；同时，本科目还应按照《政府收支分类科目》中"支出功能分类科目"的相关科目进行明细核算。

有一般公共预算财政拨款、政府性基金预算财政拨款等两种或两种以上财政拨款的，还应当在本科目下按照财政拨款的种类进行明细核算。

三、财政拨款结转的主要账务处理如下。

（一）与会计差错更正、以前年度支出收回相关的账务处理

1．因发生会计差错更正退回以前年度国库直接支付、授权支付款项或财政性货币资金，或者因发生会计差错更正增加以前年度国库直接支付、授权支付支出或财政性货币资金支出，属于以前年度财政拨款结转资金的，借记或贷记"资金结存——财政应返还额度、零余额账户用款额度、货币资金"科目，贷记或借记本科目（年初余额调整）。

【例18-13】因发生会计差错更正退回以前年度授权支付款项的会计核算

某行政单位上一会计年度发生一项业务活动费用600元，款项已通过财政授权支付方式全额支付，入账时金额误入为60元，发生记账差错540（600-60）元，具体为少记录上一会计年度的费用和支出。本会计年度发现这一会计差错，予以更正。该项资金属于以前年度财政拨款结转资金。该行政单位应编制如下会计分录。

财务会计：

借：以前年度盈余调整　540

　　贷：零余额账户用款额度　540

预算会计：

借：财政拨款结转——年初余额调整　540

　　贷：资金结存——零余额账户用款额度　540

2．因购货退回、预付款项收回等发生以前年度支出又收回国库直接支

付、授权支付款项或收回财政性货币资金，属于以前年度财政拨款结转资金的，借记"资金结存——财政应返还额度、零余额账户用款额度、货币资金"科目，贷记本科目（年初余额调整）。

【例18-14】因购货退回发生以前年度支出又收回国库授权支付款项，属于以前年度财政拨款结转资金的会计核算

某事业单位上一会计年度因订购货品发生预付账款5 000元，款项已通过财政授权支付方式支付。由于订购的货品未按时收到，该事业单位于本会计年度收回了上一会计年度的全部预付账款5 000元，款项已转入单位零余额账户。该项资金属于以前年度财政拨款结转资金。该事业单位应编制如下会计分录。

财务会计：

借：零余额账户用款额度   5 000

    贷：预付账款   5 000

预算会计：

借：资金结存——零余额账户用款额度   5 000

    贷：财政拨款结转——年初余额调整   5 000

（二）与财政拨款结转结余资金调整业务相关的账务处理

1. 按照规定从其他单位调入财政拨款结转资金的，按照实际调增的额度数额或调入的资金数额，借记"资金结存——财政应返还额度、零余额账户用款额度、货币资金"科目，贷记本科目（归集调入）。

2. 按照规定向其他单位调出财政拨款结转资金的，按照实际调减的额度数额或调出的资金数额，借记本科目（归集调出），贷记"资金结存——财政应返还额度、零余额账户用款额度、货币资金"科目。

【例18-15】按照规定向其他单位调出财政拨款结转资金的会计核算

某行政单位按照规定向其他单位调出财政拨款结转资金15 000元，实际调减相应的零余额账户用款额度。该行政单位应编制如下会计分录。

财务会计：

借：累计盈余   15 000

    贷：零余额账户用款额度   15 000

预算会计：

借：财政拨款结转——归集调出   15 000

    贷：资金结存——零余额账户用款额度   1 500

3. 按照规定上缴财政拨款结转资金或注销财政拨款结转资金额度的，按照实际上缴资金数额或注销的资金额度数额，借记本科目（归集上缴），贷记"资金结存——财政应返还额度、零余额账户用款额度、货币资金"科目。

【例 18-16】按照规定上缴财政拨款结转资金或注销财政拨款结转资金额度的会计核算

某事业单位本年度按照规定上缴财政拨款结余资金 300 000 元，上述款项通过银行存款缴纳，相应的会计分录如下。

财务会计：

借：累计盈余　　　　　　　　　　　　　　　　　300 000

　　贷：银行存款　　　　　　　　　　　　　　　　300 000

预算会计：

借：财政拨款结转——归集上缴　　　　　　　　　300 000

　　贷：资金结存——货币资金　　　　　　　　　　300 000

4. 经财政部门批准对财政拨款结余资金改变用途，调整用于本单位基本支出或其他未完成项目支出的，按照批准调剂的金额，借记"财政拨款结余——单位内部调剂"科目，贷记本科目（单位内部调剂）。

【例 18-17】改变财政拨款结余资金用途的会计核算

某事业单位本年度经财政部门批准将财政拨款结余资金 1 000 000 元由办公经费支出改为购买固定资产，相应的会计分录如下。

预算会计：

借：财政拨款结余——单位内部调剂　　　　　　　1 000 000

　　贷：财政拨款结转——单位内部调剂　　　　　　1 000 000

财务会计无分录。

（三）与年末财政拨款结转和结余业务相关的账务处理

1. 年末，将财政拨款预算收入本年发生额转入本科目，借记"财政拨款预算收入"科目，贷记本科目（本年收支结转）；将各项支出中财政拨款支出本年发生额转入本科目，借记本科目（本年收支结转），贷记各项支出（财政拨款支出）科目。

【例 18-18】期末将财政拨款预算收入和财政拨款支出本年发生额结转的会计核算

年末，某事业单位"财政拨款预算收入"科目和各项支出中财政拨款支出科目的本年发生额如表18-1所示。

表18-1　　　　　财政拨款预算收入和财政拨款支出本年发生额表

单位：元

财政拨款预算收入和财政拨款支出科目	本年贷方发生额	本年借方发生额
财政拨款预算收入	356 000	
事业支出——财政拨款支出		348 000
其他支出——财政拨款支出		3 000
合计	356 000	351 000

根据表18-1，该事业单位应编制如下会计分录。

（1）结转财政拨款预算收入科目本年发生额时。

预算会计：

借：财政拨款预算收入　　　　　　　　　　　　　　　356 000

　　贷：财政拨款结转——本年收支结转　　　　　　　　　　356 000

财务会计无分录。

（2）结转财政拨款支出科目本年发生额时。

预算会计：

借：财政拨款结转——本年收支结转　　　　　　　　　351 000

　　贷：事业支出——财政拨款支出　　　　　　　　　　　348 000

　　　　其他支出——财政拨款支出　　　　　　　　　　　　3 000

财务会计无分录。

年末，在完成财政拨款预算收入和财政拨款支出的本年发生额结转后，该事业单位"财政拨款结转——本年收支结转"科目的贷方余额为5 000（356 000-351 000）元。该贷方余额应当转入"财政拨款结转——累计结转"科目的贷方。

2. 年末冲销有关明细科目余额。将本科目（本年收支结转、年初余额调整、归集调入、归集调出、归集上缴、单位内部调剂）余额转入本科目（累计结转）。结转后，本科目除"累计结转"明细科目外，其他明细科目应无余额。

【例18-19】年末冲销有关明细科目余额的会计核算

年末，某事业单位"财政拨款结转"科目相关明细科目的余额如表18-2所示。

表 18-2 **财政拨款结转相关明细科目余额**

单位：元

财政拨款结转相关明细科目	贷方余额	借方余额
本年收支结转	5 000	
归集调出		1 800
合计	5 000	1 800

根据表 18-2，该事业单位应编制如下会计分录。

预算会计：

借：财政拨款结转——本年收支结转 5 000

　贷：财政拨款结转——归集调出 1 800

　　　　　　　——累计结转 3 200

财务会计无分录。

年末，在冲销财政拨款结转有关明细科目余额后，该事业单位本年财政拨款结转中的累计结转增加 3 200（5 000-1 800）元。本年增加的累计结转加上年初累计结转，为年末按规定结转财政拨款结余前的财政拨款累计结转资金数额。

3. 年末完成上述结转后，应当对财政拨款结转各明细项目执行情况进行分析，按照有关规定将符合财政拨款结余性质的项目余额转入财政拨款结余，借记本科目（累计结转），贷记"财政拨款结余——结转转入"科目。

【例 18-20】期末将符合财政拨款结余性质的项目余额转入财政拨款结余的会计核算

年末，某事业单位"财政拨款结转——累计结转"科目贷方余额为 5 500 元。经对各明细项目执行情况进行分析，其中，按照有关规定符合财政拨款结余性质的项目余额为 2 400 元，将其转入财政拨款结余。该事业单位应编制如下会计分录。

预算会计：

借：财政拨款结转——累计结转 2 400

　贷：财政拨款结余——结转转入 2 400

财务会计无分录。

四、本科目年末贷方余额，反映单位滚存的财政拨款结转资金数额。

8102 财政拨款结余

一、本科目核算单位取得的同级财政拨款项目支出结余资金的调整、结转和滚存情况。

二、本科目应当设置下列明细科目。

（一）与会计差错更正、以前年度支出收回相关的明细科目

"年初余额调整"：本明细科目核算因发生会计差错更正、以前年度支出收回等原因，需要调整财政拨款结余的金额。年末结账后，本明细科目应无余额。

（二）与财政拨款结余资金调整业务相关的明细科目

1．"归集上缴"：本明细科目核算按照规定上缴财政拨款结余资金时，实际核销的额度数额或上缴的资金数额。年末结账后，本明细科目应无余额。

2．"单位内部调剂"：本明细科目核算经财政部门批准对财政拨款结余资金改变用途，调整用于本单位其他未完成项目等的调整金额。年末结账后，本明细科目应无余额。

（三）与年末财政拨款结余业务相关的明细科目

1．"结转转入"：本明细科目核算单位按照规定转入财政拨款结余的财政拨款结转资金。年末结账后，本明细科目应无余额。

2．"累计结余"：本明细科目核算单位滚存的财政拨款结余资金。

本明细科目年末贷方余额，反映单位财政拨款滚存的结余资金数额。

本科目还应当按照具体项目、《政府收支分类科目》中"支出功能分类科目"的相关科目等进行明细核算。

有一般公共预算财政拨款、政府性基金预算财政拨款等两种或两种以上财政拨款的，还应当在本科目下按照财政拨款的种类进行明细核算。

三、财政拨款结余的主要账务处理如下。

（一）与会计差错更正、以前年度支出收回相关的账务处理

1．因发生会计差错更正退回以前年度国库直接支付、授权支付款项或财政性货币资金，或者因发生会计差错更正增加以前年度国库直接支付、授权支付支出或财政性货币资金支出，属于以前年度财政拨款结余资金的，借记或贷记"资金结存——财政应返还额度、零余额账户用款额度、货币资金"科目，贷记或借记本科目（年初余额调整）。

【例 18-21】因发生会计差错更正增加以前年度国库授权支付支出的会计核算

某行政单位上一会计年度发生一项业务活动费用 600 元，款项已通过财政授权支付方式全额支付，入账时金额误为 6 000 元，发生记账差错 5 400（6 000-60）元，具体为少记录上一会计年度的费用和支出。本会计年度发现这一会计差错，予以更正。

该项资金属于以前年度财政拨款结余资金。该行政单位应编制如下会计分录。

财务会计：

借：零余额账户用款额度 5 400

　　贷：以前年度盈余调整 5 400

预算会计：

借：资金结存——零余额账户用款额度 5 400

　　贷：财政拨款结余——年初余额调整 5 400

2. 因购货退回、预付款项收回等发生以前年度支出又收回国库直接支付、授权支付款项或收回财政性货币资金，属于以前年度财政拨款结余资金的，借记"资金结存——财政应返还额度、零余额账户用款额度、货币资金"科目，贷记本科目（年初余额调整）。

【例 18-22】因购货退回、预付款项收回等发生以前年度支出又收回国库授权支付款项，属于以前年度财政拨款结余资金的会计核算

某事业单位上一会计年度因订购文件夹发生预付账款 6 000 元，款项已通过财政授权支付方式支付。由于订购的文件夹未按时收到，该事业单位于本会计年度收回了上一会计年度的全部预付账款 6 000 元，款项已转入单位零余额账户。该项资金属于以前年度财政拨款结转资金。该事业单位应编制如下会计分录。

财务会计：

借：零余额账户用款额度 6 000

　　贷：预付账款 6 000

预算会计：

借：资金结存——零余额账户用款额度 6 000

　　贷：财政拨款结余——年初余额调整 6 000

（二）与财政拨款结余资金调整业务相关的账务处理

1. 经财政部门批准对财政拨款结余资金改变用途，调整用于本单位基本支出或其他未完成项目支出的，按照批准调剂的金额，借记本科目（单位内部调剂），贷记"财政拨款结转——单位内部调剂"科目。

【例 18-23】财政拨款结余资金改变用途的会计核算

某事业单位经财政部门批准对财政拨款结余资金改变用途，调整用于本单位其他未完成项目，批准的调剂金额为 1 600 元。该事业单位应编制如下会计分录。

预算会计：

借：财政拨款结余——单位内部调剂 1 600

    贷：财政拨款结转——单位内部调剂   1 600

  财务会计无分录。

  2. 按照规定上缴财政拨款结余资金或注销财政拨款结余资金额度的，按照实际上缴资金数额或注销的资金额度数额，借记本科目（归集上缴），贷记"资金结存——财政应返还额度、零余额账户用款额度、货币资金"科目。

  【例18-24】上缴财政拨款结余资金或注销财政拨款结余资金额度的会计核算

  某单位本年上缴财政拨款财政授权内拨款结余资金5 000 000元，相应的会计分录如下。

  财务会计：

  借：累计盈余   5 000 000

    贷：银行存款   5 000 000

  预算会计：

  借：财政拨款结余——归集上缴   5 000 000

    贷：资金结存——货币资金   5 000 000

  （三）与年末财政拨款结转和结余业务相关的账务处理

  1. 年末，对财政拨款结转各明细项目执行情况进行分析，按照有关规定将符合财政拨款结余性质的项目余额转入财政拨款结余，借记"财政拨款结转——累计结转"科目，贷记本科目（结转转入）。

  【例18-25】期末将符合财政拨款结余性质的项目余额转入财政拨款结余的会计核算

  某单位本年按照有关规定将符合财政拨款结余性质的项目余额300 000元转入财政拨款结余，相应的会计分录如下。

  预算会计：

  借：财政拨款结转——累计结转   300 000

    贷：财政拨款结余——结转转入   300 000

  财务会计无分录。

  2. 年末冲销有关明细科目余额。将本科目（年初余额调整、归集上缴、单位内部调剂、结转转入）余额转入本科目（累计结余）。结转后，本科目除"累计结余"明细科目外，其他明细科目应无余额。

  【例18-26】年末冲销有关明细科目余额的会计核算

  年末，某行政单位"财政拨款结余"科目相关明细科目的余额如表18-3所示。

表 18-3　　　　　　　　　　　財政拨款结余相关明细科目余额

单位：元

財政拨款结余相关明细科目	贷方余额	借方余额
结转转入	3 600	
归集上缴		3 100
合计	3 600	3 100

根据表 18-3，该行政单位应编制如下会计分录。

预算会计：

借：財政拨款结余——结转转入　　　　　　　　　　　3 600

　　贷：財政拨款结余——归集上缴　　　　　　　　　　3 100

　　　　　　　　　　——累计结余　　　　　　　　　　　500

财务会计无分录。

年末，在冲销財政拨款结余有关明细科目余额后，该行政单位本年財政拨款结余中的累计结余增加 500（3 600-3 100）元。本年增加的累计结余加上年初累计结余，为年末单位滚存的財政拨款结余资金数额。

四、本科目年末贷方余额，反映单位滚存的財政拨款结余资金数额。

8201　非財政拨款结转

一、本科目核算单位除財政拨款收支、经营收支以外各非同级財政拨款专项资金的调整、结转和滚存情况。

二、本科目应当设置下列明细科目。

（一）"年初余额调整"：本明细科目核算因发生会计差错更正、以前年度支出收回等原因，需要调整非財政拨款结转的资金。

年末结账后，本明细科目应无余额。

（二）"缴回资金"：本明细科目核算按照规定缴回非財政拨款结转资金时，实际缴回的资金数额。

年末结账后，本明细科目应无余额。

（三）"项目间接费用或管理费"：本明细科目核算单位取得的科研项目预算收入中，按照规定计提项目间接费用或管理费的数额。

年末结账后，本明细科目应无余额。

（四）"本年收支结转"：本明细科目核算单位本年度非同级財政拨款专

项收支相抵后的余额。年末结账后，本明细科目应无余额。

（五）"累计结转"：本明细科目核算单位滚存的非同级财政拨款专项结转资金。本明细科目年末贷方余额，反映单位非同级财政拨款滚存的专项结转资金数额。

本科目还应当按照具体项目、《政府收支分类科目》中"支出功能分类科目"的相关科目等进行明细核算。

三、非财政拨款结转的主要账务处理如下。

（一）按照规定从科研项目预算收入中提取项目管理费或间接费时，按照提取金额，借记本科目（项目间接费用或管理费），贷记"非财政拨款结余——项目间接费用或管理费"科目。

【例18-27】从科研项目预算收入中提取项目管理费或间接费时的会计核算

某单位从科研项目预算收入中提取项目管理费100 000元，相应的会计分录如下。

财务会计：

借：单位管理费用	100 000
贷：预提费用——管理费	100 000

预算会计：

借：非财政拨款结转——管理费	100 000
贷：非财政拨款结余——管理费	100 000

（二）因会计差错更正收到或支出非同级财政拨款货币资金，属于非财政拨款结转资金的，按照收到或支出的金额，借记或贷记"资金结存——货币资金"科目，贷记或借记本科目（年初余额调整）。因收回以前年度支出等收到非同级财政拨款货币资金，属于非财政拨款结转资金的，按照收到的金额，借记"资金结存——货币资金"科目，贷记本科目（年初余额调整）。

【例18-28】因会计差错更正支出非同级财政拨款货币资金，属于非财政拨款结转资金的会计核算

某行政单位上一会计年度发生一项业务活动费用600元，款项已通过财政授权支付方式全额支付，入账时金额误入为60元，发生记账差错540（600-60）元，具体为少记录上一会计年度的费用和支出。本会计年度发现这一会计差错，予以更正。该项资金属于以前年度非财政拨款结转资金。该行政单位应编制如下会计分录。

财务会计：

借：以前年度盈余调整	540
贷：零余额账户用款额度	540

预算会计：

借：非财政拨款结转——年初余额调整 540

　　贷：资金结存——零余额账户用款额度 540

（三）按照规定缴回非财政拨款结转资金的，按照实际缴回资金数额，借记本科目（缴回资金），贷记"资金结存——货币资金"科目。

【例 18-29】缴回非财政拨款结转资金的会计核算

某单位按照规定缴回非财政拨款结转资金 300 000 元，相应的会计分录如下。

财务会计：

借：累计盈余 300 000

　　贷：银行存款 300 000

预算会计：

借：非财政拨款结转——缴回资金 300 000

　　贷：资金结存——货币资金 300 000

（四）年末，将事业预算收入、上级补助预算收入、附属单位上缴预算收入、非同级财政拨款预算收入、债务预算收入、其他预算收入本年发生额中的专项资金收入转入本科目，借记"事业预算收入""上级补助预算收入""附属单位上缴预算收入""非同级财政拨款预算收入""债务预算收入""其他预算收入"科目下各专项资金收入明细科目，贷记本科目（本年收支结转）；将行政支出、事业支出、其他支出本年发生额中的非财政拨款专项资金支出转入本科目，借记本科目（本年收支结转），贷记"行政支出""事业支出""其他支出"科目下各非财政拨款专项资金支出明细科目。

【例 18-30】期末将非财政拨款专项资金收支转入非财政拨款结转的会计核算

年末，某事业单位有关非财政拨款专项资金预算收入和非财政拨款专项资金支出科目的本年发生额如表 18-4 所示。

表 18-4　　　　　　非财政拨款专项资金预算收支本年发生额

单位：元

非财政拨款专项资金预算收支科目	本年贷方发生额	本年借方发生额
事业预算收入——专项资金收入	43 200	
上级补助预算收入——专项资金收入	56 000	
附属单位上缴预算收入——专项资金收入	4 200	

非财政拨款专项资金预算收支科目	本年贷方发生额	本年借方发生额
非同级财政拨款预算收入——专项资金收入	78 000	
债务预算收入——专项资金收入	36 000	
其他预算收入——专项资金收入	8 300	
事业支出——非财政专项资金支出		202 000
其他支出——非财政专项资金支出		9 200
合计	225 700	211 200

根据表 18-4，该事业单位应编制如下会计分录。

（1）结转非财政拨款专项资金预算收入科目本年发生额时。

预算会计：

借：事业预算收入——专项资金收入 43 200

上级补助预算收入——专项资金收入 56 000

附属单位上缴预算收入——专项资金收入 4 200

非同级财政拨款预算收入——专项资金收入 78 000

债务预算收入——专项资金收入 36 000

其他预算收入——专项资金收入 8 300

贷：非财政拨款结转——本年收支结转 225 700

财务会计无分录。

（2）结转非财政拨款专项资金支出科目本年发生额时。

预算会计：

借：非财政拨款结转——本年收支结转 211 200

贷：事业支出——非财政专项资金支出 202 000

其他支出——非财政专项资金支出 9 200

财务会计无分录。

年末，在完成非财政拨款专项资金预算收入和非财政拨款专项资金支出的本年发生额结转后，该事业单位"非财政拨款结转——本年收支结转"科目的贷方余额为14 500（225 700-211 200）元。该贷方余额应当转入"非财政拨款结转——累计结转"科目的贷方。

（五）年末冲销有关明细科目余额。将本科目（年初余额调整、项目间接费用或管理费、缴回资金、本年收支结转）余额转入本科目（累计结转）。结转后，本科目除"累计结转"明细科目外，其他明细科目应无余额。

【例 18-31】年末冲销有关明细科目余额的会计核算

年末，某事业单位"非财政拨款结转"科目相关明细科目的余额如表 18-5 所示。

表 18-5　　　　　　　　非财政拨款结转相关明细科目余额

单位：元

非财政拨款结转相关明细科目	贷方余额	借方余额
项目间接费用或管理费		6 500
本年收支结转	14 500	
合计	14 500	6 500

根据表 18-5，该事业单位应编制如下会计分录。

预算会计：

借：非财政拨款结转——本年收支结转　　　　　　　　14 500

　　贷：非财政拨款结转——项目间接费用或管理费　　　　　6 500

　　　　　　　　　　——累计结转　　　　　　　　　8 000

财务会计无分录。

年末，在冲销非财政拨款结转有关明细科目余额后，该事业单位本年非财政拨款结转中的累计结转增加 8 000（14 500-6 500）元。本年增加的累计结转加上年初累计结转，为年末按规定结转非财政拨款结余前的财政拨款累计结转资金数额。

（六）年末完成上述结转后，应当对非财政拨款专项结转资金各项目情况进行分析，将留归本单位使用的非财政拨款专项（项目已完成）剩余资金转入非财政拨款结余，借记本科目（累计结转），贷记"非财政拨款结余——结转转入"科目。

【例 18-32】将留归本单位使用的非财政拨款专项（项目已完成）剩余资金转入非财政拨款结余的会计核算

年末，某事业单位"非财政拨款结转——累计结转"科目贷方余额为 65 000 元。经对各项目情况进行分析，其中，应留归本单位使用的非财政拨款专项（项目已完成）剩余资金数额为 4 600 元，将其转入非财政拨款结余。该事业单位应编制如下会计分录。

预算会计：

借：非财政拨款结转——累计结转　　　　　　　　　4 600

　　贷：非财政拨款结余——结转转入　　　　　　　　4 600

财务会计无分录。

年末，在将留归本单位使用的非财政拨款专项剩余资金转入非财政拨款结余后，该事业单位本年非财政拨款结转中的累计结转余额为 60 400（65 000-4 600）元。该余额为年末单位滚存的非财政拨款结转资金数额，应当在第二年继续按照专项资金的规定用途使用。

四、本科目年末贷方余额，反映单位滚存的非同级财政拨款专项结转资金数额。

8202 非财政拨款结余

一、本科目核算单位历年滚存的非限定用途的非同级财政拨款结余资金，主要为非财政拨款结余扣除结余分配后滚存的金额。

二、本科目应当设置下列明细科目。

（一）"年初余额调整"：本明细科目核算因发生会计差错更正、以前年度支出收回等原因，需要调整非财政拨款结余的资金。年末结账后，本明细科目应无余额。

（二）"项目间接费用或管理费"：本明细科目核算单位取得的科研项目预算收入中，按照规定计提的项目间接费用或管理费数额。年末结账后，本明细科目应无余额。

（三）"结转转入"：本明细科目核算按照规定留归单位使用，由单位统筹调配，纳入单位非财政拨款结余的非同级财政拨款专项剩余资金。

年末结账后，本明细科目应无余额。

（四）"累计结余"：本明细科目核算单位历年滚存的非同级财政拨款、非专项结余资金。

本明细科目年末贷方余额，反映单位非同级财政拨款滚存的非专项结余资金数额。

本科目还应当按照《政府收支分类科目》中"支出功能分类科目"的相关科目进行明细核算。

三、非财政拨款结余的主要账务处理如下。

（一）按照规定从科研项目预算收入中提取项目管理费或间接费时，借记"非财政拨款结转——项目间接费用或管理费"科目，贷记本科目（项目间接费用或管理费）。

【例18-33】从科研项目预算收入中提取项目管理费或间接费的会计核算

某单位按照规定从科研项目预算收入中提取项目管理费 200 000 元，相应的会计分录如下。

财务会计：

借：单位管理费用　　　　　　　　　　　　　　　　　200 000

　　贷：预提费用——项目管理费　　　　　　　　　　　　200 000

预算会计：

借：非财政拨款结转——项目管理费　　　　　　　　　200 000

　　贷：非财政拨款结余——项目管理费　　　　　　　　　200 000

（二）有企业所得税缴纳义务的事业单位实际缴纳企业所得税时，按照缴纳金额，借记本科目（累计结余），贷记"资金结存——货币资金"科目。

【例 18-34】缴纳企业所得税时的会计核算

某单位本年实际缴纳企业所得税 300 000 元，相应的会计分录如下。

财务会计：

借：其他应交税费——单位应交所得税　　　　　　　　300 000

　　贷：银行存款　　　　　　　　　　　　　　　　　　300 000

预算会计：

借：非财政拨款结余——累计结余　　　　　　　　　　300 000

　　贷：资金结存——货币资金　　　　　　　　　　　　300 000

（三）因会计差错更正收到或支出非同级财政拨款货币资金，属于非财政拨款结余资金的，按照收到或支出的金额，借记或贷记"资金结存——货币资金"科目，贷记或借记本科目（年初余额调整）。

因收回以前年度支出等收到非同级财政拨款货币资金，属于非财政拨款结余资金的，按照收到的金额，借记"资金结存——货币资金"科目，贷记本科目（年初余额调整）。

在非财政拨款结余业务中，会计差错更正和以前年度支出收回业务的会计核算举例可参阅财政拨款结转的相关业务核算举例，此处不再举例说明。

（四）年末，将留归本单位使用的非财政拨款专项（项目已完成）剩余资金转入本科目，借记"非财政拨款结转——累计结转"科目，贷记本科目（结转转入）。

【例 18-35】期末将留归本单位使用的非财政拨款专项（项目已完成）剩余资金转入"非财政拨款结余"科目的会计核算

某单位年末非财政拨款结余下明细科目情况如下：年初余额调整为贷方余额 700 000 元，项目间接费用为借方余额 400 000 元，相应的会计分录如下。

预算会计：

借：非财政拨款结余——年初余额调整　　　　　　　　　700 000

　　贷：非财政拨款结余——累计结余　　　　　　　　　　700 000

借：非财政拨款结余——累计结余　　　　　　　　　　　400 000

　　贷：非财政拨款结余——项目间接费用　　　　　　　　400 000

财务会计无分录。

（五）年末冲销有关明细科目余额。将本科目（年初余额调整、项目间接费用或管理费、结转转入）余额结转入本科目（累计结余）。结转后，本科目除"累计结余"明细科目外，其他明细科目应无余额。

【例 18-36】年末冲销有关明细科目余额的会计核算

年末，某事业单位"非财政拨款结余"科目相关明细科目的余额如表 18-6 所示。

表 18-6　　　　　　　　　非财政拨款结余相关明细科目余额

单位：元

非财政拨款结余相关明细科目	贷方余额	借方余额
结转转入	9 600	
项目间接费用或管理费	3 000	
年初余额调整		200
合计	12 600	200

根据表 18-6，该事业单位应编制如下会计分录。

预算会计：

借：非财政拨款结余——结转转入　　　　　　　　　　　9 600

　　　　　　　　——项目间接费用或管理费　　　　　　3 000

　　贷：非财政拨款结余——年初余额调整　　　　　　　　200

　　　　　　　　　——累计结余　　　　　　　　　　12 400

财务会计无分录。

年末，在冲销非财政拨款结余有关明细科目余额后，该事业单位本年非财政拨款结余中的累计结余增加 12 400（9 600+3 000-200）元。本年增加的累计结余加上年初累计结余，为年末单位滚存的非财政拨款结余资金数额。

年末，"财政拨款结转""财政拨款结余""非财政拨款结转"和"非财政拨款结余"科目在冲销有关明细科目余额后，都是除"累计结转"或"累计结余"明细科目外，其他明细科目无余额。

（六）年末，事业单位将"非财政拨款结余分配"科目余额转入非财政拨款结余。"非财政拨款结余分配"科目为借方余额的，借记本科目（累计结余），贷记"非财政拨款结余分配"科目；"非财政拨款结余分配"科目为贷方余额的，借记"非财政拨款结余分配"科目，贷记本科目（累计结余）。

年末，行政单位将"其他结余"科目余额转入非财政拨款结余。"其他结余"科目为借方余额的，借记本科目（累计结余），贷记"其他结余"科目；"其他结余"科目为贷方余额的，借记"其他结余"科目，贷记本科目（累计结余）。

【例18-37】期末将"非财政拨款结余分配"科目余额转入非财政拨款结余的会计核算

年末，某事业单位"非财政拨款结余分配"科目贷方余额为17 500元，将其转入非财政拨款结余。该事业单位应编制如下会计分录。

预算会计：

借：非财政拨款结余分配 17 500

　　贷：非财政拨款结余——累计结余 17 500

财务会计无分录。

【例18-38】期末将"其他结余"科目余额转入非财政拨款结余的会计核算

年末，某行政单位"其他结余"科目贷方余额为650元，将其转入非财政拨款结余。该行政单位应编制如下会计分录。

预算会计：

借：其他结余 650

　　贷：非财政拨款结余——累计结余 650

财务会计无分录。

四、本科目年末贷方余额，反映单位非同级财政拨款结余资金累计滚存数额。

8301 专用结余

一、本科目核算事业单位按照规定从非财政拨款结余中提取的具有专门用途的资金的变动和滚存情况。

二、本科目应当按照专用结余的类别进行明细核算。

三、专用结余的主要账务处理如下。

（一）根据有关规定从本年度非财政拨款结余或经营结余中提取基金的，按照提取金额，借记"非财政拨款结余分配"科目，贷记本科目。

【例18-39】从本年度非财政拨款结余或经营结余中提取基金的会计核算

某单位从本年度经营结余中提取基金200 000元，相应的会计分录如下。

财务会计：

借：本年盈余分配	200 000
贷：专用基金	200 000

预算会计：

借：非财政拨款结余分配	200 000
贷：专用结余	200 000

（二）根据规定使用从非财政拨款结余或经营结余中提取的专用基金时，按照使用金额，借记本科目，贷记"资金结存——货币资金"科目。

【例18-40】从非财政拨款结余或经营结余中提取的专用基金时的会计核算

某单位利用从经营结余中提取的专用基金购买一台价值200 000元的机器设备，相应的会计分录如下。

财务会计：

借：固定资产	200 000
贷：银行存款	200 000
借：专用基金	200 000
贷：累计盈余	200 000

预算会计：

借：专用结余	200 000
贷：资金结存——货币资金	200 000

四、本科目年末贷方余额，反映事业单位从非同级财政拨款结余中提取的专用基金的累计滚存数额。

8401　经营结余

一、本科目核算事业单位本年度经营活动收支相抵后余额弥补以前年度经营亏损后的余额。

二、本科目可以按照经营活动类别进行明细核算。

三、经营结余的主要账务处理如下。

（一）年末，将经营预算收入本年发生额转入本科目，借记"经营预算收入"科目，贷记本科目；将经营支出本年发生额转入本科目，借记本科目，贷记"经营支出"科目。

【例 18-41】期末将经营预算收入本年发生额转入本科目的会计核算

某单位本年度发生经营预算收入 200 000 元，发生经营支出 150 000 元，结转收入与支出的会计分录如下。

预算会计：

借：经营预算收入　　　　　　　　　　　　　　200 000

　　贷：经营结余　　　　　　　　　　　　　　　　200 000

借：经营结余　　　　　　　　　　　　　　　　150 000

　　贷：经营支出　　　　　　　　　　　　　　　　150 000

财务会计无分录。

（二）年末，完成上述（一）结转后，如本科目为贷方余额，将本科目贷方余额转入"非财政拨款结余分配"科目，借记本科目，贷记"非财政拨款结余分配"科目；如本科目为借方余额，为经营亏损，不予结转。

【例 18-42】期末将经营预算收入与经营支出转入经营结余的会计核算

年末，某事业单位"经营预算收入"科目本年贷方发生额为 74 000 元，将其转入"经营结余"科目；"经营支出"科目本年借方发生额为 61 000 元，将其转入"经营结余"科目。在完成经营预算收入和经营支出的本年发生额结转后，"经营结余"科目的贷方余额为 13 000（74 000－61 000）元，将其转入"非财政拨款结余分配"科目的贷方。该事业单位应编制如下会计分录。

（1）结转经营预算收入科目本年发生额时。

预算会计：

借：经营预算收入　　　　　　　　　　　　　　74 000

　　贷：经营结余　　　　　　　　　　　　　　　　74 000

财务会计无分录。

（2）结转经营支出科目本年发生额时。

预算会计：

借：经营结余　　　　　　　　　　　　　　　　61 000

　　贷：经营支出　　　　　　　　　　　　　　　　61 000

财务会计无分录。

（3）将"经营结余"科目的贷方余额转入"非财政拨款结余分配"科目时。

预算会计：

借：经营结余	13 000
贷：非财政拨款结余分配	13 000

财务会计无分录。

年末，在完成"经营结余"科目贷方余额结转后，"经营结余"科目无余额。

四、年末结账后，本科目一般无余额；如为借方余额，反映事业单位累计发生的经营亏损。

8501　其他结余

一、本科目核算单位本年度除财政拨款收支、非同级财政专项资金收支和经营收支以外各项收支相抵后的余额。

二、其他结余的主要账务处理如下。

（一）年末，将事业预算收入、上级补助预算收入、附属单位上缴预算收入、非同级财政拨款预算收入、债务预算收入、其他预算收入本年发生额中的非专项资金收入以及投资预算收益本年发生额转入本科目，借记"事业预算收入""上级补助预算收入""附属单位上缴预算收入""非同级财政拨款预算收入""债务预算收入""其他预算收入"科目下各非专项资金收入明细科目和"投资预算收益"科目，贷记本科目（"投资预算收益"科目本年发生额为借方净额时，借记本科目，贷记"投资预算收益"科目）；将行政支出、事业支出、其他支出本年发生额中的非同级财政、非专项资金支出，以及上缴上级支出、对附属单位补助支出、投资支出、债务还本支出本年发生额转入本科目，借记本科目，贷记"行政支出""事业支出""其他支出"科目下各非同级财政、非专项资金支出明细科目和"上缴上级支出""对附属单位补助支出""投资支出""债务还本支出"科目。

【例18-43】期末将符合规定的收入、支出本年发生额转入其他结余的会计核算

某行政单位本年度发生事业预算收入200 000元，债务预算收入100 000元，其他预算收入100 000元，发生相应的行政支出150 000元，事业支出120 000元，投资支出150 000元，结转相关收入和支出的会计分录如下。

预算会计：

借：事业预算收入	200 000
债务预算收入	100 000
其他预算收入	100 000

贷：其他结余	400 000
借：其他结余	420 000
贷：行政支出	150 000
事业支出	120 000
其他支出	150 000

财务会计无分录。

（二）年末，完成上述（一）结转后，行政单位将本科目余额转入"非财政拨款结余——累计结余"科目；事业单位将本科目余额转入"非财政拨款结余分配"科目。当本科目为贷方余额时，借记本科目，贷记"非财政拨款结余——累计结余"或"非财政拨款结余分配"科目；当本科目为借方余额时，借记"非财政拨款结余——累计结余"或"非财政拨款结余分配"科目，贷记本科目。

【例18-44】期末结转其他结余的会计核算

沿用【例18-43】，该行政单位年末需要进行相应结转，相应的会计分录如下。

预算会计：

借：其他结余	80 000
贷：非财政拨款结余——累计结余	80 000

财务会计无分录。

三、年末结账后，本科目应无余额。

8701 非财政拨款结余分配

一、本科目核算事业单位本年度非财政拨款结余分配的情况和结果。

二、非财政拨款结余分配的主要账务处理如下。

（一）年末，将"其他结余"科目余额转入本科目，当"其他结余"科目为贷方余额时，借记"其他结余"科目，贷记本科目；当"其他结余"科目为借方余额时，借记本科目，贷记"其他结余"科目。

年末，将"经营结余"科目贷方余额转入本科目，借记"经营结余"科目，贷记本科目。

【例18-45】期末将"其他结余"科目余额转入非财政拨款结余分配的会计核算

某事业单位年末需要进行相应结转，本年度其他结余的贷方余额为100 000元，相应的会计分录如下。

预算会计：

借：其他结余   100 000

 贷：非财政拨款结余分配   100 000

财务会计无分录。

（二）根据有关规定提取专用基金的，按照提取的金额，借记本科目，贷记"专用结余"科目。

【例 18-46】提取专用基金的会计核算

某事业单位从本年度非财政拨款结余中提取专用基金 150 000 元，相应的会计分录如下。

财务会计：

借：本年盈余分配   150 000

 贷：专用基金   150 000

预算会计：

借：非财政拨款结余分配   150 000

 贷：专用结余   150 000

（三）年末，按照规定完成上述（一）至（二）处理后，将本科目余额转入非财政拨款结余。当本科目为借方余额时，借记"非财政拨款结余——累计结余"科目，贷记本科目；当本科目为贷方余额时，借记本科目，贷记"非财政拨款结余——累计结余"科目。

【例 18-47】期末将非财政拨款结余分配余额转入非财政拨款结余的会计核算

沿用【例 18-45】和【例 18-46】，该事业单位年末需要对非财政拨款结余分配进行相应结转，相应的会计分录如下。

预算会计：

借：非财政拨款结余——累计结余   50 000

 贷：非财政拨款结余分配   50 000

财务会计无分录。

三、年末结账后，本科目应无余额。

第四部分 报表格式

编号	报表名称	编制期
	财务报表	
会政财 01 表	资产负债表	月度、年度
会政财 02 表	收入费用表	月度、年度
会政财 03 表	净资产变动表	年度
会政财 04 表	现金流量表	年度
	附注	年度
	预算会计报表	
会政预 01 表	预算收入支出表	年度
会政预 02 表	预算结转结余变动表	年度
会政预 03 表	财政拨款预算收入支出表	年度

资产负债表

会政财 01 表

编制单位：　　　　　　　　　　　　　年　月　日　　　　　　　　　　　单位：元

资产	期末余额	年初余额	负债和净资产	期末余额	年初余额
流动资产：			流动负债：		
货币资金			短期借款		
短期投资			应交增值税		
财政应返还额度			其他应交税费		
应收票据			应缴财政款		
应收账款净额			应付职工薪酬		
预付账款			应付票据		
应收股利			应付账款		
应收利息			应付政府补贴款		

资产	期末余额	年初余额	负债和净资产	期末余额	年初余额
其他应收款净额			应付利息		
存货			预收账款		
待摊费用			其他应付款		
一年内到期的非流动资产			预提费用		
其他流动资产			一年内到期的非流动负债		
流动资产合计			其他流动负债		
非流动资产：			流动负债合计		
长期股权投资			非流动负债：		
长期债券投资			长期借款		
固定资产原值			长期应付款		
减：固定资产累计折旧			预计负债		
固定资产净值			其他非流动负债		
工程物资			非流动负债合计		
在建工程			受托代理负债		
无形资产原值			负债合计		
减：无形资产累计摊销					
无形资产净值					
研发支出					
公共基础设施原值					
减：公共基础设施累计折旧（摊销）					
公共基础设施净值					
政府储备物资					
文物文化资产					
保障性住房原值					
减：保障性住房累计折旧			净资产：		
保障性住房净值			累计盈余		

续表

资产	期末余额	年初余额	负债和净资产	期末余额	年初余额
长期待摊费用			专用基金		
待处理财产损溢			权益法调整		
其他非流动资产			无偿调拨净资产 *		
非流动资产合计			本期盈余 *		
受托代理资产			净资产合计		
资产总计			负债和净资产总计		

注：　"*"标识项目为月报项目，年报中不需列示。

收入费用表

会政财 02 表

编制单位：　　　　　　　　　　年　　月　　　　　　　　单位：元

项目	本月数	本年累计数
一、本期收入		
（一）财政拨款收入		
其中：政府性基金收入		
（二）事业收入		
（三）上级补助收入		
（四）附属单位上缴收入		
（五）经营收入		
（六）非同级财政拨款收入		
（七）投资收益		
（八）捐赠收入		
（九）利息收入		
（十）租金收入		
（十一）其他收入		
二、本期费用		
（一）业务活动费用		
（二）单位管理费用		

续表

项目	本月数	本年累计数
（三）经营费用		
（四）资产处置费用		
（五）上缴上级费用		
（六）对附属单位补助费用		
（七）所得税费用		
（八）其他费用		
三、本期盈余		

净资产变动表

会政财 03 表

编制单位：　　　　　　　　　　年　　　　　　　　　　单位：元

项目	本年数				上年数			
	累计盈余	专用基金	权益法调整	净资产合计	累计盈余	专用基金	权益法调整	净资产合计
一、上年年末余额								
二、以前年度盈余调整（减少以"–"号填列）		—	—			—	—	
三、本年年初余额								
四、本年变动金额（减少以"–"号填列）								
（一）本年盈余		—	—			—	—	
（二）无偿调拨净资产		—	—			—	—	
（三）归集调整预算结转结余		—	—			—	—	
（四）提取或设置专用基金			—				—	
其中：从预算收入中提取	—		—		—		—	
从预算结余中提取			—				—	
设置的专用基金	—		—		—		—	
（五）使用专用基金			—				—	
（六）权益法调整		—				—		

续表

项目	本年数				上年数			
	累计盈余	专用基金	权益法调整	净资产合计	累计盈余	专用基金	权益法调整	净资产合计
五、本年年末余额								

注："—"标识单元格不需填列。

现金流量表

会政财 04 表

编制单位：　　　　　　　　　　　年　　　　　　　　　　单位：元

项目	本年金额	上年金额
一、日常活动产生的现金流量：		
财政基本支出拨款收到的现金		
财政非资本性项目拨款收到的现金		
事业活动收到的除财政拨款以外的现金		
收到的其他与日常活动有关的现金		
日常活动的现金流入小计		
购买商品、接受劳务支付的现金		
支付给职工以及为职工支付的现金		
支付的各项税费		
支付的其他与日常活动有关的现金		
日常活动的现金流出小计		
日常活动产生的现金流量净额		
二、投资活动产生的现金流量：		
收回投资收到的现金		
取得投资收益收到的现金		
处置固定资产、无形资产、公共基础设施等收回的现金净额		
收到的其他与投资活动有关的现金		
投资活动的现金流入小计		
购建固定资产、无形资产、公共基础设施等支付的现金		

续表

项目	本年金额	上年金额
对外投资支付的现金		
上缴处置固定资产、无形资产、公共基础设施等净收入支付的现金		
支付的其他与投资活动有关的现金		
投资活动的现金流出小计		
投资活动产生的现金流量净额		
三、筹资活动产生的现金流量：		
财政资本性项目拨款收到的现金		
取得借款收到的现金		
收到的其他与筹资活动有关的现金		
筹资活动的现金流入小计		
偿还借款支付的现金		
偿还利息支付的现金		
支付的其他与筹资活动有关的现金		
筹资活动的现金流出小计		
筹资活动产生的现金流量净额		
四、汇率变动对现金的影响额		
五、现金净增加额		

预算收入支出表

会政预 01 表

编制单位：　　　　　　　　　　　年　　　　　　　　　　　单位：元

项目	本年数	上年数
一、本年预算收入		
（一）财政拨款预算收入		
其中：政府性基金收入		
（二）事业预算收入		
（三）上级补助预算收入		
（四）附属单位上缴预算收入		

续表

项目	本年数	上年数
（五）经营预算收入		
（六）债务预算收入		
（七）非同级财政拨款预算收入		
（八）投资预算收益		
（九）其他预算收入		
其中：利息预算收入		
捐赠预算收入		
租金预算收入		
二、本年预算支出		
（一）行政支出		
（二）事业支出		
（三）经营支出		
（四）上缴上级支出		
（五）对附属单位补助支出		
（六）投资支出		
（七）债务还本支出		
（八）其他支出		
其中：利息支出		
捐赠支出		
三、本年预算收支差额		

预算结转结余变动表

会政预 02 表

编制单位：　　　　　　　　　　　年　　　　　　　　　　单位：元

项目	本年数	上年数
一、年初预算结转结余		
（一）财政拨款结转结余		
（二）其他资金结转结余		
二、年初余额调整（减少以"-"号填列）		

项目	本年数	上年数
（一）财政拨款结转结余		
（二）其他资金结转结余		
三、本年变动金额（减少以"－"号填列）		
（一）财政拨款结转结余		
1. 本年收支差额		
2. 归集调入		
3. 归集上缴或调出		
（二）其他资金结转结余		
1. 本年收支差额		
2. 缴回资金		
3. 使用专用结余		
4. 支付所得税		
四、年末预算结转结余		
（一）财政拨款结转结余		
1. 财政拨款结转		
2. 财政拨款结余		
（二）其他资金结转结余		
1. 非财政拨款结转		
2. 非财政拨款结余		
3. 专用结余		
4. 经营结余（如有余额，以"－"号填列）		

财政拨款预算收入支出表

会政预 03 表

编制单位：　　　　　　　　　　　年　　　　　　　　　　单位：元

项目	年初财政拨款结转结余		调整年初财政拨款结转结余	本年归集调入	本年归集上缴或调出	单位内部调剂		本年财政拨款收入	本年财政拨款支出	年末财政拨款结转结余	
	结转	结余				结转	结余			结转	结余
一、一般公共预算财政拨款											
（一）基本支出											
1. 人员经费											
2. 日常公用经费											
（二）项目支出											
1. ××项目											
2. ××项目											
……											
二、政府性基金预算财政拨款											
（一）基本支出											
1. 人员经费											
2. 日常公用经费											
（二）项目支出											
1. ××项目											
2. ××项目											
……											
总计											

第五部分　报表编制说明

一、资产负债表编制说明

（一）本表反映单位在某一特定日期全部资产、负债和净资产的情况。

（二）本表"年初余额"栏内各项数字，应当根据上年年末资产负债表"期末余额"栏内数字填列。

如果本年度资产负债表规定的项目的名称和内容同上年度不一致，应当对上年年末资产负债表项目的名称和数字按照本年度的规定进行调整，将调整后数字填入本表"年初余额"栏内。

如果本年度单位发生了因前期差错更正、会计政策变更等调整以前年度盈余的事项，还应当对"年初余额"栏中的有关项目金额进行相应调整。

（三）本表中"资产总计"项目期末（年初）余额应当与"负债和净资产总计"项目期末（年初）余额相等。

（四）本表"期末余额"栏各项目的内容和填列方法

1. 资产类项目

（1）"货币资金"项目，反映单位期末库存现金、银行存款、零余额账户用款额度、其他货币资金的合计数。本项目应当根据"库存现金""银行存款""零余额账户用款额度""其他货币资金"科目的期末余额的合计数填列；若单位存在通过"库存现金""银行存款"科目核算的受托代理资产，还应当按照前述合计数扣减"库存现金""银行存款"科目下"受托代理资产"明细科目的期末余额后的金额填列。

（2）"短期投资"项目，反映事业单位期末持有的短期投资账面余额。本项目应当根据"短期投资"科目的期末余额填列。

（3）"财政应返还额度"项目，反映单位期末财政应返还额度的金额。本项目应当根据"财政应返还额度"科目的期末余额填列。

（4）"应收票据"项目，反映事业单位期末持有的应收票据的票面金额。本项目应当根据"应收票据"科目的期末余额填列。

（5）"应收账款净额"项目，反映单位期末尚未收回的应收账款减去已计提的坏账准备后的净额。本项目应当根据"应收账款"科目的期末余额，减去"坏账准备"科目中对应收账款计提的坏账准备的期末余额后的金额填列。

（6）"预付账款"项目，反映单位期末预付给商品或者劳务供应单位的款项。本项目应当根据"预付账款"科目的期末余额填列。

（7）"应收股利"项目，反映事业单位期末因股权投资而应收取的现金股利或应当分得的利润。本项目应当根据"应收股利"科目的期末余额填列。

（8）"应收利息"项目，反映事业单位期末因债券投资等而应收取的利息。事业单位购入的到期一次还本付息的长期债券投资持有期间应收的利息，不包括在本项目内。本项目应当根据"应收利息"科目的期末余额填列。

（9）"其他应收款净额"项目，反映单位期末尚未收回的其他应收款减去已计提的坏账准备后的净额。本项目应当根据"其他应收款"科目的期末余额减去"坏账准备"科目中对其他应收款计提的坏账准备的期末余额后的金额填列。

（10）"存货"项目，反映单位期末存储的存货的实际成本。本项目应当根据"在途物品""库存物品""加工物品"科目的期末余额的合计数填列。

（11）"待摊费用"项目，反映单位期末已经支出，但应当由本期和以后各期负担的分摊期在1年以内（含1年）的各项费用。本项目应当根据"待摊费用"科目的期末余额填列。

（12）"一年内到期的非流动资产"项目，反映单位期末非流动资产项目中将在1年内（含1年）到期的金额，如事业单位将在1年内（含1年）到期的长期债券投资金额。本项目应当根据"长期债券投资"等科目的明细科目的期末余额分析填列。

（13）"其他流动资产"项目，反映单位期末除本表中上述各项之外的其他流动资产的合计金额。本项目应当根据有关科目期末余额的合计数填列。

（14）"流动资产合计"项目，反映单位期末流动资产的合计数。本项目应当根据本表中"货币资金""短期投资""财政应返还额度""应收票据""应收账款净额""预付账款""应收股利""应收利息""其他应收款净额""存货""待摊费用""一年内到期的非流动资产""其他流动资产"项目金额的合计数填列。

（15）"长期股权投资"项目，反映事业单位期末持有的长期股权投资的账面余额。本项目应当根据"长期股权投资"科目的期末余额填列。

（16）"长期债券投资"项目，反映事业单位期末持有的长期债券投资的账面余额。本项目应当根据"长期债券投资"科目的期末余额减去其中将于1年内（含1年）到期的长期债券投资余额后的金额填列。

（17）"固定资产原值"项目，反映单位期末固定资产的原值。本项目应当根据"固定资产"科目的期末余额填列。

"固定资产累计折旧"项目，反映单位期末固定资产已计提的累计折旧金额。本项目应当根据"固定资产累计折旧"科目的期末余额填列。

"固定资产净值"项目，反映单位期末固定资产的账面价值。本项目应当根据"固定资产"科目期末余额减去"固定资产累计折旧"科目期末余额后的金额填列。

（18）"工程物资"项目，反映单位期末为在建工程准备的各种物资的实际成本。本项目应当根据"工程物资"科目的期末余额填列。

（19）"在建工程"项目，反映单位期末所有的建设项目工程的实际成本。本项目应当根据"在建工程"科目的期末余额填列。

（20）"无形资产原值"项目，反映单位期末无形资产的原值。本项目应当根据"无形资产"科目的期末余额填列。

"无形资产累计摊销"项目，反映单位期末无形资产已计提的累计摊销金额。本项目应当根据"无形资产累计摊销"科目的期末余额填列。

"无形资产净值"项目，反映单位期末无形资产的账面价值。本项目应当根据"无形资产"科目期末余额减去"无形资产累计摊销"科目期末余额后的金额填列。

（21）"研发支出"项目，反映单位期末正在进行的无形资产开发项目开发阶段发生的累计支出数。本项目应当根据"研发支出"科目的期末余额填列。

（22）"公共基础设施原值"项目，反映单位期末控制的公共基础设施的原值。本项目应当根据"公共基础设施"科目的期末余额填列。

"公共基础设施累计折旧（摊销）"项目，反映单位期末控制的公共基础设施已计提的累计折旧和累计摊销金额。本项目应当根据"公共基础设施累计折旧（摊销）"科目的期末余额填列。

"公共基础设施净值"项目，反映单位期末控制的公共基础设施的账面价值。本项目应当根据"公共基础设施"科目期末余额减去"公共基础设施累计折旧（摊销）"科目期末余额后的金额填列。

（23）"政府储备物资"项目，反映单位期末控制的政府储备物资的实际成本。本项目应当根据"政府储备物资"科目的期末余额填列。

（24）"文物文化资产"项目，反映单位期末控制的文物文化资产的成本。本项目应当根据"文物文化资产"科目的期末余额填列。

（25）"保障性住房原值"项目，反映单位期末控制的保障性住房的原值。本项目应当根据"保障性住房"科目的期末余额填列。

"保障性住房累计折旧"项目，反映单位期末控制的保障性住房已计提的累计折旧金额。本项目应当根据"保障性住房累计折旧"科目的期末余额填列。

"保障性住房净值"项目，反映单位期末控制的保障性住房的账面价值。本项目应当根据"保障性住房"科目期末余额减去"保障性住房累计折旧"科目期末余额后的金额填列。

（26）"长期待摊费用"项目，反映单位期末已经支出，但应由本期和以后各期负担的分摊期限在 1 年以上（不含 1 年）的各项费用。本项目应当根据"长期待摊费用"科目的期末余额填列。

（27）"待处理财产损溢"项目，反映单位期末尚未处理完毕的各种资产的净损失或净溢余。本项目应当根据"待处理财产损溢"科目的期末借方余额填列；如"待处理财产损溢"科目期末为贷方余额，以"－"号填列。

（28）"其他非流动资产"项目，反映单位期末除本表中上述各项之外的其他非流动资产的合计数。本项目应当根据有关科目的期末余额合计数填列。

（29）"非流动资产合计"项目，反映单位期末非流动资产的合计数。本项目应当根据本表中"长期股权投资""长期债券投资""固定资产净值""工程物资""在建工程""无形资产净值""研发支出""公共基础设施净值""政府储备物资""文物文化资产""保障性住房净值""长期待摊费用""待处理财产损溢""其他非流动资产"项目金额的合计数填列。

（30）"受托代理资产"项目，反映单位期末受托代理资产的价值。本项目应当根据"受托代理资产"科目的期末余额与"库存现金""银行存款"科目下"受托代理资产"明细科目的期末余额的合计数填列。

（31）"资产总计"项目，反映单位期末资产的合计数。本项目应当根据本表中"流动资产合计""非流动资产合计""受托代理资产"项目金额的合计数填列。

2. 负债类项目

（32）"短期借款"项目，反映事业单位期末短期借款的余额。本项目应当根据"短期借款"科目的期末余额填列。

（33）"应交增值税"项目，反映单位期末应缴未缴的增值税税额。本项目应当根据"应交增值税"科目的期末余额填列；如"应交增值税"科目期末为借方余额，以"－"号填列。

（34）"其他应交税费"项目，反映单位期末应缴未缴的除增值税以外的税费金额。本项目应当根据"其他应交税费"科目的期末余额填列；如"其他应交税费"科目期末为借方余额，以"－"号填列。

（35）"应缴财政款"项目，反映单位期末应当上缴财政但尚未缴纳的款项。本项目应当根据"应缴财政款"科目的期末余额填列。

（36）"应付职工薪酬"项目，反映单位期末按有关规定应付给职工及为职工支付的各种薪酬。本项目应当根据"应付职工薪酬"科目的期末余额填列。

（37）"应付票据"项目，反映事业单位期末应付票据的金额。本项目应当根据"应付票据"科目的期末余额填列。

（38）"应付账款"项目，反映单位期末应当支付但尚未支付的偿还期限在1年以内（含1年）的应付账款的金额。本项目应当根据"应付账款"科目的期末余额填列。

（39）"应付政府补贴款"项目，反映负责发放政府补贴的行政单位期末按照规定应当支付给政府补贴接受者的各种政府补贴款余额。本项目应当根据"应付政府补贴款"科目的期末余额填列。

（40）"应付利息"项目，反映事业单位期末按照合同约定应支付的借款利息。事业单位到期一次还本付息的长期借款利息不包括在本项目内。本项目应当根据"应付利息"科目的期末余额填列。

（41）"预收账款"项目，反映事业单位期末预先收取但尚未确认收入和实际结算的款项余额。本项目应当根据"预收账款"科目的期末余额填列。

（42）"其他应付款"项目，反映单位期末其他各项偿还期限在1年内（含1年）的应付及暂收款项余额。本项目应当根据"其他应付款"科目的期末余额填列。

（43）"预提费用"项目，反映单位期末已预先提取的已经发生但尚未支付的各项费用。本项目应当根据"预提费用"科目的期末余额填列。

（44）"一年内到期的非流动负债"项目，反映单位期末将于1年内（含1年）偿还的非流动负债的余额。本项目应当根据"长期应付款""长期借款"等科目的明细科目的期末余额分析填列。

（45）"其他流动负债"项目，反映单位期末除本表中上述各项之外的其他流动负债的合计数。本项目应当根据有关科目的期末余额的合计数填列。

（46）"流动负债合计"项目，反映单位期末流动负债合计数。本项目应当根据本表"短期借款""应交增值税""其他应交税费""应缴财政款""应付职工薪酬""应付票据""应付账款""应付政府补贴款""应付利息""预收账款""其他应付款""预提费用""一年内到期的非流动负债""其他流动负债"项目金额的合计数填列。

（47）"长期借款"项目，反映事业单位期末长期借款的余额。本项目应当根据"长期借款"科目的期末余额减去其中将于1年内（含1年）到期的长期借款余额后的金额填列。

（48）"长期应付款"项目，反映单位期末长期应付款的余额。本项目应当根据"长期应付款"科目的期末余额减去其中将于1年内（含1年）到期的长期应付款余额后的金额填列。

（49）"预计负债"项目，反映单位期末已确认但尚未偿付的预计负债的余额。本项目应当根据"预计负债"科目的期末余额填列。

（50）"其他非流动负债"项目，反映单位期末除本表中上述各项之外的其他非流动负债的合计数。本项目应当根据有关科目的期末余额合计数填列。

（51）"非流动负债合计"项目，反映单位期末非流动负债合计数。本项目应当根据本表中"长期借款""长期应付款""预计负债""其他非流动负债"项目金额的合计数填列。

（52）"受托代理负债"项目，反映单位期末受托代理负债的金额。本项目应当根据"受托代理负债"科目的期末余额填列。

（53）"负债合计"项目，反映单位期末负债的合计数。本项目应当根据本表中"流动负债合计""非流动负债合计""受托代理负债"项目金额的合计数填列。

3. 净资产类项目

（54）"累计盈余"项目，反映单位期末未分配盈余（或未弥补亏损）以及无偿调拨净资产变动的累计数。本项目应当根据"累计盈余"科目的期末余额填列。

（55）"专用基金"项目，反映事业单位期末累计提取或设置但尚未使用的专用基金余额。本项目应当根据"专用基金"科目的期末余额填列。

（56）"权益法调整"项目，反映事业单位期末在被投资单位除净损益和利润分配以外的所有者权益变动中累积享有的份额。本项目应当根据"权益法调整"科目的期末余额填列。如"权益法调整"科目期末为借方余额，以"-"号填列。

（57）"无偿调拨净资产"项目，反映单位本年度截至报告期期末无偿调入的非现金资产价值扣减无偿调出的非现金资产价值后的净值。本项目仅在月度报表中列示，年度报表中不列示。月度报表中本项目应当根据"无偿调拨净资产"科目的期末余额填列；"无偿调拨净资产"科目期末为借方余额时，以"－"号填列。

（58）"本期盈余"项目，反映单位本年度截至报告期期末实现的累计盈余或亏损。本项目仅在月度报表中列示，年度报表中不列示。月度报表中本项目应当根据"本期盈余"科目的期末余额填列；"本期盈余"科目期末为借方余额时，以"－"号填列。

（59）"净资产合计"项目，反映单位期末净资产合计数。本项目应当根据本表中"累计盈余""专用基金""权益法调整""无偿调拨净资产"（月度报表）"本期盈余"（月度报表）项目金额的合计数填列。

（60）"负债和净资产总计"项目，应当按照本表中"负债合计""净资产合计"项目金额的合计数填列。

【例 19-1】资产负债表的编制实例

某单位 2×19 年 12 月 31 日结账后各资产、负债和净资产类会计科目如表 19-1 所示。据此编制该事业单位的资产负债表。

表 19-1 　　　　　　　　　　　　科目余额

2×19 年 12 月 31 日 　　　　　　　　　单位：元

资产	借方余额	负债和净资产	贷方余额
库存现金	3 500	短期借款	120 000
银行存款	161 500	应交增值税	0
零余额账户用款额度	0	其他应交税费	0
短期投资	22 500	应缴财政款	0
财政应返还额度	36 000	应付职工薪酬	0
应收票据	12 000	应付票据	0
应收账款	40 000	应付账款	8 000
预付账款	13 000	预收账款	1 000
其他应收款	4 500	其他应付款	2 000
存货	331 000	长期借款	320 000
长期股权投资	161 000	长期应付款	0

资产	借方余额	负债和净资产	贷方余额
固定资产	1 957 500	累计盈余	1 106 000
固定资产累计折旧	-507 500	专用基金	1 000 000
在建工程	86 000	权益法调整	28 000
无形资产	266 000		
无形资产累计摊销	-53 000		
待处理财产损溢	51 000		
合计	2 585 000	合计	2 585 000

12月31日编制的资产负债表为年末资产负债表时，"年初余额"栏内各项数字，应当根据上年年末资产负债表"期末余额"栏内数字填列。"期末余额"栏内各项数字根据各账户的期末余额直接填列、合并填列或分析填列。主要项目的填列说明如下。

（1）货币资金项目。

货币资金的数额为库存现金、银行存款和零余额账户用款额度的合计数。

货币资金 =3 500+161 500+0=165 000（元）

（2）固定资产、无形资产项目。

固定资产、无形资产按扣除累计折旧、累计摊销的数额填列。

固定资产 =1 957 500-507 500=1 450 000（元）

无形资产 =266 000-53 000=213 000（元）

（3）长期借款项目。

长期借款中，将于1年内（含1年）偿还的借款为85 000元，应列入其他流动负债项目。

长期借款 =320 000-85 000=235 000（元）

其他流动负债 =85 000（元）

（4）其他项目。

其他各项目均可根据各账户的期末余额直接填列。资产总计、负债合计、净资产合计等项目的数额按其内容汇总后填列。编制完成的年度资产负债表如表19-2所示。

表 19-2   **资产负债表**

会政财 01 表

编制单位：×××　　　2×19 年 12 月 31 日　　　　　　　　单位：元

资产	期末余额	年初余额	负债和净资产	期末余额	年初余额
流动资产：			流动负债：		
货币资金	165 000	142 000	短期借款	120 000	100 000
短期投资	22 500	19 500	应交增值税	0	0
财政应返还额度	36 000	21 000	其他应交税费	0	0
应收票据	12 000	10 000	应缴财政款	0	0
应收账款净额	40 000	60 000	应付职工薪酬	0	0
预付账款	13 000	6 000	应付票据	0	1 000
应收股利	0	0	应付账款	8 000	5 000
应收利息	0	0	应付政府补贴款	0	0
其他应收款净额	4 500	3 000	应付利息		
存货	331 000	323 500	预收账款	1 000	0
待摊费用	0	0	其他应付款	2 000	3 000
一年内到期的非流动资产	0	0	预提费用	0	0
其他流动资产	0	0	一年内到期的非流动负债	0	0
流动资产合计	624 000	585 000	其他流动负债	85 000	0
非流动资产：			流动负债合计	216 000	109 000
长期股权投资	161 000	100 000	非流动负债：		
长期债权投资	0	0	长期借款	235 000	270 000
固定资产原值	1 957 500	1 512 000	长期应付款	0	0
减：固定资产累计折旧	507 500	392 000	预计负债	0	0
固定资产净值	1 450 000	1 120 000	其他非流动负债	0	0
工程物资	0	0	非流动负债合计	235 000	270 000
在建工程	86 000	150 000	受托代理负债	0	0
无形资产原值	266 000	287 500	负债合计	451 000	379 000
减：无形资产累计摊销	53 000	57 500			

续表

资产	期末余额	年初余额	负债和净资产	期末余额	年初余额
无形资产净值	213 000	230 000			
研发支出	0	0			
公共基础设施原值	0	0			
减：公共基础设施累计折旧（摊销）	0	0			
公共基础设施净值	0	0			
政府储备物资	0	0			
文物文化资产	0	0			
保障性住房原值	0	0			
减：保障性住房累计折旧	0	0	净资产：		
保障性住房净值	0	0	累计盈余	1 106 000	1 000 000
长期待摊费用	0	0	专用基金	1 000 000	800 000
待处理财产损溢	51 000	0	权益法调整	28 000	6 000
其他非流动资产	0	0	无偿调拨净资产	—	—
非流动资产合计	1 961 000	1 600 000	本期盈余	—	—
受托代理资产	0	0	净资产合计	2 134 000	1 806 000
资产总计	2 585 000	2 185 000	负债和净资产总计	2 585 000	2 185 000

二、收入费用表编制说明

（一）本表反映单位在某一会计期间内发生的收入、费用及当期盈余情况。

（二）本表"本月数"栏反映各项目的本月实际发生数。编制年度收入费用表时，应当将本栏改为"本年数"，反映本年度各项目的实际发生数。

本表"本年累计数"栏反映各项目自年初至报告期期末的累计实际发生数。编制年度收入费用表时，应当将本栏改为"上年数"，反映上年度各项目的实际发生数，"上年数"栏应当根据上年年度收入费用表中"本年数"栏内所列数字填列。

如果本年度收入费用表规定的项目的名称和内容同上年度不一致，应当对上年度收入费用表项目的名称和数字按照本年度的规定进行调整，将调整后的金额填入本年度收入费用表的"上年数"栏内。

如果本年度单位发生了因前期差错更正、会计政策变更等调整以前年度盈余的事项，还应当对年度收入费用表中"上年数"栏中的有关项目金额进行相应调整。

（三）本表"本月数"栏各项目的内容和填列方法

1. 本期收入

（1）"本期收入"项目，反映单位本期收入总额。本项目应当根据本表中"财政拨款收入""事业收入""上级补助收入""附属单位上缴收入""经营收入""非同级财政拨款收入""投资收益""捐赠收入""利息收入""租金收入""其他收入"项目金额的合计数填列。

（2）"财政拨款收入"项目，反映单位本期从同级政府财政部门取得的各类财政拨款。本项目应当根据"财政拨款收入"科目的本期发生额填列。

（3）"政府性基金收入"项目，反映单位本期取得的财政拨款收入中属于政府性基金预算拨款的金额。本项目应当根据"财政拨款收入"相关明细科目的本期发生额填列。

（4）"事业收入"·项目，反映事业单位本期开展专业业务活动及其辅助活动实现的收入。本项目应当根据"事业收入"科目的本期发生额填列。

（5）"上级补助收入"项目，反映事业单位本期从主管部门和上级单位收到或应收的非财政拨款收入。本项目应当根据"上级补助收入"科目的本期发生额填列。

（6）"附属单位上缴收入"项目，反映事业单位本期收到或应收的独立核算的附属单位按照有关规定上缴的收入。本项目应当根据"附属单位上缴收入"科目的本期发生额填列。

（7）"经营收入"项目，反映事业单位本期在专业业务活动及其辅助活动之外开展非独立核算经营活动实现的收入。本项目应当根据"经营收入"科目的本期发生额填列。

（8）"非同级财政拨款收入"项目，反映单位本期从非同级政府财政部门取得的财政拨款，不包括事业单位因开展科研及其辅助活动从非同级财政部门取得的经费拨款。本项目应当根据"非同级财政拨款收入"科目的本期发生额填列。

（9）"投资收益"项目，反映事业单位本期股权投资和债券投资所实现的收益或发生的损失。本项目应当根据"投资收益"科目的本期发生额填列；如为投资净损失，以"－"号填列。

（10）"捐赠收入"项目，反映单位本期接受捐赠取得的收入。本项目应当根据"捐赠收入"科目的本期发生额填列。

（11）"利息收入"项目，反映单位本期取得的银行存款利息收入。本项目应当根据"利息收入"科目的本期发生额填列。

（12）"租金收入"项目，反映单位本期经批准利用国有资产出租取得并按规定纳入本单位预算管理的租金收入。本项目应当根据"租金收入"科目的本期发生额填列。

（13）"其他收入"项目，反映单位本期取得的除以上收入项目外的其他收入的总额。本项目应当根据"其他收入"科目的本期发生额填列。

2．本期费用

（14）"本期费用"项目，反映单位本期费用总额。本项目应当根据本表中"业务活动费用""单位管理费用""经营费用""资产处置费用""上缴上级费用""对附属单位补助费用""所得税费用"和"其他费用"项目金额的合计数填列。

（15）"业务活动费用"项目，反映单位本期为实现其职能目标，依法履职或开展专业业务活动及其辅助活动所发生的各项费用。本项目应当根据"业务活动费用"科目本期发生额填列。

（16）"单位管理费用"项目，反映事业单位本期本级行政及后勤管理部门开展管理活动发生的各项费用，以及由单位统一负担的离退休人员经费、工会经费、诉讼费、中介费等。本项目应当根据"单位管理费用"科目的本期发生额填列。

（17）"经营费用"项目，反映事业单位本期在专业业务活动及其辅助活动之外开展非独立核算经营活动发生的各项费用。本项目应当根据"经营费用"科目的本期发生额填列。

（18）"资产处置费用"项目，反映单位本期经批准处置资产时转销的资产价值以及在处置过程中发生的相关费用或者处置收入小于处置费用形成的净支出。本项目应当根据"资产处置费用"科目的本期发生额填列。

（19）"上缴上级费用"项目，反映事业单位按照规定上缴上级单位款项发生的费用。本项目应当根据"上缴上级费用"科目的本期发生额填列。

（20）"对附属单位补助费用"项目，反映事业单位用财政拨款收入之外的收入对附属单位补助发生的费用。本项目应当根据"对附属单位补助费用"科目的本期发生额填列。

（21）"所得税费用"项目，反映有企业所得税缴纳义务的事业单位本期计算应交纳的企业所得税。本项目应当根据"所得税费用"科目的本期发生额填列。

（22）"其他费用"项目，反映单位本期发生的除以上费用项目外的其他费用的总额。本项目应当根据"其他费用"科目的本期发生额填列。

3. 本期盈余

（23）"本期盈余"项目，反映单位本期收入扣除本期费用后的净额。本项目应当根据本表中"本期收入"项目金额减去"本期费用"项目金额后的金额填列；如为负数，以"-"号填列。

【例 19-2】收入费用表的编制实例

某单位 2×19 年收入、费用类科目发生额如表 19-3 所示。其他相关资料如下：该事业单位无所得税缴纳义务。

表 19-3   收入、费用类科目发生额

编制单位：××××　　　　　　　　　2×19 年　　　　　　　　　单位：元

费用类	本年累计数	收入类	本年累计数
业务活动费用	11 000 000	财政拨款收入	10 000 000
单位管理费用	200 000	其中：公共预算性收入	8 500 000
经营费用	156 000	政府性基金收入	1 500 000
资产处置费用	280 000	事业收入	6 180 000
上缴上级费用	5 320 000	上级补助收入	1 824 000
对附属单位补助费用	1 512 000	附属单位上缴收入	300 000
所得税费用	0	经营收入	252 000
其他费用	60 000	非同级财政拨款收入	200 000
		投资收益	10 000
		捐赠收入	75 000
		利息收入	20 000
		租金收入	20 000
		其他收入	144 000
费用合计	18 528 000	收入合计	19 025 000

编制该事业单位的 2×19 年收入费用表时，省略了"本月数"一列数字。"本年累计数"一列数字主要项目的填列说明如下。

（1）本期收入计算过程如下。

本期收入 =10 000 000+6 180 000+1 824 000+300 000+252 000+200 000+10 000+75 000+20 000+20 000+144 000=19 025 000（元）

（2）本期费用计算过程如下。

本期费用 =11 000 000+200 000+156 000+280 000+5 320 000+1 512 000+60 000=18 528 000（元）

（3）本期盈余计算过程如下。

本期盈余 =19 025 000−18 528 000=497 000（元）

编制完成的 2×19 年收入费用表如表 19-4 所示。

表 19-4　　　　　　　　　　　收入费用表

会政财 02 表

编制单位：××××　　　　　　2×19 年　　　　　　单位：元

项目	本月数（略）	本年累计数
一、本期收入		19 025 000
（一）财政拨款收入		10 000 000
其中：政府性基金收入		1 500 000
（二）事业收入		6 180 000
（三）上级补助收入		1 824 000
（四）附属单位上缴收入		300 000
（五）经营收入		252 000
（六）非同级财政拨款收入		200 000
（七）投资收益		10 000
（八）捐赠收入		75 000
（九）利息收入		20 000
（十）租金收入		20 000
（十一）其他收入		144 000
二、本期费用		18 528 000
（一）业务活动费用		11 000 000
（二）单位管理费用		200 000
（三）经营费用		156 000

续表

项目	本月数（略）	本年累计数
（四）资产处置费用		280 000
（五）上缴上级费用		5 320 000
（六）对附属单位补助费用		1 512 000
（七）所得税费用		0
（八）其他费用		60 000
三、本期盈余		497 000

三、净资产变动表编制说明

（一）本表反映单位在某一会计年度内净资产项目的变动情况。

（二）本表"本年数"栏反映本年度各项目的实际变动数。本表"上年数"栏反映上年度各项目的实际变动数，应当根据上年度净资产变动表中"本年数"栏内所列数字填列。

如果上年度净资产变动表规定的项目的名称和内容与本年度不一致，应对上年度净资产变动表项目的名称和数字按照本年度的规定进行调整，将调整后金额填入本年度净资产变动表"上年数"栏内。

（三）本表"本年数"栏各项目的内容和填列方法

1. "上年年末余额"行，反映单位净资产各项目上年年末的余额。本行各项目应当根据"累计盈余""专用基金""权益法调整"科目上年年末余额填列。

2. "以前年度盈余调整"行，反映单位本年度调整以前年度盈余的事项对累计盈余进行调整的金额。本行"累计盈余"项目应当根据本年度"以前年度盈余调整"科目转入"累计盈余"科目的金额填列；如调整减少累计盈余，以"-"号填列。

3. "本年年初余额"行，反映经过以前年度盈余调整后，单位净资产各项目的本年年初余额。本行"累计盈余""专用基金""权益法调整"项目应当根据其各自在"上年年末余额"和"以前年度盈余调整"行对应项目金额的合计数填列。

4. "本年变动金额"行，反映单位净资产各项目本年变动总金额。本行"累计盈余""专用基金""权益法调整"项目应当根据其各自在"本年盈余""无偿调拨净资产""归集调整预算结转结余""提取或设置专用基金""使用专用基金""权益法调整"行对应项目金额的合计数填列。

5. "本年盈余"行，反映单位本年发生的收入、费用对净资产的影响。本行"累计盈余"项目应当根据年末由"本期盈余"科目转入"本年盈余分配"科目的金额填列；如转入时借记"本年盈余分配"科目，则以"－"号填列。

6. "无偿调拨净资产"行，反映单位本年无偿调入、调出非现金资产事项对净资产的影响。本行"累计盈余"项目应当根据年末由"无偿调拨净资产"科目转入"累计盈余"科目的金额填列；如转入时借记"累计盈余"科目，则以"－"号填列。

7. "归集调整预算结转结余"行，反映单位本年财政拨款结转结余资金归集调入、归集上缴或调出，以及非财政拨款结转资金缴回对净资产的影响。本行"累计盈余"项目应当根据"累计盈余"科目明细账记录分析填列；如归集调整减少预算结转结余，则以"－"号填列。

8. "提取或设置专用基金"行，反映单位本年提取或设置专用基金对净资产的影响。本行"累计盈余"项目应当根据"从预算结余中提取"行"累计盈余"项目的金额填列。本行"专用基金"项目应当根据"从预算收入中提取""从预算结余中提取""设置的专用基金"行"专用基金"项目金额的合计数填列。

"从预算收入中提取"行，反映单位本年从预算收入中提取专用基金对净资产的影响。本行"专用基金"项目应当通过对"专用基金"科目明细账记录的分析，根据本年按有关规定从预算收入中提取基金的金额填列。

"从预算结余中提取"行，反映单位本年根据有关规定从本年度非财政拨款结余或经营结余中提取专用基金对净资产的影响。本行"累计盈余""专用基金"项目应当通过对"专用基金"科目明细账记录的分析，根据本年按有关规定从本年度非财政拨款结余或经营结余中提取专用基金的金额填列；本行"累计盈余"项目以"－"号填列。

"设置的专用基金"行，反映单位本年根据有关规定设置的其他专用基金对净资产的影响。本行"专用基金"项目应当通过对"专用基金"科目明细账记录的分析，根据本年按有关规定设置的其他专用基金的金额填列。

9. "使用专用基金"行，反映单位本年按规定使用专用基金对净资产的影响。本行"累计盈余""专用基金"项目应当通过对"专用基金"科目明细账记录的分析，根据本年按规定使用专用基金的金额填列；本行"专用基金"项目以"－"号填列。

10. "权益法调整"行，反映单位本年按照被投资单位除净损益和利润分配以外的所有者权益变动份额而调整长期股权投资账面余额对净资产的影响。本行"权益法调整"项目应当根据"权益法调整"科目本年发生额填列；若本年净发生额为借方时，以"－"号填列。

11. "本年年末余额"行，反映单位本年各净资产项目的年末余额。本行"累计盈余""专用基金""权益法调整"项目应当根据其各自在"本年年初余额""本年变动金额"行对应项目金额的合计数填列。

12. 本表各行"净资产合计"项目，应当根据所在行"累计盈余""专用基金""权益法调整"项目金额的合计数填列。

【例 19-3】净资产变动表的编制实例

某事业单位 2×19 年运营增加的累计盈余为 106 000 元，政府下拨的专用基金为 200 000 元，购买的长期股权投资除净损益和利润分配以外的所有者权益变动份额而调整长期股权投资账面余额为 22 000 元。据此编制完成的该事业单位的净资产变动表如表 19-5 所示。

表 19-5　　　　　　　　　　　净资产变动表

会政财 03 表

编制单位：×××　　　　　　　　　　2×19 年　　　　　　　　　　单位：元

项目	本年数				上年数			
	累计盈余	专用基金	权益法调整	净资产合计	累计盈余	专用基金	权益法调整	净资产合计
一、上年年末余额	1 000 000	800 000	6 000	1 806 000				
二、以前年度盈余调整（减少以"－"号填列）	0	—	—	0		—	—	
三、本年年初余额	1 000 000	800 000	6 000	1 806 000				
四、本年变动金额（减少以"－"号填列）	106 000	200 000	22 000	328 000				
（一）本年盈余	100 000	—	—	100 000		—	—	
（二）无偿调拨净资产	60 000	—	—	60 000		—	—	
（三）归集调整预算结转结余	0	—	—	0				
（四）提取或设置专用基金	0	200 000	—	200 000		—		

续表

项目	本年数				上年数			
	累计盈余	专用基金	权益法调整	净资产合计	累计盈余	专用基金	权益法调整	净资产合计
其中：从预算收入中提取	—	0	—	0	—		—	
从预算结余中提取	0	0	—	0			—	
设置的专用基金	—	200 000	—	200 000	—		—	
（五）使用专用基金	0	0	—	0			—	
（六）权益法调整	—	—	22 000	22 000	—	—		
五、本年年末余额	1 106 000	1 000 000	28 000	2 134 000				

四、现金流量表编制说明

（一）本表反映单位在某一会计年度内现金流入和流出的信息。

（二）本表所指的现金，是指单位的库存现金以及其他可以随时用于支付的款项，包括库存现金、可以随时用于支付的银行存款、其他货币资金、零余额账户用款额度、财政应返还额度，以及通过财政直接支付方式支付的款项。

（三）现金流量表应当按照日常活动、投资活动、筹资活动的现金流量分别反映。本表所指的现金流量，是指现金的流入和流出。

（四）本表"本年金额"栏反映各项目的本年实际发生数。本表"上年金额"栏反映各项目的上年实际发生数，应当根据上年现金流量表中"本年金额"栏内所列数字填列。

（五）单位应当采用直接法编制现金流量表。

（六）本表"本年金额"栏各项目的填列方法

1. 日常活动产生的现金流量

（1）"财政基本支出拨款收到的现金"项目，反映单位本年接受财政基本支出拨款取得的现金。本项目应当根据"零余额账户用款额度""财政拨款收入""银行存款"等科目及其所属明细科目的记录分析填列。

（2）"财政非资本性项目拨款收到的现金"项目，反映单位本年接受除用于购建固定资产、无形资产、公共基础设施等资本性项目以外的财政项目拨款取得的现金。本项目应当根据"银行存款""零余额账户用款额度""财政拨款收入"等科目及其所属明细科目的记录分析填列。

（3）"事业活动收到的除财政拨款以外的现金"项目，反映事业单位本年开展专业业务活动及其辅助活动取得的除财政拨款以外的现金。本项目应当根据"库存现金""银行存款""其他货币资金""应收账款""应收票据""预收账款""事业收入"等科目及其所属明细科目的记录分析填列。

（4）"收到的其他与日常活动有关的现金"项目，反映单位本年收到的除以上项目之外的与日常活动有关的现金。本项目应当根据"库存现金""银行存款""其他货币资金""上级补助收入""附属单位上缴收入""经营收入""非同级财政拨款收入""捐赠收入""利息收入""租金收入""其他收入"等科目及其所属明细科目的记录分析填列。

（5）"日常活动的现金流入小计"项目，反映单位本年日常活动产生的现金流入的合计数。本项目应当根据本表中"财政基本支出拨款收到的现金""财政非资本性项目拨款收到的现金""事业活动收到的除财政拨款以外的现金""收到的其他与日常活动有关的现金"项目金额的合计数填列。

（6）"购买商品、接受劳务支付的现金"项目，反映单位本年在日常活动中用于购买商品、接受劳务支付的现金。本项目应当根据"库存现金""银行存款""财政拨款收入""零余额账户用款额度""预付账款""在途物品""库存物品""应付账款""应付票据""业务活动费用""单位管理费用""经营费用"等科目及其所属明细科目的记录分析填列。

（7）"支付给职工以及为职工支付的现金"项目，反映单位本年支付给职工以及为职工支付的现金。本项目应当根据"库存现金""银行存款""零余额账户用款额度""财政拨款收入""应付职工薪酬""业务活动费用""单位管理费用""经营费用"等科目及其所属明细科目的记录分析填列。

（8）"支付的各项税费"项目，反映单位本年用于缴纳日常活动相关税费而支付的现金。本项目应当根据"库存现金""银行存款""零余额账户用款额度""应交增值税""其他应交税费""业务活动费用""单位管理费用""经营费用""所得税费用"等科目及其所属明细科目的记录分析填列。

（9）"支付的其他与日常活动有关的现金"项目，反映单位本年支付的除上述项目之外与日常活动有关的现金。本项目应当根据"库存现金""银行存款""零余额账户用款额度""财政拨款收入""其他应付款""业务活动费用""单位管理费用""经营费用""其他费用"等科目及其所属明细科目的记录分析填列。

（10）"日常活动的现金流出小计"项目，反映单位本年日常活动产生的现金流出的合计数。本项目应当根据本表中"购买商品、接受劳务支付的现金""支付给职工以及为职工支付的现金""支付的各项税费""支付的其他与日常活动有关的现金"项目金额的合计数填列。

（11）"日常活动产生的现金流量净额"项目，应当按照本表中"日常活动的现金流入小计"项目金额减去"日常活动的现金流出小计"项目金额后的金额填列；如为负数，以"-"号填列。

2．投资活动产生的现金流量

（12）"收回投资收到的现金"项目，反映单位本年出售、转让或者收回投资收到的现金。本项目应该根据"库存现金""银行存款""短期投资""长期股权投资""长期债券投资"等科目的记录分析填列。

（13）"取得投资收益收到的现金"项目，反映单位本年因对外投资而收到被投资单位分配的股利或利润，以及收到投资利息而取得的现金。本项目应当根据"库存现金""银行存款""应收股利""应收利息""投资收益"等科目的记录分析填列。

（14）"处置固定资产、无形资产、公共基础设施等收回的现金净额"项目，反映单位本年处置固定资产、无形资产、公共基础设施等非流动资产所取得的现金，减去为处置这些资产而支付的有关费用之后的净额。由于自然灾害所造成的固定资产等长期资产损失而收到的保险赔款收入，也在本项目反映。本项目应当根据"库存现金""银行存款""待处理财产损溢"等科目的记录分析填列。

（15）"收到的其他与投资活动有关的现金"项目，反映单位本年收到的除上述项目之外与投资活动有关的现金。对于金额较大的现金流入，应当单列项目反映。本项目应当根据"库存现金""银行存款"等有关科目的记录分析填列。

（16）"投资活动的现金流入小计"项目，反映单位本年投资活动产生的现金流入的合计数。本项目应当根据本表中"收回投资收到的现金""取得投资收益收到的现金""处置固定资产、无形资产、公共基础设施等收回的现金净额""收到的其他与投资活动有关的现金"项目金额的合计数填列。

（17）"购建固定资产、无形资产、公共基础设施等支付的现金"项目，反映单位本年购买和建造固定资产、无形资产、公共基础设施等非流动资产所支付的现金；融资租入固定资产支付的租赁费不在本项目反映，在筹资活动的现金流量中反映。本项目应当根据"库存现金""银行存款""固定资产""工程物资""在建工程""无形资产""研发支出""公共基础设施""保障性住房"等科目的记录分析填列。

（18）"对外投资支付的现金"项目，反映单位本年为取得短期投资、长期股权投资、长期债券投资而支付的现金。本项目应当根据"库存现金""银行存款""短期投资""长期股权投资""长期债券投资"等科目的记录分析填列。

（19）"上缴处置固定资产、无形资产、公共基础设施等净收入支付的现金"项目，反映本年单位将处置固定资产、无形资产、公共基础设施等非流动资产所收回的现金净额予以上缴财政所支付的现金。本项目应当根据"库存现金""银行存款""应缴财政款"等科目的记录分析填列。

（20）"支付的其他与投资活动有关的现金"项目，反映单位本年支付的除上述项目之外与投资活动有关的现金。对于金额较大的现金流出，应当单列项目反映。本项目应当根据"库存现金""银行存款"等有关科目的记录分析填列。

（21）"投资活动的现金流出小计"项目，反映单位本年投资活动产生的现金流出的合计数。本项目应当根据本表中"购建固定资产、无形资产、公共基础设施等支付的现金""对外投资支付的现金""上缴处置固定资产、无形资产、公共基础设施等净收入支付的现金""支付的其他与投资活动有关的现金"项目金额的合计数填列。

（22）"投资活动产生的现金流量净额"项目，应当按照本表中"投资活动的现金流入小计"项目金额减去"投资活动的现金流出小计"项目金额后的金额填列；如为负数，以"－"号填列。

3. 筹资活动产生的现金流量

（23）"财政资本性项目拨款收到的现金"项目，反映单位本年接受用于购建固定资产、无形资产、公共基础设施等资本性项目的财政项目拨款取得的现金。本项目应当根据"银行存款""零余额账户用款额度""财政拨款收入"等科目及其所属明细科目的记录分析填列。

（24）"取得借款收到的现金"项目，反映事业单位本年举借短期、长期借款所收到的现金。本项目应当根据"库存现金""银行存款""短期借款""长期借款"等科目记录分析填列。

（25）"收到的其他与筹资活动有关的现金"项目，反映单位本年收到的除上述项目之外与筹资活动有关的现金。对于金额较大的现金流入，应当单列项目反映。本项目应当根据"库存现金""银行存款"等有关科目的记录分析填列。

（26）"筹资活动的现金流入小计"项目，反映单位本年筹资活动产生的现金流入的合计数。本项目应当根据本表中"财政资本性项目拨款收到的现金""取得借款收到的现金""收到的其他与筹资活动有关的现金"项目金额的合计数填列。

（27）"偿还借款支付的现金"项目，反映事业单位本年偿还借款本金所支付的现金。本项目应当根据"库存现金""银行存款""短期借款""长期借款"等科目的记录分析填列。

（28）"偿付利息支付的现金"项目，反映事业单位本年支付的借款利息等。本项目应当根据"库存现金""银行存款""应付利息""长期借款"等科目的记录分析填列。

（29）"支付的其他与筹资活动有关的现金"项目，反映单位本年支付的除上述项目之外与筹资活动有关的现金，如融资租入固定资产所支付的租赁费。本项目应当根据"库存现金""银行存款""长期应付款"等科目的记录分析填列。

（30）"筹资活动的现金流出小计"项目，反映单位本年筹资活动产生的现金流出的合计数。本项目应当根据本表中"偿还借款支付的现金""偿付利息支付的现金""支付的其他与筹资活动有关的现金"项目金额的合计数填列。

（31）"筹资活动产生的现金流量净额"项目，应当按照本表中"筹资活动的现金流入小计"项目金额减去"筹资活动的现金流出小计"金额后的金额填列；如为负数，以"-"号填列。

4. "汇率变动对现金的影响额"项目，反映单位本年外币现金流量折算为人民币时，所采用的现金流量发生日的汇率折算的人民币金额与外币现金流量净额按期末汇率折算的人民币金额之间的差额。

5. "现金净增加额"项目，反映单位本年现金变动的净额。本项目应当根据本表中"日常活动产生的现金流量净额""投资活动产生的现金流量净额""筹资活动产生的现金流量净额"和"汇率变动对现金的影响额"项目金额的合计数填列；如为负数，以"-"号填列。

【例19-4】现金流量表的编制实例

某事业单位2×19年现金流量日常活动、投资活动、筹资活动事项中，主要发生事项及其相关资料如表20-6所示，该事业单位无所得税缴纳义务，无汇率变动影响。

表 19-6 **日常活动、投资活动、筹资活动主要事项**

2×19 年

单位：元

日期	摘要	借	贷	序号	现金流入	现金流出
2 月 1 日	支付工资		11 000	1.6		支付给职工以及为职工支付的现金
2 月 3 日	提现		800			
3 月 4 日	财政基本拨款	100 000		1.1	财政基本支出拨款收到的现金	
3 月 4 日	购买固定资产		3 000	2.5		购建固定资产、无形资产、公共基础设施等支付的现金
3 月 7 日	财政非资本性项目拨款	200 000		1.2	财政非资本性项目拨款收到的现金	
3 月 10 日	购买商品		10 600	1.5		购买商品、接受劳务支付的现金
4 月 1 日	支付工资		11 000	1.6		支付给职工以及为职工支付的现金
4 月 3 日	事业活动收到现金	3 000		1.3	事业活动收到的除财政拨款以外的现金	
4 月 5 日	收到 3 月应收款项	1 030		1.4	收到的其他与日常活动有关的现金	
4 月 6 日	支付税金		420	1.7		支付的各项税费
4 月 8 日	进行公共基础设施投资		5 000	2.5		购建固定资产、无形资产、公共基础设施等支付的现金
4 月 10 日	取得投资收益	120		2.2	取得投资收益收到的现金	
4 月 30 日	收回投资	22 000		2.1	收回投资收到的现金	
5 月 1 日	支付工资		11 000	1.6		支付给职工以及为职工支付的现金
5 月 2 日	为职工购买计算机		2 600	1.6		支付给职工以及为职工支付的现金
5 月 3 日	处置专利权	30 000		2.3	处置固定资产、无形资产、公共基础设施等收回的现金净额	

续表

日期	摘要	借	贷	序号	现金流入	现金流出
5月5日	投资股票		1 000	2.6		对外投资支付的现金
5月10日	上交处置专利权净收入		3 000	2.7		上缴处置固定资产、无形资产、公共基础设施等净收入支付的现金
5月15日	收到财政资本性项目拨款	10 000		3.1	财政本性项目拨款收到的现金	
5月18日	取得借款	2 000		3.2	取得借款收到的现金	
5月28日	偿还借款		1 000	3.4		偿还借款支付的现金
5月28日	偿还利息		120	3.5		偿还利息支付的现金

编制该事业单位的2×19年现金流量表时，省略了"上年金额"一列数字。"本年金额"一列数字主要项目的填列说明如下。

（1）日常活动现金流入。

本年日常活动现金流入 =100 000+200 000+3 000+1 030=304 030（元）

（2）日常活动现金流出。

本年日常活动现金流出 =11 000+10 600+11 000+420+11 000+2 600=46 620（元）

（3）日常活动现金流量净额。

本年日常活动现金流量净额 =304 030-46 620=257 410（元）

（4）投资活动现金流入。

本年投资活动现金流入 =120+22 000+30 000=52 120（元）

（5）投资活动现金流出。

本年投资活动现金流出 =3 000+5 000+1 000+3 000=12 000（元）

（6）投资活动现金流量净额。

本年投资活动现金流量净额 =52 120-12 000=40 120（元）

（7）筹资活动现金流入。

本年筹资活动现金流入 =10 000+2 000=12 000（元）

（8）筹资活动现金流出。

本年筹资活动现金流出 =1 000+120=1 120（元）

（9）筹资活动现金流量净额。

本年筹资活动现金流量净额 =12 000-1 120=10 880（元）

编制完成的该事业单位 2×19 年度现金流量表如表 19-7 所示。

表 19-7 **现金流量表**

会政财 04 表

编制单位：××××　　　　　　　　　　2×19 年　　　　　　　　　　单位：元

项目	本年金额	上年金额
一、日常活动产生的现金流量：		
财政基本支出拨款收到的现金	100 000	
财政非资本性项目拨款收到的现金	200 000	
事业活动收到的除财政拨款以外的现金	3 000	
收到的其他与日常活动有关的现金	1 030	
日常活动的现金流入小计	304 030	
购买商品、接受劳务支付的现金	10 600	
支付给职工以及为职工支付的现金	356 000	
支付的各项税费	420	
支付的其他与日常活动有关的现金	0	
日常活动的现金流出小计	46 620	
日常活动产生的现金流量净额	257 410	
二、投资活动产生的现金流量：		
收回投资收到的现金	22 000	
取得投资收益收到的现金	120	
处置固定资产、无形资产、公共基础设施等收回的现金净额	30 000	
收到的其他与投资活动有关的现金	0	
投资活动的现金流入小计	52 120	
购建固定资产、无形资产、公共基础设施等支付的现金	8 000	
对外投资支付的现金	1 000	
上缴处置固定资产、无形资产、公共基础设施等净收入支付的现金	3 000	
支付的其他与投资活动有关的现金	0	

续表

项目	本年金额	上年金额
投资活动的现金流出小计	12 000	
投资活动产生的现金流量净额	40 120	
三、筹资活动产生的现金流量：		
财政资本性项目拨款收到的现金	10 000	
取得借款收到的现金	2 000	
收到的其他与筹资活动有关的现金	0	
筹资活动的现金流入小计	12 000	
偿还借款支付的现金	1 000	
偿还利息支付的现金	120	
支付的其他与筹资活动有关的现金	0	
筹资活动的现金流出小计	1 120	
筹资活动产生的现金流量净额	10 880	
四、汇率变动对现金的影响额	0	
五、现金净增加额	308 410	

五、预算收入支出表编制说明

（一）本表反映单位在某一会计年度内各项预算收入、预算支出和预算收支差额的情况。

（二）本表"本年数"栏反映各项目的本年实际发生数。本表"上年数"栏反映各项目上年度的实际发生数，应当根据上年度预算收入支出表中"本年数"栏内所列数字填列。

如果本年度预算收入支出表规定的项目的名称和内容同上年度不一致，应当对上年度预算收入支出表项目的名称和数字按照本年度的规定进行调整，将调整后金额填入本年度预算收入支出表的"上年数"栏。

（三）本表"本年数"栏各项目的内容和填列方法

1. 本年预算收入

（1）"本年预算收入"项目，反映单位本年预算收入总额。本项目应当根据本表中"财政拨款预算收入""事业预算收入""上级补助预算收入""附属单位上缴预算收入""经营预算收入""债务预算收入""非同级财政拨款预算收入""投资预算收益""其他预算收入"项目金额的合计数填列。

（2）"财政拨款预算收入"项目，反映单位本年从同级政府财政部门取得的各类财政拨款。本项目应当根据"财政拨款预算收入"科目的本年发生额填列。

"政府性基金收入"项目，反映单位本年取得的财政拨款收入中属于政府性基金预算拨款的金额。本项目应当根据"财政拨款预算收入"相关明细科目的本年发生额填列。

（3）"事业预算收入"项目，反映事业单位本年开展专业业务活动及其辅助活动取得的预算收入。本项目应当根据"事业预算收入"科目的本年发生额填列。

（4）"上级补助预算收入"项目，反映事业单位本年从主管部门和上级单位取得的非财政补助预算收入。本项目应当根据"上级补助预算收入"科目的本年发生额填列。

（5）"附属单位上缴预算收入"项目，反映事业单位本年收到的独立核算的附属单位按照有关规定上缴的预算收入。本项目应当根据"附属单位上缴预算收入"科目的本年发生额填列。

（6）"经营预算收入"项目，反映事业单位本年在专业业务活动及其辅助活动之外开展非独立核算经营活动取得的预算收入。本项目应当根据"经营预算收入"科目的本年发生额填列。

（7）"债务预算收入"项目，反映事业单位本年按照规定从金融机构等借入的、纳入部门预算管理的债务预算收入。本项目应当根据"债务预算收入"的本年发生额填列。

（8）"非同级财政拨款预算收入"项目，反映单位本年从非同级政府财政部门取得的财政拨款。本项目应当根据"非同级财政拨款预算收入"科目的本年发生额填列。

（9）"投资预算收益"项目，反映事业单位本年取得的按规定纳入单位预算管理的投资收益。本项目应当根据"投资预算收益"科目的本年发生额填列。

（10）"其他预算收入"项目，反映单位本年取得的除上述收入以外的纳入单位预算管理的各项预算收入。本项目应当根据"其他预算收入"科目的本年发生额填列。

"利息预算收入"项目，反映单位本年取得的利息预算收入。本项目应当根据"其他预算收入"科目的明细记录分析填列。单位单设"利息预算收入"科目的，应当根据"利息预算收入"科目的本年发生额填列。

　　"捐赠预算收入"项目,反映单位本年取得的捐赠预算收入。本项目应当根据"其他预算收入"科目明细账记录分析填列。单位单设"捐赠预算收入"科目的,应当根据"捐赠预算收入"科目的本年发生额填列。

　　"租金预算收入"项目,反映单位本年取得的租金预算收入。本项目应当根据"其他预算收入"科目明细账记录分析填列。单位单设"租金预算收入"科目的,应当根据"租金预算收入"科目的本年发生额填列。

　　2.本年预算支出

　　(11)"本年预算支出"项目,反映单位本年预算支出总额。本项目应当根据本表中"行政支出""事业支出""经营支出""上缴上级支出""对附属单位补助支出""投资支出""债务还本支出"和"其他支出"项目金额的合计数填列。

　　(12)"行政支出"项目,反映行政单位本年履行职责实际发生的支出。本项目应当根据"行政支出"科目的本年发生额填列。

　　(13)"事业支出"项目,反映事业单位本年开展专业业务活动及其辅助活动发生的支出。本项目应当根据"事业支出"科目的本年发生额填列。

　　(14)"经营支出"项目,反映事业单位本年在专业业务活动及其辅助活动之外开展非独立核算经营活动发生的支出。本项目应当根据"经营支出"科目的本年发生额填列。

　　(15)"上缴上级支出"项目,反映事业单位本年按照财政部门和主管部门的规定上缴上级单位的支出。本项目应当根据"上缴上级支出"科目的本年发生额填列。

　　(16)"对附属单位补助支出"项目,反映事业单位本年用财政拨款收入之外的收入对附属单位补助发生的支出。本项目应当根据"对附属单位补助支出"科目的本年发生额填列。

　　(17)"投资支出"项目,反映事业单位本年以货币资金对外投资发生的支出。本项目应当根据"投资支出"科目的本年发生额填列。

　　(18)"债务还本支出"项目,反映事业单位本年偿还自身承担的纳入预算管理的从金融机构举借的债务本金的支出。本项目应当根据"债务还本支出"科目的本年发生额填列。

　　(19)"其他支出"项目,反映单位本年除以上支出以外的各项支出。本项目应当根据"其他支出"科目的本年发生额填列。

　　"利息支出"项目,反映单位本年发生的利息支出。本项目应当根据"其他支出"科目明细账记录分析填列。单位单设"利息支出"科目的,应当根据

"利息支出"科目的本年发生额填列。

"捐赠支出"项目，反映单位本年发生的捐赠支出。本项目应当根据"其他支出"科目明细账记录分析填列。单位单设"捐赠支出"科目的，应当根据"捐赠支出"科目的本年发生额填列。

3. 本年预算收支差额

（20）"本年预算收支差额"项目，反映单位本年各项预算收支相抵后的差额。本项目应当根据本表中"本期预算收入"项目金额减去"本期预算支出"项目金额后的金额填列；如相减后金额为负数，以"－"号填列。

【例 19-5】预算收入支出表的编制实例

某事业单位 2×19 年预算收入、支出类科目发生额如表 19-8 所示，该事业单位无所得税缴纳义务。

表 19-8   预算收入、支出类科目发生额

编制单位：××××   2×19 年   单位：元

支出类	本年数	收入类	本年数
行政支出	5 000 000	财政拨款预算收入	10 000 000
事业支出	1 500 000	其中：政府性基金收入	1 500 000
经营支出	200 000	事业预算收入	6 000 000
上缴上级支出	1 000 000	上级补助预算收入	1 000 000
对附属单位补助支出	1 000 000	附属单位上缴预算收入	300 000
投资支出	50 000	经营预算收入	250 000
债务还本支出	60 000	债务预算收入	200 000
其他支出	30 000	非同级财政拨款预算收入	70 000
其中：利息支出	13 000	投资预算收益	65 000
捐赠支出	17 000	其他预算收入	70 000
		其中：利息预算收入	20 000
		捐赠预算收入	30 000
		租金预算收入	20 000
支出合计	8 840 000	收入合计	17 955 000

编制该事业单位的 2×19 年预算收入支出表时，省略了"上年数"一列数字。"本年数"一列数字主要项目的填列说明如下。

（1）本年预算收入。

本年预算收入 =10 000 000+6 000 000+1 000 000+300 000+250 000+200 000+70 000+ 65 000+70 000=17 955 000（元）

（2）本年预算支出。

本年预算支出 =5 000 000+1 500 000+200 000+1 000 000+1 000 000+50 000+60 000+ 30 000=8 840 000（元）

（3）本年预算收支差额。

本年预算收支差额 =17 955 000-8 840 000=9 115 000（元）

编制完成的该事业单位 2×19 年预算收入支出表如表 19-9 所示。

表 19-9 　　　　　　　　　预算收入支出表

会政预 01 表

编制单位：×××　　　　　　　　2×19 年　　　　　　　　单位：元

项目	本年数	上年数
一、本年预算收入	17 955 000	
（一）财政拨款预算收入	10 000 000	
其中：政府性基金收入	1 500 000	
（二）事业预算收入	6 000 000	
（三）上级补助预算收入	1 000 000	
（四）附属单位上缴预算收入	300 000	
（五）经营预算收入	250 000	
（六）债务预算收入	200 000	
（七）非同级财政拨款预算收入	70 000	
（八）投资预算收益	65 000	
（九）其他预算收入	70 000	
其中：利息预算收入	20 000	
捐赠预算收入	30 000	
租金预算收入	20 000	
二、本年预算支出	8 840 000	
（一）行政支出	5 000 000	
（二）事业支出	1 500 000	
（三）经营支出	200 000	

续表

项目	本年数	上年数
（四）上缴上级支出	1 000 000	
（五）对附属单位补助支出	1 000 000	
（六）投资支出	50 000	
（七）债务还本支出	60 000	
（八）其他支出	30 000	
其中：利息支出	13 000	
捐赠支出	17 000	
三、本年预算收支差额	9 115 000	

六、预算结转结余变动表编制说明

（一）本表反映单位在某一会计年度内预算结转结余的变动情况。

（二）本表"本年数"栏反映各项目的本年实际发生数。本表"上年数"栏反映各项目的上年实际发生数，应当根据上年度预算结转结余变动表中"本年数"栏内所列数字填列。

如果本年度预算结转结余变动表规定的项目的名称和内容同上年度不一致，应当对上年度预算结转结余变动表项目的名称和数字按照本年度的规定进行调整，将调整后金额填入本年度预算结转结余变动表的"上年数"栏。

（三）本表中"年末预算结转结余"项目金额等于"年初预算结转结余""年初余额调整""本年变动金额"三个项目的合计数。

（四）本表"本年数"栏各项目的内容和填列方法

1. "年初预算结转结余"项目，反映单位本年预算结转结余的年初余额。本项目应当根据本项目下"财政拨款结转结余""其他资金结转结余"项目金额的合计数填列。

（1）"财政拨款结转结余"项目，反映单位本年财政拨款结转结余资金的年初余额。本项目应当根据"财政拨款结转""财政拨款结余"科目本年年初余额合计数填列。

（2）"其他资金结转结余"项目，反映单位本年其他资金结转结余的年初余额。本项目应当根据"非财政拨款结转""非财政拨款结余""专用结余""经营结余"科目本年年初余额的合计数填列。

2. "年初余额调整"项目，反映单位本年预算结转结余年初余额调整的金额。本项目应当根据本项目下"财政拨款结转结余""其他资金结转结余"

项目金额的合计数填列。

（1）"财政拨款结转结余"项目，反映单位本年财政拨款结转结余资金的年初余额调整金额。本项目应当根据"财政拨款结转""财政拨款结余"科目下"年初余额调整"明细科目的本年发生额的合计数填列；如调整减少年初财政拨款结转结余，以"-"号填列。

（2）"其他资金结转结余"项目，反映单位本年其他资金结转结余的年初余额调整金额。本项目应当根据"非财政拨款结转""非财政拨款结余"科目下"年初余额调整"明细科目的本年发生额的合计数填列；如调整减少年初其他资金结转结余，以"-"号填列。

3．"本年变动金额"项目，反映单位本年预算结转结余变动的金额。本项目应当根据本项目下"财政拨款结转结余""其他资金结转结余"项目金额的合计数填列。

（1）"财政拨款结转结余"项目，反映单位本年财政拨款结转结余资金的变动。本项目应当根据本项目下"本年收支差额""归集调入""归集上缴或调出"项目金额的合计数填列。

①"本年收支差额"项目，反映单位本年财政拨款资金收支相抵后的差额。本项目应当根据"财政拨款结转"科目下"本年收支结转"明细科目本年转入的预算收入与预算支出的差额填列；差额为负数的，以"-"号填列。

②"归集调入"项目，反映单位本年按照规定从其他单位归集调入的财政拨款结转资金。本项目应当根据"财政拨款结转"科目下"归集调入"明细科目的本年发生额填列。

③"归集上缴或调出"项目，反映单位本年按照规定上缴的财政拨款结转结余资金及按照规定向其他单位调出的财政拨款结转资金。本项目应当根据"财政拨款结转""财政拨款结余"科目下"归集上缴"明细科目，以及"财政拨款结转"科目下"归集调出"明细科目本年发生额的合计数填列，以"-"号填列。

（2）"其他资金结转结余"项目，反映单位本年其他资金结转结余的变动。本项目应当根据本项目下"本年收支差额""缴回资金""使用专用结余""支付所得税"项目金额的合计数填列。

①"本年收支差额"项目，反映单位本年除财政拨款外的其他资金收支相抵后的差额。本项目应当根据"非财政拨款结转"科目下"本年收支结转"明细科目、"其他结余"科目、"经营结余"科目本年转入的预算收入与预算支出的差额的合计数填列；如为负数，以"-"号填列。

②"缴回资金"项目，反映单位本年按照规定缴回的非财政拨款结转资金。本项目应当根据"非财政拨款结转"科目下"缴回资金"明细科目本年发生额的合计数填列，以"－"号填列。

③"使用专用结余"项目，反映本年事业单位根据规定使用从非财政拨款结余或经营结余中提取的专用基金的金额。本项目应当根据"专用结余"科目明细账中本年使用专用结余业务的发生额填列，以"－"号填列。

④"支付所得税"项目，反映有企业所得税缴纳义务的事业单位本年实际缴纳的企业所得税金额。本项目应当根据"非财政拨款结余"明细账中本年实际缴纳企业所得税业务的发生额填列，以"－"号填列。

4."年末预算结转结余"项目，反映单位本年预算结转结余的年末余额。本项目应当根据本项目下"财政拨款结转结余""其他资金结转结余"项目金额的合计数填列。

（1）"财政拨款结转结余"项目，反映单位本年财政拨款结转结余的年末余额。本项目应当根据本项目下"财政拨款结转""财政拨款结余"项目金额的合计数填列。

本项目下"财政拨款结转""财政拨款结余"项目，应当分别根据"财政拨款结转""财政拨款结余"科目的本年年末余额填列。

（2）"其他资金结转结余"项目，反映单位本年其他资金结转结余的年末余额。本项目应当根据本项目下"非财政拨款结转""非财政拨款结余""专用结余""经营结余"项目金额的合计数填列。

本项目下"非财政拨款结转""非财政拨款结余""专用结余""经营结余"项目，应当分别根据"非财政拨款结转""非财政拨款结余""专用结余""经营结余"科目的本年年末余额填列。

【例 19-6】预算结转结余变动表的编制实例

某事业单位 2×19 年 12 月 31 日结账后各资产、负债和净资产类会计科目余额如表 19-10 所示。据此编制该事业单位的预算结转结余变动表。

表 19-10　　　　　　　　　　会计科目余额

2×19 年 12 月 31 日　　　　　　　　　　单位：元

会计科目	年初数	年末数	本年变动数 （依据本年明细科目发生数）
财政拨款结转	600 000	1 100 000	500 000
——年初余额调整	0	0	0

续表

会计科目	年初数	年末数	本年变动数 （依据本年明细科目发生数）
——归集调入	0	0	550 000
——归集调出	0	0	20 000
——归集上缴	0	0	30 000
——单位内部调剂	0	0	0
——本年收支结转	0	0	0
——累计结转	600 000	1 100 000	500 000
财政拨款结余	800 000	1 000 000	200 000
——年初余额调整	0	0	200 000
——归集上缴	0	0	0
——单位内部调剂	0	0	0
——结转转入	0	0	0
——累计结转	800 000	1 000 000	200 000
非财政拨款结转	100 000	150 000	50 000
——年初余额调整	0	0	10 000
——缴回资金	0	0	10 000
——项目间接费用或管理费	0	0	0
——本年收支结转	0	0	50 000
——累计结转	100 000	150 000	50 000
非财政拨款结余	250 000	380 000	130 000
——年初余额调整	0	0	130 000
——项目间接费用或管理费	0	0	0
——结转转入	0	0	0
——累计结转	250 000	380 000	130 000
专用结余	110 000	120 000	10 000
经营结余	400 000	200 000	200 000
其他结余	100 000	110 000	10 000

上述会计科目余额表中专用结余、经营结余、其他结余科目的本年变动额均未

涉及转入预算收入与预算支出的差额，各项目均可根据各账户的期末余额、发生额分析填列。编制完成的年度预算结转结余变动表如表 19-11 所示。

表 19-11　　　　　　　　　　　预算结转结余变动表

会政预 02 表

编制单位：×××　　　　　　　　2×19 年　　　　　　　　　单位：元

项目	本年数	上年数
一、年初预算结转结余	2 260 000	—
（一）财政拨款结转结余	1 400 000	—
（二）其他资金结转结余	860 000	—
二、年初余额调整（减少以"−"号填列）	340 000	—
（一）财政拨款结转结余	200 000	—
（二）其他资金结转结余	140 000	—
三、本年变动金额（减少以"−"号填列）	540 000	—
（一）财政拨款结转结余	500 000	—
1. 本年收支差额	0	—
2. 归集调入	550 000	—
3. 归集上缴或调出	−50 000	—
（二）其他资金结转结余	40 000	—
1. 本年收支差额	50 000	—
2. 缴回资金	−10 000	—
3. 使用专用结余	0	—
4. 支付所得税	0	—
四、年末预算结转结余	2 950 000	—
（一）财政拨款结转结余	2 100 000	—
1. 财政拨款结转	1 100 000	—
2. 财政拨款结余	1 000 000	—
（二）其他资金结转结余	850 000	—
1. 非财政拨款结转	150 000	—
2. 非财政拨款结余	380 000	—

续表

项目	本年数	上年数
3．专用结余	120 000	—
4．经营结余（如有余额，以"–"号填列）	200 000	—

七、财政拨款预算收入支出表编制说明

（一）本表反映单位本年财政拨款预算资金收入、支出及相关变动的具体情况。

（二）本表"项目"栏内各项目，应当根据单位取得的财政拨款种类分项设置。其中"项目支出"项目下，根据每个项目设置；单位取得除一般公共财政预算拨款和政府性基金预算拨款以外的其他财政拨款的，应当按照财政拨款种类增加相应的资金项目及其明细项目。

（三）本表各栏及其对应项目的内容和填列方法

1．"年初财政拨款结转结余"栏中各项目，反映单位年初各项财政拨款结转结余的金额。各项目应当根据"财政拨款结转""财政拨款结余"及其明细科目的年初余额填列。本栏中各项目的数额应当与上年度财政拨款预算收入支出表中"年末财政拨款结转结余"栏中各项目的数额相等。

2．"调整年初财政拨款结转结余"栏中各项目，反映单位对年初财政拨款结转结余的调整金额。各项目应当根据"财政拨款结转""财政拨款结余"科目下"年初余额调整"明细科目及其所属明细科目的本年发生额填列；如调整减少年初财政拨款结转结余，以"–"号填列。

3．"本年归集调入"栏中各项目，反映单位本年按规定从其他单位调入的财政拨款结转资金金额。各项目应当根据"财政拨款结转"科目下"归集调入"明细科目及其所属明细科目的本年发生额填列。

4．"本年归集上缴或调出"栏中各项目，反映单位本年按规定实际上缴的财政拨款结转结余资金，及按照规定向其他单位调出的财政拨款结转资金金额。各项目应当根据"财政拨款结转""财政拨款结余"科目下"归集上缴"科目和"财政拨款结转"科目下"归集调出"明细科目，及其所属明细科目的本年发生额填列，以"–"号填列。

5．"单位内部调剂"栏中各项目，反映单位本年财政拨款结转结余资金在单位内部不同项目等之间的调剂金额。各项目应当根据"财政拨款结转"和"财政拨款结余"科目下的"单位内部调剂"明细科目及其所属明细科目的本年发生额填列；对单位内部调剂减少的财政拨款结余金额，以"–"号填列。

6. "本年财政拨款收入"栏中各项目，反映单位本年从同级财政部门取得的各类财政预算拨款金额。各项目应当根据"财政拨款预算收入"科目及其所属明细科目的本年发生额填列。

7. "本年财政拨款支出"栏中各项目，反映单位本年发生的财政拨款支出金额。各项目应当根据"行政支出""事业支出"等科目及其所属明细科目本年发生额中的财政拨款支出数的合计数填列。

8. "年末财政拨款结转结余"栏中各项目，反映单位年末财政拨款结转结余的金额。各项目应当根据"财政拨款结转""财政拨款结余"科目及其所属明细科目的年末余额填列。

【例 19-7】 财政拨款预算收入支出表的编制实例

XYZ 事业单位 2019 年度按照收付实现制计算的各项收支资料汇总情况如下。

1. 各项预算收入汇总情况

财政拨款预算收入 500 万元（其中，基本支出——人员经费 280 万元、基本支出——日常公用经费 120 万元、项目拨款 100 万元），事业预算收入 1 000 万元（其中，科研事业收入 200 万元），上级补助预算收入 10 万元，附属单位上缴预算收入 10 万元，经营预算收入 30 万元，其他预算收入 5 万元。

2. 各项预算支出汇总情况

事业支出 1 200 万元（其中：基本支出 1 000 万元，包括财政拨款用于人员经费 280 万元和日常公用经费 120 万元；项目支出 200 万元，包括财政拨款项目支出 80 万元和科研项目支出 50 万元），经营支出 20 万元，上缴上级支出 5 万元，对附属单位补助支出 10 万元。

3. 各专项项目进展汇总情况

财政项目拨款 100 万元中包括 2 个项目：A 项目拨款 60 万元，支出 40 万元，结转继续使用；B 项目拨款 40 万元，支出 40 万元，年底已全部完成。

科研事业收入 200 万元中包括 3 个项目：甲项目收入 70 万元，费用支出 30 万元，继续研究；乙项目收入 90 万元，费用发生 40 万元，实际支出 20 万元，正在正常进行中；丙项目收入 40 万元，尚未发生费用支出，留待下年度使用。

4. 预算会计核算的具体要求

（1）计算预算收入、预算支出总额与收支差额；（2）计算与核算财政拨款（项目支出）结转和结余；（3）计算与核算财政拨款（基本支出）结转和结余；（4）计算与核算非财政拨款结转；（5）计算与核算经营结余；（6）计算与核算其他结余；（7）计算与核算经营结余和其他结余；（8）计算与核算职工福利基金提取额（假设按照非财政拨款结余 20% 的比例提取职工福利基金）；（9）年末结转非财政拨款结余分配额；（10）计算分析年末全部预算结转结余金额；（11）编制 2019 年财政拨款预算收入支出表。

5．解题过程分析

（1）预算收入总数 = 财政拨款预算收入 + 事业预算收入 + 上级补助预算收入 + 附属单位上缴。预算收入 + 经营预算收入 + 其他预算收入 =500+1 000+10+10+30+5=1 555（万元）。

预算支出总数 = 事业支出 + 经营支出 + 上缴上级支出 + 对附属单位补助支出 =1 200+20+5+10=1 235（万元）。

预算收支差额 = 预算收入总数 − 预算支出总数 =1 555−1 235=320（万元）。

（2）财政拨款（项目支出）的核算。

借：财政拨款预算收入——A 项目		600 000
财政拨款预算收入——B 项目		400 000
贷：财政拨款结转——本年收支结转		1 000 000
借：财政拨款结转——本年收支结转		800 000
贷：事业支出——财政拨款支出（A 项目）		400 000
事业支出——财政拨款支出（B 项目）		400 000
借：财政拨款结转——本年收支结转（B 项目）		200 000
贷：财政拨款结转——累计结转（B 项目）		200 000

（3）财政拨款（基本支出）的核算（结余为 0）。

借：财政拨款预算收入——基本支出（人员经费）		280 000
财政拨款预算收入——基本支出（公用经费）		120 000
贷：财政拨款结转——本年收支结转		400 000
借：财政拨款结转——本年收支结转		400 000
贷：事业支出——财政拨款支出（基本支出）		400 000

（4）非财政拨款结转 = 科研事业收入 − 专项科研支出 =200−50−150（万元）。

借：事业预算收入——非财政专项资金收入（甲项目）		700 000
事业预算收入——非财政专项资金收入（乙项目）		900 000
事业预算收入——非财政专项资金收入（丙项目）		400 000
贷：非财政拨款结转——本年收支结转		2 000 000
借：非财政拨款结转——本年收支结转		500 000 00
贷：事业支出——非财政专项资金支出（甲项目）		300 000

事业支出——非财政专项资金支出（乙项目）	200 000

借：非财政拨款结转——本年收支结转　　　　　　　1 500 000

　　贷：非财政拨款结转——累计结转　　　　　　　　　1 500 000

（5）经营结余＝经营收入－经营支出＝30-20=10（万元）。

借：经营预算收入　　　　　　　　　　　　　　　　　300 000

　　贷：经营结余　　　　　　　　　　　　　　　　　　300 000

借：经营结余　　　　　　　　　　　　　　　　　　　200 000

　　贷：经营支出　　　　　　　　　　　　　　　　　　200 000

借：经营结余　　　　　　　　　　　　　　　　　　　100 000

　　贷：非财政拨款结余分配　　　　　　　　　　　　　100 000

（6）其他结余＝其他资金收入－其他资金支出 =825-685=140（万元）。

其中，其他资金收入 825 万元的组成内容如下：①事业预算收入 1 000 万元减去科研事业收入 200 万元为 800 万元；②上级补助预算收入 10 万元；③附属单位上缴预算收入 10 万元；④其他预算收入 5 万元。其他资金支出 685 万元的组成内容如下：①事业支出（基本支出）1 000 万元减去财政拨款基本支出 400 万元为 600 万元；②事业支出（项目支出——其他资金支出）70（200-80-50）万元；③上缴上级支出 5 万元，对附属单位补助支出 10 万元。

借：事业预算收入——其他资金收入　　　　　　　　8 000 000

　　上级补助预算收入——其他资金收入　　　　　　　100 000

　　附属单位上缴预算收入——其他资金收入　　　　　100 000

　　其他预算收入——其他资金收入　　　　　　　　　 50 000

　　贷：其他结余　　　　　　　　　　　　　　　　　8 250 000

借：其他结余　　　　　　　　　　　　　　　　　　6 850 000

　　贷：事业支出——基本支出（其他资金支出）　　　6 000 000

　　　　事业支出——项目支出（其他资金支出）　　　 700 000

　　　　对附属单位补助支出　　　　　　　　　　　　 100 000

　　　　上缴上级支出　　　　　　　　　　　　　　　　50 000

借：其他结余　　　　　　　　　　　　　　　　　　1 400 000

　　贷：非财政拨款结余分配　　　　　　　　　　　　1 400 000

（7）非财政拨款结余＝经营结余＋其他结余 =10+140=150（万元），或＝收支差额－（财政拨款结转＋财政拨款结余＋非财政拨款结转）=320-（20+0+150）= 150（万元）。

（8）职工福利基金提取额＝非财政拨款结余×提取比例＝150×20%=30（万元）。

借：非财政拨款结余分配　　　　　　　　　　　　　　300 000

　　贷：专用结余——职工福利基金　　　　　　　　　　　　300 000

（9）年末结转非财政拨款结余分配余额＝150-30=120（万元）。

借：非财政拨款结余分配　　　　　　　　　　　　　　120 000

　　贷：非财政拨款结余——累计结余　　　　　　　　　　　120 000

经过上述结转，"非财政拨款结余分配"科目应无余额。"非财政拨款结余——累计结余"年末贷方余额为120万元，反映单位滚存的非财政拨款结余资金数额。

（10）财政拨款结转为20万元，财政拨款结余为0。非财政拨款结转为150万元，非财政拨款结余为120万元，专用结余为30万元，全部预算结转结余合计为320万元。

（11）编制2019年财政拨款预算收入支出表，如表19-12所示。

表 19-12　　　　　　　　　　财政拨款预算收入支出表

会政预 03 表

编制单位：XYZ 事业单位　　　　　　　　2019 年　　　　　　　　单位：元

项目	年初财政拨款结转		调整年初财政拨款结转结余	本年归集调入	本年归集上缴或调出	单位内部调剂		本年财政拨款收入	本年财政拨款支出	年末财政拨款结转结余	
	结转	结余				结转	结余			结转	结余
一、一般公共预算财政拨款								5 000 000	4 800 000	200 000	0
（一）基本支出								4 000 000	4 000 000	0	0
1. 人员经费								2 800 000	2 800 000	0	0
2. 日常公用经费								1 200 000	1 200 000	0	0
（二）项目支出								1 000 000	800 000	200 000	0
1. A 项目								600 000	400 000	200 000	0
2. B 项目								400 000	400 000	0	0
3. ×× 项目											
二、政府性基金预算财政拨款											

续表

项目	年初财政拨款结转		调整年初财政拨款结转结余	本年归集调入	本年归集上缴或调出	单位内部调剂		本年财政拨款收入	本年财政拨款支出	年末财政拨款结转结余	
	结转	结余				结转	结余			结转	结余
（一）基本支出											
1. 人员经费											
2. 日常公用经费											
（二）项目支出											
1. ×× 项目											
2. ×× 项目											
总计								5000 000	4800 000	200 000	0

八、附注

附注是对在会计报表中列示的项目所作的进一步说明，以及对未能在会计报表中列示项目的说明。附注是财务报表的重要组成部分。凡对报表使用者的决策有重要影响的会计信息，不论本制度是否有明确规定，单位均应当充分披露。

附注主要包括下列内容。

（一）单位的基本情况

单位应当简要披露其基本情况，包括单位主要职能、主要业务活动、所在地、预算管理关系等。

（二）会计报表编制基础

（三）遵循政府会计准则、制度的声明

（四）重要会计政策和会计估计

单位应当采用与其业务特点相适应的具体会计政策，并充分披露报告期内采用的重要会计政策和会计估计。主要包括以下内容。

1. 会计期间。

2. 记账本位币，外币折算汇率。

3. 坏账准备的计提方法。

4. 存货类别、发出存货的计价方法、存货的盘存制度，以及低值易耗品和包装物的摊销方法。

5. 长期股权投资的核算方法。

6. 固定资产分类、折旧方法、折旧年限和年折旧率；融资租入固定资产的计价和折旧方法。

7. 无形资产的计价方法；使用寿命有限的无形资产，其使用寿命估计情况；使用寿命不确定的无形资产，其使用寿命不确定的判断依据；单位内部研究开发项目划分研究阶段和开发阶段的具体标准。

8. 公共基础设施的分类、折旧（摊销）方法、折旧（摊销）年限，以及其确定依据。

9. 政府储备物资分类，以及确定其发出成本所采用的方法。

10. 保障性住房的分类、折旧方法、折旧年限。

11. 其他重要的会计政策和会计估计。

12. 本期发生重要会计政策和会计估计变更的，变更的内容和原因、受其重要影响的报表项目名称和金额、相关审批程序，以及会计估计变更开始适用的时点。

（五）会计报表重要项目说明

单位应当按照资产负债表和收入费用表项目列示顺序，采用文字和数据描述相结合的方式披露重要项目的明细信息。报表重要项目的明细金额合计，应当与报表项目金额相衔接。报表重要项目说明应包括但不限于下列内容。

1. 货币资金的披露格式如下。

项目	期末余额	年初余额
库存现金		
银行存款		
其他货币资金		
合计		

2. 应收账款按照债务人类别披露的格式如下。

债务人类别	期末余额	年初余额
政府会计主体：		
部门内部单位		
单位1		
……		
部门外部单位		

债务人类别	期末余额	年初余额
单位1		
……		
其他：		
单位1		
……		
合计		

注1："部门内部单位"是指纳入单位所属部门财务报告合并范围的单位（下同）。

注2：有应收票据、预付账款、其他应收款的，可比照应收账款进行披露。

3. 存货的披露格式如下。

存货种类	期末余额	年初余额
1.		
……		
合计		

4. 其他流动资产的披露格式如下。

项目	期末余额	年初余额
1.		
……		
合计		

注：有长期待摊费用、其他非流动资产的，可比照其他流动资产进行披露。

5. 长期投资

（1）长期债券投资的披露格式如下。

债券发行主体	年初余额	本期增加额	本期减少额	期末余额
1.				
……				
合计				

注：有短期投资的，可比照长期债券投资进行披露。

（2）长期股权投资的披露格式如下。

被投资单位	核算方法	年初余额	本期增加额	本期减少额	期末余额
1.					
……					
合计					

（3）当期发生的重大投资净损益项目、金额及原因。

6．固定资产

（1）固定资产的披露格式如下。

项目	年初余额	本期增加额	本期减少额	期末余额
一、原值合计				
其中：房屋及构筑物				
通用设备				
专用设备				
文物和陈列品				
图书、档案				
家具、用具、装具及动植物				
二、累计折旧合计				
其中：房屋及构筑物				
通用设备				
专用设备				
家具、用具、装具				
三、账面价值合计				
其中：房屋及构筑物				
通用设备				
专用设备				
文物和陈列品				
图书、档案				
家具、用具、装具及动植物				

（2）已提足折旧的固定资产名称、数量等情况。

（3）出租、出借固定资产，以及固定资产对外投资等情况。

7．在建工程的披露格式如下。

项目	年初余额	本期增加额	本期减少额	期末余额
1.				
……				
合计				

8．无形资产

（1）各类无形资产的披露格式如下。

项目	年初余额	本期增加额	本期减少额	期末余额
一、原值合计				
1.				
……				
二、累计摊销合计				
1.				
……				
三、账面价值合计				
1.				
……				

（2）计入当期损益的研发支出金额、确认为无形资产的研发支出金额。

（3）无形资产出售、对外投资等处置情况。

9．公共基础设施

（1）公共基础设施的披露格式如下。

项目	年初余额	本期增加额	本期减少额	期末余额
原值合计				
市政基础设施				
1.				
……				
交通基础设施				
1.				
……				
水利基础设施				

项目	年初余额	本期增加额	本期减少额	期末余额
1.				
……				
其他				
……				
累计折旧合计				
市政基础设施				
1.				
……				
交通基础设施				
1.				
……				
水利基础设施				
1.				
……				
其他				
……				
账面价值合计				
市政基础设施				
1.				
……				
交通基础设施				
1.				
……				
水利基础设施				
1.				
……				
其他				
……				

（2）确认为公共基础设施的单独计价入账的土地使用权的账面余额、累计摊销额及变动情况。

（3）已提取折旧继续使用的公共基础设施的名称、数量等。

10. 政府储备物资的披露格式如下。

物资类别	年初余额	本期增加额	本期减少额	期末余额
1.				
……				
合计				

注：如单位有因动用而发出需要收回或者预期可能收回、但期末尚未收回的政府储备物资，应当单独披露其期末账面余额。

11. 受托代理资产的披露格式如下。

资产类别	年初余额	本期增加额	本期减少额	期末余额
货币资金				
受托转赠物资				
受托存储保管物资				
罚没物资				
其他				
合计				

12. 应付账款按照债权人类别披露的格式如下。

债权人类别	期末余额	年初余额
政府会计主体：		
部门内部单位		
单位1		
……		
部门外部单位		
单位1		
……		
其他：		
单位1		
……		

债权人类别	期末余额	年初余额
合计		

注：有应付票据、预收账款、其他应付款、长期应付款的，可比照应付账款进行披露。

13. 其他流动负债的披露格式如下。

项目	期末余额	年初余额
1.		
……		
合计		

注：有预计负债、其他非流动负债的，可比照其他流动负债进行披露。

14. 长期借款

（1）长期借款按照债权人披露的格式如下。

债权人	期末余额	年初余额
1.		
……		
合计		

注：有短期借款的，可比照长期借款进行披露。

（2）单位有基建借款的，应当分基建项目披露长期借款年初数、本年变动数、年末数及到期期限。

15. 事业收入按照收入来源的披露格式如下。

收入来源	本期发生额	上期发生额
来自财政专户管理资金		
本部门内部单位		
单位1		
……		
本部门以外同级政府单位		
单位1		
……		
其他		
单位1		

续表

收入来源	本期发生额	上期发生额
……		
合计		

16. 非同级财政拨款收入按收入来源的披露格式如下。

收入来源	本期发生额	上期发生额
本部门以外同级政府单位		
单位1		
……		
本部门以外非同级政府单位		
单位1		
……		
合计		

17. 其他收入按照收入来源的披露格式如下。

收入来源	本期发生额	上期发生额
本部门内部单位		
单位1		
……		
本部门以外同级政府单位		
单位1		
……		
本部门以外非同级政府单位		
单位1		
……		
其他		
单位1		
……		
合计		

18．业务活动费用

（1）按经济分类的披露格式如下。

项目	本期发生额	上期发生额
工资福利费用		
商品和服务费用		
对个人和家庭的补助费用		
对企业补助费用		
固定资产折旧费		
无形资产摊销费		
公共基础设施折旧（摊销）费		
保障性住房折旧费		
计提专用基金		
……		
合计		

注：有单位管理费用、经营费用的，可比照（业务活动费用）此表进行披露。

（2）按支付对象的披露格式如下。

支付对象	本期发生额	上期发生额
本部门内部单位		
单位1		
……		
本部门以外同级政府单位		
单位1		
……		
其他		
单位1		
……		
合计		

注：有单位管理费用、经营费用的，可比照（业务活动费用）此表进行披露。

19．其他费用按照类别披露的格式如下。

费用类别	本期发生额	上期发生额
利息费用		
坏账损失		
罚没支出		
……		
合计		

20. 本期费用按照经济分类的披露格式如下。

项目	本年数	上年数
工资福利费用		
商品和服务费用		
对个人和家庭的补助费用		
对企业补助费用		
固定资产折旧费		
无形资产摊销费		
公共基础设施折旧（摊销）费		
保障性住房折旧费		
计提专用基金		
所得税费用		
资产处置费用		
上缴上级费用		
对附属单位补助费用		
其他费用		
本期费用合计		

注：单位在按照本制度规定编制收入费用表的基础上，可以根据需要按照此表披露的内容编制收入费用表。

（六）本年盈余与预算结余的差异情况说明

为了反映单位财务会计和预算会计因核算基础和核算范围不同所产生的本年盈余数与本年预算结余数之间的差异，单位应当按照重要性原则，对本年度发生的各类影响收入（预算收入）和费用（预算支出）的业务进行适度归并和分析，披露将年度预算收入支出表中"本年预算收支差额"调节为年度收入费用表中"本期盈余"的信息。有关披露格式如下。

项目	金额
一、本年预算结余（本年预算收支差额）	
二、差异调节	
（一）重要事项的差异	
加：1. 当期确认为收入但没有确认为预算收入	
（1）应收款项、预收账款确认的收入	
（2）接受非货币性资产捐赠确认的收入	
2. 当期确认为预算支出但没有确认为费用	
（1）支付应付款项、预付账款的支出	
（2）为取得存货、政府储备物资等计入物资成本的支出	
（3）为购建固定资产等的资本性支出	
（4）偿还借款本息支出	
减：1. 当期确认为预算收入但没有确认为收入	
（1）收到应收款项、预收账款确认的预算收入	
（2）取得借款确认的预算收入	
2. 当期确认为费用但没有确认为预算支出	
（1）发出存货、政府储备物资等确认的费用	
（2）计提的折旧费用和摊销费用	
（3）确认的资产处置费用（处置资产价值）	
（4）应付款项、预付账款确认的费用	
（二）其他事项差异	
三、本年盈余（本年收入与费用的差额）	

（七）其他重要事项说明

1. 资产负债表日存在的重要或有事项说明。没有重要或有事项的，也应说明。

2. 以名义金额计量的资产名称、数量等情况，以及以名义金额计量理由的说明。

3. 通过债务资金形成的固定资产、公共基础设施、保障性住房等资产的账面价值、使用情况、收益情况及与此相关的债务偿还情况等的说明。

4．重要资产置换、无偿调入（出）、捐入（出）、报废、重大毁损等情况的说明。

5．事业单位将单位内部独立核算单位的会计信息纳入本单位财务报表情况的说明。

6．政府会计具体准则中要求附注披露的其他内容。

7．有助于理解和分析单位财务报表需要说明的其他事项。

附录：主要业务和事项账务处理举例

序号	业务和事项内容		账务处理	
			财务会计	预算会计
一、资产类				
1	**1001 库存现金**			
（1）	提现		借：库存现金 贷：银行存款等	—
	存现		借：银行存款等 贷：库存现金	—
（2）	差旅费	职工出差等借出现金	借：其他应收款 贷：库存现金	—
		出差人员报销差旅费	借：业务活动费用/单位管理费用等（实际报销金额） 库存现金（实际报销金额小于借款金额的差额） 贷：其他应收款 或 借：业务活动费用/单位管理费用等（实际报销金额） 贷：其他应收款 库存现金（实际报销金额大于借款金额的差额）	借：行政支出/事业支出等 （实际报销金额） 贷：资金结存—货币资金
（3）	其他涉及现金的业务	因开展业务等其他事项收到现金	借：库存现金 贷：事业收入/应收账款等	借：资金结存—货币资金 贷：事业预算收入等

续表

（3）	其他涉及现金的业务	因购买服务、商品或其他事项支出现金	借：业务活动费用／单位管理费用／其他费用／应付账款等 　　贷：库存现金	借：行政支出／事业支出／其他支出等 　　贷：资金结存——货币资金
		对外捐赠现金资产	借：其他费用 　　贷：库存现金	借：其他支出 　　贷：资金结存——货币资金
（4）	受托代理、代管现金	收到	借：库存现金——受托代理资产 　　贷：受托代理负债	—
		支付	借：受托代理负债 　　贷：库存现金——受托代理资产	—
（5）	现金溢余	按照溢余金额转入待处理财产损溢	借：库存现金 　　贷：待处理财产损溢	借：资金结存——货币资金 　　贷：其他预算收入
		属于应支付给有关人员或单位的部分	借：待处理财产损溢 　　贷：其他应付款	—
		属于无法查明原因的部分，报经批准后	借：待处理财产损溢 　　贷：其他收入	借：其他预算收入 　　贷：资金结存——货币资金
（6）	现金短缺	按照短缺金额转入待处理财产损溢	借：待处理财产损溢 　　贷：库存现金	借：其他支出 　　贷：资金结存——货币资金
		属于应由责任人赔偿的部分	借：其他应收款 　　贷：待处理财产损溢	—
		属于无法查明原因的部分，报经批准后	借：资产处置费用 　　贷：待处理财产损溢	借：资金结存——货币资金 　　贷：其他支出

续表

序号	项目		财务会计	预算会计
2	**1002 银行存款**			
（1）		将款项存入银行或其他金融机构	借：银行存款 贷：库存现金/事业收入/其他收入等	借：资金结存——货币资金 贷：事业预算收入/其他预算收入等
（2）		提现	借：库存现金 贷：银行存款	—
（3）		支付款项	借：业务活动费用/单位管理费用/其他费用等 贷：银行存款	借：行政支出/事业支出/其他支出等 贷：资金结存——货币资金
（4）	银行存款账户	收到银行存款利息	借：银行存款 贷：利息收入	借：资金结存——货币资金 贷：其他预算收入
		支付银行存款手续费等	借：业务活动费用/单位管理费用等 贷：银行存款	借：行政支出/事业支出等 贷：资金结存——货币资金
（5）	受托代理、代管银行存款	收到	借：银行存款——受托代理资产 贷：受托代理负债	—
		支付	借：受托代理负债 贷：银行存款——受托代理资产	—
（6）	外币业务	以外币购买物资、劳务等	借：在途物品/库存物品等 贷：银行存款（外币账户）/应付账款等（外币账户）	借：事业支出等 贷：资金结存——货币资金
		以外币收取相关款项等	借：银行存款（外币账户）/应收账款/应付账款等 贷：事业收入/应收账款/应付账款等	借：资金结存——货币资金 贷：事业预算收入等
		期末，根据各外币账户按照期末的即期汇率调整后的人民币余额与原账面人民币余额的差额，作为汇兑损益	借：银行存款/应收账款/单位管理费用等（汇兑损失） 贷：业务活动费用/单位管理费用等（汇兑收益）	借：资金结存——货币资金 贷：行政支出/事业支出等（汇兑收益） 借：行政支出/事业支出等（汇兑损失） 贷：资金结存——货币资金

续表

序号	科目	子项	业务说明	财务会计	预算会计
3	1011 零余额账户用款额度				
		（1）收到额度	收到"授权支付到账通知书"	借：零余额账户用款额度 贷：财政拨款收入	借：资金结存——零余额账户用款额度 贷：财政拨款预算收入
		（2）按照规定支用额度	支付日常活动费用	借：业务活动费用/单位管理费用等 贷：零余额账户用款额度	借：行政支出/事业支出等 贷：资金结存——零余额账户用款额度
			购买库存物品或购建固定资产等	借：库存物品/固定资产/在建工程等 贷：零余额账户用款额度	借：行政支出/事业支出等 贷：资金结存——零余额账户用款额度
		（3）提现	从零余额账户提取现金	借：库存现金 贷：零余额账户用款额度	借：资金结存——货币资金 贷：资金结存——零余额账户用款额度
			将现金退回单位零余额账户	借：零余额账户用款额度 贷：库存现金	借：资金结存——零余额账户用款额度 贷：资金结存——货币资金
		（4）因购货退回等发生国库授权支付退回	本年度授权支付的款项	借：零余额账户用款额度 贷：库存物品等	借：资金结存——零余额账户用款额度 贷：行政支出/事业支出等
			以前年度授权支付的款项	借：零余额账户用款额度 贷：以前年度盈余调整等	借：资金结存——零余额账户用款额度 贷：财政拨款结转——年初余额调整
		（5）年末，注销额度	根据代理银行提供的对账单注销财政授权支付额度	借：财政应返还额度——财政授权支付 贷：零余额账户用款额度	借：资金结存——财政应返还额度 贷：资金结存——零余额账户用款额度
			本年度财政授权支付预算指标数大于零余额账户额度下达数的，根据未下达的用款额度	借：财政应返还额度——财政授权支付 贷：财政拨款收入	借：资金结存——财政应返还额度 贷：财政拨款预算收入
		（6）下年初，恢复额度	根据代理银行提供的额度恢复到账通知书，恢复财政授权支付额度	借：零余额账户用款额度 贷：财政应返还额度——财政授权支付	借：资金结存——零余额账户用款额度 贷：资金结存——财政应返还额度
			收到财政部门批复的上年末未下达零余额账户用款额度	借：零余额账户用款额度 贷：财政应返还额度——财政授权支付	借：资金结存——零余额账户用款额度 贷：资金结存——财政应返还额度

续表

4	1021 其他货币资金			
（1）	形成其他货币资金时	取得银行本票、银行汇票、信用卡时	借：其他货币资金——银行本票存款 　　　　　　　　——银行汇票存款 　　　　　　　　——信用卡存款 贷：银行存款	—
（2）	发生支付	用银行本票、银行汇票、信用卡支付时	借：在途物品/库存物品等 贷：其他货币资金——银行本票存款 　　　　　　　　——银行汇票存款 　　　　　　　　——信用卡存款	借：事业支出等（实际支付金额） 贷：资金结存——货币资金
（3）	余款退回时	银行本票、银行汇票、信用卡的余款退回时	借：银行存款 贷：其他货币资金——银行本票存款 　　　　　　　　——银行汇票存款 　　　　　　　　——信用卡存款	—
5	1101 短期投资			
（1）	取得短期投资	取得短期投资时	借：短期投资 贷：银行存款等	借：投资支出 贷：资金结存——货币资金
		收到购买时已到付息期但尚未领取的利息时	借：银行存款 贷：短期投资	借：资金结存——货币资金 贷：投资支出
（2）	短期投资持有期间收到利息	短期投资持有期间收到利息	借：银行存款 贷：投资收益	借：资金结存——货币资金 贷：投资预算收益
（3）	出售短期投资或到期收回短期投资（国债）本息	出售短期投资或到期收回短期投资（国债）本息	借：银行存款（实际收到的金额） 　　投资收益（借差） 贷：短期投资（账面余额） 　　投资收益（贷差）	借：资金结存——货币资金（实收款） 　　投资预算收益（实收款小于投资成本的差额）/其他结余（出售或收回以前年度投资的） 贷：投资支出（出售或收回当年度投资的） 　　其他结余（出售或收回以前年度投资的） 　　投资预算收益（实收款大于投资成本的差额）

续表

6	1201 财政应返还额度		
（1）	财政直接支付方式下，确认财政应返还额度	年末本年度预算指标数与当年实际支付数的差额	借：财政应返还额度——财政直接支付 贷：财政拨款收入
		下年度使用以前年度财政直接支付额度支付款项时	借：业务活动费用／单位管理费用／库存物品等 贷：财政应返还额度——财政直接支付
			借：资金结存——财政应返还额度 贷：财政拨款预算收入
			借：行政支出／事业支出等 贷：资金结存——财政应返还额度
（2）	财政授权支付方式下，确认财政应返还额度	年末本年度预算指标数大于额度下达数的，根据未下达的用款额度	借：财政应返还额度——财政授权支付 贷：财政拨款收入
		年末根据代理银行提供的对账单作注销额度处理	借：财政应返还额度——财政授权支付 贷：零余额账户用款额度
		下年初额度恢复和下年初收到财政部门批复的上年末未下达零余额账户用款额	借：零余额账户用款额度 贷：财政应返还额度——财政授权支付
			借：资金结存——财政应返还额度 贷：财政拨款预算收入
			借：资金结存——零余额账户用款额度 贷：资金结存——财政应返还额度

520

续表

			财务会计	预算会计
7	**1211 应收票据**			
（1）	收到商业汇票	销售产品、提供服务等收到商业汇票时	借：应收票据 贷：经营收入等	—
（2）	商业汇票向银行贴现	持未到期的商业汇票向银行贴现	借：银行存款（贴现净额）经营费用等（贴现利息）贷：应收票据（不附追索权）/短期借款（附追索权）	借：资金结存——货币资金 贷：经营预算收入等（贴现净额）
		附追索权的商业汇票到期未发生追索事项	借：短期借款 贷：应收票据	—
（3）	商业汇票背书转让	将持有的商业汇票背书转让以取得所需物资	借：库存物品等 贷：应收票据 银行存款（差额）	
		商业汇票到期，收回应收票据	借：银行存款 贷：应收票据	借：经营支出等（支付金额）贷：资金结存——货币资金
（4）	商业汇票到期	商业汇票到期，付款人无力支付票款时	借：应收账款 贷：应收票据	借：资金结存——货币资金 贷：经营预算收入等
8	**1212 应收账款**			
（1）	发生应收账款时	应收账款收回后不需上缴财政	借：应收账款 贷：事业收入/经营收入/其他收入等	—
		应收账款收回后需上缴财政	借：应收账款 贷：应缴财政款	—

续表

（2）	收回应收账款时	应收账款收回后不需上缴财政	借：银行存款等 贷：应收账款	借：资金结存——货币资金等 贷：事业预算收入／经营预算收入／其他预算收入等
		应收账款收回后需上缴财政	借：银行存款等 贷：应收账款	—
		报批后予以核销	借：坏账准备／应缴财政款 贷：应收账款	—
（3）	逾期无法收回的应收账款	事业单位已核销不需上缴财政的应收账款在以后期间收回	借：应收账款 贷：坏账准备 借：银行存款 贷：应收账款	借：资金结存——货币资金等 贷：非财政拨款结余等
		单位已核销需上缴财政的应收账款在以后期间收回	借：银行存款等 贷：应缴财政款	—

续表

9		1214 预付账款		
（1）		发生预付账款时	借：预付账款 　　贷：财政拨款收入/零余额账户用款额度/银行存款等	借：行政支出/事业支出等 　　贷：财政拨款预算收入/资金结存
（2）		收到所购物资或劳务，以及根据工程进度结算工程价款等时	借：业务活动费用/库存物品/固定资产/在建工程等 　　贷：预付账款 　　　　零余额账户用款额度/财政拨款收入/银行存款等（补付款项）	借：行政支出/事业支出等（补付款项） 　　贷：财政拨款预算收入/资金结存
（3）	预付账款退回	当年预付账款退回	借：财政拨款收入/零余额账户用款额度/银行存款等 　　贷：预付账款	借：财政拨款预算收入/资金结存 　　贷：行政支出/事业支出等
		以前年度预付账款退回	借：财政应返还额度/零余额账户用款额度 　　贷：预付账款	借：资金结存 　　贷：财政拨款结余——年初余额调整/ 　　　　财政拨款结转——年初余额调整
（4）		逾期无法收回的预付账款转为其他应收款	借：其他应收款 　　贷：预付账款	—

续表

序号	类别	具体业务	财务会计	预算会计
10	1215 应收股利			
（1）取得长期股权投资	取得长期股权投资		借：长期股权投资 应收股利（取得投资支付价款中包含的已宣告但尚未发放的股利或利润） 贷：银行存款（取得投资支付的全部价款）	借：投资支出（取得投资支付的全部价款） 贷：资金结存——货币资金
		收到取得投资所支付价款中包含的已宣告但尚未发放的股利或利润时	借：银行存款 贷：应收股利	借：资金结存——货币资金 贷：投资支出等
（2）持有投资期间		被投资单位宣告发放现金股利或利润	借：应收股利 贷：投资收益／长期股权投资	—
		收到现金股利或利润时	借：银行存款 贷：应收股利	借：资金结存——投资预算收益 贷：投资预算收益
11	1216 应收利息			
（1）取得的债券投资	取得长期债券投资		借：长期债券投资 应收利息（取得投资支付价款中包含的已到期付息） 贷：银行存款（取得投资支付的全部价款）	借：投资支出（取得投资支付的全部价款） 贷：资金结存——货币资金
		收到取得投资所支付价款中包含的已到付息期但尚未领取的利息时	借：银行存款 贷：应收利息	借：资金结存——货币资金 贷：投资支出等
（2）持有投资期间		按期计提利息	借：应收利息（分期付息、到期还本债券计提的利息） 贷：投资收益	—
		实际收到利息	借：银行存款 贷：应收利息	借：资金结存——投资预算收益 贷：投资预算收益

序号	科目	业务事项	财务会计	预算会计
12	1218 其他应收款			
（1）	发生暂付款项（包括偿还未报销的公务卡款项）	暂付款项时	借：其他应收款 贷：银行存款/库存现金/单位管理费用/零余额账户用款额度等	—
		报销时	借：业务活动费用/单位管理费用等（实际报销金额） 贷：其他应收款	借：行政支出/事业支出等（实际报销金额） 贷：资金结存
		收回暂付款项时	借：库存现金/银行存款等 贷：其他应收款	—
（2）	发生其他各种应收款项	确认其他应收款时	借：其他应收款 贷：上级补助收入/附属单位上缴收入/其他收入等	—
		收到其他应收款项时	借：银行存款/库存现金 贷：其他应收款	借：资金结存——货币资金 贷：上级补助预算收入/附属单位上缴预算收入/其他预算收入等
（3）	拨付给内部有关部门的备用金	财务部门核定并发放备用金时	借：其他应收款 贷：库存现金	—
		根据报销数用现金补足备用金定额时	借：业务活动费用/单位管理费用等 贷：库存现金	借：行政支出/事业支出等 贷：资金结存——货币资金
（4）	逾期无法收回的其他应收款	经批准核销时	借：坏账准备（事业单位）/资产处置费用（行政单位） 贷：其他应收款	—
		已核销的其他应收款在以后期间收回	事业单位： 借：其他应收款 贷：坏账准备 借：银行存款等 贷：其他应收款 行政单位： 借：银行存款等 贷：其他收入	借：资金结存——货币资金 贷：其他预算收入

续表

13	**1219 坏账准备**			
（1）	年末全面分析不需上缴财政的应收账款和其他应收款	计提坏账准备、确认坏账损失	借：其他费用 　　贷：坏账准备	—
		冲减坏账准备	借：坏账准备 　　贷：其他费用	—
		报批后予以核销	借：坏账准备 　　贷：应收账款／其他应收款	—
（2）	逾期无法收回的应收账款和其他应收款	已核销不需上缴财政的应收款项在以后期间收回	借：应收账款／其他应收款 　　贷：坏账准备 借：银行存款 　　贷：应收账款／其他应收款	借：资金结存——货币资金等 　　贷：非财政拨款结余等
14	**1301 在途物品**			
（1）	购入材料等物资，结算凭证收到到货未到，款已付或已开出商业汇票		借：在途物品 　　贷：财政拨款收入／零余额账户用款额度／银行存款／应付票据等	借：行政支出／事业支出／经营支出等 　　贷：财政拨款预算收入／资金结存
（2）	所购材料等物资到达验收入库		借：库存物品 　　贷：在途物品	—

续表

序号		业务	财务会计	预算会计
15	**1302 库存物品**			
(1)	取得库存物品	外购的库存物品验收入库	借：库存物品 贷：财政拨款收入/财政应返还额度/零余额账户用款额度/银行存款/应付账款等	借：行政支出/事业支出/经营支出等 贷：财政拨款预算收入/资金结存
		自制的库存物品加工完成、验收入库	借：库存物品——相关明细科目 贷：库存物品——自制物品	—
		委托外单位加工收回的库存物品	借：库存物品——相关明细科目 贷：库存物品——委托加工物品	—
		置换换入的库存物品	借：库存物品（换出资产评估价值＋其他相关支出） 固定资产累计折旧/无形资产累计摊销 资产处置费用（借差） 贷：库存物品/固定资产/无形资产等（账面余额） 银行存款等（其他相关支出） 其他收入（贷差）	借：其他支出（实际支付的其他相关支出） 贷：资金结存
		涉及补价的： ①支付补价的	借：库存物品（换出资产评估价值＋其他相关支出＋补价） 固定资产累计折旧/无形资产累计摊销 资产处置费用（借差） 贷：库存物品/固定资产/无形资产等（账面余额） 银行存款等（其他相关支出＋补价） 其他收入（贷差）	借：其他支出（实际支付的补价和其他相关支出） 贷：资金结存

续表

（1）取得库存物品	涉及补价的：②收到补价的	借：库存物品（换出资产评估价值＋其他相关支出－补价） 银行存款等（补价） 固定资产累计折旧／无形资产累计摊销 资产处置费用（借差） 贷：库存物品／固定资产／无形资产等（账面余额） 银行存款等（其他相关支出） 应缴财政款（补价－其他相关支出） 其他收入（贷差）	借：其他支出（其他相关支出大于收到的补价的差额） 贷：资金结存
	接受捐赠的库存物品	借：库存物品（按照确定的成本） 贷：银行存款等（相关税费） 捐赠收入	借：其他支出（实际支付的相关税费） 贷：资金结存
	无偿调入的库存物品	借：库存物品（按照确定的成本） 贷：银行存款等（相关税费） 无偿调拨净资产	借：其他支出（实际支付的相关税费） 贷：资金结存
	按照名义金额入账的接受捐赠、无偿调入的库存物品及发生的相关税费、运输费等	借：库存物品（名义金额） 贷：捐赠收入（接受捐赠）／无偿调拨净资产（无偿调入） 借：其他费用 贷：银行存款等	— 借：其他支出 贷：资金结存

续表

	业务事项	账务处理	
（2）发出库存物品	开展业务活动、按照规定自主出售或加工物品等领用、发出库存物品时	借：业务活动费用/单位管理费用/经营费用/加工物品等（按照领用、发出成本） 　　贷：库存物品（账面余额）	—
	经批准对外捐赠的库存物品发出时	借：资产处置费用 　　贷：库存物品（账面余额） 借：资产处置费用 　　贷：银行存款等（归属于捐出方的相关费用）	借：其他支出（实际支付的相关费用） 　　贷：资金结存
	经批准无偿调出的库存物品发出时	借：无偿调拨净资产 　　贷：库存物品（账面余额） 借：资产处置费用 　　贷：银行存款等（归属于调出方的相关费用）	借：其他支出（实际支付的相关费用） 　　贷：资金结存
	经批准对外出售（自主出售除外）的库存物品发出时	借：资产处置费用 　　贷：库存物品（账面余额） 借：银行存款等（收到的价款） 　　贷：银行存款等（发生的相关税费） 　　　　应缴财政款	—
	经批准置换换出库存物品时	参照置换换入"库存物品"的处理	
（3）库存物品定期盘点及毁损、报废	盘盈的库存物品	借：库存物品 　　贷：待处理财产损溢	—
	盘亏或者毁损、报废的库存物品转入待处理资产	借：待处理财产损溢 　　贷：库存物品（账面余额）	—
	增值税一般纳税人购进的非自用材料发生盘亏或者毁损、报废的	借：待处理财产损溢 　　贷：应交增值税——应交税金（进项税额转出）	—

续表

16	1303 加工物品				
（1）	自制物品	为自制物品领用材料时	借：加工物品——自制物品（直接材料） 贷：库存物品（相关明细科目）	—
		专门从事物资制造的人员发生的直接人工费用	借：加工物品——自制物品（直接人工） 贷：应付职工薪酬	—
		为自制物品发生其他直接费用和间接费用	借：加工物品——自制物品（其他直接费用、间接费用） 贷：财政拨款收入/零余额账户用款额度/银行存款等	借：事业支出/经营支出等（实际支付金额） 贷：财政拨款预算收入/资金结存
		自制加工完成、验收入库	借：库存物品（相关明细科目） 贷：加工物品——自制物品（直接材料、直接人工、其他直接费用、间接费用）	—
（2）	委托加工物品	发给外单位加工的材料	借：加工物品——委托加工物品 贷：库存物品（相关明细科目）	—
		支付加工费用	借：加工物品——委托加工物品 贷：财政拨款收入/零余额账户用款额度/银行存款等	借：行政支出/事业支出/经营支出等 贷：财政拨款预算收入/资金结存
		委托加工完成的物品验收入库	借：库存物品（相关明细科目） 贷：加工物品——委托加工物品	—

续表

		业务事项	财务会计处理	预算会计处理
17	**1401 待摊费用**			
（1）		发生待摊费用时	借：待摊费用 贷：财政拨款收入／零余额账户用款额度／银行存款等	借：行政支出／事业支出等 贷：财政拨款预算收入／资金结存
（2）		按照受益期限分期平均摊销时	借：业务活动费用／单位管理费用／经营费用等 贷：待摊费用（每期摊销金额）	—
（3）		将摊余金额一次全部转入当期费用时	借：业务活动费用／单位管理费用／经营费用等 贷：待摊费用（全部未销金额）	—
18	**1501 长期股权投资**			
（1）	取得长期股权投资	以现金取得的长期股权投资	借：长期股权投资——成本／长期股权投资 应收股利（实际支付价款中包含的已宣告尚未发放的股利或利润） 贷：银行存款等（实际支付的价款）	借：投资支出（实际支付的价款） 贷：资金结存——货币资金
		收到取得投资时实际支付价款中所包含的已宣告但尚未发放的股利时	借：银行存款 贷：应收股利	借：资金结存——货币资金 贷：投资支出等
		以现金以外的其他资产置换取得长期股权投资	参照"库存物品"科目中置换取得存货物品的账务处理	
		以未入账的无形资产取得的长期股权投资	借：长期股权投资 贷：银行存款／其他应交税费 其他收入	借：其他支出（支付的相关税费） 贷：资金结存
		接受捐赠的长期股权投资	借：长期股权投资——成本／长期股权投资 贷：银行存款等（相关税费） 捐赠收入	借：其他支出（支付的相关税费） 贷：资金结存

续表

				财务会计	预算会计
（1）	取得长期股权投资	无偿调入的长期股权投资		借：长期股权投资 贷：无偿调拨净资产 　　银行存款等（相关税费）	借：其他支出（支付的相关税费） 贷：资金结存——资金结存
（2）	持有长期股权投资期间	成本法下	被投资单位宣告发放现金股利或利润时	借：应收股利 贷：投资收益	—
			收到被投资单位发放的现金股利时	借：银行存款 贷：应收股利	借：资金结存——货币资金 贷：投资预算收益
		权益法下	被投资单位实现净利润的，按照其份额	借：长期股权投资——损益调整 贷：投资收益	—
			被投资单位发生净亏损的，按照其份额	借：投资收益 贷：长期股权投资——损益调整	—
			被投资单位发生净亏损，但以后年度又实现净利润的，按规定恢复确认投资收益的	借：长期股权投资——损益调整 贷：投资收益	—
			被投资单位宣告发放现金股利或利润的，按照其份额	借：应收股利 贷：长期股权投资——其他权益变动	—
			被投资单位除净损益和利润分配以外的所有者权益变动时，按照其份额	借：长期股权投资——权益法调整 贷：权益法调整 或： 借：权益法调整 贷：长期股权投资——其他权益变动	—
			权益法下收到被投资单位发放的现金股利	借：银行存款 贷：应收股利	借：资金结存——货币资金 贷：投资预算收益

续表

			财务会计	预算会计
（2）	持有长期股权投资期间	追加投资成本法改为权益法	借：长期股权投资——成本（成本法下账面余额） 长期股权投资等（追加投资） 贷：银行存款等（追加投资）	借：投资支出（实际支付的金额） 贷：资金结存——货币资金
		权益法改为成本法	借：长期股权投资 贷：长期股权投资——成本 长期股权投资——损益调整 长期股权投资——其他权益变动	一
		处置以现金取得的长期股权投资	借：银行存款（实际取得价款） 投资收益（借差） 贷：长期股权投资（账面余额） 投资收益（贷差） 应收股利（尚未领取的现金股利或利润） 银行存款等（支付的相关费用）	借：资金结存——货币资金（取得价款扣减支付的相关税费后的金额） 贷：投资支出/其他结余（投资收益） 投资预算收益
（3）	出售（转让）长期股权投资	处置以现金以外的其他资产取得的长期股权投资	借：资产处置费用 银行存款（实际取得价款） 贷：长期股权投资 应收股利（尚未领取的现金股利或利润） 银行存款等（支付的相关费用）	借：资金结存——货币资金 贷：投资预算收益（获得的现金股利或利润）
		按照规定投资收益纳入单位预算管理的	借：资产处置费用 银行存款（实际取得价款） 贷：长期股权投资 应收股利（尚未领取的现金股利或利润） 银行存款等（支付的相关费用） 投资收益（取得价款扣减投资账面余额、应收股利和相关税费后的差额）（贷差） 应缴财政款	借：资金结存——货币资金（取得价款扣减投资账面余额和相关税费后的差额） 贷：投资预算收益

续表

序号	项目	业务事项	财务会计	预算会计
（4）	其他方式处置长期股权投资	按照规定核销时	借：资产处置费用 　贷：长期股权投资（账面余额）	—
		置换转出时	参照"库存物品"科目中置换取得库存物品的账务处理	
（5）		权益法下，处置时结转原直接计入净资产的相关金额	借：权益法调整 　贷：投资收益 或做相反分录	—
19	1502 长期债券投资			
（1）	取得长期债券投资	取得长期债券投资时	借：长期债券投资——成本 　应收利息（实际支付价款中包含的已到付息期但尚未领取的利息） 　贷：银行存款等（实际支付价款）	借：投资支出（实际支付价款） 　贷：资金结存——货币资金
		收到取得投资所支付价款中包含的已到付息期但尚未领取的利息时	借：银行存款 　贷：应收利息	借：资金结存——货币资金 　贷：投资支出等
（2）	持有长期债券投资期间	按期以票面金额与票面利率计算确认利息收入时	借：应收利息（分期付息、到期还本） 　长期债券投资——应计利息（到期一次还本付息） 　贷：投资收益	—
		实际收到分期支付的利息时	借：银行存款 　贷：应收利息	借：资金结存——货币资金 　贷：投资预算收益
（3）	到期收回长期债券投资本息		借：银行存款等 　贷：长期债券投资（账面余额） 　应收利息 　投资收益	借：资金结存——货币资金 　贷：投资支出／其他结余（投资成本） 　投资预算收益
（4）	对外出售长期债券投资		借：银行存款等（实际收到的款项） 　投资收益（借差） 　贷：长期债券投资（账面余额） 　应收利息 　投资收益（贷差）	借：资金结存——货币资金 　贷：投资支出／其他结余（投资成本） 　投资预算收益

续表

20	1601 固定资产			财务会计	预算会计
（1）	固定资产取得	①外购的固定资产	A. 不需安装的	借：固定资产 贷：财政拨款收入/零余额账户用款额度/应付账款/银行存款等	借：行政支出/事业支出/经营支出等 贷：财政拨款预算收入/资金结存
			B. 需要安装的通过"在建工程"科目核算	借：在建工程 贷：财政拨款收入/零余额账户用款额度/应付账款/银行存款等	借：行政支出/事业支出/经营支出等 贷：财政拨款预算收入/资金结存
			安装完工支付使用时	借：固定资产 贷：在建工程	—
			购入固定资产扣留质量保证金的	借：固定资产（不需安装）/在建工程（需要安装） 贷：财政拨款收入/零余额账户用款额度/应付账款/银行存款等 其他应付款[扣留期在1年以内（含1年）]/长期应付款（扣留期超过1年）	借：行政支出/事业支出/经营支出等（购买固定资产实际支付的金额） 贷：财政拨款预算收入/资金结存
			质保期满支付质量保证金时	借：其他应付款/长期应付款 贷：财政拨款收入/零余额账户用款额度/银行存款等	借：行政支出/事业支出/经营支出等 贷：财政拨款预算收入/资金结存
		②自行建造的固定资产，工程完工支付使用时		借：固定资产 贷：在建工程	—
		③融资租入（或跨年度分期付款购入）的固定资产		借：固定资产（不需安装）/在建工程（需要安装） 贷：长期应付款（协议或合同确定的租赁价款） 财政拨款收入/零余额账户用款额度/银行存款等（实际支付的相关税费、运输费等）	借：行政支出/事业支出/经营支出等（实际支付的相关税费、运输费） 贷：财政拨款预算收入/资金结存
		定期支付租金（或分期付款）时		借：长期应付款 贷：财政拨款收入/零余额账户用款额度/银行存款等	借：行政支出/事业支出/经营支出等 贷：财政拨款预算收入/资金结存

		事项	财务会计分录	预算会计分录
（1）	固定资产取得	④接受捐赠的固定资产	借：固定资产（不需安装）/在建工程（需安装） 贷：银行存款/零余额账户用款额度等（发生的相关税费、运输费等） 　　捐赠收入（差额）	借：其他支出（支付的相关税费、运输费等） 贷：资金结存
		接受捐赠的固定资产按照名义金额入账的	借：固定资产（名义金额） 　　捐赠费用 贷：其他 　　银行存款/零余额账户用款额度等（发生的相关税费、运输费等）	借：其他支出（支付的相关税费、运输费等） 贷：资金结存
		⑤无偿调入的固定资产	借：固定资产（不需安装）/在建工程（需安装） 贷：银行存款/零余额账户用款额度等（发生的相关税费、运输费等） 　　无偿调拨净资产（差额）	借：其他支出（支付的相关税费、运输费等） 贷：资金结存
		⑥置换取得的固定资产	参照"库存物品"科目中置换取得存货物品的账务处理	—
（2）	与固定资产有关的后续支出	符合固定资产确认条件的（增加固定资产使用效能或延长其使用年限等而发生的改建、扩建等后续支出）	借：在建工程（固定资产账面价值） 　　固定资产累计折旧 贷：固定资产（账面余额） 借：在建工程 贷：财政拨款收入/零额账户用款额度/应付账款/银行存款等	借：行政支出/事业支出/经营支出等 贷：财政拨款预算收入/资金结存
		不符合固定资产确认条件的	借：业务活动费用/单位管理费用/经营费用等 贷：财政拨款收入/零额账户用款额度/银行存款等	借：行政支出/事业支出/经营支出等 贷：财政拨款预算收入/资金结存

续表

	业务类别	事项	账务处理	说明
（3）	固定资产处置	出售、转让固定资产	借：资产处置费用 　　固定资产累计折旧 　　贷：固定资产（账面余额） 借：银行存款（处置固定资产收到的价款） 　　贷：应缴财政款 　　　　银行存款等（发生的相关费用）	—
		对外捐赠固定资产	借：资产处置费用 　　固定资产累计折旧 　　贷：固定资产（账面余额） 　　　　银行存款等（归属于捐出方的相关费用） 借：其他支出 　　贷：资金结存	按照对外捐赠过程中发生的归属于捐出方的相关费用 —
		无偿调出固定资产	借：无偿调拨净资产 　　固定资产累计折旧 　　贷：固定资产（账面余额） 借：资产处置费用 　　贷：银行存款等（归属于调出方的相关费用） 借：其他支出 　　贷：资金结存	—
		置换换出固定资产	参照"库存物品"科目中置换取得存货物品的规定进行账务处理	
（4）	固定资产定期盘点清查	盘盈的固定资产	借：固定资产 　　贷：待处理财产损溢	—
		盘亏、毁损或报废的固定资产	借：待处理财产损溢（账面价值） 　　固定资产累计折旧 　　贷：固定资产（账面余额）	—

续表

21	1602 固定资产累计折旧		
（1）	按月计提固定资产折旧时	借：业务活动费用／单位管理费用／经营费用等 　　贷：固定资产累计折旧	—
（2）	处置固定资产时	借：待处理财产损溢／无偿调拨净资产／资产处置费用等 　　固定资产累计折旧 　　贷：固定资产（账面余额）	涉及资金支付的，参照"固定资产"科目相关账务处理
22	1611 工程物资		
（1）	取得工程物资	购入工程物资	借：工程物资 　　贷：财政拨款收入／零余额账户用款额度／银行存款／应付账款／其他应付款等	借：行政支出／事业支出／经营支出等（实际支付的款项） 　　贷：财政拨款预算收入／资金结存
（2）	领用工程物资	发出工程物资	借：在建工程 　　贷：工程物资	—
（3）	剩余工程物资	剩余工程物资转为存货	借：库存物品 　　贷：工程物资	—

续表

序号		业务	财务会计	预算会计
23	**1613 在建工程**			
(1)	建筑安装工程投资	将固定资产等转入改建、扩建时	借：在建工程——建筑安装工程投资 固定资产累计折旧等 贷：固定资产等	—
		发包工程预付工程款时	借：预付账款——预付工程款 贷：财政拨款收入/零余额账户用款额度/银行存款等	借：行政支出/事业支出等 贷：财政拨款预算收入/资金结存
		按照进度结算工程款时	借：在建工程——建筑安装工程投资 贷：预付账款——预付工程款 财政拨款收入/零余额账户用款额度/银行存款/应付账款等	借：行政支出/事业支出等（补付款项） 贷：财政拨款预算收入/资金结存
		自行施工小型建筑安装工程发生支出时	借：在建工程——建筑安装工程投资 贷：工程物资/零余额账户用款额度/银行存款/应付账款/应付职工薪酬等	借：行政支出/事业支出等（实际支付的款项） 贷：资金结存
		改扩建过程中替换（拆除）原资产某些组成部分的	借：待处理财产损溢 贷：在建工程——建筑安装工程投资	—
		工程竣工验收交付使用时	借：固定资产等 贷：在建工程——建筑安装工程投资	—

续表

		财务会计	预算会计
（2）设备投资	购入设备时	借：在建工程——设备投资 贷：财政拨款收入／零余额账户用款额度／应付账款／银行存款等	借：行政支出／事业支出等（实际支付的款项） 贷：财政拨款预算收入／资金结存
	安装完毕，交付使用时	借：固定资产等 贷：在建工程——设备投资 　　——建筑安装工程投资——安装工程	—
	将不需要安装设备和达不到固定资产标准的工具器具交付使用时	借：固定资产／库存物资 贷：在建工程——设备投资	—
	发生构成待摊投资的各类费用时	借：在建工程——待摊投资 贷：财政拨款收入／零余额账户用款额度／银行存款／应付利息／长期借款／其他应交税费等	借：行政支出／事业支出等（实际支付的款项） 贷：财政拨款预算收入／资金结存
（3）待摊投资	对于建设过程中试生产、设备调试等产生的收入	借：银行存款等 贷：在建工程——待摊投资（按规定冲减工程成本的部分）应缴财政款／其他收入（差额）	借：资金结存 贷：其他预算收入
	经批准将单项工程或单位工程报废净损失计入继续施工的工程成本的	借：在建工程——待摊投资／银行存款／其他应收款等（残料变价收入、赔款等） 贷：在建工程——建筑安装工程投资（毁损报废工程成本）	—
	工程交付使用时，按照一定的分配方法进行待摊投资分配	借：在建工程——建筑安装工程投资 　　——设备投资 贷：在建工程——待摊投资	—

续表

		借：在建工程——其他投资 　　贷：财政拨款收入／无形资产等	借：行政支出／事业支出等（实际支付的款项） 　　贷：财政拨款预算收入／资金结存
（4）	其他投资	发生其他投资支出时	
		资产交付使用时	借：固定资产／无形资产等 　　贷：在建工程——其他投资	—
（5）	基建转出投资	建造的产权不归属本单位的专用设施转出时	借：在建工程——基建转出投资 　　贷：在建工程——建筑安装工程投资	—
		冲销转出的在建工程时	借：无偿调拨净资产 　　贷：在建工程——基建转出投资	—
（6）	待核销基建支出	发生各类待核销基建支出时	借：在建工程——待核销基建支出 　　贷：财政拨款收入／零余额账户用款额度／银行存款等	借：行政支出／事业支出（实际支付的款项） 　　贷：财政拨款预算收入／资金结存
		取消的项目发生的可行性研究费	借：在建工程——待核销基建支出 　　贷：在建工程——待摊投资	—
		由于自然灾害等原因发生的项目整体报废所形成的净损失	借：在建工程——待核销基建支出 　　银行存款／其他应收款等（残料变价收入、保险赔款等） 　　贷：在建工程——建筑安装工程投资	—
		经批准冲销待核销基建支出时	借：资产处置费用 　　贷：在建工程——待核销基建支出	

541

续表

24	1701 无形资产			
（1）无形资产取得	①外购的无形资产入账时	借：无形资产 贷：财政拨款收入／零余额账户用款额度／应付账款／银行存款等	借：行政支出／事业支出／经营支出等 贷：财政拨款预算收入／资金结存	
	②委托软件公司开发的软件，按照合同约定预付开发费时	借：预付账款 贷：财政拨款收入／零余额账户用款额度／银行存款等	借：行政支出／事业支出／经营支出等（预付的款项） 贷：财政拨款预算收入／资金结存	
	委托开发的软件交付使用，并支付剩余或全部软件开发费用时	借：无形资产（开发费总额） 贷：预付账款 财政拨款收入／零余额账户用款额度／银行存款等（支付的剩余款项）	按照支付的剩余款项金额 借：行政支出／事业支出／经营支出等 贷：财政拨款预算收入／资金结存	
	③自行开发 A. 开发完成，达到预定用途形成无形资产的	借：无形资产 贷：研发支出——开发支出	—	
	B. 自行研究开发无形资产尚未进入开发阶段，或者确实无法区分研究阶段支出和开发阶段支出，但按照法律程序已申请取得无形资产的	借：无形资产（依法取得时发生的注册费、聘请律师费等费用） 贷：财政拨款收入／零余额账户用款额度／银行存款等	借：行政支出／事业支出／经营支出等 贷：财政拨款预算收入／资金结存	
	④置换取得的无形资产	参照"库存物品"科目中置换取得库存物品的相关规定进行账务处理		

续表

			账务处理	预算会计
（1）	无形资产取得	⑤接受捐赠的无形资产	借：无形资产 贷：银行存款/零余额账户用款额度等（发生的相关税费等） 　　捐赠收入（差额）	借：其他支出（支付的相关税费等） 贷：资金结存
		接受捐赠的无形资产按照名义金额入账的	借：无形资产（名义金额） 　　其他费用 贷：捐赠收入 　　银行存款/零余额账户用款额度等（发生的相关税费等）	借：其他支出（支付的相关税费等） 贷：资金结存
		⑥无偿调入的无形资产	借：无形资产 贷：银行存款/零余额账户用款额度等（发生的相关税费等） 　　无偿调拨净资产（差额）	借：其他支出（支付的相关税费等） 贷：资金结存
（2）	与无形资产有关的后续支出	符合无形资产确认条件的后续支出（如为增加无形资产的使用效能而发生的后续支出）	借：在建工程 　　无形资产累计摊销 贷：无形资产 借：在建工程/无形资产（无需暂停计提摊销的） 贷：财政拨款收入/零余额账户用款额度/银行存款等	借：行政支出/事业支出/经营支出等（实际支付的资金） 贷：财政拨款预算收入/资金结存
		不符合无形资产确认条件的后续支出（为维护无形资产的正常使用而发生的后续支出）	借：业务活动费用/单位管理费用/经营费用等 贷：财政拨款收入/零余额账户用款额度/银行存款等	借：行政支出/事业支出/经营支出等 贷：财政拨款预算收入/资金结存

续表

		财务会计	预算会计
（3）无形资产处置	出售、转让无形资产	借：资产处置费用 　　无形资产累计摊销 　贷：无形资产	—
		借：银行存款等（收到的价款） 　贷：银行存款等（发生的相关费用） 　　　应缴财政款/其他收入	如转让收入按照规定规入本单位预算 借：资金结存 　贷：其他预算收入
	对外捐赠无形资产	借：资产处置费用 　　无形资产累计摊销 　贷：无形资产（账面余额） 　　　银行存款等（归属于捐出方的相关费用）	借：其他支出（归属于捐出方的相关费用） 　贷：资金结存
	无偿调出无形资产	借：无偿调拨净资产 　　无形资产累计摊销 　贷：无形资产（账面余额） 借：资产处置费用 　贷：银行存款等（相关费用）	借：其他支出（归属于调出方的相关费用） 　贷：资金结存
	置换换出无形资产时	参照"库存物品"科目中置换取得库存存物品的规定进行账务处理	—
	经批准核销无形资产时	借：资产处置费用 　　无形资产累计摊销 　贷：无形资产（账面余额）	—

续表

编号	业务		财务会计	预算会计
25	**1702 无形资产累计摊销**			
（1）	按照月进行无形资产摊销时		借：业务活动费用/单位管理费用/加工物品等 贷：无形资产累计摊销	—
（2）	处置无形资产时		借：资产处置费用/无偿调拨净资产等 贷：无形资产（账面余额）	—
26	**1703 研发支出**			
	单位自行研究开发无形资产	自行研究开发项目研究阶段的支出	应当按照合理的方法先行归集	借：研发支出——研究支出 贷：应付职工薪酬/库存物品/财政拨款收入/零余额账户用款额度/银行存款等	借：事业支出/经营支出等（实际支付的款项） 贷：财政拨款预算收入/资金结存
			期（月）末转入当期费用	借：业务活动费用等 贷：研发支出——研究支出	—
		自行研究开发项目开发阶段的支出		借：研发支出——开发支出 贷：应付职工薪酬 库存物品 财政拨款收入/零余额账户用款额度/银行存款等	借：事业支出/经营支出等（实际支付的款项） 贷：财政拨款预算收入/资金结存
		自行研究开发项目完成，达到预定用途形成无形资产		借：无形资产 贷：研发支出——开发支出	—
		年末经评估，研发项目预计不能达到预定用途		借：业务活动费用等 贷：研发支出——开发支出	—

续表

27	1801 公共基础设施			
（1）	取得公共基础设施	自行建造公共基础设施完工交付使用时	借：公共基础设施 　　贷：在建工程	—
		接受无偿调入的公共基础设施	借：公共基础设施 　　贷：无偿调入净资产 　　　　财政拨款收入／零余额账户用款额度／银行存款等（发生的归属于调入方的相关费用） 如无偿调入的公共基础设施成本无法可靠取得的 借：其他费用（发生的归属于调入方的相关费用） 　　贷：财政拨款收入／零余额账户用款额度／银行存款等	借：其他支出（支付的归属于调入方的相关费用） 　　贷：财政拨款预算收入／资金结存
		接受捐赠的公共基础设施	借：公共基础设施 　　贷：捐赠收入 　　　　财政拨款收入／零余额账户用款额度／银行存款等（发生的归属于捐入方的相关费用） 如接受捐赠的公共基础设施成本无法可靠取得的 借：其他费用（发生的归属于捐入方的相关费用） 　　贷：财政拨款收入／零余额账户用款额度／银行存款等	借：其他支出（支付的归属于捐入方的相关费用） 　　贷：财政拨款预算收入／资金结存
		外购的公共基础设施	借：公共基础设施 　　贷：财政拨款收入／零余额账户用款额度／应付账款／银行存款等	借：行政支出／事业支出 　　贷：财政拨款预算收入／资金结存
（2）	与公共基础设施有关的后续支出	为增加公共基础设施使用效能或延长其使用年限而发生的改建、扩建等后续支出	借：在建工程 　　公共基础设施累计折旧（摊销） 　　贷：公共基础设施（账面余额） 借：在建工程（发生的相关后续支出） 　　贷：财政拨款收入／零余额账户用款额度／应付账款／银行存款等	借：行政支出／事业支出（实际支付的款项） 　　贷：财政拨款预算收入／资金结存

续表

	业务事项	账务处理	预算会计处理
（2）	与公共基础设施有关的后续支出	为维护公共基础设施的正常使用而发生的日常维修、养护等后续支出	借：业务活动费用 贷：财政拨款收入/零余额账户用款额度/银行存款等	借：行政支出/事业支出（实际支付的款项） 贷：财政拨款预算收入/资金结存
（3）	按照规定处置公共基础设施	对外捐赠公共基础设施	借：资产处置费用 　　公共基础设施累计折旧（摊销） 贷：公共基础设施（账面余额） 　　银行存款等（归属于捐出方的相关费用）	借：其他支出（支付的归属于捐出方的相关费用） 贷：资金结存等
		无偿调出公共基础设施	借：无偿调拨净资产 　　公共基础设施累计折旧（摊销） 贷：公共基础设施（账面余额） 借：资产处置费用 贷：银行存款等（归属于调出方的相关费用）	借：其他支出（支付的归属于调出方的相关费用） 贷：资金结存等
（4）	报废、毁损的公共基础设施		借：待处理财产损溢 　　公共基础设施累计折旧（摊销） 贷：公共基础设施（账面余额）	—
28	1802 公共基础设施累计折旧（摊销）			
（1）	按月计提公共基础设施折旧或摊销时		借：业务活动费用 贷：公共基础设施累计折旧（摊销）	—
（2）	处置公共基础设施时		借：待处理财产损溢 　　公共基础设施累计折旧（摊销） 贷：公共基础设施（账面余额）	—

29	1811 政府储备物资			
（1）	取得政府储备物资	购入的政府储备物资	借：政府储备物资 贷：财政拨款收入／零余额账户用款额度／应付账款／银行存款等	借：行政支出／事业支出 贷：财政拨款预算收入／资金结存
		接受捐赠的政府储备物资	借：政府储备物资 贷：捐赠收入 财政拨款收入／零余额账户用款额度／银行存款（捐入方承担的相关税费）	借：其他支出（捐入方承担的相关税费） 贷：财政拨款预算收入／资金结存
		无偿调入的政府储备物资	借：政府储备物资 贷：无偿调拨净资产 财政拨款收入／零余额账户用款额度／银行存款（调入方承担的相关税费）	借：其他支出（调入方承担的相关税费） 贷：财政拨款预算收入／资金结存
（2）	发出政府储备物资	动用发出无需收回的政府储备物资	借：业务活动费用 贷：政府储备物资（账面余额）	—
		动用发出需要收回或预期可能收回的政府储备物资	发出物资时 借：政府储备物资——发出 贷：政府储备物资——在库 按照规定的质量验收标准收回物资时 借：政府储备物资——在库（收回物资的账面余额） 业务活动费用（未收回物资的账面余额） 贷：政府储备物资——发出	—

续表

（2）	发出政府储备物资	因行政管理主体变动等原因而将政府储备物资调拨给其他主体的	借：无偿调拨净资产 　　贷：政府储备物资（账面余额）
		按照规定物资销售收入纳入本单位预算的	借：业务活动费用 　　贷：政府储备物资 借：银行存款/应收账款等 　　贷：事业收入等 借：业务活动费用 　　贷：银行存款等（发生的相关税费）
		对外销售政府储备物资的	借：资产处置费用 　　贷：政府储备物资 借：银行存款等（收到的销售价款） 　　贷：银行存款（发生的相关税费） 借：银行存款等（收到的销售价款） 　　贷：应缴财政款	借：资金结存（收到的销售价款） 　　贷：事业预算收入等 借：行政支出/事业支出 　　贷：资金结存（支付的相关税费）
		按照规定销售收入扣除相关税费后上交财政的		
（3）	政府储备物资盘盈、盘亏、报废或毁损	盘盈的政府储备物资	借：政府储备物资 　　贷：待处理财产损溢	—
		盘亏、报废或毁损的政府储备物资	借：待处理财产损溢 　　贷：政府储备物资	—
30	**1821 文物文化资产**		
（1）	取得文物文化资产	外购的文物文化资产	借：文物文化资产 　　贷：财政拨款收入/零余额账户用款额度/应付账款/银行存款等	借：行政支出/事业支出 　　贷：财政拨款预算收入/资金结存

549

（1）	取得文物文化资产	接受无偿调入的文物文化资产	借：文物文化资产 贷：无偿调拨净资产 　　财政拨款收入/零余额账户用款额度/银行存款等 　　（发生的归属于调入方的相关费用） 如无偿调入的文物文化资产成本无法可靠取得的 借：其他费用（发生的归属于调入方的相关费用） 贷：财政拨款收入/零余额账户用款额度/银行存款等	借：其他支出（支付的归属于调入方的相关费用） 贷：财政拨款预算收入/资金结存
		接受捐赠的文物文化资产	借：文物文化资产 贷：捐赠收入 　　财政拨款收入/零余额账户用款额度/银行存款等 　　（发生的归属于捐入方的相关费用） 接受捐赠的文物文化资产成本无法可靠取得的 借：其他费用（发生的归属于捐入方的相关费用） 贷：财政拨款收入/零余额账户用款额度/银行存款等	借：其他支出（支付的归属于捐入方的相关费用） 贷：资金结存等
（2）	按照规定处置文物文化资产	对外捐赠文物文化资产	借：资产处置费用 贷：文物文化资产（账面余额） 　　银行存款等（归属于捐出方的相关费用）	借：其他支出（支付的归属于捐出方的相关费用） 贷：资金结存等
		无偿调出文物文化资产	借：无偿调拨净资产 贷：文物文化资产（账面余额） 借：资产处置费用 贷：银行存款等（归属于调出方的相关费用）	借：其他支出（支付的归属于调出方的相关费用） 贷：资金结存等
（3）	盘点文物文化资产	盘盈时	借：文物文化资产 贷：待处理财产损溢	—
		盘亏、毁损、报废时	借：待处理财产损溢 贷：文物文化资产（账面余额）	—

续表

序号	账户		业务	财务会计	预算会计
31	1831 保障性住房				
（1）	保障性住房取得	外购的保障性住房		借：保障性住房 贷：财政拨款收入/零余额账户用款额度/银行存款等	借：行政支出/事业支出 贷：财政拨款预算收入/资金结存
		自行建造的保障性住房，工程完工交付使用时		借：保障性住房 贷：在建工程	—
		无偿调入的保障性住房		借：保障性住房 贷：银行存款/零余额账户用款额度等（发生的相关费用） 无偿调拨净资产（差额）	借：其他支出（支付的相关税费） 贷：资金结存
（2）	出租保障性住房	按照收取或应收取的租金金额		借：银行存款/应收账款 贷：应缴财政款	—
（3）	处置保障性住房	出售保障性住房		借：资产处置费用 保障性住房累计折旧 贷：保障性住房（账面余额） 借：银行存款（处置保障性住房收到的价款） 贷：应缴财政款 银行存款等（发生的相关费用）	—
		无偿调出保障性住房		借：无偿调拨净资产 保障性住房累计折旧 贷：保障性住房（账面余额） 借：资产处置费用 贷：银行存款等（归属于调出方的相关费用）	借：其他支出 贷：资金结存等

551

续表

（4）	保障性住房定期盘点清查	盘盈的保障性住房	借：保障性住房 贷：待处理财产损溢（账面价值）	—
		盘亏、毁损或报废的保障性住房	借：待处理财产损溢 保障性住房累计折旧 贷：保障性住房（账面余额）	—
32	1832 保障性住房累计折旧			
（1）	按月计提保障性住房折旧时		借：业务活动费用 贷：保障性住房累计折旧	—
（2）	处置保障性住房时		借：待处理财产损溢／无偿调拨净资产／资产处置费用等 保障性住房累计折旧 贷：保障性住房（账面余额）	涉及资金支付的，参照"保障性住房"科目的相关账务处理
33	1891 受托代理资产			
		接受委托人委托需要转赠给受赠人的物资	借：受托代理资产 贷：受托代理负债	—
		受托协议约定由受托方承担相关税费、运输费的	借：其他费用 贷：财政拨款收入／零余额账户用款额度／银行存款等	借：其他支出（实际支付的相关税费、运输费等） 贷：财政拨款预算收入／资金结存
	受托转赠物资	将受托转赠物资交付受赠人时	借：受托代理负债 贷：受托代理资产	—
（1）		转赠物资的委托人取消了对捐赠物资的转赠要求，且不再收回捐赠物资的	借：受托代理负债 贷：受托代理资产 借：库存物品／固定资产等 贷：其他收入	—

续表

			会计处理	预算会计处理
（2）	受托储存保管物资	接受委托人委托储存保管的物资	借：受托代理资产 贷：受托代理负债	—
		支付由受托单位承担的与受托储存保管的物资相关的运输费、保管费等	借：其他费用等 贷：财政拨款收入／零余额账户用款额度／银行存款等	借：其他支出等（实际支付的运输费、保管费等） 贷：财政拨款预算收入／资金结存
		根据委托人要求交付受托储存保管的物资时	借：受托代理负债 贷：受托代理资产	—
（3）	罚没物资	取得罚没物资时	借：受托代理资产 贷：受托代理负债	—
		按照规定处置罚没物资时	借：受托代理负债 贷：受托代理资产 借：银行存款等 贷：应缴财政款	—
34	**1901 长期待摊费用**			
（1）	发生长期待摊费用		借：长期待摊费用 贷：财政拨款收入／零余额账户用款额度／银行存款等	借：行政支出／事业支出等 贷：财政拨款预算收入／资金结存
（2）	按期摊销或一次转销长期待摊费用剩余账面余额		借：业务活动费用／单位管理费用／经营费用等 贷：长期待摊费用	—

续表

35	1902 待处理财产损溢			
（1）	账款核对时发现的现金短缺或溢余			参照"库存现金"科目的账务处理
（2）	盘盈的非现金资产	转入待处理财产时		借：库存物品／固定资产／无形资产／公共基础设施／政府储备物资／文物文化资产／保障性住房等 贷：待处理财产损溢
		报经批准后处理时	对于流动资产	借：待处理财产损溢 贷：单位管理费用（事业单位） 　　业务活动费用（行政单位）
			对于非流动资产	借：待处理财产损溢 贷：以前年度盈余调整

续表

（3）	盘亏或毁损、报废的非现金资产	转入待处理财产时	借：待处理财产损溢——待处理财产价值 固定资产累计折旧／无形资产累计摊销／公共基础设施累计折旧（摊销）／无形资产累计摊销／保障性住房累计折旧 贷：库存物品／固定资产／公共基础设施／无形资产／政府储备物资／文物文化资产／保障性住房等	—
		报经批准处理时	借：资产处置费用 贷：待处理财产损溢——待处理财产价值	—
		处理毁损、报废实物资产过程中取得的残值或残值变价收入、保险理赔或过失人赔偿等	借：库存现金／银行存款／库存物品／其他应收款等 贷：待处理财产损溢——处理净收入	—
		处理毁损、报废实物资产过程中发生的相关费用	借：待处理财产损溢——处理净收入 贷：库存现金／银行存款等	—
		处理收支结清，处理收入大于相关费用的	借：待处理财产损溢——处理净收入 贷：应缴财政款	—
		处理收支结清，处理收入小于相关费用的	借：资产处置费用 贷：待处理财产损溢——处理净收入	借：其他支出 贷：资金结存等（支付的处理净支出）

续表

二、负债类

序号	名称	业务描述	财务会计	预算会计
36	**2001 短期借款**			
（1）		借入各种短期借款	借：银行存款 贷：短期借款	借：资金结存——货币资金 贷：债务预算收入
（2）		银行承兑汇票到期，本单位无力支付票款	借：应付票据 贷：短期借款	借：经营支出等 贷：债务预算收入
（3）		归还短期借款	借：短期借款 贷：银行存款	借：债务还本支出 贷：资金结存——货币资金
37	**2101 应交增值税**			
（1）	增值税一般纳税人 购入资产或接受劳务	购入应税资产或服务时	借：业务活动费用/在途物品/库存物品/工程物资/在建工程/固定资产/无形资产等 应交增值税——应交税金（进项税额）（当月已认证可抵扣） 应交增值税——待认证进项税额（当月未认证可抵扣） 贷：银行存款/应付票据/零余额用款额度等（实际支付的金额）/ 应付票据（开出并承兑的商业汇票）/ 应付账款等（应付的金额）	借：事业支出/经营支出等 贷：资金结存等（实际支付的金额）
		经税务机关认证为不可抵扣进项税时	借：应交增值税——应交税金（进项税额） 贷：应交增值税——待认证进项税额 同时： 借：业务活动费用等 贷：应交增值税——应交税金（进项税额转出）	—

续表

		借：应交增值税——应交税金（进项税额） 贷：应交增值税——待抵扣进项税额	—
	尚未抵扣的进项税额以后期间抵扣时		
	购进属于增值税项目的资产后，发生非正常损失或改变用途的	借：待处理财产损溢/固定资产/无形资产等（按照现行增值税制度规定不得从销项税额中抵扣的进项税额） 贷：应交增值税——应交税金（进项税额转出）/ 应交增值税——待认证进项税额/ 应交增值税——待抵扣进项税额	—
（1）增值税一般纳税人 购入资产或接受劳务	原不得抵扣且未抵扣进项税额的固定资产、无形资产等，因改变用途等用于允许抵扣进项税额的应税项目	借：应交增值税——应交税金（进项税额）（可以抵扣的进项税额） 贷：固定资产/无形资产等	—

续表

			财务会计	预算会计
（1）增值税一般纳税人	销售应税产品或提供应税服务	购进资产或服务时作为扣缴义务人	借：业务活动费用/在途物品/库存物品/工程物资/固定资产/无形资产等 　　应交增值税——应交税金（进项税额）（当期可抵扣） 　贷：银行存款（实际支付的金额） 　　应付账款等 　　应交增值税——代扣代交增值税 实际缴纳代扣代缴增值税时 借：应交增值税——代扣代交增值税 　贷：银行存款、零余额账户用款额度等	借：事业支出/经营支出等 　贷：资金结存（实际支付的金额） 借：事业支出/经营支出等 　贷：资金结存（实际支付的金额）
		销售应税产品或提供应税服务时	借：银行存款/应收账款/应收票据等 　贷：事业收入/经营收入等（扣除增值税销项税额后的价款） 　　应交增值税——应交税金（销项税额）/应交增值税——简易计税	借：资金结存（实际收到的含金额） 　贷：事业预算收入/经营预算收入等
	金融商品转让	产生收益	借：投资收益（按净收益计算的应纳增值税） 　贷：应交增值税——转让金融商品应交增值税	—
		产生损失	借：应交增值税——转让金融商品应交增值税 　贷：投资收益（按净损失计算的应纳增值税）	—
		交纳增值税时	借：应交增值税——转让金融商品应交增值税 　贷：银行存款等	借：投资预算收益等 　贷：资金结存（实际支付的金额）
		年末，如有借方余额	借：投资收益 　贷：应交增值税——转让金融商品应交增值税	—

续表

	月末转出本月未交增值税	借：应交增值税——应交税金（转出未交增值税） 贷：应交增值税——未交税金	—
月末转出多交和未交增值税	月末转出本月多交增值税	借：应交增值税——未交税金 贷：应交增值税——应交税金（转出多交增值税）	—
	本月缴纳本月增值税时	借：应交增值税——应交税金（已交税金） 贷：银行存款/零余额账户用款额度等	借：事业支出/经营支出等 贷：资金结存
缴纳增值税	本月缴纳以前期间未交增值税	借：应交增值税——未交税金 贷：银行存款/零余额账户用款额度等	借：事业支出/经营支出等 贷：资金结存
	按规定预缴增值税	预缴时： 借：应交增值税——预交税金 贷：银行存款/零余额账户用款额度等 月末： 借：应交增值税——未交税金 贷：应交增值税——预交税金	借：事业支出/经营支出等 贷：资金结存
	当期直接减免的增值税应纳税额	借：应交增值税——应交税金（减免税款） 贷：业务活动费用/经营费用等	—

（1）增值税——般纳税人

559

续表

				借：业务活动费用／在途物品／库存物品等（按价税合计金额） 贷：银行存款等（实际支付的金额） 应付票据（开出并承兑的商业汇票） 应付账款等（应付的金额）	借：事业支出／经营支出等 贷：资金结存（实际支付的金额）
（2）	增值税小规模纳税人	购入应税资产或服务	购入应税资产或服务时		
			购进资产或服务作为扣缴义务人	借：在途物品／库存物品／固定资产／无形资产等 贷：应付账款／银行存款等 应交增值税——代扣代交增值税 实际缴纳增值税时参见一般纳税人的账务处理	借：事业支出／经营支出等 贷：资金结存（实际支付的金额）
		销售应税资产或提供应税服务		借：银行存款／应收账款／应收票据（包含增值税的价款总额） 贷：事业收入／经营收入等（扣除增值税金额后的价款） 应交增值税	借：资金结存（实际收到的含税金额） 贷：事业预算收入／经营预算收入等
			金融商品转让 产生收益	借：投资收益（按净收益计算的应纳增值税） 贷：应交增值税——转让金融商品应交增值税	—
			金融商品转让 产生损失	借：应交增值税——转让金融商品应交增值税 贷：投资收益（按净损失计算的应纳增值税）	—
			实际缴纳时	参见一般纳税人的账务处理	
		缴纳增值税时		借：应交增值税 贷：银行存款等	借：事业支出／经营支出等 贷：资金结存
		减免增值税		借：应交增值税 贷：业务活动费用／经营费用等	—

续表

38	2102 其他应交税费			
（1）	城市维护建设税、地方教育费附加、车船税、房产税、城镇土地使用税等	发生时，按照税法规定计算的应缴税费金额	借：业务活动费用／单位管理费用／经营费用等 贷：其他应交税费——应交城市维护建设税／应交教育费附加／应交车船税／应交房产税／应交城镇土地使用税等	—
		实际缴纳时	借：其他应交税费——应交城市维护建设税／应交教育费附加／应交车船税／应交房产税／应交城镇土地使用税等 贷：银行存款等	借：事业支出／经营支出等 贷：资金结存
（2）	代扣代缴职工个人所得税	计算应代扣代缴职工的个人所得税金额	借：应付职工薪酬 贷：其他应交税费——应交个人所得税	—
		计算应代扣代缴职工以外其他人员个人所得税	借：业务活动费用／单位管理费用／经营费用等 贷：其他应交税费——应交个人所得税	—
		实际缴纳时	借：其他应交税费——应交个人所得税 贷：财政拨款收入／零余额账户用款额度／银行存款等	借：行政支出／事业支出／经营支出等 贷：财政拨款预算收入／资金结存
（3）	发生企业所得税纳税义务	按照税法规定计算的应缴税费金额	借：所得税费用 贷：其他应交税费——单位应交所得税	—
		实际缴纳时	借：其他应交税费——单位应交所得税 贷：银行存款等	借：非财政拨款结余 贷：资金结存

续表

			会计处理	预算会计处理
39	2103 应缴财政款			
（1）	取得或应收应按照规定应缴财政的款项时		借：银行存款/应收账款等 贷：应缴财政款	—
（2）	处置资产取得应上缴财政的处置净收入的		参照"待处理财产损溢"科目的相关账务处理	—
（3）	上缴财政款项时		借：应缴财政款 贷：银行存款等	—
40	2201 应付职工薪酬			
（1）	计算确认当期应付职工薪酬	从事专业及其辅助活动人员的职工薪酬	借：业务活动费用/单位管理费用 贷：应付职工薪酬	—
		应由在建工程、加工物品、自行研发无形资产负担的职工薪酬	借：在建工程/加工物品/研发支出等 贷：应付职工薪酬	—
		从事专业及其辅助活动以外的经营活动人员的职工薪酬	借：经营费用 贷：应付职工薪酬	—
		因解除与职工的劳动关系而给予的补偿	借：单位管理费用 贷：应付职工薪酬	—
（2）	向职工支付工资、津贴补贴等薪酬		借：应付职工薪酬 贷：财政拨款收入/零余额账户用款额度/银行存款等	借：行政支出/事业支出/经营支出等 贷：财政拨款预算收入/资金结存

续表

序号	业务事项		财务会计	预算会计
（3）	从职工薪酬中代扣各种款项	代扣代缴个人所得税	借：应付职工薪酬——基本工资 贷：其他应交税费——应交个人所得税	—
		代扣社会保险费和住房公积金时	借：应付职工薪酬——基本工资 贷：应付职工薪酬——社会保险费/住房公积金	—
		代扣为职工垫付的水电费、房租等费用时	借：应付职工薪酬——基本工资 贷：其他应收款等	—
（4）	按照规定缴纳职工社会保险费和住房公积金		借：应付职工薪酬——社会保险费/住房公积金 贷：财政拨款收入/零余额账户用款额度/银行存款等	借：行政支出/事业支出/经营支出等 贷：财政拨款预算收入/资金结存
（5）	从应付职工薪酬中支付的其他款项		借：应付职工薪酬 贷：零余额账户用款额度/银行存款等	借：行政支出/事业支出/经营支出等 贷：资金结存等
41	2301 应付票据			
（1）	开出、承兑商业汇票		借：库存物品/固定资产等 贷：应付票据	—
（2）	以商业汇票抵付应付账款时		借：应付账款 贷：应付票据	—
（3）	支付银行承兑汇票的手续费		借：业务活动费用/经营费用等 贷：银行存款等	借：事业支出/经营支出 贷：资金结存——货币资金

续表

序号	业务描述	财务会计分录	预算会计分录
（4）	收到银行支付到期则票据的付款通知时	借：应付票据 贷：银行存款	借：事业支出/经营支出 贷：资金结存——货币资金
	银行承兑汇票到期，本单位无力支付票款	借：应付票据 贷：短期借款	借：事业支出/经营支出 贷：债务预算收入
	商业承兑汇票到期，本单位无力支付票款	借：应付票据 贷：应付账款	—
42	**2302 应付账款**		
（1）	购入物资、设备或服务以及完成工程进度但尚未付款	借：库存物品/固定资产/在建工程等 贷：应付账款	借：行政支出/事业支出等 贷：财政拨款预算收入/资金结存
（2）	偿付应付账款	借：应付账款 贷：财政拨款收入/零余额账户用款额度/银行存款等	—
（3）	开出、承兑商业汇票抵付应付账款	借：应付账款 贷：应付票据	—
（4）	无法偿付或债权人豁免偿还的应付账款	借：应付账款 贷：其他收入	—
43	**2303 应付政府补贴款**		
（1）	发生（确认）应付政府补贴款	借：业务活动费用 贷：应付政府补贴款	—
（2）	支付应付政府补贴款时	借：应付政府补贴款 贷：零余额账户用款额度/银行存款等	借：行政支出 贷：资金结存等

续表

44	2304 应付利息		
（1）	按期计提利息费用	借：在建工程/其他费用 　　贷：应付利息	—
（2）	实际支付利息时	借：应付利息 　　贷：银行存款等	借：其他支出 　　贷：资金结存——货币资金
45	2305 预收账款		
（1）	从付款方预收款项时	借：银行存款等 　　贷：预收账款	借：资金结存——货币资金 　　贷：事业预算收入/经营预算收入等
（2）	确认有关收入时	借：预收账款 　　银行存款（收到补付款） 　　贷：事业收入/经营收入 　　银行存款（退回预收款）	借：资金结存——货币资金 　　贷：事业预算收入/经营预算收入等（收到补付款） 退回预收款的金额做相反会计分录
（3）	无法偿付或债权人豁免偿还的预收账款	借：预收账款 　　贷：其他收入	—

续表

46	2307 其他应付款		
（1）	发生暂收款项	取得暂收款项时	借：银行存款等 　　贷：其他应付款	—
		确认收入时	借：其他应付款 　　贷：事业收入等	借：资金结存 　　贷：事业预算收入等
		退回（转拨）暂收款时	借：其他应付款 　　贷：银行存款等	—
（2）	收到同级财政部门预拨的下期预算款和没有纳入预算的暂付款项	按照实际收到的金额	借：银行存款等 　　贷：其他应付款	—
		待到下一预算期或批准纳入预算时	借：其他应付款 　　贷：财政拨款收入	借：资金结存 　　贷：财政拨款预算收入
（3）	发生其他应付义务	确认其他应付款项时	借：业务活动费用／单位管理费用等 　　贷：其他应付款	—
		支付其他应付款项	借：其他应付款 　　贷：银行存款等	借：行政支出／事业支出等 　　贷：资金结存
（4）	无法偿付或债权人豁免偿还的其他应付款项		借：其他应付款 　　贷：其他收入	—

续表

序号		业务内容	财务会计	预算会计
47		2401 预提费用		
	（1）	按规定计提项目间接费用或管理费时	借：单位管理费用 贷：预提费用——项目间接费用或管理费	借：非财政拨款结转——项目间接费用或管理费 贷：非财政拨款结余——项目间接费用或管理费
		实际使用计提的项目间接费用或管理费时	借：预提费用——项目间接费用或管理费 贷：银行存款/库存现金	借：事业支出等 贷：资金结存
		按照规定预提每期租金等费用	借：业务活动费用/单位管理费用/经营费用等 贷：预提费用	—
	（2）	实际支付款项时	借：预提费用 贷：银行存款等	借：行政支出/事业支出/经营支出等 贷：资金结存
48		2501 长期借款		
	（1）	借入各项长期借款时	借：银行存款 贷：长期借款——本金	借：资金结存——货币资金 贷：债务预算收入（本金）
	（2）	为购建固定资产、公共基础设施等应支付的专门借款利息	属于工程项目建设期间发生的 借：在建工程 贷：应付利息（分期付息、到期还本） 长期借款——应计利息（到期一次还本付息）	—
			属于工程项目完工交付使用后发生的 借：其他费用 贷：应付利息（分期付息、到期还本） 长期借款——应计利息（到期一次还本付息）	—
			实际支付利息时 借：应付利息 贷：银行存款等	借：其他支出 贷：资金结存

续表

序号	项目	业务	财务会计	预算会计
（3）	其他长期借款利息	计提利息时	借：其他费用 贷：应付利息（分期付息，到期还本） 长期借款——应计利息（到期一次还本付息）	—
		分期实际支付利息时	借：应付利息 贷：银行存款等	借：其他支出 贷：资金结存
（4）	归还长期借款本息		借：长期借款——本金 应计利息（到期一次还本付息） 贷：银行存款	借：债务还本支出（支付的本金） 贷：资金结存 借：其他支出（支付的利息） 贷：资金结存
49	2502 长期应付款			
（1）	发生长期应付款时		借：固定资产/在建工程等 贷：长期应付款	—
（2）	支付长期应付款		借：长期应付款 贷：财政拨款收入/零余额账户用款额度/银行存款	借：行政支出/事业支出/经营支出等 贷：财政拨款预算收入/资金结存
（3）	无法偿付或债权人豁免偿还的长期应付款		借：长期应付款 贷：其他收入	—
50	2601 预计负债			
（1）	确认预计负债		借：业务活动费用/经营费用/其他费用等 贷：预计负债	—

续表

（2）	实际偿付预计负债	借：预计负债 　　贷：银行存款等	借：事业支出/经营支出/其他支出等 　　贷：资金结存
（3）	对预计负债账面余额进行调整的	借：业务活动费用/经营费用/其他费用等 　　贷：预计负债 或做相反会计分录	—
51	2901 受托代理负债		
	参照"受托代理资产""库存现金""银行存款"等科目相关账务处理		
三、净资产类			
52	3001 累计盈余		
（1）	年末，将"本年盈余分配"科目余额转入	借：本年盈余分配 　　贷：累计盈余 或做相反会计分录	—
（2）	年末，将"无偿调拨净资产"科目余额转入	借：无偿调拨净资产 　　贷：累计盈余 或做相反会计分录	—
（3）	按照规定上缴财政拨款结余、缴回非财政拨款结转资金，向其他单位调出财政拨款结转资金时	借：累计盈余 　　贷：财政应返还额度/零余额账户用款额度/银行存款等	参照"财政拨款结转""财政拨款结余""非财政拨款结转"等科目进行账务处理
	按照规定从其他单位调入财政拨款结转资金时	借：零余额账户用款额度/银行存款等 　　贷：累计盈余	借：资金结存——零余额账户用款额度/货币资金 　　贷：财政拨款结转——归集调入

续表

（4）	将"以前年度盈余调整"科目的余额转入	借：以前年度盈余调整 　　贷：累计盈余 或做相反会计分录	—
（5）	使用专用基金购置固定资产、无形资产的	相关账务处理参见"专用基金"科目	—
53	**专用基金**		
（1）	年末，按照规定从本年度非财政拨款结余或经营结余中提取专用基金的	借：本年盈余分配 　　贷：专用基金（按照预算会计下计算的提取金额）	借：非财政拨款结余分配 　　贷：专用结余
（2）	根据规定从收入中提取专用基金并计入费用的	借：业务活动费用等 　　贷：专用基金（一般按照预算收入计算提取的金额）	—
（3）	根据有关规定设置的其他专用基金	借：银行存款等 　　贷：专用基金	—
（4）	按照规定使用专用基金时	借：专用基金 　　贷：银行存款、固定资产、无形资产等 如果购置固定资产、无形资产的： 借：固定资产/无形资产 　　贷：银行存款等 借：专用基金 　　贷：累计盈余	使用从收入中提取并列入费用的专用基金： 借：事业支出等 　　贷：资金结存 使用从非财政拨款结余或经营结余中提取的专用基金： 借：专用结余 　　贷：资金结存——货币资金

续表

54	3201 权益法调整		
（1）	资产负债表日	按照被投资单位除净损益和利润分配以外的所有者权益变动的份额（增加）	借：长期股权投资——其他权益变动 贷：权益法调整	—
		按照被投资单位除净损益和利润分配以外的所有者权益变动的份额（减少）	借：权益法调整 贷：长期股权投资——其他权益变动	—
（2）	长期股权投资处置时	权益法调整科目为借方余额	借：投资收益 贷：权益法调整（与所处置投资对应部分的金额）	—
		权益法调整科目为贷方余额	借：权益法调整（与所处置投资对应部分的金额） 贷：投资收益	—

55	3301 本期盈余			—
		期末结转	结转收入	借：财政拨款收入 　　事业收入 　　上级补助收入 　　附属单位上缴收入 　　经营收入 　　非同级财政拨款收入 　　投资收益 　　捐赠收入 　　利息收入 　　租金收入 　　其他收入 　　贷：本期盈余 投资收益科目为发生额借方净额时，做相反 会计分录
（1）			结转费用	借：本期盈余 　　贷：业务活动费用 　　　　单位管理费用 　　　　经营费用 　　　　资产处置费用 　　　　上缴上级费用 　　　　对附属单位补助费用 　　　　所得税费用 　　　　其他费用	—

续表

（2）	年末结转	本期盈余科目为贷方余额时	借：本期盈余 　　贷：本年盈余分配
		本期盈余科目为借方余额时	借：本年盈余分配 　　贷：本期盈余
56	**3302 本年盈余分配**		
（1）	年末，将本期盈余科目余额转入	本期盈余科目为贷方余额时	借：本期盈余 　　贷：本年盈余分配
		本期盈余科目为借方余额时	借：本年盈余分配 　　贷：本期盈余
（2）	年末，按照有关规定提取专用基金	按照预算会计下计算的提取金额	借：本年盈余分配 　　贷：专用基金
		本科目为贷方余额时	借：本年盈余分配 　　贷：累计盈余
（3）	年末，将本科目余额转入累计盈余	本科目为借方余额时	借：累计盈余 　　贷：本年盈余分配
			借：非财政拨款结余分配 　　贷：专用结余

续表

57	3401 无偿调拨净资产		
（1）	取得无偿调入的资产时	借：库存物品／固定资产／无形资产／长期股权投资／公共基础设施／政府储备物资／保障性住房等 贷：无偿调拨净资产 　　零余额账户用款额度／银行存款等 　　（发生的归属于调入方的相关费用）	借：其他支出（发生的归属于调入方的相关费用） 贷：资金结存等
（2）	经批准无偿调出资产时	借：无偿调拨净资产 　　固定资产累计折旧／无形资产累计摊销／公共基础设施累计折旧（摊销）／保障性住房累计折旧 贷：库存物品／固定资产／无形资产／长期股权投资／公共基础设施／政府储备物资等（账面余额） 借：资产处置费用 贷：银行存款／零余额账户用款额度等 　　（发生的归属于调出方的相关费用）	借：其他支出（发生的归属于调出方的相关费用） 贷：资金结存等
（3）	年末，将本科目余额转入累计盈余	科目余额在贷方时 借：无偿调拨净资产 贷：累计盈余 科目余额在借方时 借：累计盈余 贷：无偿调拨净资产	— —

续表

58	3501 以前年度盈余调整			
（1）	调整以前年度收入	增加以前年度收入时	借：有关资产或负债科目 　贷：以前年度盈余调整	按照实际收到的金额 借：资金结存 　贷：财政拨款结转/财政拨款结余/非财政拨款结余（年初余额调整）
		减少以前年度收入时	借：以前年度盈余调整 　贷：有关资产或负债科目	按照实际支付的金额 借：财政拨款结转/财政拨款结余/非财政拨款结余（年初余额调整） 　贷：资金结存
（2）	调整以前年度费用	增加以前年度费用时	借：以前年度盈余调整 　贷：有关资产或负债科目	按照实际支付的金额 借：财政拨款结转/财政拨款结余/非财政拨款结余（年初余额调整） 　贷：资金结存
		减少以前年度费用时	借：有关资产或负债科目 　贷：以前年度盈余调整	按照实际收到的金额 借：资金结存 　贷：财政拨款结转/财政拨款结余/非财政拨款结余（年初余额调整）
（3）	盘盈非流动资产	报经批准处理时	借：待处理财产损溢 　贷：以前年度盈余调整	—

续表

（4）将本科目余额转入累计盈余	本科目为借方余额时	借：累计盈余 　　贷：以前年度盈余调整		—
	本科目为贷方余额时	借：以前年度盈余调整 　　贷：累计盈余		—

四、收入／预算收入类

		59 财政拨款收入 4001	1 财政拨款预算收入 6001
（1）收到拨款	财政直接支付方式	借：库存物品／固定资产／业务活动费用／单位管理费用／应付职工薪酬等 　　贷：财政拨款收入	借：行政支出／事业支出等 　　贷：财政拨款预算收入
	财政授权支付方式	借：零余额账户用款额度 　　贷：财政拨款收入	借：资金结存——零余额账户用款额度 　　贷：财政拨款预算收入
	其他方式	借：银行存款等 　　贷：财政拨款收入	借：资金结存——货币资金 　　贷：财政拨款预算收入
（2）年末确认拨款差额	根据本年度财政直接支付预算指标数与当年财政直接支付实际支付数的差额	借：财政应返还额度——财政直接支付 　　贷：财政拨款收入	借：资金结存——财政应返还额度 　　贷：财政拨款预算收入
	本年度财政授权支付预算指标数大于零余额账户用款额度下达数的差额	借：财政应返还额度——财政授权支付 　　贷：财政拨款收入	借：资金结存——财政应返还额度 　　贷：财政拨款预算收入

续表

		财务会计	预算会计
（3）	因差错更正或购货退回等发生的国库直接支付款项退回的		
	属于本年度支付的款项	借：财政拨款收入 　贷：业务活动费用/库存物品等	借：财政拨款预算收入 　贷：行政支出/事业支出等
	属于以前年度支付的款项（财政拨款资金）	借：财政应返还额度——财政直接支付 　贷：以前年度盈余调整/库存物品等	借：资金结存——财政拨款结转 　贷：财政应返还额度——年初余额调整
	属于以前年度支付的款项（财政拨款结余资金）		借：资金结存——财政拨款结余 　贷：财政应返还额度——年初余额调整
（4）	期末/年末结转	借：财政拨款收入 　贷：本期盈余	借：财政拨款预算收入 　贷：财政拨款结转——本年收入结转
		60 事业收入 4101	2 事业预算收入 6101
（1）	采用财政专户返还方式		
	实际收到应收或应上缴财政专户返还的事业收入时	借：银行存款/应收账款等 　贷：应缴财政款	—
	向财政专户上缴款项时	借：应缴财政款 　贷：银行存款等	—
	收到从财政专户返还的款项时	借：银行存款等 　贷：事业收入	借：资金结存——货币资金 　贷：事业预算收入
（2）	采用预收款方式		
	实际收到款项时	借：银行存款 　贷：预收账款	借：资金结存——货币资金 　贷：事业预算收入
	按合同完成进度确认收入时	借：预收账款 　贷：事业收入	—

续表

序号	业务	明细	财务会计	预算会计
（3）	采用应收款项方式	根据合同完成进度计算本期应收的款项	借：应收账款 　贷：事业收入	—
		实际收到款项时	借：银行存款等 　贷：应收账款	借：资金结存——货币资金 　贷：事业预算收入
（4）	其他方式		借：银行存款/库存现金等 　贷：事业收入	借：资金结存——货币资金 　贷：事业预算收入
（5）	期末/年末结转	专项资金收入	借：事业收入 　贷：本期盈余	借：事业预算收入 　贷：非财政拨款结转——本年收支结转
		非专项资金收入		借：事业预算收入 　贷：其他结余
	61 上级补助收入 4201			**3 上级补助预算收入 6201**
（1）	日常核算	确认时，按照应收或实际收到的金额	借：其他应收款/银行存款等 　贷：上级补助收入	借：资金结存——货币资金（按照实际收到的金额） 　贷：上级补助预算收入
		收到应收的上级补助收入时	借：银行存款等 　贷：其他应收款	
（2）	期末/年末结转	专项资金收入	借：上级补助收入 　贷：本期盈余	借：上级补助预算收入 　贷：非财政拨款结转——本年收支结转
		非专项资金收入		借：上级补助预算收入 　贷：其他结余

续表

			62 附属单位上缴收入 4301	4 附属单位上缴预算收入 6301
（1）	日常核算	确认时，按照应收或实际收到的金额	借：其他应收款/银行存款等 贷：附属单位上缴收入	
		实际收到应收附属单位上缴收入款时	借：银行存款等 贷：其他应收款	借：资金结存——货币资金（按照实际收到的金额） 贷：附属单位上缴预算收入
（2）	期末/年末结转	专项资金收入	借：附属单位上缴收入 贷：本期盈余	借：附属单位上缴预算收入 贷：非财政拨款结转——本年收支结转
		非专项资金收入		借：附属单位上缴预算收入 贷：其他结余
			63 经营收入 4401	5 经营预算收入 6401
（1）	确认经营收入时	按照确定的收入金额	借：银行存款/应收账款/应收票据等 贷：经营收入	借：资金结存——货币资金（按照实际收到的金额） 贷：经营预算收入
（2）	收到的应收款项时	按照实际收到的金额	借：银行存款等 贷：应收账款/应收票据	—
（3）	期末/年末结转		借：经营收入 贷：本期盈余	借：经营预算收入 贷：经营结余
				6 债务预算收入 6501/16 债务还本支出 7701
（1）	短期借款	借入各种短期借款	借：银行存款 贷：短期借款	借：资金结存——货币资金 贷：债务预算收入
		归还短期借款本金	借：短期借款 贷：银行存款	借：债务还本支出 贷：资金结存——货币资金

续表

序号	项目	业务事项/明细	财务会计	预算会计
（2）	长期借款	借入各项长期借款时	借：银行存款 贷：长期借款——本金	借：资金结存——货币资金 贷：债务预算收入
		归还长期借款本金	借：长期借款——本金 贷：银行存款	借：债务还本支出 贷：资金结存——货币资金
（3）	期末/年末结转	债务预算收入结转　专项资金	—	借：债务预算收入 贷：非财政拨款结转——本年收支结转
		债务预算收入结转　非专项资金	—	借：债务预算收入 贷：其他结余
		债务还本支出结转	—	借：其他结余 贷：债务还本支出
			64 非同级财政拨款收入 4601	7 非同级财政拨款预算收入 6601
（1）	确认收入时	按照应收或实际收到的金额	借：其他应收款/银行存款等 贷：非同级财政拨款收入	借：资金结存——货币资金（按照实际收到的金额） 贷：非同级财政拨款预算收入
（2）	收到应收的款项时	按照实际收到的金额	借：银行存款 贷：其他应收款	—
（3）	期末/年末结转	专项资金	借：非同级财政拨款收入 贷：本期盈余	借：非同级财政拨款预算收入 贷：非财政拨款结转——本年收支结转
		非专项资金		借：非同级财政拨款预算收入 贷：其他结余

续表

		65 投资收益 4602	8 投资预算收益 6602
(1)	出售或到期收回短期债券本息	借：银行存款 投资收益（借差） 贷：短期投资（成本） 投资收益（贷差）	借：资金结存——货币资金（实际收到的款项） 投资预算收益（借差） 贷：投资支出/其他结余（投资成本） 投资预算收益（贷差）
(2)	持有的分期付息、一次还本的长期债券投资 · 确认应收未收利息	借：应收利息 贷：投资收益	—
	实际收到利息时	借：银行存款 贷：应收利息	借：资金结存——货币资金 贷：投资预算收益
(3)	持有的一次还本付息的长期债券投资 · 计算确定的应收未收利息增加长期债券投资的账面余额	借：长期债券投资——应计利息 贷：投资收益	—
(4)	出售长期债券投资或到期收回长期债券本息	借：银行存款 投资收益（借差） 贷：长期债券投资 应收利息 投资收益（贷差）	借：资金结存——货币资金（实际收到的款项） 投资预算收益（借差） 贷：投资支出/其他结余 投资预算收益（贷差）
(5)	成本法下长期股权投资持有期间，被投资单位宣告分派利润或股利 · 按照宣告分派的利润或股利中属于本单位应享有的份额	借：应收股利 贷：投资收益	—
	取得分派的利润或股利，按照实际收到的金额	借：银行存款 贷：应收股利	借：资金结存——货币资金 贷：投资预算收益

续表

	业务	说明	财务会计	预算会计
（6）	采用权益法核算的长期股权投资持有期间	按照应享有或应分担的被投资单位实现的净损益的份额	借：长期股权投资——损益调整 贷：投资收益（被投资单位实现净利润） 借：投资收益（被投资单位发生净亏损） 贷：长期股权投资——损益调整	—
		收到被投资单位发放的现金股利	借：银行存款 贷：应收股利	借：资金结存——货币资金 贷：投资预算收益
		被投资单位发生净亏损，但以后年度又实现净利润的，按规定恢复确认投资收益	借：长期股权投资——损益调整 贷：投资收益	—
（7）	期末／年末结转	投资收益为贷方余额时	借：投资收益 贷：本期盈余	借：投资预算收益 贷：其他结余
		投资收益为借方余额时	借：本期盈余 贷：投资收益	借：其他结余 贷：投资预算收益
66 捐赠收入 4603				**9 其他预算收入 6609**
（1）	接受捐赠的货币资金	按照实际收到的金额	借：银行存款／库存现金 贷：捐赠收入	借：资金结存——货币资金 贷：其他预算收入——捐赠收入
	接受捐赠的存货、固定资产等	按照确定的成本	借：库存物品／固定资产等（相关费用支出） 贷：银行存款等 捐赠收入	借：其他支出（支付的相关税费支出） 贷：资金结存
（2）	存货、固定资产等	如按照名义金额入账	借：库存物品／固定资产等（名义金额） 贷：捐赠收入 借：其他费用 贷：银行存款等（相关税费支出）	借：其他支出（支付的相关税费支出） 贷：资金结存

续表

序号	业务	细项	财务会计	预算会计
（3）	期末/年末结转	专项资金	借：捐赠收入 贷：本期盈余	借：其他预算收入——捐赠收入 贷：非财政拨款结转——本年收支结转
		非专项资金		借：其他预算收入——捐赠收入 贷：其他结余
67 利息收入 4604				**9 其他预算收入 6609**
（1）	确认银行存款利息收入	实际收到利息时	借：银行存款 贷：利息收入	借：资金结存——货币资金 贷：其他预算收入——利息收入
（2）	期末/年末结转		借：利息收入 贷：本期盈余	借：其他预算收入——利息收入 贷：其他结余
68 租金收入 4605				**9 其他预算收入 6609**
（1）	预收租金方式	收到预付的租金时	借：银行存款等 贷：预收账款	借：资金结存——货币资金 贷：其他预算收入——租金收入
		按照直线法分期确认租金收入时	借：预收账款 贷：租金收入	—
（2）	后付租金方式	确认租金收入时	借：应收账款 贷：租金收入	—
		收到租金时	借：银行存款等 贷：应收账款	借：资金结存——货币资金 贷：其他预算收入——租金收入
（3）	分期收取租金	按期收取租金	借：银行存款等 贷：租金收入	借：资金结存——货币资金 贷：其他预算收入——租金收入
（4）	期末/年末结转		借：租金收入 贷：本期盈余	借：其他预算收入——租金收入 贷：其他结余

续表

			69 其他收入 4609	9 其他预算收入 6609
（1）	现金盘盈收入	属于无法查明原因的部分，报经批准后	借：待处理财产损溢 贷：其他收入	—
（2）	科技成果转化收入	按照规定留归本单位的	借：银行存款等 贷：其他收入	借：资金结存——货币资金 贷：其他预算收入
（3）	行政单位收回已核销的其他应收款	按照实际收回的金额	借：银行存款等 贷：其他收入	借：资金结存——货币资金 贷：其他预算收入
（4）	无法偿付的应付及预收款项		借：应付账款/预收账款/其他应付款/长期应付款 贷：其他收入	—
（5）	置换换出资产产评估增值	按照换出资产评估价值高于资产账面价值的金额	借：有关科目 贷：其他收入	—
（6）	其他情况	按照应收或实际收到的金额	借：其他应收款/银行存款/库存现金等 贷：其他收入	借：资金结存——货币资金（按照实际收到的金额） 贷：其他预算收入
（7）	期末/年末结转	专项资金	借：其他收入 贷：本期盈余	借：其他预算收入 贷：非财政拨款结转——本年收支结转
		非专项资金		借：其他预算收入 贷：其他结余

续表

五、费用 / 预算支出类

		70 业务活动费用 5001	10 行政支出 7101/11 事业支出 7201
（1）	为履行职能或开展业务活动人员计提并支付工薪酬	计提时，按照计算的金额	借：业务活动费用 贷：应付职工薪酬	—
		实际支付给职工并代扣个人所得税时	借：应付职工薪酬 贷：财政拨款收入 / 零余额账户用款额度 / 　　银行存款等 　　其他应交税费——应交个人所得税	借：行政支出 / 事业支出（按照支付给个人部分） 贷：财政拨款预算收入 / 资金结存
		实际缴纳税款时	借：其他应交税费——应交个人所得税 贷：银行存款 / 零余额账户用款额度等	借：行政支出 / 事业支出（按照实际缴纳额） 贷：资金结存等
（2）	为履行职能或开展业务活动发生的外部人员劳务费	计提时，按照计算的金额	借：业务活动费用 贷：其他应付款	—
		实际支付并扣个人所得税时	借：其他应付款 贷：财政拨款收入 / 零余额账户用款额度 / 　　银行存款等 　　其他应交税费——应交个人所得税	借：行政支出 / 事业支出（按照实际支付给个人部分） 贷：财政拨款预算收入 / 资金结存
		实际缴纳税款时	借：其他应交税费——应交个人所得税 贷：银行存款 / 零余额账户用款额度等	借：行政支出 / 事业支出（按照实际缴纳额） 贷：资金结存等

续表

			财务会计	预算会计
（3）	为履行职责开展业务活动发生的预付款项	预付账款	支付款项时	借：预付账款 贷：财政拨款收入／零余额账户用款额度／银行存款等	
			结算时	借：业务活动费用 贷：预付账款 财政拨款收入／零余额账户用款额度／银行存款等（补付金额）	借：行政支出／事业支出 贷：财政拨款预算收入／资金结存（补付金额）
		暂付款项	支付款项时	借：其他应收款 贷：银行存款等	—
			结算或报销时	借：业务活动费用 贷：其他应收款	借：行政支出／事业支出 贷：财政拨款预算收入／资金结存（补付金额）
（4）	为履行职责开展业务活动购买资产或支付在建工程款等	按照实际支付或应付的价款		借：库存物品／固定资产／无形资产／在建工程等 贷：财政拨款收入／零余额账户用款额度／银行存款／应付账款等	借：行政支出／事业支出 贷：资金结存等
（5）	为履行职责开展业务活动领用库存物品的	按照领用库存物品的成本		借：业务活动费用 贷：库存物品等	—
（6）	为履行职责开展业务活动计提的固定资产、无形资产、公共基础设施、保障性住房的折旧（摊销）	按照计提的折旧、摊销额		借：业务活动费用 贷：固定资产累计折旧／无形资产累计摊销／公共基础设施累计折旧（摊销）／保障性住房累计折旧	—

续表

（7）	为履职或开展业务活动发生应负担的税金及附加时	确认其他应交税费时	借：业务活动费用 　　贷：其他应交税费	—
		支付其他应交税费时	借：其他应交税费 　　贷：银行存款等	借：行政支出/事业支出等 　　贷：资金结存
（8）	为履职或开展业务活动发生其他各项费用		借：业务活动费用 　　贷：财政拨款收入/零余额账户用款额度/ 　　　　银行存款/应付账款/其他应付款等	借：行政支出/事业支出（按照实际支付的金额） 　　贷：财政拨款预算收入/资金结存
（9）	计提专用基金	从收入中按照一定比例提取基金并计入费用	借：业务活动费用 　　贷：专用基金	—
（10）	购货退回等	当年发生的	借：财政拨款收入/应收账款/零余额账户用款额度/银行存款等 　　贷：库存物品/业务活动费用	借：财政拨款预算收入/资金结存 　　贷：行政支出/事业支出等
（11）	期末/年末结转		借：本期盈余 　　贷：业务活动费用	借：财政拨款结转——本年收支结转（财政拨款支出） 　　非财政拨款结转——本年收支结转（非 　　财政专项资金支出） 　　其他结余（非同级财政、非专项资金支出） 　　贷：行政支出/事业支出

续表

			71 单位管理费用 5101	11 事业支出 7201
（1）	管理活动人员职工薪酬	计提时，按照计算的金额	借：单位管理费用 贷：应付职工薪酬	—
		实际支付给职工并代扣个人所得税时	借：应付职工薪酬 贷：财政拨款收入／零余额账户用款额度／ 银行存款等 其他应交税费——应交个人所得税	借：事业支出（按照支付给个人部分） 贷：财政拨款预算收入／资金结存
		实际缴纳税款时	借：其他应交税费——应交个人所得税 贷：银行存款／零余额账户用款额度等	借：事业支出（按照实际缴纳额） 贷：资金结存等
（2）	为开展管理活动发生的外部人员劳务费	计提时，按照计算的金额	借：单位管理费用 贷：其他应付款	—
		实际支付并代扣个人所得税时	借：其他应付款 贷：财政拨款收入／零余额账户用款额度／ 银行存款等 其他应交税费——应交个人所得税	借：事业支出（按照实际支付给个人部分） 贷：财政拨款预算收入／资金结存
		实际支付税款时	借：其他应交税费——应交个人所得税 贷：银行存款／零余额账户用款额度等	借：事业支出（按照实际缴纳额） 贷：资金结存等

续表

（3）	开展管理活动发生的预付款项	预付账款	支付款项时	借：预付账款 贷：财政拨款收入/零余额账户用款额度/银行存款等	借：事业支出 贷：财政拨款预算收入/资金结存
			结算时	借：单位管理费用 贷：预付账款 财政拨款收入/零余额账户用款额度/银行存款等（补付金额）	借：事业支出 贷：财政拨款预算收入/资金结存（补付金额）
		暂付款项	支付款项时	借：其他应收款 贷：银行存款等	—
			结算或报销时	借：单位管理费用 贷：其他应收款	借：事业支出 贷：资金结存等
（4）	发生的其他与管理活动相关的各项费用		按照实际支付或应付的各项费用	借：单位管理费用 贷：财政拨款收入/零余额账户用款额度/银行存款/应付账款等	借：事业支出（按照实际支付的金额） 贷：财政拨款预算收入/资金结存
（5）	为开展管理活动购买资产或支付在建工程款		按照实际支付或应付的价款	借：库存物品/固定资产/无形资产/在建工程等 贷：财政拨款收入/零余额账户用款额度/银行存款/应付账款等	借：事业支出（按照实际支付价款） 贷：财政拨款预算收入/资金结存
（6）	管理活动所用固定资产、无形资产计提的折旧、摊销		按照计提的折旧、摊销额	借：单位管理费用 贷：固定资产累计折旧/无形资产累计摊销	—

续表

	业务	财务会计	预算会计
（7）	开展管理活动内部领用库存物品的成本	按照库存物品的成本 借：单位管理费用 贷：库存物品	—
（8）	开展管理活动发生应负担的税金及附加时	按照计算确定应交纳的金额 借：单位管理费用 贷：其他应交税费 实际缴纳时 借：其他应交税费 贷：银行存款等	借：事业支出 贷：资金结存等
（9）	购货退回等	当年发生的 借：财政拨款收入/零余额账户用款额度/银行存款/应收账款等 贷：库存物品/单位管理费用等	借：财政拨款预算收入/资金结存 贷：事业支出
（10）	期末/年末结转	借：本期盈余 贷：单位管理费用	借：财政拨款结转——本年收支结转（财政拨款支出） 非财政拨款结转——本年收支结转（非财政专项资金支出） 其他结余（非财政、非专项资金支出） 贷：事业支出
		72 经营费用 5201	**12 经营支出 7301**
（1）	为经营活动人员支付职工薪酬	计提时，按照计算的金额 借：经营费用 贷：应付职工薪酬 实际支付给职工时 借：应付职工薪酬 贷：财政拨款收入/零余额账户用款额度/银行存款等 其他应交税费——应交个人所得税 实际支付税款时 借：其他应交税费——应交个人所得税 贷：银行存款等	— 借：经营支出（按照支付给个人部分） 贷：资金结存——货币资金 借：经营支出（按照实际缴纳额） 贷：资金结存——货币资金

590

续表

（2）	为开展经营活动购买资产或支付在建工程款	按照实际支付或应付的金额	借：库存物品／固定资产／无形资产／在建工程 贷：银行存款／应付账款等
			借：经营支出 贷：资金结存——货币资金（按照实际支付金额）
（3）	开展经营活动内部领用材料或售出物品等	按照实际成本	借：经营费用 贷：库存物品
			—
（4）	开展经营活动发生的预付款项	预付时，按照预付的金额	借：预付账款 贷：银行存款等
			借：经营支出 贷：资金结存——货币资金
		结算时	借：经营费用 贷：预付账款等（补付金额） 　　银行存款等
			借：经营支出 贷：资金结存——货币资金（补付金额）
（5）	开展经营活动应负担的税金及附加	按照计算确定的缴纳金额	借：经营费用 贷：其他应交税费
			—
		实际缴纳时	借：其他应交税费 贷：银行存款等
			借：经营支出 贷：资金结存——货币资金
（6）	开展经营活动发生的其他各项费用		借：经营费用 贷：银行存款／应付账款等
			借：经营支出（按照实际支付的金额） 贷：资金结存——货币资金
（7）	经营活动用固定资产、无形资产计提的折旧、摊销	按照计提的折旧、摊销额	借：经营费用 贷：固定资产累计折旧／无形资产累计摊销
			—
（8）	计提专用基金	按照预算收入的一定比例计提并列入费用	借：经营费用 贷：专用基金
			—

续表

序号	业务	财务会计	预算会计
（9）	购货退回等 当年发生的	借：银行存款／应收账款等 　　贷：库存物品／经营费用等	借：资金结存——货币资金（按照实际收到的金额） 　　贷：经营支出
（10）	期末／年末结转	借：本期盈余 　　贷：经营费用	借：经营结余 　　贷：经营支出

73 资产处置费用 5301

序号	业务	财务会计	预算会计
（1）	不通过"待处理财产损溢"科目核算的资产处置 转销被处置资产账面价值	借：资产处置费用 　　固定资产累计折旧／无形资产累计摊销／公共基础设施累计折旧（摊销）／保障性住房累计折旧 　　贷：库存物品／固定资产／无形资产／公共基础设施／政府储备物资／文物文化资产／保障性住房／在建工程等（账面余额）／其他应收款（行政单位）	—
	处置资产过程中仅发生相关费用的	借：资产处置费用 　　贷：银行存款／库存现金等	借：其他支出 　　贷：资金结存
	处置资产过程中取得收入的	借：库存现金／银行存款等（取得的价款） 　　贷：银行存款／库存现金等（支付的相关费用） 　　　　应缴财政款	—

续表

（2）	通过"待处理财产损溢"科目核算的资产处置	账款核对中发现的现金短缺，无法查明原因的，报经批准核销时	借：资产处置费用 贷：待处理财产损溢	—
		盘亏、毁损、报废的资产	经批准处理时	借：资产处置费用 贷：待处理财产损溢——待处理财产价值	—
			处理过程中所发生的费用大于所取得收入的	借：资产处置费用 贷：待处理财产损溢——处理净收入	借：其他支出（净支出） 贷：资金结存
（3）	期末结转		借：本期盈余 贷：资产处置费用	—
	15 投资支出 7601			
（1）	以货币资金对外投资时		借：短期投资／长期股权投资／长期债券投资 贷：银行存款	借：投资支出 贷：资金结存——货币资金
（2）	出售、对外转让或到期收回本年度以货币资金取得的对外投资	实际取得价款大于投资成本的	借：银行存款等（实际取得或收回的金额） 贷：短期投资／长期债券投资等（账面余额） 应收利息 投资收益	借：资金结存——货币资金 贷：投资支出（投资成本） 投资预算收益
		实际取得价款小于投资成本的	借：银行存款等（实际取得或收回的金额） 投资收益 贷：短期投资／长期债券投资等（账面余额） 应收利息（账面余额）	借：资金结存——货币资金 投资预算收益 贷：投资支出（投资成本）
（3）	年末结转		—	借：其他结余 贷：投资支出

593

续表

	业务	财务会计	预算会计
		74 上缴上级费用 5401	**13 上缴上级支出 7401**
(1)	按照实际上缴的金额或者按照规定计算出应当上缴的金额	借：上缴上级费用 贷：银行存款/其他应付款等	借：上缴上级支出（实际上缴的金额） 贷：资金结存——货币资金
(2)	实际上缴应缴的金额	借：其他应付款 贷：银行存款等	—
(3)	期末/年末结转	借：本期盈余 贷：上缴上级费用	借：其他结余 贷：上缴上级支出
		75 对附属单位补助费用 5501	**14 对附属单位补助支出 7501**
(1)	按照实际补助的金额或者按照规定计算出应当补助的金额	借：对附属单位补助费用 贷：银行存款/其他应付款等	借：对附属单位补助支出（实际补助的金额） 贷：资金结存——货币资金
(2)	实际支出应补助的金额	借：其他应付款 贷：银行存款等	—
(3)	期末/年末结转	借：本期盈余 贷：对附属单位补助费用	借：其他结余 贷：对附属单位补助支出
		76 所得税费用 5801	
(1)	发生企业所得税纳税义务 按照税法规定计算应交税金数额	借：所得税费用 贷：其他应交税费——单位应交所得税	—
(2)	实际缴纳时	借：其他应交税费——单位应交所得税 贷：银行存款等	借：非财政拨款结余——累计结余 贷：资金结存——货币资金
(3)	年末结转	借：本期盈余 贷：所得税费用	—

续表

			77 其他费用 5901	17 其他支出 7901
(1)	利息费用	计算确定借款利息费用时	借：其他费用/在建工程 贷：应付利息/长期借款——应计利息	—
		实际支付利息时	借：应付利息等 贷：银行存款等	借：其他支出 贷：资金结存——货币资金
(2)	现金资产对外捐赠	按照实际捐赠的金额	借：其他费用 贷：银行存款/库存现金等	借：其他支出 贷：资金结存——货币资金
(3)	坏账损失	按照规定对应收款和其他应收款计提坏账准备	借：其他费用 贷：坏账准备	—
		冲减多提取的坏账准备时	借：坏账准备 贷：其他费用	—
(4)	罚没支出	按照实际发生金额	借：其他费用 贷：银行存款/库存现金/其他应付款	借：其他支出 贷：资金结存——货币资金（实际支付金额）
(5)	其他相关税费、运输费等		借：其他费用 贷：零余额账户用款额度/银行存款等	借：其他支出 贷：资金结存
(6)	期末/年末结转		借：本期盈余 贷：其他费用	借：其他结余（非财政、非专项资金支出） 非财政拨款结转——本年收支结转（非财政专项资金支出） 贷：其他支出

续表

六、预算结余类

			18 资金结存 8001
(1)	取得预算收入	财政授权支付方式下	借：零余额账户用款额度 　贷：财政拨款收入	借：资金结存——零余额账户用款额度 　贷：财政拨款预算收入
		国库集中支付以外的其他支付方式下	借：银行存款 　贷：财政拨款收入/事业收入/经营收入等	借：资金结存——货币资金 　贷：财政拨款预算收入/事业预算收入/经营预算收入等
	从零余额账户提取现金		借：库存现金 　贷：零余额账户用款额度	借：资金结存——货币资金 　贷：资金结存——零余额账户用款额度
(2)	发生预算支出时	财政授权支付方式下	借：业务活动费用/单位管理费用/库存物品/固定资产等 　贷：零余额账户用款额度	借：行政支出/事业支出等 　贷：资金结存——零余额账户用款额度
		使用以前年度财政直接支付额度	借：业务活动费用/单位管理费用/库存物品/固定资产等 　贷：财政应返还额度	借：行政支出/事业支出等 　贷：资金结存——财政应返还额度
		国库集中支付以外的其他支付方式下	借：业务活动费用/单位管理费用/库存物品/固定资产等 　贷：银行存款/库存现金等	借：事业支出/经营支出等 　贷：资金结存——货币资金

续表

		一般情况下	借：专用基金 　贷：银行存款等	使用从非财政拨款结余或经营结余中计提的专用基金 借：专用结余 　贷：资金结存——货币资金
（3）	按照规定使用提取的专用基金	购买固定资产、无形资产等	借：固定资产/无形资产等 　贷：银行存款等 借：专用基金 　贷：累计盈余	使用从收入中计提并计入费用的专用基金 借：事业支出等 　贷：资金结存——货币资金
（4）	预算结转结余调整	按照规定上缴财政拨款结转结余资金或注销财政拨款额度的	借：累计盈余 　贷：财政应返还额度/零余额账户用款额度/银行存款	借：财政拨款结转——归集上缴/财政拨结余——归集上缴 　贷：资金结存——财政应返还额度/零余额账户用款额度/货币资金
		按照规定缴回非财政拨款结转资金的	借：累计盈余 　贷：银行存款	借：非财政拨款结转——缴回资金 　贷：资金结存——货币资金
		收到调入的财政拨款结转资金的	借：财政应返还额度/零余额账户用款额度/银行存款 　贷：累计盈余	借：资金结存——财政应返还额度/零余额账户用款额度/货币资金 　贷：财政拨款结转——归集调入

续表

序号	事项	财务会计	预算会计
（5）	因购货退回，发生差错更正等退回国库直接支付、授权支付款项，或者收回货币资金的	属于本年度的 借：财政拨款收入/零余额账户用款额度/银行存款等 贷：业务活动费用/库存物品等	借：财政拨款预算收入/资金结存——零余额账户用款额度、货币资金 贷：行政支出/事业支出等
		属于以前年度的 借：财政应返还额度/零余额账户用款额度/银行存款等 贷：以前年度盈余调整	借：资金结存——财政应返还额度/零余额账户用款额度/货币资金 贷：财政拨款结转/财政拨款结余/非财政拨款结余（年初余额调整）
（6）	有企业所得税缴纳义务的事业单位实际缴纳企业所得税时	借：其他应交税费——单位应交所得税 贷：银行存款等	借：非财政拨款结余——累计结余 贷：资金结存——货币资金
（7）	年末未确认未下达的财政用款额度	财政直接支付方式 借：财政应返还额度——财政直接支付 贷：财政拨款收入	借：资金结存——财政应返还额度 贷：财政拨款预算收入
		财政授权支付方式 借：财政应返还额度——财政授权支付 贷：财政拨款收入	
	年末注销尚未使用的零余额账户用款额度	借：财政应返还额度——财政授权支付 贷：零余额账户用款额度	借：资金结存——财政应返还额度 贷：资金结存——零余额账户用款额度
（8）	下年初，恢复零余额账户用款额度或收到上年末未下达的零余额账户用款额度的	借：零余额账户用款额度 贷：财政应返还额度——财政授权支付	借：资金结存——零余额账户用款额度 贷：资金结存——财政应返还额度

续表

序号	业务和事项	说明	财务会计	19 财政拨款结转 8101
（1）	因会计差错更正、购货退回等款项收回以前年发生以前年度调整事项	调整增加相关资产	借：零余额账户用款额度/银行存款等 　贷：以前年度盈余调整	借：资金结存——零余额账户用款额度/货币资金等 　贷：财政拨款结转——年初余额调整
		因会计差错更正调整减少相关资产	借：以前年度盈余调整 　贷：零余额账户用款额度/银行存款等	借：财政拨款结转——年初余额调整 　贷：资金结存——零余额账户用款额度/货币资金等
（2）	从其他单位调入财政拨款结转资金	按照实际调增的额度数额或调入的资金数额	借：财政应返还额度/零余额账户用款额度/银行存款 　贷：累计盈余	借：资金结存——财政应返还额度/货币资金 　贷：财政拨款结转——归集调入
（3）	向其他单位调出财政拨款结转资金	按照实际调减的额度数额或调减的资金数额	借：累计盈余 　贷：财政应返还额度/零余额账户用款额度/银行存款	借：财政拨款结转——归集调出 　贷：资金结存——财政应返还额度/零余额账户用款额度/货币资金
（4）	按照规定上缴财政拨款结转资金或注销财政拨款结转额度	按照实际上缴资金数额或注销的资金额度	借：累计盈余 　贷：财政应返还额度/零余额账户用款额度/银行存款	借：财政拨款结转——归集上缴 　贷：资金结存——财政应返还额度/零余额账户用款额度/货币资金
（5）	单位内部调剂财政拨款结转资金	按照调整的金额	—	借：财政拨款结转——单位内部调剂 　贷：财政拨款结转——单位内部调剂

续表

（6）	年末结转	结转财政拨款预算收入	—	借：财政拨款预算收入 贷：财政拨款结转——本年收支结转
		结转财政拨款预算支出	—	借：财政拨款结转——本年收支结转 贷：行政支出/事业支出等（财政拨款部分）
（7）	年末冲销本科目有关明细科目余额		—	借：财政拨款结转——年初余额调整（该明细科目为贷方余额时）/归集内部调剂/本年收支结转（该明细科目为借方余额时） 贷：财政拨款结转——累计结转 借：财政拨款结转——累计结转 贷：财政拨款结转——年初余额调整（该明细科目为借方余额时）/归集上缴/年初余额调整（该明细科目为贷方余额时）/归集调出/本年收支结转（该明细科目为借方余额时） 借：财政拨款结转——累计结转
（8）	转入财政拨款结余	按照有关规定将符合财政拨款结余性质的项目余额转入财政拨款结余	—	借：财政拨款结转——累计结转 贷：财政拨款结余——结转转入

续表

20 财政拨款结余 8102

	业务事项	说明	财务会计分录	预算会计分录
（1）	因购货退回、会计差错更正等等发生以前年度调整事项	调整增加相关资产	借：零余额账户用款额度 / 银行存款等 贷：以前年度盈余调整	借：资金结存——零余额账户用款额度 / 货币资金等 贷：财政拨款结余——年初余额调整
		因会计差错更正调整减少相关资产	借：以前年度盈余调整 贷：零余额账户用款额度 / 银行存款等	借：财政拨款结余——年初余额调整 贷：资金结存——零余额账户用款额度 / 货币资金等
（2）	按照规定上缴财政拨款结余资金或注销财政拨款结余额度	按照实际上缴资金数额或注销的资金额度	借：累计盈余 贷：财政应返还额度 / 零余额账户用款额度 / 银行存款	借：财政拨款结余——归集上缴 贷：资金结存——财政应返还额度 / 零余额账户用款额度 / 货币资金等
（3）	单位内部调剂财政拨款资金	按照调整的金额	——	借：财政拨款结余——单位内部调剂 贷：财政拨款结余——单位内部调剂
（4）	年末，转入财政拨款结余	按照有关规定将符合财政拨款结余性质的项目余额转入财政拨款结余	——	借：财政拨款结余——累计结转 贷：财政拨款结余——结转转入

续表

序号	业务事项	财务会计	预算会计
（5）	年末冲销本科目有关明细科目余额	—	借：财政拨款结余——年初余额调整（该明细科目为贷方余额时） 贷：财政拨款结余——累计结余 贷：财政拨款结余——年初余额调整（该明细科目为借方余额时） 借：财政拨款结余——累计结余 借：财政拨款结余 ——归集上缴 ——单位内部调剂 贷：财政拨款结余——结转转入 借：财政拨款结余——结转转出 贷：财政拨款结余——累计结余

21 非财政拨款结转 8201

序号	业务事项	财务会计	预算会计
（1）	按照规定从科研项目预算收入中提取项目间管理费或管理费	借：单位管理费用 贷：预提费用——项目间接费用或管理费	借：非财政拨款结转——项目间接费用或管理费 贷：非财政拨款结转——项目间接费用或管理费
（2）	因购货退回、会计差错更正等发生以前年度调整事项	调整增加相关资产 借：银行存款等 贷：以前年度盈余调整 调整减小相关资产 借：以前年度盈余调整 贷：银行存款等	借：资金结存——货币资金 贷：非财政拨款结转——年初余额调整 借：非财政拨款结转——年初余额调整 贷：资金结存——货币资金
（3）	按照规定缴回非财政拨款结转资金	借：累计盈余 贷：银行存款等	借：非财政拨款结转——缴回资金 贷：资金结存——货币资金

续表

序号	业务		账务处理
（4）	年末结转	结转非财政拨款专项收入	借：事业预算收入／上级补助预算收入／附属单位上缴预算收入／非同级财政拨款预算收入／债务预算收入／其他预算收入 贷：非财政拨款结转——本年收支结转
		结转非财政拨款专项支出	借：非财政拨款结转——本年收支结转 贷：行政支出／事业支出／其他支出
（5）	年末冲销本科目相关明细科目金额	—	借：非财政拨款结转——年初余额调整（该明细科目为贷方余额时） ——本年收支结转（该明细科目为贷方余额时） 贷：非财政拨款结转——累计结转 借：非财政拨款结转——累计结转 贷：非财政拨款结转——年初余额调整（该明细科目为借方余额时） ——缴回资金 ——项目间接费用或管理费 ——本年收支结转（该明细科目为借方余额时）
（6）	将留归本单位使用的非财政拨款专项调余资金转入非财政拨款结余	—	借：非财政拨款结转——累计结转 贷：非财政拨款结余——结转转入

续表

序号	业务		财务会计	22 非财政拨款结余 8202
（1）	按照规定从科研项目预算收入中提取项目间接费用或管理费		借：单位管理费用 贷：预提费用——项目间接费用或管理费	借：非财政拨款结转——项目间接费用或管理费 贷：非财政拨款结余——项目间接费用或管理费
（2）	实际缴纳企业所得税		借：其他应交税费——单位应交所得税 贷：银行存款等	借：非财政拨款结余——累计结余 贷：资金结存——货币资金
（3）	因购货退回、会计差错更正等发生以前年度调整事项	调整增加相关资产	借：银行存款等 贷：以前年度盈余调整	借：资金结存——货币资金 贷：非财政拨款结余——年初余额调整
		调整减少相关资产	借：以前年度盈余调整 贷：银行存款等	借：非财政拨款结余——年初余额调整 贷：资金结存——货币资金
（4）	将结余归本单位使用的非财政拨款专项剩余资金转入非财政拨款结余		—	借：非财政拨款结转——累计结转 贷：非财政拨款结余——结转转入
（5）	年末冲销本科目相关明细科目余额		—	借：非财政拨款结余——年初余额调整（该明细科目为贷方余额时） ——项目间接费用或管理费 ——结转转入 贷：非财政拨款结余——累计结余 借：非财政拨款结余——累计结余 贷：非财政拨款结余——年初余额调整（该明细科目为借方余额时） ——缴回资金

续表

序号	事项	情形	财务会计	预算会计
（6）	年末结转	非财政拨款结余分配为贷方余额	借：非财政拨款结余分配 贷：非财政拨款结余——累计结余	—
		非财政拨款结余分配为借方余额	借：非财政拨款结余——累计结余 贷：非财政拨款结余分配	—
23 专用结余 8301				
（1）	计提专用基金	从预算收入中按照一定比例提取基金并计入费用	借：业务活动费用等 贷：专用基金	—
		从本年度非财政拨款结余或经营结余中提取基金	借：本年盈余分配 贷：专用基金	借：非财政拨款结余分配 贷：专用结余
		根据有关规定设置的其他专用基金	借：银行存款等 贷：专用基金	—
（2）	按照规定使用提取的专用基金	使用从非财政拨款结余或经营结余中提取的基金	借：专用基金 贷：银行存款等	借：专用结余 贷：资金结存——货币资金
		使用专用基金购置固定资产、无形资产的	借：固定资产/无形资产 贷：专用基金	—
		使用从预算收入中提取并计入费用的基金	借：专用基金 贷：累计盈余	借：事业支出等 贷：资金结存——货币资金

续表

序号	业务	说明	会计分录	备注
			24 经营结余 8401	
（1）	年末经营收支结转		借：经营预算收入 　贷：经营结余 借：经营结余 　贷：经营支出	—
（2）	年末转入结余分配		借：经营结余 　贷：非财政拨款结余分配 年末结余在借方，则不予结转	—
			25 其他结余 8501	
（1）	年末	结转预算收入（除财政拨款预算收入、非同级财政专项收入、经营收入以外）	借：事业预算收入／上级补助预算收入／非同级财政拨款预算收入（非专项资金收入部分）／附属单位上缴预算收入／债务预算收入／其他预算收入／投资预算收益（为贷方余额时） 　贷：其他结余	—
		结转预算支出（除同级财政拨款支出、非同级财政专项支出、经营支出以外）	借：其他结余 　贷：投资预算收益（为借方余额时） 借：其他结余 　贷：行政支出／事业支出／其他支出（非财政、非专项资金支出部分）／上缴上级支出／对附属单位补助支出／投资支出／债务还本支出	—

续表

（2）行政单位转入非财政拨款结余	其他结余为贷方余额	—	借：其他结余 贷：非财政拨款结余——累计结余
	其他结余为借方余额	—	借：非财政拨款结余——累计结余 贷：其他结余
（3）事业单位年末转入结余分配	其他结余为贷方余额	—	借：其他结余 贷：非财政拨款结余分配
	其他结余为借方余额	—	借：非财政拨款结余分配 贷：其他结余
26 非财政拨款结余分配 8701			
（1）事业单位年末转入	其他结余为借方余额时	—	借：非财政拨款结余分配 贷：其他结余
	其他结余为贷方余额时	—	借：其他结余 贷：非财政拨款结余分配
	经营结余为贷方余额时	—	借：经营结余 贷：非财政拨款结余分配
（2）计提专用基金	从非财政拨款结余分配中提取	—	借：非财政拨款结余分配 贷：专用结余
（3）事业单位转入非财政拨款结余	非财政拨款结余分配为贷方余额	—	借：非财政拨款结余分配 贷：非财政拨款结余——累计结余
	非财政拨款结余分配为借方余额	—	借：非财政拨款结余——累计结余 贷：非财政拨款结余分配